JN269110

● 徹底討論
刑法理論の展望

川端　　博
前田　雅英
伊東　研祐
山口　　厚

成文堂

は　し　が　き

　今世紀も残すところ、あとわずかとなっている。20世紀から21世紀への移行期である今こそ、従来の学説・判例が包蔵する問題点を総括し、新たな世紀における理論的発展のための出発点を明確に提示する必要があるといえる。第二次大戦後からもすでに半世紀が過ぎているので、戦前と戦後の刑法学の断絶と連続の問題、戦後刑法学の発展のもつ学説史的意義の問題についても、検討を加える必要がある。

　ところで、私たち4名は、ほぼ同じ時期に東京大学法学部の共同研究室で研究生活を送ることとなったが、それぞれ指導教授を異にしている。すなわち、川端は大学院において団藤重光先生を指導教授として研究を始め、また、前田、山口は平野龍一先生の助手として、伊東は藤木英雄先生の助手としてそれぞれ研究を開始したのである。年齢的に近いこともあって、お互いに親密に付き合い、かつ、切磋琢磨してきた。いわゆる同じ釜の飯を食べた仲であり、各自の学説を構築していく過程においても、種々の形で談論風発する機会が多かった。特に、そろって司法試験考査委員に在任していた頃には、考査委員会議の後、酒を酌み交わしながらよく議論したものである。

　この度、成文堂がめでたく創立50周年を迎えるに至った。50周年を記念して意義ある出版をしたいとして本書の企画が立てられ、成文堂の土子三男編集部長からその企画が私たちに持ち込まれた。そこで、私たちは、これまで大いに議論してきた成果を踏まえ、この際、テーマを絞り込んでさらに徹底して議論し、それを活字にすることにした。

　刑法総論における重要問題の8項目をテーマとして選び各人が2項目ずつ担当し、それぞれの問題意識の下にレジュメを作り、それに基づいて議論を進めた。司会は年長の故をもって川端が当たることとなった。4人とも公私ともに多忙であったため、日程調整がかなり難航したが、一定の期間をおきつつ集中的に議論できたのは幸いであった。互いに気心が知れているので、以心伝心の部分が多く、反訳原稿を読んでみると、余りにも省略されすぎ

て、かえって分かりにくいと感じられた。読者によく理解できるようにするために多少、叙述を補充したので、私たちの問題意識は十分に伝わるのではないかと思われる。従来の議論の根底にある問題点を根本的に問い直し、批判的検討を加えた上で一定の方向を示唆することによって、私たちなりの「総括と展望」が提示され得たものと自負している。本書がいわば起爆薬となって刑法学の新たな展開がもたらされることを期待しつつ本書を世に送るものである。

　本書の出版の機会を与えられた成文堂の阿部耕一社長および土子三男編集部長に対して心より御礼申し上げる次第である。土子部長には、私たちの議論に終始付き合って戴いた上、反訳原稿の作成や校正、日程調整等々の厄介なお仕事をお願いし、献身的な御協力を頂戴した。このような形で今、刊行できるに至ったのは同氏のお蔭であり、記して改めて謝意を表する。

2000年6月14日

川　端　　　博
前　田　雅　英
伊　東　研　祐
山　口　　　厚

目　　次

はしがき

Chapter 1　**因果関係論**　　　　　　　　　【論題提起者＝伊東】… 1
〔本章のレジュメ・論題提起〕

　Ⅰ．因果関係論の意義と条件関係 ……………… 12
　　1．因果関係論の意義・目的・機能　12
　　2．事実としての因果関係　16
　　3．論理関係説と条件関係　19
　　4．実行行為性と条件関係　19
　Ⅱ．客観的帰属論 ……………………………… 24
　　1．客観的帰属論について　24
　　2．判例と客観的帰属論　26
　　3．ドイツにおける客観的帰属論との関係　27
　　4．行為無価値論と客観的帰属論との関係　27
　Ⅲ．相当因果関係説をめぐる諸問題 …………… 29
　　1．判断基底の問題　29
　　2．広義の相当性と狭義の相当性　30
　　3．客観的帰属論と危険創出　32
　　4．規範の事前予防機能と一般予防論　35
　　5．積極的一般予防論と狭義の相当性　36
　　6．構成要件の射程論　38
　　7．危険実現連関と相当因果関係説　39
　　8．客観的帰属論と帰属基準　40
　　9．客観的帰属論と相当因果関係説の危機？　43

Chapter 2　不真正不作為犯論 ────【論題提起者＝川端】…47

〔本章のレジュメ・論題提起〕

Ⅰ．不真正不作為犯論の基礎 …………………… 57
1．不真正不作為犯の「実体」について　57
2．作為と不作為の区別　57
3．作為的要素と当罰性　59
4．支配領域性と危険創出　62
5．真正不作為犯の場合　63
6．規範論との関係　64
7．作為としての構成と不作為としての構成のもつ意味　65
8．行為主義との関係　68
9．法益関係的要素と不作為犯の処罰　70

Ⅱ．不作為の因果性と実行行為性 ……………… 71
1．不作為の因果関係　71
2．不作為犯の実行行為性　73
3．不真正不作為犯の法規化　75

Ⅲ．作為義務をめぐる問題点 …………………… 77
1．作為義務の位置づけ　77
2．二分説・区別説について　79
3．構成要件段階における限定　81
4．作為義務の具体的内容　83
5．構成要件の実質化と「作為との同価値性」　84
6．作為義務の根拠　85
7．作為義務の根拠としての「条理」と倫理規範　86
8．先行行為と作為義務　87
9．法益侵害性と作為義務　87

Ⅳ．不真正不作為犯の要件に関する
　　その他の問題点 ……………………………… 89

1．排他的支配　89
　　2．不作為犯における故意　90
　　3．作為義務の錯誤　91
　　4．不作為犯の処罰と罪刑法定主義違反の疑問　93

Chapter 3　故意・錯誤論　────【論題提起者＝山口】…97
〔本章のレジュメ・論題提起〕
Ⅰ．錯誤論の位置づけ……………………………100
　　1．錯誤論の位置づけについての基本的立場　103
　　2．錯誤論と故意概念　105
　　3．構成要件的故意の存否　108
　　4．被害者の同意についての錯誤　109
　　5．故意犯・過失犯の構成要件該当性　111
　　6．違法性阻却事由の錯誤　113
Ⅱ．具体的事実の錯誤………………………………114
　　1．構成要件的評価上重要な事実と
　　　　量刑上重要な事実という類別について　118
　　2．重要性の判断基準　120
　　3．客体の錯誤と方法の錯誤との関係　123
　　4．故意の個数　125
　　5．因果関係の錯誤　128
Ⅲ．抽象的事実の錯誤………………………………131
　　1．抽象的事実の錯誤と故意論による処理　133
　　2．包括的構成要件という概念の肯否　135

Chapter 4　違法性と違法性の阻却　──【論題提起者＝前田】…141
〔本章のレジュメ・論題提起〕
Ⅰ．違法論の対立の流れ……………………………144
　　1．戦前から戦後にかけての刑法理論の流れ　148

2．客観的違法性説と規範論　150
　　3．結果無価値論と規範論　153
　　4．行為無価値論と結果無価値論の具体的差異　155
　Ⅱ．行為無価値対結果無価値 …………………………………157
　　1．結果無価値論と行為態様　160
　　2．行為無価値論と行為態様　162
　　3．結果無価値の阻却後の違法性の存否　164
　　4．二元的行為無価値論と違法性阻却の範囲の広狭について　166
　　5．犯罪行為類型に行為無価値論は影響を及ぼすか　167
　　6．行為無価値と結果無価値との関係　169
　　7．功利主義と倫理主義？　170
　Ⅲ．正当防衛と結果無価値・行為無価値 ……172
　　1．結果無価値論と正当防衛の違法性阻却の根拠　176
　　2．行為無価値論と正当防衛の違法性阻却の根拠　177
　　3．対物防衛について　178
　　4．偶然防衛について　180
　　5．防衛行為の必要性と相当性について　181

Chapter 5　**過失犯論**　　　　　　　　　　　　【論題提起者＝山口】…187
〔本章のレジュメ・論題提起〕
　Ⅰ．基本的考え方 …………………………………190
　　1．故意と過失の関係　192
　　2．「認識ある過失」と故意との関係　194
　　3．過失犯処罰の例外性のもつ意味　195
　Ⅱ．注意義務について ……………………………197
　　1．注意義務の内容　200
　　2．義務違反性と過失犯　201
　　3．意思的要素の要否　203
　　4．客観的結果回避義務と主観的結果回避義務　203

5．予見可能性とその内容　205
　　6．「基準行為」の取り扱い方　207
　　7．予見可能性の認定のあり方　209
　　8．過失犯における責任　210
　　9．具体的予見可能性と責任要素との関係　212
　　10．「基準行為」の設定と「許された危険」　215
　　11．「基準行為」の設定と処罰範囲の拡大化との関係　218
　Ⅲ．新過失論、危惧感説について………………220
　Ⅳ．予見可能性の対象……………………………220
　　1．危惧感説の当否　222
　　2．予見可能性の対象と錯誤論　223
　　3．因果経過の認識　226
　Ⅴ．管理・監督過失について……………………228
　　1．基準行為の設定と当罰性　230
　　2．予見可能性の内容の有無　230
　　3．因果の経過と発生結果の認識可能性との関係　232
　　4．管理・監督過失は整理概念か　234

Chapter 6　責任・責任能力　──────【論題提起者＝前田】…237
〔本章のレジュメ・論題提起〕
　Ⅰ．応報刑・目的刑と責任主義……………………240
　　1．相対的応報刑論の理解をめぐって　242
　　2．刑罰論との結びつき　243
　　3．責任主義との関係　243
　　4．結果無価値論・行為無価値論と可罰的責任論との関係　245
　　5．一般予防論の意義　247
　　6．不法非難の意義　249
　　7．可罰的責任論と特別予防　250
　　8．道義的責任論と社会的責任論　253

9．自由意思論・非決定論と決定論　254
10．自由意思と非難可能性　256
11．「予防」と「非難」　259
12．自由意思と責任能力　261
13．積極的一般予防論の主張内容をめぐって　263

Ⅱ．日本の責任能力概念の規範化……………265
1．他行為可能性と責任能力　269
2．部分的責任能力概念の肯否　271
3．責任能力論における規範性の問題　273
4．責任能力論における生物学的要素　273
5．今後の展望　275
6．責任概念の内包の希薄化　276
7．量刑論と責任論　278

Chapter 7　未遂犯論　　　　　【論題提起者＝伊東】…281
〔本章のレジュメ・論題提起〕

Ⅰ．未遂犯の処罰根拠と（あるいは）
「実行の着手」……………………………289
1．未遂の処罰根拠と実行の着手との関係　290
2．「行為か結果か」という観点　292
3．結果犯としての未遂犯　293
4．行為説と結果の危険性　294
5．未遂犯の不法の実体　295
6．危険の発生と実行の着手　297
7．実行の着手と「実行行為」の開始　298
8．間接正犯における実行の着手と「主観面」　299
9．抽象的危険犯の未遂をめぐって　301
10．結果発生の危険と実行の着手時期との関係　302
11．危険の中身と判断構造　303

12．実行行為性の遡及的取得　304
　　13．危険概念と主観的要素との関係　305
　　14．強姦罪における実行の着手　306
　　15．窃盗罪における実行の着手　309
　II．不能犯 …………………………………………311
　　1．不能犯論における「行為時」のもつ意義　312
　　2．事後的評価としての危険　313
　　3．不能犯の実体　314
　　4．科学的一般人という判断基準をめぐって　316
　　5．案山子・死体に対する殺人未遂の肯否をめぐって　317
　III．中止犯 …………………………………………318
　　1．政策説を併用する根拠　319
　　2．中止犯と違法性の減少　321
　　3．特別予防の観点と真摯性　323
　　4．任意性が要求される理由　323
　　5．任意性と真摯性　325
　　6．特別予防と中止犯　326
　　7．主観的真摯性について　327
　　8．真摯性の要否　329
	 9．中止犯と量刑　331

Chapter 8　共犯理論の史的展開と展望 ―【論題提起者＝川端】…333
〔本章のレジュメ・論題提起〕
　I．共犯の処罰根拠をめぐって ………………340
　　1．行為無価値論・結果無価値論と共犯の処罰根拠論　340
　　2．不法共犯論と惹起説との関係　342
　　3．純粋惹起説と修正惹起説　344
　　4．純粋惹起説と間接正犯　348
　　5．牧野刑法と純粋惹起説　349

6．不法共犯論　352
　　7．共謀共同正犯　354
　　8．幇助犯型の共謀共同正犯と教唆犯型の共謀共同正犯　356
　　9．正犯意思と正犯　358
　II．承継的共犯……………………………………………359
　　1．承継的共犯と判例　361
　　2．違法の連帯性と「実質的な利用」関係　364
　　3．行為者の主観面のもつ意味　365
　III．幇助犯の因果関係 ……………………………………367
　　1．条件関係の要否　367
　　2．因果関係の対象　368
　　3．片面的幇助の肯否　369
　　4．教唆と因果関係　370
　　5．共同正犯と正当防衛　371
　　6．共同正犯と正当防衛に関する判例　374
　　7．正当防衛の教唆・幇助　375
　　8．防衛意思の要否と違法の連帯性　377
　IV．共犯と身分……………………………………………378
　　1．身分犯の特性と共犯との関係　379
　　2．真正身分犯・不真正身分犯の区別の可否　380
　　3．身分犯の成否と科刑とを区別することの可否　381
　　4．身分概念の捉え方　381

Chapter 1

因果関係論

【本章の論題提起者】
伊 東

Chapter 1. 因果関係論

本章のレジュメ

I. 因果関係論（因果関係の存否を判断すること）の目的・意義・機能

〈典型例〉

客観的帰属：発生した結果の（実行）行為への客観的な帰属（帰責）

類型的事実判断（内藤・上・246頁）

事実的基礎としての条件関係（内藤・上・247頁）

客観的事実としての条件関係（同上）

論理学・自然科学の因果関係と共通の基盤（同上）

条件関係が存在する場合に、さらにその因果関係を限定する原理＝相当因果関係判断

価値に関係した類型的・経験的事実判断（内藤・上・267頁）

〈対談者〉

・川端（刑法総論講義142頁）：行為と結果との必然関係を問題にすることによって、刑罰を科するに値する行為の存否を問題にする。責任能力・違法性の意識ないしその可能性などの行為者を非難するための主観的状況を考慮することなく、その意味において「客観的」に帰責が問題とされる。→「客観的」＝「一般的」（152頁）

条件関係＝自然科学や論理学に共通する存在論的因果関係（143頁）

条件関係の判断じたいは、「事実的」判断（146頁）

相当（因果関係）＝行為が結果を惹き起こす「一般的可能性」がある、or、「定型的な」原因・結果の関係にあること

・前田（刑法総論講義（3版）222頁）：結果の実行行為への客観的帰責。自然科学における「因果関係」とは完全には一致しない。民法におけるそれとも同一ではない。既遂として処罰に値するか否かの価値判断を含む点に最も重要な特色が存する。

条件関係＝事実的な関係としてのc.s.q.n. 但し、近時の学説評価では、評価的要素を含まないとされたことを問題視？（223頁）

相当因果関係→①実行行為の特定、②複数条件ある場合の帰責の配分、③一般人に予見不可能な結果の不帰責。③は責任の問題を含み、別個に扱われるべし（232頁）。

・山口（法教・175号65頁）：刑法が予防の対象として関心を持つ法益侵害・危険という結果を生じさせたものとして処罰の正当性を積極的に基礎付けるための要件。

結果回避可能性としての条件関係（同・67頁；展開・54頁）

条件関係（判断）＝結果発生防止という見地から、その行為を処罰の対象とすることが有効であり、意味あることかを問題とする議論。（展開・66頁）→一般予防効から結果の帰責範囲を画する、事実的・自然科学的概念とは異なった法的概念→論理的関係説

相当因果関係：処罰の対象をなす行為を選び出すことに関わる議論（展開66頁）→相当因果関係判断が条件関係判断に先行する？（林幹人・法教 185号16頁）

・伊東（法教・127号97頁）

条件関係が規範的・評価的判断の対象であるとしても、それ自体もまた、事実の何等かの結合関係を表す法的観念に留まらざるを得ない→合法的条件関係説。可能な限り事実的な実体に近づこうとする。帰責原理を含まない。

客観的帰属論 （積極的一般予防の観点から帰責する根拠付け）規範の保護範囲・目的等（法教・128号104頁）で

帰責範囲限定。
II. 条件関係の属性・判断基準
  ・事実関係ないし判断か、規範的・法的関係ないし判断か？
    事実連鎖関係ないし判断であり得るか。
  ・択一的競合事例・仮定的因果関係事例の解決
    ① 事実関係説（仮称）
      → c.s.q.n.公式維持・修正説／双方消去・付け加え禁止説
    ② 合法則的条件関係説
      → c.s.q.n.公式放棄：合法則性の判断方向：行為→結果方向か、結果→行為方向か？
    ③ 論理的関係説
  ・帰責原理を条件関係のレヴェルで議論する必然性・妥当性／利点の存否
  ・条件関係と相当因果関係判断等を共に行うことの意義
    条件関係の存在を前提として、相当因果関係で
      ・事実関係説……帰属範囲限定……帰責原理は何か？
      ・合法則的条件関係説……帰属範囲限定……帰責原理は何か？
    条件関係に先行して？、相当因果関係で
      ・論理的関係説……？？？？
III. 相当性説における判断基底の問題
  ・特に、客観説における行為時の事情と行為後の介在事情との区別
    （総て考慮）or（一般に予見可能なもののみ考慮）
IV. 広義の相当性と狭義の相当性　／（許されない）危険の創出とその実現
  ・区別の論理的必然性・妥当性
  ・区別の必要性
    ・相当性説の枠組みにとって、広義の相当性だけが本来意味があるのではないか？　という意味で、論理必然性が無く、不要という場合。
    ・（広義の相当性＝実行行為性≠因果関係性）
    ・狭義の相当性だけが問題であり、それで足りるのではないか？という意味で不要という場合。
      ・行為者の創出した危険がどのようなものか特定せずに、それ以外の危険が結果に実現したか否かの判定は可能か（葛原・法教202号9頁）
  ・事前判断と事後判断
    「事前に判断された行為の危険性」と「事後に判断された行為の危険の実現性」
    規範の事前予防的機能（行為規範）と犯罪の事後処理的機能（制裁規範）
  ・広義の相当性：行為時における結果発生の蓋然性
    実行行為性との区別
    被害者における特殊事情の存在の場合で判断が分かれる
  ・狭義の相当性：広義の相当性を有する行為の危険性が具体的結果に現実化したか否か。
    結果に至る因果経過の相当性
    ↓
    判断基準は？
    相当因果関係判断の枠組みに当初から馴染まない・入って来ない。
    1　実行行為に存する結果発生の確率の大小（広義の相当性）
    2　介在事情の異常性の大小
    3　介在事情の結果への寄与の大小
  ・狭義の相当性要件を一般予防で説明することは可能か（葛原・同前参照）
V. まとめ

論題提起=伊東

I. 因果関係論の現状概観

　お配りしたレジュメをもとに話題提供していくことにしたいと思います。「因果関係論の現状・課題・展望」と表題は大きくつけたのですが、いわゆる因果関係論・相当因果関係説の危機と言われている現在の議論を進めるための前提として、論理としての大きな構造を少し考え直してみようということで、若干整理してみたに過ぎません。

　まず、内藤先生の理論枠組を典型例として挙げたのは、いろいろな教科書を見てみたのですが、私たちの世代の人間が考えているところでの一つの典型だろうと考えたからです。因果関係論が何のためにあるかというと、客観的帰属ということをキータームとして挙げられていて、発生した結果が実行行為へ客観的に帰属するか否かを判断するのだ、とされます。構成要件的なものも考えられているわけで、因果関係論の判断というのは類型的な事実の判断であり、その前提として、条件関係というのは事実的基礎としての条件関係を考える、あるいは、客観的事実としての条件関係ということを言われているわけです。そして、そういう客観的な事実としての条件関係が考えられることによって、論理学とか自然科学の因果性と共通の基盤を持っているのだということになります。また、そういう条件関係で客観的に決めたものの上に相当性判断を被せるということで、条件関係の存在を前提とする、あるいは、その認定を前提として結果の帰属範囲を限定する原理が相当因果関係判断であり、それは、性質としては、価値に関係した類型的・経験的な事実判断である、ということになります。こういう考え方が、思考パターンとして、一つの典型だろうと思うのです。

　ところで、こういう典型的な考え方に対しては、自分自身ではかなり違う点がありますので、この対談に出て来られる他の方々がどのように考えられているかということをチェックしてみたのです。その結果として確認できたのは、皆さんはどうもこういう典型的な考え方からそろそろはみ出し始めて

いるということです。

　川端さんがおそらくこの典型にもっとも近い考え方でして、客観的帰属という概念を使われて、その「客観性」については、責任能力や違法性の意識、その可能性などの行為者を非難するための主観的状況は考慮しないという意味での客観性であり、別のところでは、「一般的な」判断である、つまり、違法性や有責性に係わる例の「評価とその対象」のいずれの客観性なのかという議論との関係でいえば、評価の「一般性」という意味での客観性の問題なのだということを言われています。その上で、条件関係についてはどうかというと、自然科学や論理学に共通する存在論的因果関係ということを言われます。存在論というのが、いわゆる事実的なものを考えられているかどうかは分からないのですが、別の箇所では、条件関係の判断自体は事実的な判断であると言われていますので、おそらく、条件関係としては客観的・事実的基盤を考えられ、その上に相当因果関係を被せて限定するということで、定型的な原因・結果の関係の判断をする、そういう規範的な評価を上に乗せるということだろうと思います。

　前田さんの考え方も似ているのですが、条件関係のところでいわゆる事実的な関係としてのコンディツィオ・シネ・クワ・ノンということを言われながら、近時の学説評価との絡みでは、客観的評価を含まない、評価的な要素を含まないとされてきた、つまり、事実的な判断とされてきたことが果たしていいのかどうか、それを疑問視されるようなニュアンスの表現が出てきています。相当因果関係の機能としては、明確に、レジュメに示した３つ、つまり、①実行行為の特定、②複数条件ある場合の帰責の配分、③一般人に予見不可能な結果の不帰責、という機能を挙げていって、特に３番目の問題でしょうけれども、予見不可能な結果の帰責については別個に扱えということを言われています。内藤先生的な典型から若干のモディフィケーションが起こってきているといえるでしょう。

　山口さんの考え方になってしまうと、典型からはかなり変わってきています。条件関係そのものを「結果回避可能性としての条件関係」ということで捉えてしまいます。私がレジュメで町野さんの考え方とダイレクトに結び付けているのが果たして正しいかどうかは分かりませんが、かなり共通点があ

るので、町野さんの表現を借りて言えば、条件関係は一般予防効から結果の帰責範囲を画する事実的・自然科学的な概念とは違った法的な概念である、ということになるわけです。ここでは条件関係そのものを事実から離して考えるという行き方になっています。反面、そういう立場だとすると、因果関係論の一つの役割として客観的な事実的基盤の確定ということがあったのですが、ある意味では、それはどうしたら確定されるのかという問題が残ってくるだろうと思います。相当因果関係判断については、山口説の場合には、条件関係判断とは要するに目的とか機能そのものが違うのだという立場になってしまいます。条件関係判断の上に重ねるという発想そのものが消えてくるわけです。これについては、林幹人さんからの、相当因果関係が条件関係判断に先行することになって変だ、というようないろいろな批判が出ていますが、私自身としては、山口さんが条件関係と相当因果関係というものを具体的にどういうふうに構造的に組み合わされていくのかをもう少し明らかにしていただければなあ、という気がします。

　最後に私自身の考え方ですが、あまりきちっとしたものを書いてはいないのですが、条件関係については、いわゆる合法則的条件関係説的な立場を採っています。これは、これから出てくる山中敬一さんの客観的帰属論の前提にもなっているわけでして、昨日ちょっと確認的にお話しした限りでは、山中さんは、条件関係は事実関係そのものではない、しかし、規範的評価そのものでもない、真ん中の事実と事実との論理関係の認定である、と考えられるようです。要は、ここで皆の見解が違っているな〜というのは、条件関係について、事実であるとするか、事実と事実の間の論理的結合関係であるとするか、あるいは、事実性というものを飛び超えて規範的な観念そのものとするか、そのことが議論の出発点として根本的に違っているような気がするのです。条件関係判断の上に何が乗ってくるかは、条件関係判断を事実としてやっている場合には相当因果関係で絞ることもあるだろうし、あるいは客観的帰属というものもあるだろう、しかし、そうでなくなると、条件関係と相当因果関係とは違うというけれど、機能や目的は違うというけれど、実際にどう違ってくるのか、それがこれから明らかにしていかなければならない問題ではないだろうかという気がします。

以上が出発的な現状認識で、これに基づいて少し考えていきたいと思います。

II．条件関係の属性・判断基準

まず、条件関係の属性とか判断基準ということをレジュメに書いたのですが、今まさにお話した問題、それぞれの因果関係論の前提となっている条件関係が、事実関係なのか規範的・法律的な関係なのか、という問題です。そういうことを議論する意味がそもそもあるのかどうかはまた別ですが、そういうことをみんなで議論しないといけないだろうと思います。この場合、どちらとして捉えるか、ということではなくて、事実連鎖関係であり得るか、事実関係として構築することができるかどうか、ということが問われているのです。町野さんが『条件関係論』の中でサラッと書いているのですが、実際の条件関係を事実として立証するというのはそもそも不能だと言われています。そこには訴訟法的な観点が入ってくるのですが、そういう立場を採るならば、ここでは3つの立場を挙げたわけですが、ある一定の方向性が出てくるのではないかと思います。

さて、この条件関係の性質という問題は、これまでの議論の過程では、正面から出てきたというよりは、択一的競合の事例とか仮定的因果関係事例の解決の過程で出てきているというふうに私には思えます。

条件関係を事実として捉える見解を、あまり一般的な呼び方ではないのですが、とりあえず事実関係説と仮称しておきます。事実関係説の場合、択一的競合あるいは仮定的因果関係の事例の処理はどうなっているかというと、コンディツィオ・シネ・クワ・ノン公式は維持して修正する、具体的に言えば、双方を消去したり、あるいは付け加え禁止原則というのが出てくることになります。これについては、周知の通り、どうしてそういう操作がこの場合にだけ許されるのかという問題があるのですが、私の見る限りでは納得のいく答えというのがないと思います。

条件関係を事実と規範的評価の間ぐらいというふうに捉える第二の見解が、おそらく合法則的条件関係説だろうと思います。これにいきますと、コンディツィオ・シネ・クワ・ノン公式を放棄する方向が採られているわけで

すが、そういう立場がダイレクトに出てくるのかどうかというのが、また一つ問題になるだろうと思います。私自身はこの立場を採っていますが、要は条件関係の確定といっている場合に、古典的な発想だと条件はみんな等価的なものであるから、出発点が決まらないという属性を本来持ってくるはずです。それにも拘わらず、行為から結果にいくという公式がいきなり出てくるのでしょうか。つまり、判断の方向ですか、それはむしろ結果から遡っていく他はないのだろうと思います。Bという結果が出たときに、一つ前の条件なり結合因子は何なのだろうと一つ一つ遡っていくだけなわけで、その繋がりの中に行為が入ってくればそれでいいのだろうと思うのです。しかし、それでは行為が結果を生ぜしめたということができないからこそ、何らかの帰属原理が出てくることになるのでしょう。後で議論することになると思いますが、ある意味では「広義の相当性」というのでしょうか、「危険創出」みたいなものが絡んでくるのかな、と思うのです。

　3番目の方向は論理的関係説ですが、この辺になると条件関係そのものの中に一種の帰責原理というべきものを読み込んでくるということになっています。しかし、この条件関係のレヴェルで帰責原理を議論することの必然性とか妥当性・メリットというものがあるのだろうか、ということも、ちょっと分からない点なので考えていただきたいと思います。

　こういうことで、帰責原理という問題が最後に論理的関係説の中から明らかになってくるわけですが、他の考え方を採っている場合でも、条件関係判断と相当因果関係判断をダブルに行っていくのは、事実関係説・合法則的条件関係説では条件関係の認められる範囲が広すぎるので帰属範囲を限定するということですから、そこにおける帰責原理は一体何なのかという問題が出てきます。これは、例えば、林幹人さんの最近の上智法学の論文「相当因果関係と一般予防」では一般予防に求められているわけですが、果たしてそれがどういう意味での一般予防なのかということも少し議論する必要があるだろうと思います。

　そして、山口さんのような論理的関係説を採った場合には、条件関係と相当因果関係の判断の――まあ、こう言うこと自体がナンセンスなのかも知れませんが――どちらが先にくるのか、どういう構造でやっていくのかがよく

分からないので、その点について少し我々自身が議論していく必要があるだろうと思います。

　以上のように、条件関係のところでかなりの問題が出てきてしまうのではないだろうかという印象をもっています。

III．相当性説における判断基底の問題
　このような議論の枠組みで考えていると、何処に入れたら良いのか分からないのですが、いわゆる判断基底の問題があります。相当性説でいろいろと議論されてきたわけですが、特に客観説で行為時の事情と行為後の介在事情を区別して、一定限度だけ判断基底に加える、全部を入れないという考慮をしているところが、相当性説の中での判断基底の議論の中では一番問題があるような気がします。

IV．「広義の相当性」と「狭義の相当性」
　この点が、おそらく一番問題になるのかも知れません。一応、「危険の創出とその実現」という客観的帰属論の発想とほぼ同じものだという前提に立った上で、少し考えてみるという方向でいきたいと思います。
　まず、そもそも「広義の相当性」と「狭義の相当性」という区別の論理的な必然性があるのか、あるとしてもそれが必要なのか、ということをもう一度考え直してみる必要があると思います。例えば、川端さんの本では、「広義の相当性と狭義の相当性については、我々の立場ではそういう区別は必要ない」と、割注で入っているのです。それがどういう意味なのかということは、特に学生にとっては良く分からないところがあるのではないか、と思います。一つの考え方であって合っているかどうかは分かりませんが、それにあまり言う人もいないのですが、そもそも相当性説の枠組みにとってみれば「広義の相当性」だけに本来の意味があるのだ、要は行為時においてある判断基底の中で判断したときに当該行為が類型的に結果を生じる可能性があればすべて入ってしまうのだ、行為後の介在事情は実際には判断の相当性にとってはどうでも良い、それらの意味で「広義の相当性」と「狭義の相当性」

との区別の基準を置く必要性がないということも言えなくはないわけです。そういう意味で、川端さんあたりに、どういう理由で必要がないのか、明らかにしていただければと思います。

　ここで対談している4人の場合は、考え方が一致していますので、あまり問題にならないと思いますが、「広義の相当性」が実行行為性と同じだという立場を採っていると、「広義の相当性」は特に要らないということになるのですが、実行行為性と「広義の相当性」とは似ているけれどもやはり違うのだ、という認識は現在ではおそらくかなり確立していると思いますので、この辺はいいかなとは思いますが、明らかにしていく必要もあるかも知れません。

　もう一つは、これは少し話しが戻るのですが、学生とよく議論になるものですので、あえて挙げておきたいと思います。前田さんの場合、因果関係論というものが既遂結果を帰責するのに値するかどうかを判断する場面であると言われるので、未遂結果の扱いとの関係では因果関係論はどうなってしまうのか、改めて明らかにしていただければと思います。

　「広義の相当性」と「狭義の相当性」の区別が必要ないという立場には、ここでもまた山口さんのような考え方になってくるのですが、「狭義の相当性」だけが問題である、それだけで足りる、という意味で不要とする考え方があります。このような考え方に対しては、葛原さんの「行為者の創出した危険がどのようなものか特定せずに、それ以外の危険が結果に実現したか否かの判定は可能か」という批判も最近なされているわけで、これを少し考えてみる必要があると思います。

　客観的帰属論との絡みもありますが、「広義の相当性」と「狭義の相当性」を事前判断と事後判断という形で区別する場合があるのですが、それが本当に意味があるのかどうか、考えてみる必要もあると思います。レジュメに挙げたように、行為規範としての事前予防機能と裁判機能としての事後処理的機能という形で処理しているわけですが、これが必ずしも対応関係にないということもまた最近議論されてきているわけで、どう考えたら良いのか、ということですね。特に紹介しなかったのですが、葛原さんなどは、この「広義の相当性」と「狭義の相当性」、「許されない危険の創出とその実現」とい

うのは、事後判断と事前判断には留まらないと、結論だけ書いてあるのですが、それが本当にそうなんだろうかということです。

　残るのは、「広義の相当性」と「狭義の相当性」の中身の問題ですが、「広義の相当性」についていえば、ここでは前田さんの表現をお借りしているのですが、行為時における結果発生の蓋然性と捉えられているいうことで、先ほども触れた実行行為性との区別ということが問題になります。実際には、被害者における特殊事情の存在の場合の判断がどうなってくるかということを、少し議論する必要があるかなということです。

　「狭義の相当性」に関しては判断基準が問題ですが、ここでは前田さんの採られる三要件を挙げておきました。何故こういう三つが出てくるのかということを、もう少し理論構成して、相互の及ぼす関係についてももう少し説明していただかないと、なかなか理解し難いのではないでしょうか。具体的な結論の妥当性は担保できるかもしれませんが、場合によっては恣意的な、同じ議論をしながら全く逆さの結論に行き着き得るというわけですので、少しお話ししていただければと思います。

　ついでのことですが、「狭義の相当性」の判断基準に関して、特に山口さんとか町野さんの見解に対するものですが、「狭義の相当性」だけを議論すれば良いとし、その原理として一般予防ということを持ち出して来ることが可能であろうか、という問題が提起されています。理由はハッキリ書いていないのですが、葛原さんなどによれば、少なくとも一般予防で説明することはできない、というようなことが書いてありますので、少しその辺も検討する必要があるでしょう。先ほど、帰責原理がそれぞれ何かを考える必要があると言いましたが、相当性レヴェルでの限定をしていく際のファクターというのが一体何なのか、ということを議論する必要があると思います。

本 論

Ⅰ．因果関係論の意義と条件関係

1．因果関係論の意義・目的・機能

川端 今、伊東さんから因果関係論の現状とその問題点を指摘していただきましたが、まず因果関係論の意義・目的・機能から考えていくことにしましょう。

内藤説の立場を典型例として挙げられましたが、私も、伝統的・通説的な立場に立っていますので、その意味では一番古い形の議論を主張していることになると思います。条件関係と相当性をどのようにとらえるかということですが、条件関係は基本的には事実判断であるという大枠を決めておいて、他の文化領域とも統一性を保たせるという観点から、単に刑法学だけの議論ではないとして、因果関係論に執着しているわけです。それが事実関係としての条件関係です。さらに法的な観点から、具体的に妥当な結論を導くために相当性の観念を認め、事実判断としての条件関係の認定の後で価値関係的な相当性判断を行なうという枠組みで従来やってきたわけです。

ここで「基本的に」という言い方をしたのは、さっき出てきた択一的競合に関して修正が出てきますが、その点においてはこれはもはや事実判断の枠を超えてしまっているからです。そこには規範的な価値的な評価が加わっていますから、例外的にはこういう場合があることを認めざるを得ません。しかし、基本はあくまでも自然科学が前提としている条件関係の公式を認め、その限度で「自然科学的な因果関係」を刑法も尊重しているのだということを示そうとしている基本的な態度を維持しているわけです。これが、従来の通説の捉え方です。

ただ、条件関係ないし条件公式だけでは法律の具体的に妥当な適用があり得なくなりますので、相当性で枠を決めていくことになります。そこに具体

的・実質的な判断が入ってくる余地があり、それによってうまく機能しているという捉え方です。この辺は前田さんとはちょっと違うようですが……。

前田 そんなには違わないかも知れないんですが、私は因果関係というのは結果の行為への帰責判断だと思っているんです。どの結果と行為を結びつけるかという判断で、その意味では、因果関係全体が、本質的には規範的な評価から自由ではあり得ないという立場です。ただ、因果関係の判断をしていく上で、従来から道具として使われてきた条件関係というのは、やはり使うべきだと考えるのです。かなり事実的というか誰がみても決めやすいという性質を持っていると思うのです。条件関係を使うこと自体は、今の段階でも合理性があって、現実の事案の多くは、やはりこの条件関係の有無で処理できると考えます。もちろん、条件関係にもいろいろ問題があります。先ほどの択一的競合などの問題では、やはり規範的評価の側面が表に出ざるを得ない。私の見方からすると、町野さんの考え方は、「事実的関係のみで判断する」という一つの規範的評価の選択なんだと思います。条件関係を形式的に徹底することによって生じる結論を採用するという価値判断です。それに対して条件関係を修正する側は、それでは結論がおかしくなるので修正するわけです。なぜ、修正するかの根拠がないということなんでしょうが、修正した結論の方がより合理性があって多くの支持が得られるということなんだと思うんです。「択一的競合の場合には、すべての条件に帰責を認める」という修正を加えることも理論なのだと思います。条件関係というのは客観的に存在して、それをきちっと当てはめていけばすべてが解決する、というほど単純なものではないとは考えています。

　ただ、大部分の場合うまく当てはまるので、まず条件関係というのは尊重して、それと後に出てくる相当因果関係の相当性といいますか客観的帰属でもいいんですが、それとの組み合わせでやっていくのが、今のところ一番うまくいくシステムだろうという考え方なんです。

川端 確認させていただきますが、機能的にうまくいっているからそれでいけるのだというのはわかるのですけれども、それは自然科学の因果関係とは完全に一致しないという趣旨ですね？

前田 ええ。自然科学の因果関係と全く同じというふうには考える必要

はないと思います。

　川端　それは規範的な要素が入るからという側面ですか？

　前田　そうですね。やはり処罰するかどうかということにつながる判断の一要素であるから、自然科学とか論理学の世界の因果関係と同じではないというふうに考えていますけれど。

　川端　たしかに条件関係はそうですよね？

　前田　自然科学とか民法ですと、若干異なり得るのかも知れませんが、刑法の世界では「あれなくばこれなし」という意味であって、それは帰責判断にほぼそのまま使えるのですが、例外的に修正せざるを得ない部分があるというわけです。

　川端　そこは私も同じ意見です。

　前田　そして、何故修正する必要があるかと言えば、さっき触れた「規範的な性格」から出てくるんだと言うのが私の説明なんですが。

　川端　山口さんはどのようにお考えですか？

　山口　いろんな問題点が含まれているのですが、私の理解の出発点は、「行為なければ結果なし」という条件関係の判断において何か問われているかと言えば、結果回避可能性の有無ではないかということです。過失犯・不作為犯については、一般に、結果回避可能性が必要とされているのです。ところが、先ほど前田さんが言われたように、故意犯において条件関係公式を修正して適用するという説は、当然の前提として、択一的競合などの事例においては、「行為なければ結果なし」と言えない場合でも処罰するという主張を含んでいると思います。その場合に公式を修正するのであれば、それはまさに規範的に基礎づけられる必要があるのではないかと考えるわけです。私自身は、そうした修正には疑問を持っています。

　さらに先に進みますと、伊東さんが指摘されるところですが、私のように考えると事実的な関係はどうなるのかということが問題になると思います。私の場合でも事実的な関係はもちろん問題になりますので、例えば、殺人罪の場合、「人を殺した」と言えなければ殺人罪の構成要件に該当しないわけです。人の死が回避可能だというだけでは駄目なので、その意味では、合法則的条件関係のような考え方を結果回避可能性判断の前提として採用しても

よいのではないかと思います。ただ、その具体的判断になると、先ほど前田さんが言われたように、自然科学的な判断と同じにはなりません。因果の微細な構造が分からないような場合でも、行為をとったら結果がなかったという判断があれば、やはり刑法上の因果関係はあると言わざるを得ないのです。逆に、自然的因果関係があるという場合でも、行為をとっても結果があるという場合には、結果回避が不能なので処罰できないということになりますと、自然的因果関係としての法則的条件関係を問題としても、実際上は無意味になります。そういうことを言いたければ言ってもかまわないし、あるいは「人を殺した」ということが必要であるためにはそれを言わなければならないのかも知れませんが、そう言ったところで何ら結論に結びつくものではない。ということで、条件関係は論理的な関係であると言えばよいと主張しているのです。

　補足すれば、確かに、伊東さんも指摘されるように、結果回避可能性判断の前提としてやはり合法則的条件関係説を採らなければいけないのかも知れません。それは無意味ではあるのですが、一応あると言った上で、しかしながら条件関係・因果関係が果たすべき機能という観点から、それは限定されるのだというように言った方がいいのかも知れません。

　私の立場は条件関係と相当因果関係というのは全く違う問題であるというものですが、関連して、林幹人さんから、私は条件関係判断の前に相当因果関係判断をしているという批判を受けています。しかし、実は従来はみんなそうだったのです。なぜならば、条件関係、因果関係を問題とする場合には、実行行為と結果との間の関係を問題としていたからです。実行行為というのは、条件説は採らないという前提で初めて出てくる規範的な概念なのです。その意味では実行行為を問題にする以上、条件関係の前に規範的な問題を採り入れているということにならざるを得ないのであって、その意味では、誰もがやっていることなんだというように私は思います。しかも、条件関係と相当因果関係の機能が違うのであれば、両者の前後関係はどちらでもかまわないので、その二つが認められなければ刑法上の帰責、客観的な帰責というのは肯定できないというところが、むしろ重要なのではないかと考えます。

伊東 山口さんに聞きたいのは、論理的関係説というのはコンディツィオ・シネ・クワ・ノンの公式に独自の意味を与えたものだ、という言い方をしてますね。今もチラッと言われたのだけれども、その時の前提としては、条件関係は事実であるとして捉えてもかまわないという含みも入っているのでしょうか。それとも、それでは困るから……。

山口 事実がなければいけません。先ほども申しましたが、「人を殺した」と言えなければ、殺人罪の構成要件該当性は絶対認められないわけです。その限りでは事実的なものがいるということは大前提です。しかしながら、先ほど前田さんも言われたように、事実的なものと言っても自然科学的な意味での事実的なものではあり得ません。先ほどの、山中敬一さんが言われている事実と事実の論理関係だという理解がそれを意味しているならば、まさにそういうことなのかなと思います。

2．事実としての因果関係

伊東 それで合法則的条件関係説なのかもしれないと言われたわけですね。私自身はその立場なのですが。もう一つ、私が聞いて良いのか分かりませんが、事実関係説と合法則的条件関係説は、どちらにしても結局は、論理的関係説から見れば、単なる因果のつながりを確定しているだけであって、犯罪論上の独自の機能を持たないという批判はあり得るわけですよね。そのレヴェルでは同じことなのですが、そこにこだわる、先ほどから川端さんと前田さんがやはり事実の確定が前提なんだと言っている、そのこだわりというのは何なのでしょう。

川端 因果関係という以上は、因果の流れが問題であり、事実が前提であるという動かし難い確信があるのですね。結局、法律というのは、事実があって、それと規範がどう対応するかという場面の問題ですから、行為があって結果がある場合、そこに事実として原因・結果の関係——ここでは条件関係ですが——が認められて初めて、それについて法律が関与できるのだという発想です。

人を殺す行為に出て死亡の結果が発生したという事実があって初めて、殺人罪の構成要件に該当すると、山口さんがさっき言われたわけですが、刑法

における事実的基礎として、行為があって結果があるという条件関係が認められなければならないというのが我々の発想の大前提なのです。その部分を無視して、もっぱら規範的観点だけから判断し、事実的側面から離れて全面的にどのように判断してもいいのだというところまで行きますと、枠組みがなくなるのではないかという危惧の念をもつわけですね。規範目的とか規範的な判断というのは判断をする者がどのようにでも操作できるのだと考えられるおそれがあります。解釈者がどうでもできるのだというところまでいくおそれがあり、歯止めがなくなるのではないかというのが、通説の基本的な発想だと思います。

　もう一つは、さっきも少し言いましたが、よその文化領域とも共通の基盤を持たなくてはならないという発想ですね。法律は法律だけで独自性を持つというところに意味があるのではなくて、文化現象として、法というのはほかと共通の要素があると承認して初めて、一般の支持が得られるだろうということですね。

前田　私は、事実的な関係にそんなにこだわるわけではないのです。だから山口さんのおっしゃるのは非常によく分かるんで、「あれなくばこれなし」だから納得するということは、「あれがなくても起こるのなら処罰をしてもしようがないんじゃないか（処罰する必要などない）」という評価が入っているので、そういうものが広く定着しているから、そういう関係があれば、帰責を認めましょうということなのだと思うのです。そして、条件関係は、事実的なものに近く、その判断は一応明確なので使いやすいということなのです。ただ、先ほどご指摘があったように、実行行為というのを前提にするわけですから、相当因果関係との前後関係がはっきりしなければいけないというのは、その通りだと思います。

　そして「結果回避可能性がなければ処罰しない」というのもその通りなんだと思うのですけれども、その場合、主として不作為犯、過失犯の不作為が念頭に置かれているように思うのです。不作為の場合だと、こういう行為をすれば結果が起こっただろうか、という感じですよね、結果回避可能性と言うときは。それに対して、通常の故意の作為犯の場合に、こういう行為をしたんだけれど、したってしなくったって結果は全く同様に発生したんだとい

う事案については、結論が違い得るように思うのです。「結果回避可能性」という言葉では括れるのかもしれませんが、両者の間で線を引いて、故意犯の場合にはやはり、条件関係を修正して帰責を認めるべきだと思うのです。ぎりぎりのところですが、やはり択一的競合なんかは処罰する方が合理性があるという感じがするんですけど。その点はいかがですか？

　山口　多数の方は、処罰することに合理性があると考えておられると思いますが、それはおそらく行為から結果が生じているからですね。しかし行為から結果が生じていればすぐそれで処罰できるかといえば、少なくとも過失犯ではそういうことは言っていないのです。因果関係の問題として言っているかどうかは別として、過失犯ではそう言っていないわけです。この点について、故意犯と過失犯で違うことを基礎づけられるかということを考えてみますと、私は疑問ではないかと思います。

　むしろ故意犯で条件関係の公式を修正するなら、過失犯の場合でもやはり処罰できる場合があるということに、逆に、ならなければおかしいのではないでしょうか。ところがそうはなっていません。そのこと自体には理由があり、そういう考え方が故意犯にまで及ぼされるべきだと考えているのです。

　前田　そこのところが故意犯と過失犯の微妙な差で、それを修正する余地はあり得るというのが私の考え方なんですけどね。

　伊東　逆に言うと、川端さんとか前田さんのように条件関係説を維持して、解決できないところを修正する、と。しかし、合法則的条件関係説は、最初からそれも包んでやってしまう、と。結論は変わらないわけですよね。だから先ほど伺いたかったのは、何でそういう意味での事実関係というのでしょうか、それに拘泥するのかということなのですけれど。

　前田　それは川端さんがおっしゃっているのと重なっているかも知れないんですが、使いやすくてほとんどの場合はそれで説明できるのに、例外を原則にして合法則的条件関係説を採るのは不合理だと思うのです。おっしゃることは非常によく分かるけれども、ほとんどの場合、「あれなくばこれなし」で説明できるじゃないですか。確かに、教科書なんかのスペースから言うと、択一的競合とか仮定的因果関係というのは、因果関係論の中で結構スペースは取られていますけれども、実際上のウエイトというのは非常に低い

と思うんです。

　川端　そういう意味では、おっしゃっているように例外を原則にするのは、従来の立場からは疑問ですね。

3．論理関係説と条件関係

　前田　やはり論理関係説では、条件関係が現実にはないんだから因果関係は切るべきだということになるわけで、結論が違う。そこの対立をお聞きしたいと思うんですが。

　伊東　私が次にお伺いしたかったのは、逆に言えば、そういうふうな帰責範囲の判断を正にどうして条件関係のレヴェルに持ってくるのか、ということなのですが。それには積極的な根拠があるのですか？

　山口　事実上同じになるから同じにしていいんだ、二つに分けてやる必要はないんだということなんです。

　前田　私もそういうことでいいんだと思うんですが、ただやり方のタイプとして、従来からやってきた「あれなくばこれなし」でやっていくレヴェルと、特別に、後で出てくるように、「あれなくばこれなし」という関係で一応つながっているように見えるけれども、介在事情が入った場合をどうするかという判断とは、分けて考える。これも統一的な基準という意味ではくくれると思うんですけれども、判例が実際に使う解釈基準という観点からは、むしろ小分けしたパターンとして示した方が、使いやすいんじゃないかというふうに考えているのです。やはり条件関係の中にも、規範的な帰責範囲限定の意味というのが入ってくると思います。条件関係なんだから事実的にスパッと何の評価も入れないで争いもなく決まるかというと、そうではない。そして、なぜそこで実質的評価を行うかと言えば、やらざるを得ないからやるんだということなんだと思うんですけど。

　川端　その部分はあくまで例外的な現象でしょうね。

　前田　例外的な現象ですね。

4．実行行為性と条件関係

　川端　先ほど、実行行為性の問題が出てきましたので、この問題を考え

ることにしましょう。実行行為性と条件関係に関して、伊東さんは、これはすでに条件関係に包含されているのではないかという捉え方ですが、それはどうなんでしょうか。結局、人間の行為が構成要件的結果をひき起こしているというトータルの事実関係があって、それが構成要件の観点から実行行為として位置づけられることになるのであり、当初、条件関係で議論している場合には、実行行為という必要はなく、その人の行った行為からこういう結果が出てきたことを確定するための条件関係を判断して、さらに実行行為性という概念で評価を加えていくという二重の操作がなされているのではないでしょうか？

伊 東 その場合、昔風の言い方ですが、「裸の行為」ということですか？

川 端 裸の行為というのは、必ずしも妥当ではないと思います。例えば、Aという人がBという人を死亡させたというような実体があり、裸の行為と呼ぶかどうかは別問題として、それは殺人行為としての実行行為性という別の基準による判断が必要になる場合に、実行行為性の問題が出てくると思います。実際はその行為が実行行為性を帯びていることが多いから、実行行為と結果の条件関係という言い方になっているだけだと思うのです。

伊 東 そうなると、実行行為性という問題は何の問題なのですか？

川 端 因果関係はあるけれども、構成要件該当性でさらに限定して行こうという捉え方です。

伊 東 川端さんの場合は、正にそれが「定型的な」という判断で入るのではないですか？

川 端 いや、それは違います。それは相当性の問題です。相当性の部分が定型的という意味での「通常性」にほかならないと思います。

前 田 川端さんのお考えだと、まず実行行為が先にあって結果が起こってその間の因果関係という思考の経路をたどるわけではないんですか？

川 端 論理関係としてはそうなのですが、実際には、まず結果があって、その帰責を問題にしますから、帰責されるべき行為が何らかの形で関連づけられるわけです。その枠の中で条件関係を見ていくことになります。

前 田 その条件関係のある行為の中から、そのあと実行行為が選ばれる

ということですか？

川端　そうです。そういう思考パターンがあり得るということですね。

前田　普通は実行行為と結果との因果関係と言いますよね？

川端　そうです。そこの操作が省略されているだけであって、実際はそれはダブっていることになります。

山口　今のご説明ですと、条件関係にある行為から実行行為を選ぶということですが、その実行行為がない場合をうかがった方が分かりやすいと思います。人を殺そうと思ってピストルをテーブルに置いたら、暴発して相手が死んでしまったというときに、恐らく殺人罪の成立は認めないだろうと思います。そのとき、ピストルをテーブルに置いたから人が死んだという意味で、行為と結果との間に条件関係があるのは当然ですが、実行行為ではないから切れるんだということになるわけですね。

そこでは、行為と結果の間に結びつきがあるということの他に、もう一つの限定判断が明らかに存在しているということですね。

川端　実行行為性の中に構成要件的故意・過失の問題も絡んできます。従来の思考パターンはそうだったと思います。

前田　やや意外に思ったのは、「結果発生の危険性」のようなもので絞り込まれる点ですね。行為無価値的な考え方からいくと、結果から遡るというより、まず行為があって、その実行行為性がどうやって絞り込まれるかというと、典型的な殺すパターンに当てはまるかどうかというような形でお考えになるのかとも思っていたのですが……。

川端　今言っているのは、実行行為で絞り込むかどうかの議論ではなくて、条件関係として行為と結果を見ているのです。実行行為という概念で絞り込むかどうかはまた別の観点であり、それを持ち込むかどうかは別の問題だと思うのです。実際上はダブっているだけです。結局、そういう行為についてだけ処罰範囲の問題として出てきますから。

前田　観念的にはいろいろな説明が可能ですが、事実上は、「およそ殺害行為といえないようなもの」については、条件関係を云々する必要は全くないし、実際上もやらないわけです。

川端　そうですね。ただ、論理のモデルとしては、全ての条件が前提に

なります。それは先ほど伊東さんが言われたとおりです。そこにおいては実行行為だけを特別に価値的に優遇しているわけではないのですね。したがって、条件公式は従来通り維持できているという発想なのです。

山口さんは、どのようにお考えですか。条件関係というのは、結論的にはどうでもいいということになるのでしょうが、論理的にはいらないのですか？

山口 私のように考えると、事実的なものということで、合法則的条件説のようなものが残るのではないかと思います。

伊東 刑法理論として良いのかどうか分かりませんが、考え方によっては、先ほど川端さんが事実に対する規範の適用が刑法学だと言われたのをもう一歩進めて言ってしまえば、検察官の主張に対する適用ということなのでしょう？　そうすると、検察官が持ち出してきたものに対するアプリケーションですから、ある意味では、検察官が絞って持ってきているわけです。それが言えるかどうかということになると、そもそもその確認という意味では良いですが、改めてそれを事実としてやる必要はないという考え方も出てくるのではないでしょうか？

川端 法の機能や法と事実の関係という観点から言えばそうなのですが、理論的にどう認識するかという議論になりますと、今述べたようなことを言わざるを得ないと思います。私はまだそうですがね。

前田 そもそも検察官が起訴する行為を選ぶ時の基準は何かというのも、刑法学の問題ではあるわけですよね。

伊東 私は、実は、山口さんの言っていた〝相当因果関係が「選ぶ」〟というのはそこなのかなあ、と思っていたんですが、そうではないのですか？　定義のところで、相当因果関係説というのは処罰の対象をなす行為を選びだすことに係わる議論だ、といっていましたよね。

山口 そういうことは前に書いたかも知れませんが、いずれにしても危険の創出と実現という言い方をすれば、そういう関係が必要であり、そういう関係を与えるものとして、相当因果関係と言うかどうかは別として、条件関係とは別個の要件が必要になるわけです。

川端 それは処罰の必要性でしょうね。その処罰の必要性という問題は

どこから生じてくるのでしょうか？

山口 それは、そこまで処罰しなくてもいいのではないかというような考え方です。一般予防という議論が最近出されていますが、そもそも一般予防を追求して処罰をするのだとすれば、一般予防ということ自体に特別の意味があるわけではなく、要するにそこまで処罰する必要はないということを言っているに過ぎないだろうと思います。

伊東 町野さんは一般予防と言っているけれども、山口さんは言わないのですか？

山口 私も言っていますが、ただそこで一般予防という言い方をしても、処罰の目的が一般予防であるとすれば、そういう考慮で処罰されるべきものを選び出してくるということは、ある意味で当然だろうと思います。ですから、それを言うこと自体にあまり意味があるわけではないと思うのです。

前田 そうだと思いますけどね。

伊東 そこは先ほど言われたように、条件関係と相当因果関係の前後というのは、問題になるような場合は相当因果関係が先になるかもしれないということで、特にかまわないと思いますが。

川端 その部分は結論的には争いはないですね。だからそれを言わないだけであって、今ここで問題になっているのは方法論なのですよね。因果関係の存在をどう見ていくか。その争いだと思います。結論的には、ほとんど山口さんの相当因果関係説と同じはずだと思います。

前田 確認的に言えば、やはり論理的関係説と比較すると、特に択一的競合の場合は差が出るということなんですけれども。

川端 通説は条件公式を修正して条件関係を認めることになりますね。

前田 はい。ただ、択一的競合の問題と相当性の議論とは、つながっているわけではないですね。

山口 行為と結果の間の関係に、条件関係、私によれば結果回避可能性という枠がはめられなければならないし、さらに相当因果関係説をとれば、相当因果関係、危険創出実現という枠がはめられなくてはならない。二つの枠の中で、初めて、行為と結果の間の関係は構成要件に該当するというよう

に考えればいいだけではないかと思うのですが。

前田 その範囲では全く同感です。

伊東 ただ、私が一般の学生が分からないだろうと思うのは、古典的に言えば、条件関係があって、それを狭めるのが相当因果関係だというのが従来の議論ですけれど、必ずしもそういう順序ではないわけでしょう。そういう判断基底というか土壌と同じだと考えて良いのですか？

山口 そこで、条件関係、事実的な関係があっても、それだけでは駄目で、さらに限定されなければいけない。そういう意味で相当因果関係を考えるのであれば、事実的な関係を限定するものとして捉えるという意味で、同じ考え方だと思いますね。

私のような考え方によれば、条件関係自体に結果回避可能性という独自の意味を持ち込んでいる、それがまた別個・固有の意味を持つ、そういう関係になっているだけなのです。ですから、ある事実的な関係を限定するという言い方をするためには、合法則的条件説のような考え方を最初に言っておく方が、理解は容易かも知れません。しかし、それを言っても実益がないと考えているわけです。

II．客観的帰属論

1．客観的帰属論について

川端 伊東さんは客観的帰属ということを考えておられますよね。前田さんは、客観的帰属ということに対してはどのようにお考えですか？

前田 因果関係は、結果の行為への客観的帰属の問題なのですが、「客観的帰属」には特定の意味づけがなされて使われますよね。ドイツなどを中心に出てきて、近時日本でも主張されているところの客観的帰属論は、因果関係の相当性の具体的判断と、私は、ほとんど重なると思っています。相当因果関係説の危機などといろいろ言いますが、これだけ定着している相当因果関係説という言葉を前提に、その内容を大幅ではあるかも知れませんが、

修正することによって完全にカバーされてしまうんだとすると、客観的帰属論とか違法連関とか保護範囲論などという言葉は、私は使う必要はないという立場を採っているんですけども。

問題は客観的な帰属の中身なんだと思うんです。それを相当因果関係という言葉で呼ぶのが不可能であるというのであればともかく、行為後の介在事情を含めて結果を行為に帰属させるか否かの判断を「相当性」と呼ぶことは、致命的にまずいというほどではないと思っているということなんです。

伊東 私自身は、合法則的条件関係を前提にして、それを狭めるという意味では正に同じで、名前・ラベリングの問題であってどちらでもいいと思っているのですが、後で出てくる、いわゆる行為後の介在事情の問題のところでの条件の付け方というのが、相当性判断の今までの枠組みと本当に合うのかどうかということに、若干疑問を持っているのです。基本的な枠組みは同じなんだから名前は代えなくてもいいじゃないかと言われれば、別にそれに強くは異議を唱えないのです。ただ、先ほどチラッと問題点として言いましたけれども、そもそも相当性判断の枠組み、少なくとも今までの日本の学説が考えてきた枠組みの中に、狭義の相当性の部分でのいろいろなファクターが本当に入ってくるのかということが、よく分からないところがあるのです。どうも入らないような気がしなくもなくて、そういう意味では、相当因果関係という名前はミスリーディングかなという気がしなくもないのです。

山口 客観的帰属論の基本的な考え方は、危険の創出と実現ということですから、それに留まる限りは、従来通り、相当因果関係と言おうが何と言おうが、基本的には同じだと思います。違ってくるのは客観的帰属という言い方をすると、これはドイツでも議論されていますが、構成要件の射程範囲の問題として、さらに限定される余地が生じる点です。もっとも、相当因果関係説でも、相当因果関係といっても構成要件の解釈ですから、規範的に限定される余地は当然あると言えば、これまた同じなのですが。いずれにせよ、危険の創出と実現ということに留まらない部分、規範的な構成要件の限定というものを正面から認めていくかどうかということが、つまることろ相当因果関係論か客観的帰属論かの実益ではないかという気がします。

伊東 先ほども、いわゆる客観的帰属論の学説的な発生過程というの

が、若干議論になったのですけれど、そこでの違いは、構成要件解釈を裁判官にある意味で全面的に委ねて、それによって具体的な結果の妥当性を担保するか、あるいは、日本でいえば相当因果関係という恰好でのいわゆる判断基底と判断時みたいなものでの理論的な枠組みとしてリードするか、ということだと思うのです。どうなのでしょう？　そこのところはあまり変わらないような気もするのですけれど。

2．判例と客観的帰属論

川端　名前だけが問題になっているケースが多くなっていますね。相当性という概念はかなり緩やかなものですから、逆から言いますと、客観的帰属論における諸基準をそこに取り込めるというメリットはありますね。相当性の観念によってうまくいっているのだから、あえてそれを変えることはないという発想になると思います。ただ、このような相当性とか客観的帰属とかの議論は学界では活発ですが、判例自体はこれに乗ってこないという点について前田さんは、どのように考えられますか？

前田　これは難しい問題だと思うんですけれど、多くの問題に関して、判例は特定の何々説というものを採用するということをなるべく避けようとしますね。結論の妥当性が重要で、その理論化は必ずしも重視しないと思うのです。ただ、先ほど伊東さんの指摘にもあったように、実務家の一部は、伝統的な相当因果関係の議論、行為時から見た結果発生の相当性という枠組みでは、具体的事案に対処し得ないと考えているとは思うのです。調査官の方がそのような趣旨に近い発言をされたということはあるんだと思うんです。だからその意味では、思い切って相当因果関係という言葉を捨てて、衣を変えてという行き方があるんだけど、私が「相当因果関係」という言葉にこだわったのは、従来の相当因果関係の問題に関する判例を整理すると、妥当な結論を導く基準を「結果に至る因果経過の相当性」という形で説明できると考えたからです。そして、客観的帰属論は、もちろん学説によって微妙な差はあるんですが、基本的に行為無価値的な色彩の強いドイツの議論であって、それをそのまま日本に持ってくるのは良くないと考えたからです。日本に定着している議論を徐々に変えていって、現実の判例を基本に具体化し

ていった方がよいという考えなのです。ですから、逆に行為無価値論的に考えるべきだという立場からすれば、「許された危険」という発想をもっと入れて、客観的帰属に積極的になるというのはわからないことはないけれども、私の立場は、むしろ逆で、相当因果関係という言葉に留まっておいた方がいいという意識があるんです。

3．ドイツにおける客観的帰属論との関係

山口 あえて客観的帰属という言葉を使わない意味があるとすれば、客観的帰属論という言葉を使うと、あたかもドイツで主張されている客観的帰属論がそのまま採用されるような誤解が生じる恐れがあり、それを避けるということですね。そういう誤解を避けるという意味では、従来の相当因果関係論を少しずつ修正して、具体的に妥当な結論を導けばいいという考え方には一理あると思います。ただ、わが国の解釈論としての客観的帰属論も提唱されるようになってきていますから、言葉の問題はどうでもいいというようになってくるのかも知れません。

相当因果関係説論者が、客観的帰属論にかなり警戒的だったのは、ドイツの議論をそのままセットとして導入してしまうことに対する危惧感だったのではないかと思うのです。

川端 それはあると思います。

前田 おっしゃる通りで、さっき言ったのもそういうことです。

伊東 私自身は、ドイツの客観的帰属論といってもあまりイメージが湧かないのです。全体的な像を追ってみても人によってかなり違うわけで、そういう意味では、客観的帰属論と言っても、日本で我々自身がやはり基準論を作らざるを得ないだろうし、日本の場合には、危険増加等々の原理を作るにしたって、そういう発想がダイレクトに通りそうもないのは確かなわけですから、それをもう少し議論した方が有益だという気がします。

4．行為無価値論と客観的帰属論との関係

川端 前田さんが指摘されたように、従来から言われてきたことですが、行為無価値論と客観的帰属論の結びつきについて、伊東さんは、どのよ

うに考えていますか？

伊東 私は最初からずっと行為無価値論で、あえて考えたことはなかったのですが。

川端 伊東さんの言われることは行為無価値論者の私にはよく分かるのですが、結果無価値論者には分かりにくいのではないでしょうか？

伊東 先ほどちょっと言ったのですが、いわゆる行為規範的にどこまでやって良いのだというような「許された危険」ということに、非常に悪いイメージを持っているか、そうではないかで、ずいぶん違うと思うのです。ナチス時代のどうのこうのという議論をしてしまえば、行為無価値はいけないということになるかもしれないのですが、逆に言えば、処罰範囲は行為無価値的な客観的帰属論をきちんとやればむしろ狭まるわけですし。そういう意味では、行為無価値的色彩を持っているのが何故いけないのか、というところがよく分からないのです。

川端 今の問題は、客観的帰属論者の主張のように、あるいは今伊東さんが言われたように、因果関係の範囲が狭まるかどうかの問題だと思います。

伊東 まあ、そうかも知れませんね。

前田 ドイツで客観的帰属論が出てきた流れをみますと、過失犯論が中心でしたよね。そこではいわゆる目的的行為論的な発想から、極端な場合「結果は処罰条件だ」というような形で、結果を非常に軽視する過失論が前提にあった。義務違反行為があれば、結果が起ころうが起こるまいが過失犯の違法性は存在する。ただ、それでは処罰範囲が広すぎるので、過失犯の成立範囲をしばり込むのに、危険創出とか危険実現という行為時点の側から考えていくという発想がでてきた面があったような気がするんです。結果の視点から因果関係や結果の実現可能性等で絞るということはできませんから。

ただ、そういう議論をそのまま、過失の結果を重視するわが国に持ってくる合理性はない。もちろん先ほども言ったように客観的帰属論もいろんなバリエーションがあるから、そこまで徹底したものというのは一部なのかも知れないが、理論的なつながりというか、行為無価値志向性と言いますか、ドイツだから悪いというのではないんだけども、日本の現実にはうまく整合し

ないというか、木に竹を接ぐような面があるのではないか。過失論でも土台が日本とちょっと違うという意味で申し上げているので、確かに、客観的帰属論全体が行為無価値だから絶対悪いという言い方はミスリーディングな面があるかと思います。

伊東 危険創出の方にはそういうニュアンスはあるけれど、危険実現の方は、行為無価値も結果無価値も関係ないのではないでしょうかね。

山口 危険実現の意義をどう理解するかによると思います。例えば井田さんのように、実現した結果に行為の危険性が確証されるというように考える場合には、ある意味では徹底した行為無価値論だということになると思います。

伊東 まさにヒルシュがそうでしょ、昔からそう書いているわけですから。

前田 井田さんなんかはドイツ型の典型に近いのでしょうね。さっき指摘があったように客観的帰属論の正統派はそういうものなんだというように、客観的帰属論をとるとそうなりがちじゃないかということです。

川端 総体として広がると思いますね。ただし、行為無価値は結果を重視しないという形をとればという条件つきですが……。

前田 もちろん行為態様で絞るということで、処罰範囲が狭まるのは否定はしませんが。

川端 大枠の方ではそうですね。

III. 相当因果関係説をめぐる諸問題

1. 判断基底の問題

川端 それでは次に、判断基底の問題を検討しましょう。

伊東 判断基底の問題は、果してここやる意味があるかどうかが問題ですが……。

前田 従来、行為後と行為時に一応分けて考えてきましたけれども、実

は厳密には分けられないわけですよね。だから広義の相当性を別個に切り出して、それを独自の類型として議論する意味はどれだけあるかというと、確かにあまりないのかも知れません。ただ、事例としては実行行為時に特殊事情があった場合はどうするかというパターンと、行為後に介在事情があったパターンが事実上分けられないことはない。その程度のもので、理論的にはおっしゃる通り、連続的だと考えています。

　川端　私が言っているのはそこだけなのです。ですから、どっちみち、同じ判断をしていることになります。そのような名称を与えるかどうかという問題だけであって、中身には差はありません。前田さんが言われたことにはある程度類型性がありますから、類型性を特徴化するものとして例に出されたと思います。

　私はそれ自体を否定しているのではなくて、今前田さんが言われたように、考え方としては質的な差は無いはずだというだけの議論だと思います。

2．広義の相当性と狭義の相当性

　山口　私の場合には、書き方が適切でなかったために、いらぬ誤解を招いて批判されたのですが、要するに、「狭義の相当性」も「広義の相当性」も同じだということなのです。同じ判断としてやればよいということで、別に危険の創出を無視してよいということではないのです。

　前田　元はやはりドイツなんでしょうね。危険の創出・実現というのと、エンギッシュの広義の相当性・狭義の相当性というのは、もちろん根っこは繋がっているということなんでしょう。

　川端　その点について、伊東さんはいかがですか？

　伊東　私は、必ずしも結び付きがあるとは……、思考パターンとしては同じだろうと思いますが、きちんと勉強したことがないもので。

　川端　同一性があるのでしょうかね。

　山口　「広義の相当性」というのは、「狭義の相当性」の束になったものだということだと思います。そうすると結局両者同じものだということになるのではないか。これは学習院の鈴木さんが指摘していることですが、エンギッシュが両者を分けたのは、故意の認識対象としては「広義の相当性」の

みを要求することにより、因果関係の錯誤で都合のいい解決を導くためだったにすぎないのではないか。本当にそう言っていいかどうかはわかりませんが、そういう意味づけも可能かなという気がします。

伊東 要は、可能的な実現経過の範囲みたいなものがあって、それが広義なもので、その中で現実的にどう行ったのか、という問題だという発想なんですね。だから、厳密にいうと、やはり危険の創出とその実現というのは違うのかもしれないですね。

前田 少なくとも、そもそものエンギッシュの用いた意義は置いておいて、日本でこの言葉を使われたのは井上祐司先生と町野さんだと思うんです。その蒔いた種が広がったということで、町野さん自身がニュアンスが変わってきますので、若干混乱が生じたという面があるんですが。ただ、基本的には今の段階では危険の創出とその実現はほぼ対応するものと考えてもいいということですね。

伊東 そう思いますね。少なくとも、みんながそういうふうに議論を始めてしまったのではないでしょうか。

山口 問題はその危険の中身をどう考えるかだと思います。山中さんが言っておられるように、危険創出連関と危険実現連関を分け、前者の危険判断は事前的判断、後者は事後的判断であるということを認めるかどうかということに結局帰着するのだと思います。

さらに言えば、行為の段階での事前の危険性をことさらに強調して、それがないと処罰できないとすることの実益、あるいはそれにどういう意味があるのかが問題になるのだろうと思います。

川端 まさにそこが問題なのでしょうね。事前的な判断と事後的な判断という形で意味づけすることに、はたして実益はありますかね。

山口 行為者が行為をしようとするときに、危険がないような行為は、一般予防的な観点からしてやってよいとするかどうかが問題です。林幹人さんも大体同じような考えで、「許された危険」を入れてきて、さらに実質的な判断をするのですが、そういう考慮を認めるかどうかが問われていると思います。

伊東 先ほど、前田さんと私が議論した中に出てきていることですけれ

ど、私は、適当な表現が思い浮かばないのですが、ある意味では余計な処罰条件を付け加えているわけですね。予め一般的にみてもヤバイような行為でない限りはやってもいいんだ、と。それが確定できなければ、具体的な狭義の相当性、あるいは危険実現連関と言ってもいいのかな、そういう事後的な判断だけでは駄目だというのですが、問題は、むしろ、そのような要件を立てて良いのか、ということと同時に、どうしてそれが出てくるのかということでしょう。

山口 そこでなぜ事前判断にならなければいけないのかということが、私にはわからないのです。

伊東 それはまさに、前田さんが言われたように、一種の行為無価値の立場なのでしょう。

山口 それはそうだと思います。結果無価値論的に考えれば、危険を事後的に考えた上で、行為者の認識可能性は責任の問題になるということになるのではないかと思います。

前田 全部うまく説明できないので、予見可能性があるかどうかに逃げてしまうんだけど、行為時の危険創出を分けて、それを独自のものとして重視するというのが、さっき申し上げたように行為無価値的な発想の少なくとも残滓といいますか……。

伊東 残滓というより、そのものかもしれない。

前田 実は、そのものだと私も考えているんですが。

山口 林幹人さんはすべての解釈論でそれを展開しておられます。正当防衛もそうだし過失犯でもそうです。

前田 結果無価値論を採用していても、少し行為無価値化したように見える部分は出てくることはあると思いますけれども、林さんの理論は意外だという気がするんですが……。

3．客観的帰属論と危険創出

伊東 もう一つの問題は、山中客観的帰属論というのが日本で成立しつつあるとすれば、山中さんの立場からは、事前と事後ということで、二つの区別をするためにはああなってもいいけれど、その必然性はないと思うんで

す。私は、山中さんの本を読んでも、どうして危険創出連関が要るのかということがよく分からないのです。

前田　いずれにせよ日本の具体的な解釈論として考えたときに、危険創出の方ではなくて、危険の実現の方が問題になる。そして、その中に組み込む行為時の危険が事前判断である必要があるかどうかということは、もちろん立場によって差があり得ると思いますが、ただ、後から考えていろんなファクターの一つとして、行為時にどれだけ危険性があったかというのは、やはりこれは客観的判断であって、事後的な判断ということになってしまうんじゃないかと思うんです。

山口　山中さんもそうではないでしょうか。その限りでは事後的な判断になってしまうと思います。

伊東　事後的に、行為時に立って結果方向に向けて見るというだけですよね。その際に、先ほど少し議論したように、判断基底としてどこまで入れるかということによって、事前判断だと言っていても、中身としては、実際は完全に事後判断の可能性もあるわけです。ある意味では、先ほどから言っているように、相当性と同じ判断枠組という風な前提で議論しているわけで、そういう見方をしてみれば、中身は本当は事後になっているかも知れない。そうなると、逆に、この二つを区別する必然性はあるのか、ということですね。私は行為無価値論にこだわっていますから、事前判断ということを言わざるを得ないのですが、実をいうと、本当に事前判断はできるのかと、かなり悩んでいますね。

前田　結果が現に起こっちゃったりということで。

伊東　そういうことですね。つまり、行為時において、客観的なファクターとして、ある行為からそういう結果が出るだろうか、ということを見ようというのだけれど、本当にそんなことができるのか、考えてしまうのです。例えば、私がピストルで人を撃つとか何かやるということで考えている分には良いのですが、そこにどこまで現実の他の要素を入れてくるのか、というところが、どうもはっきりしないのです。それを議論せざるを得ないんだろうな、という気がします。

川端　具体的には難しいのですが、観念的には議論できるわけです。例

えば、ある条件があってその部分については認識可能性がなかったという形で排除できると思います。

伊東 ただ、その認識可能性で言えば、行為の危険創出という場合の、その危険創出と行為者の認識とは関係があるのか、というところが、実は私には疑問なのです。

川端 危険の創出という場面で、どういう条件を前提にして危険と見るかという問題が出てきます。その条件に取り込むかどうかという問題で関係してくるわけです。

前田 因果関係論の中で、行為時の危険の問題としてよく出される例で、血友病と誰も分からない患者を傷つけるときに、行為時の事前判断で行為者を基準に考えるということは、危険でないから無罪にしろということになるわけですね。危険創出がないということで。

川端 そういう可能性は出てくるでしょうね。

前田 判断基底の主観説・客観説・折衷説の話と重なってしまいますが。

伊東 私の場合、何となくそういう発想とずれるのです。そういう意味では、やはり、危険創出とは違うのでしょうね。私が危険創出というときは、例えば、ある人間がある誰かを殴ったとして、そのときの殴るという有形力の行使の持っている危険性を考えるだけで、被害者等の特殊事情というものが在るかどうかを考慮する際にも、それに行為者の認識を付け加えるか否かは未だあまりはっきりしていないのです。恐らく、客観説に近いのでしょうね。

川端 判断基底に取り込むかどうかという場面で、従来の学説に近くなるわけですね。

伊東 そもそも、合法則的条件関係で判断しておいて切っているということ自体で、おそらく山中さんも同じだと思うのですが、認識・予見の可能性というのは、要するに別個の段階の問題となっているのだと思います。山中さんがどの段階で処理されるのか、はっきり覚えていないのですが、いわゆる因果関係論の段階では切っていないと思います。そういう意味では、その判断基底というものの中に行為者主観を本当に入れるのかどうか、よく分

からないところですね。
　前田　主観じゃなくても一般人から知り得る事情を……。
　伊東　恐らくそれだけだと思うのです。
　前田　だから非常に危険な行為をしていても、普通の人には分からなければ危険な行為でないということになるわけですね。
　伊東　それは言えると思います。
　前田　そこまでは山中さんも同じだと思う。で、危険創出がないから因果関係がないと。
　山口　と言うか、帰属できないということになるのでしょう。
　前田　そこがあえて言うと、結果無価値的か行為無価値的かの分かれ目なんですね。かなり結果無価値的な人でも、一般人基準という発想につながらないわけではないですね。
　危険創出の問題は、「広義の相当性」の問題だとすると、どうしても事実上は行為時の特殊事情の問題とつながってくるということにはなるんですよね。
　川端　行為時の特殊事情の組み入れの問題は解決済みだと思われたけれども、実はそうではなくて新たに危険概念の中にそれが取り込まれることになるわけですよね。

4．規範の事前予防機能と一般予防論

　前田　規範の事前予防機能と事後処理機能ということで、その議論が一般予防で説明するということにつながると思うんですけど。私が気になるのは一般予防論というのは論理必然ではなく、どうしても規範の事前予防的機能を強調して、さっきの林さんの議論ではないけれど、行為無価値化するのではないかという危惧を感じるんですけど。その点は山口さんいかがですか？
　山口　論理必然的にそうなるわけではないと思いますが、どちらかというとそういうようになりがちだというのは感じます。
　前田　私もその程度なんですが。
　伊東　もう一つ確認しておきたいのは、例えば、町野さんや山口さんが

一般予防と言われているときは、いわゆる威嚇予防を考えているのですか？そういうわけでもないのですか？

山口 処罰の必要性がない、というそれだけなのです。町野さんはどのように考えられるのはわかりませんが、そこまで処罰する必要はないだろう、一般予防としてそこまで追求する必要はないだろうということで言ったにすぎません。

伊東 姫路獨協大の松生さんでしたか、彼は、教科書では完全にヤコブスを引っ張ってきて、積極的一般予防で客観的帰属論を根拠づけていますね。そういう意味では、典型的に行為無価値論に行くのでしょう。私も、そう思っています。

山口 処罰が必要かどうかの議論の先は、いろんなことがあり得ると思いますが、その部分は共通項なのでしょう。そこから先は別に議論しなければいけないのではないでしょうか。

5．積極的一般予防論と狭義の相当性

前田 いま積極的一般予防論でいくと伊東さんはおっしゃったけど、具体的な狭義の相当性判断で、その中にも論理的につながってくるわけですか？

伊東 いやいや、そこが最後に、正に狭義の相当性要件を一般予防で本当に説明できるのか、という問題として残るのです。

山口 できると思います。処罰の必要性がないということですから。それ以上のことを言うのならば、先ほど前田さんが言われたように、事前的判断としての行為時の広義の相当性に限るというように考えてくれば、それはそれで一つの考え方なのかも知れませんが、そうは言ってないわけです。

前田 あなたはそっちの方に行きそうな感じがするから……。

川端 先ほどの議論に戻ることになりますが、まさに客観的帰属論の観点がここで出てくるわけですね。

伊東 それは出てきますね。

川端 前田さんはこの点を危惧していたわけですよね。

前田 伊東さんのレジュメに取り上げていただいた「実行行為の結果発

生の確立の大小」とか、「介在事情の異常性と介在事情の寄与の度合い」などは、いろいろ批判があるわけですが、具体的にその結果を帰責させていいかどうかという判断の基準として、大体このあたりが判定のポイントになっていると思うのです。ただ、確かにこの三つにそれぞれにどういう点数をつけるかによって、同じ基準を使っている人によって結論に差がつくという批判は、その通りだと思うんですが。やはりそれぞれのファクターの使い方とそれに加わる具体的な事情との組み合わせは、判例を基準に考えるということなのです。こういう場合にこういう異常性があれば切れるという言い方をするしかないんだろうなという気がしているんですね。これをもう少し理論的に説明する努力をしなければならないとは思いますが……。

伊東 曽根さんの見解も林陽一さんの見解も、これの説明として非常によく使えるのではないか、という気がします。ただ、実行行為そのものに存する結果発生の確率ということは、林陽一さんの場合、あまり強く言わないですね。何て言いましたか、生活関係別危険でしたか……。

山口 一般的生活危険。

前田 私のは、初めにあった傷が重症か軽症かで、結論に差がついてこないとおかしいなという、非常に単純な発想なんですが。

伊東 それは、林陽一さんの理論構成にも十分載ると思います。曽根さんの構成でも、中性化的因果系列が加わるということは、要するに、介在事情の結果への寄与とか遮断というもののことで、相関関係として捉えてくるのだと思うのです。そういう意味では、前田さんの見解はよく批判されるのですが、曽根・林の御二人の言われているのは、実質的には違わないような気がしなくもないですね。

前田 それに対して客観的帰属論でいくと……。

伊東 客観的帰属論でも色々な考え方がありますが、積極的一般予防の使い方・考え方について言えば、要はこの人は処罰しても無意味だということは、処罰しないというレヴェルでは山口さんの言われるところとあまり変わらないのです。ただ、介在事情のこういうものについて、客観的帰属論がどれだけできるかということは、正直なところ、私は未だ細かいことを考えていないのです。

山口 危険の実現として考えられる範囲内ならば、三つのファクターは当然そういうものとして考えられます。客観的帰属論としては別の基準があるのではないかと思いますが。

伊東 それを、どう持ち出すかということですね。

山口 ええ。

前田 それはさっきもちらっと出ていたんですが、その典型例と言いますか具体例として、こういうものを超えて帰属を考えるというのが、さっきのロクシンの構成要件の射程という話ですか。

6．構成要件の射程論

山口 構成要件の射程論としては、例えばドイツ法では自殺関与が不可罰ですので、それを手がかりにして処罰の限定が主張されています。山中さんは、それを危険実現段階に持ち込んでいるのではないでしょうか。

そうなると危険が実現しているかどうかという判断基準の大枠の中に、下部基準がいくつか立てられることになるわけですが、そうした下部基準それ自体が我々を納得せしめ得るものかどうかということが問題になります。危険の創出・実現自体は、相当因果関係の内容として認められていることですから、承認可能だと思います。客観的帰属として、それを超えて別の個別基準を出してきたときに、ほんとうにそれが日本刑法の解釈として承認し得る基準なのかどうかということが一番問題で、そういうレヴェルから考えてくると狭義の相当性というより、危険実現の判断がどうなってくるのか、客観的帰属論ではまさにそれが正面から問われるはずなのです。

伊東 これは別に弁明でも何でもないのですが、結局、客観的帰属論というのは、今のところはあまり理論的なものではない、という方が正しいのかもしれないですね。つまり、処罰の必要性というものを考えたときに、裁判官に何らかの権限を与えておいて、いわば事後的に類型化してきているというだけなのかもしれないですね。

山口 類型化するのはいいのですが、類型自体がおかしいということがありえます。危険の創出・実現であれば、相当因果関係の枠組みで承認してきたものだから、納得する。それと違う基準が出てきたときにどうか、とい

うのはまさにこれからの問題です。山中さんの著書の中に述べられている基準が一体どの程度我々が承認しうるようなものなのかということが、これから議論されなければならないことなのでしょう。

伊東 類型が納得できるかどうかということも、一つの判断方法としては、結論あるいは結論の妥当性ということでしょう？　今の相当因果関係論の議論と客観的帰属論とが大きく違うというのは、先ほどから言っているように、創出部分なのではないですか。実現部分で、日本の今までの判例と食い違いそうなものはあるのでしょうか？

山口 私はむしろ逆ではないかと思います。客観的帰属論の意味は、山中さんの言葉を使うと危険創出連関ではなくて、危険実現連関だと思います。そこで、行為から結果の間にいろいろなものが介入してくるときに、これは駄目、これはいいという個別基準をまさに議論するのが、客観的帰属論の意味なのです。危険創出連関は事前の危険か事後の危険かという話だけですから、それは行為無価値論か結果無価値論かという大問題につながるものではあり、それ自体としては一つの問題ではありますが、客観的帰属論の本体は危険実現連関だと思います。

7．危険実現連関と相当因果関係説

前田 山中さんは、正確ではないかもしれませんが、可能性としては客観的帰属論の危険実現連関と、わが国の相当因果関係論とは重なってしまう可能性もあるということですかね。

山口 はみ出る部分が問題なんです。

前田 はみ出る部分はほとんどない？

山口 いや、はみ出ると主張されています。そこではかなりいろいろな基準が述べられていますが、ただ、それが議論の紹介という形で述べられているために、山中さんがなぜそれを妥当であると考えておられるのか、必ずしもはっきりしない部分もあるように思いますが。

前田 そこのところが、危険の実現というものの枠を超える主張が現にされているということなんですか。

山口 実質的に見て、そうだと思います。

前田 そうだとすれば、それをひっくるめて正当化する議論としての客観的帰属論というのは、やはり危険だという感じになってしまうと思うんです。

川端 先ほど前田さんが三つの類型を挙げられたのですが、その中にまだ取り込めるかどうかという操作をしなければいけないと思いますが……。

前田 取り込めればいいんですけど、さっきのニュアンスだと取り込めない部分がある……。

山口 例えばAという規範的な基準がある、これは処罰するべきだという基準が述べられている。それが我々として、日本刑法の解釈としてそういう基準がもっともであると思えるかどうかが問題です。

8．客観的帰属論と帰属基準

伊東 先ほど、客観的帰属論というものが本当に論理というか、がっしりしたそういうものなのかというと、そうではないのかもしれないと言ったのは、その趣旨なのです。私自身やってきてみて、個別的に自分のイメージを持っていて、ある事例が出てきたときにそれなりに何らかの判断基準は作れるとは思うのですが、それが本当に一貫したものかどうかということは、もう少し経ってみないと分からない。多分、それが正直なところなのだと思います。

川端 現状としては、相当因果関係説があって、従来その立場から因果関係の存否を判断してきた中に、さらに客観的帰属論の立場から、山口さんが紹介された形で個別的な基準が提示されていると思います。客観的帰属論の思考方法が我々日本人の感覚に合うかどうかが今問われていることになると思います。

山口 それがまさに、感覚というか解釈として成り立つかどうか、ということだと思います。ドイツでもいろいろな議論がありますが、そのなかでも自己答責的な行為が介入してきた場合にどうするかという議論があります。私はかなり親近感を持っており、一定の範囲では成り立つ議論だと考えております。そういう個別の帰属基準自体が成り立つかどうかということ自体を検討していくことが大切です。成り立てば、相当因果関係論でも構成要

件的な限定があるとして、取り込むことは十分可能だと思います。

　伊東　先ほど、具体的な例で違うところがあったのだろうか、と伺ったのですが、自分のゼミ生を使って検討させた最近の例で明確に違ったものには、例の夜間潜水訓練の事例（最決平成4年12月17日刑集46巻9号683頁）があります。客観的帰属論に近いという立場の学生は、ダブルの過失が間に入っているので遮断される、結果は帰属できないということが多いのです。

　山口　過失行為が介入する場合ですから、むしろ逆なのではないかと思いますが。

　伊東　そうですかね～。その辺は分からないですが、少なくとも、相当因果関係説という立場とはどうも合いそうもないと自分自身でいう学生が、危険の実現というものを自分なりに勉強して考えてみると、あれはやはり過酷だ、あそこまで帰属させるのはおかしいという結論が、何故か出てくるのですよ。

　山口　それは、客観的帰属論か相当因果関係説かの話ではないのではないでしょうか？

　前田　でなくて、おそらくは間に入った、被害者の側の過失をどう評価するかで……。

　伊東　それはそうですけれど、問題は、その時の評価として、被害者側のダブルの過失、つまり、被告人の指示に反した指導補助者について行って、もう一度潜れと言われて潜り、自分自身の潜水技術が未熟で水を飲んで死んでしまった、という二重の過失を、例えば、前田さんの言っているような三つの要素に入れられるかどうか、ということです。どうやって構成しますか？

　前田　私は2番と3番の（判断基準の）問題だと思います。被害者はスキューバーダイビングに来てた初心者でしたかね、そういう人がそういう異常なことをする事がどれだけあり得るか、どれだけ異常かということが重要ですよね。あのスポーツの世界でいけば、初めてだとすると、異常なこともするであろうし、しかもそれが二つ重なってくるということはそれほど異常ではないという議論も成り立つんだと思います。そこのところはやはり事実認定の問題だと思うんですが。だから、そこを重く評価すれば異常なんだと

いうことになります。そんなことはおよそ起こらないことなんだと……。さっきの自己答責性という議論は新しいファクターとして面白いと思いますが、今の問題でも自己答責性の問題は絡むと思います。

伊東　私自身はそういうふうに思っているのですが。

前田　介在した者への帰責判断みたいなものが入ったときは、そこが違ってくると思うんですが、やはりスキューバーダイビングの例は、スポーツに詳しいかどうかによっても違ってくると思います、その評価をする人間が詳しいかどうかで……。私は最高裁の判断は、そんなにおかしいという気はしなかったんですが。

山口　前田さんの枠組みによれば、誘発というファクターは異常性の判断で考慮されると思うのですが、山中さんのいう、相当因果関係の原型に近い考え方からすると、それを考慮することはむしろ否定されることになるのではないか、客観的帰属論では、それを考慮することを肯定する方向にいくのではないかと思うのですが。

前田　そうですね。私だけではなくて最近の林陽一さんとか曽根さんの考え方もそうなんだけど、その範囲では、伝統的な相当因果関係よりは客観的帰属論に近いという感じはありますね。

伊東　ある意味では、客観的帰属論の危険創出と実現のどちらに重きを置いているか、ということの差ということなのでしょうね。

前田　基準はあっても結論が動いてしまうじゃないかと言われればそうなんですが。

伊東　それはしょうがないですよ。

前田　どの理論でもそうだと私は言いたいんですが。葛原さんもそうでしょうけど、山中さんはそうとう厳しく（私の説を）批判していますけどね。ま、そこは私本人が一番よくわかっていますから。問題がないとは思っていないんですけれどもね。

伊東　裏話を聞いてしまいますけれど、この要素というのは、判例を見ていると大体この三つ位のファクターに絞れるということですか？

前田　そうですよ。この中身、さっきの誘発云々っていうのが入ってくるのは、途中からですけど、もうずいぶん昔というか、種を蒔いたのは平野

先生ですよ。平野先生が介在事情を三つのグループに分けましたよね、それを聞いていてやはり、ああなるほど、こういうものと、こういうものと、こういうものなんだなと思ったわけです。だからこの三つは相当古いと言えば古い、というか誰でも思っていたんだと思うし、それをもっと恰好よく言うと、林陽一さんのような議論になるんだと思うんですけど。

9．客観的帰属論と相当因果関係説の危機？

　伊東　相当性理論と客観的帰属論というのは、客観的帰属論側にまだ立証責任がかなりありますね。それは重々承知の上なのですが、私自身は、そういう立証責任はあっても、条件関係論というような基礎的な前提ということからいえば、客観的帰属論でも間違っていないというか、むしろ、客観的帰属論の方がすんなりいくだろうという気がしているので、そちらに与しているのです。

　前田　客観的帰属論というのは、条件関係に関しては合法則的条件関係説をとって、ということになるんでしょうね。

　伊東　論理的必然性はあるかどうかは分からないですが、多分そうなると思います。

　前田　山中さんはそうですか。

　伊東　そうです。

　前田　私も、論理的に客観的帰属論で条件関係を説明するとこうなる、というわけではないんだと思うんですよ。

　伊東　やはり条件関係にかぶせているのです。

　川端　かぶせているのですか？　むしろ否定しているのではないですか？　条件関係論ではないという前提で……。

　伊東　いや、私はかぶせていると理解しています。山中さんと話していても、そういう理解だと思いますが。

　前田　この大著の中に、論文の流れはかなり鮮明に出ているわけですが、この客観的帰属論の議論と、条件関係に関しての批判的な議論というのは表裏の関係で展開されてきているわけですよね。

　伊東　少なくとも、私が今日のために纏めてみた限りでは、それなりの

ものがありそうなのです。それがあまりクリアーに認識されていない、というか、皆さんは認識していたのかもしれませんが、整理してみると、かなり密接な関係を持っているのではないかなという気がします。

前田 あえて伺うと、客観的帰属論をわが国で古くから紹介されたのは下村先生ではないですかね。シュミットホイザーの理論を導入されていた。あれが一番古くて。後は山中さん？

伊東 斎藤誠二先生ですね。

前田 斎藤先生は、ロクシンの考え方ですね。後、有力な主張者というのはどなたになるのですか。さっき出た井田さん。

伊東 日本でですか？ 松生さん、葛原さんもそうですね。

前田 その辺りが客観的帰属論ということになる？

伊東 川口さんあたりもそうなるのではないでしょうか？

山口 客観的帰属論それ自体というものは存在しないと思いますが。相当因果関係論が危険の実現、あるいは相当性を要件とする見解であるというのと同じ意味で、客観的帰属論というのは存在しないのです。

前田 そうか。さっきの質問のようなことを言っちゃいけないのか、私は。

山口 それぞれの帰属基準の当否を問題としなければならないのです。

伊東 客観的帰属論というのは、名前が悪かったのですかね。

川端 わが国における客観的帰属論の実体はまだ固まっていないといえるのではないでしょうか？

伊東 むしろ、特定のもの、パターンとしてはできてこないのではないですか。できるとすれば、その下位の類型の実現基準に関してということになるのではないでしょうか。ただ、先ほど言ったような事前判断、事後判断ということでは言えると思いますが。

山口 それは危険創出連関の問題で、山中さんの言葉を使うと、危険実現連関の中身というのは人によって違うし、あるいは危険実現連関と区別してロクシンみたいに構成要件の射程ということを問題にすれば、それは構成要件解釈の問題だし、基準の具体的内容が示されて、初めてそれが妥当かどうかということになるわけですから。

伊東　要するに、枠組み如何なのでしょうね。

川端　一般的傾向としてはそのように言えるでしょうね。

伊東　そういう意味では、相当因果関係論だって同じわけですよね。

山口　相当因果関係論は一つの実質的考え方ではあると思います。ところが客観的帰属論というのは、相当因果関係論でないということと、客観的な帰属を問題とするという点だけであって、その後は全部ブランクで、その中身が検討されなければいけないのです。本当はその検討が必要なのです。

伊東　ただ、今回のテーマの立て方はそういうものではなかったですから。

川端　総括して言えば、基本的な傾向として従来の立場との間にかなりの相違があるけれども、個別的な基準等に関して意見が提示されてきたから、これをさらに我々は吟味していかなければならないということですね。

伊東　それをやってみないと、相当因果関係説が危機なのかどうかも分からないですし。

川端　今言った点を掘り下げていき、まさに客観的帰属論者が提起した方法によって全部解決がつくのであれば、相当因果関係説は危機に瀕していることになりますね。

複数　そうでもないような気がしますがね。

川端　ということで、因果関係の問題を終えることにしましょう。

Chapter 2

不真正不作為犯論

【本章の論題提起者】

川　端

本章のレジュメ

I．不真正不作為犯論の根底にある「実体」問題

ローマ法以来、不真正不作為犯としての実体を有するものは実際上処罰されてきたが、不真正不作為犯の理論が発展したのは、19世紀に入ってからであった。権利侵害説の見地から、フォイエルバッハは、犯罪は原則として作為犯であり、「権利侵害にでないこと」を要求する刑法が、「あることをすること」を要求するためには、「法規」・「契約」等の特別な法的根拠が必要であると考えた。すなわち、法的な作為義務が存在する場合に、不作為犯が例外的に処罰されると解したのであった。しかし、当時の議論はそこまでであって、それ以上の進展はなかった。その後、自然科学的方法によって学問を構築すべきであるとする思潮が刑法学にも影響を及ぼし、「不作為の因果性」に疑問が提起されるに至った。すなわち、不作為は何もしないことであるから、「無から有は生じない」ので、不真正不作為犯においては因果関係は存在しないと考えられたのである。作為が因果の流れを惹起してこれを利用するのに対して、すでに存在する不作為は因果の流れの進行を阻止しないという消極的な形でこれを利用する点に決定的な相違がある。これが作為と不作為との「存在構造上の差異」であり、この存在構造上の差異を前提にしたうえで、何かを媒介にして不真正不作為犯と作為犯との等置を認めようとする思考傾向が存在するのである。作為と不作為との存在構造の差異こそが、不真正不作為犯論の根底にある「実体」であり、種々の論点に影響を及ぼしている。

II．不真正不作為犯論を考察する際の実質的視点――「限定」の論理

すべての作為犯について、論理的には、不真正不作為犯が成立しうると考えられるにもかかわらず、わが国の判例は、殺人罪・遺棄罪・放火罪・詐欺罪・凶器準備集合罪・車船往来危険罪等についてその成立を認めているにとどまる。このように、わが国の判例は、不真正不作為犯の処罰についてきわめて謙抑的であり、学説もこれを是認している。そのため、不真正不作為犯の成立範囲を「限定」するための法理が自覚的に展開されてきているといえる。

III．不真正不作為犯論の論点の摘示

(1) 作為と不作為との区別
(2) 不作為と因果関係
(3) 不真正不作為犯と法規範の構造・罪刑法定主義・法規化との関係
(4) 作為義務の位置づけ
(5) 作為義務の根拠

IV．作為と不作為との区別

作為は積極的な身体的動作を行うことを意味し、不作為は一定の行為を行わないことを意味するので、抽象的には両者の区別は明瞭であるといえる。しかし、具体的に両者を区別する基準は何かを問題にすると必ずしも自明とはいえなくなる。しかも、作為犯の処罰範囲と不作為犯のそれとは同じではないので、両者の区別は実践的にも重要な意義を有する。不真正不作為犯の場合、不作為のすべてが処罰されるのではなくて、作為義務者の不作為だけが処罰されるのである。

わが国の判例の多くにおいては、作為と不作為の区別という論点は必ずしも重要な争点とはされてきてはいない。しかし、作為なのか不作為なのかが争われるものとして詐欺罪における「欺く行為」、保護責任者遺棄罪における「遺棄行為」、凶器準備集合罪における「集合行為」、電車往来危険罪における「危険行為」等がある。判例は、作為と不作為の区別の基準を明確に提示しているとはいえない。

学説は分かれているが、わたくしはいわ

ゆる法益状態説が妥当であると解する。これはザムゾンが提唱している見解で、刑法は法益保護を目的とするものであるから、作為と不作為も法益との関連で把握されるべきであり、例えば、作為による殺人は「生命短縮の惹起」と捉えられ、不作為による殺人は「生命延長の非惹起」と捉えられる。法益状態を「悪化」させるのが作為であり、法益状態を「良くしない」のが不作為であるということになる。法益状態説によれば、規範は、その名宛人を一定の行為に動機づけるものであり、例えば、殺人罪の場合、規範の名宛人に、生命短縮行為を「禁止」し、または生命延長行為を「命令」するのである。規範違反行為は、生命短縮行為を行う行為と生命延長行為を行わない不作為である。

V．不作為と因果関係

根本において不作為の因果関係の存否は、なお争われうるが、しかし、今日の通説は、不作為とは無ではなく、「一定の期待された行為」を行わないことであり、その行為が行われたとしたならば、結果は発生しなかったであろうという関係があれば、不作為と結果との間に条件関係を肯定する。条件公式は、「その行為がなかったならば、その結果は生じなかったであろう」場合に条件関係を認めるものであり、これに従って作為犯においては、作為を「除去」して考え、不作為犯においては、作為を「付加」して考えることになる。不作為の因果関係に疑問を呈したアルミン・カウフマンは、不作為そのものの原因力を肯定し、不作為者を除去して考えても結果が発生することになるから、不作為者自身は結果に対して条件関係を持たず、因果関係はないとした。しかし、不作為自体と不作為者とを区別し、前者についてのみ因果性を肯定することは、論理的に誤っており、刑法における因果関係の判断は、行為と結果の関係であるから、不作為は誰かの不作為なのであり、不作為それ自体について因果関係を考えることは無意味であるといえる（西田）。

ところで、不作為犯の場合、一定の作為がなされていれば、当該結果は発生しなかったであろうというとき因果関係が認められるが、この意味での因果関係が存在しないときには、未遂は成立しないと解する立場がある（西田）。結果を防止することが具体的に可能な作為を想定しえない以上、そこには実行行為として「不作為」そのものが存在しえないからであり、したがって、不作為犯における因果関係は、単に結果の客観的帰責（既遂）の条件であるにとどまらず、不作為犯成立（未遂）の前提でもあるとされるのである。そして、一定の作為による結果防止の可能性が、不作為犯成立の前提であることは、不作為犯が、危険犯、行為犯であるときにも同様に妥当するとされる。このように、因果関係の存否と不作為の実行行為性とを結合させることにはたして合理性があるといえるのであろうか。不作為の実行行為性は、むしろ作為との同価値性の問題であると考えられる。

VI．不真正不作為犯と法規範の構造・罪刑法定主義・法規化との関係

作為犯の場合に禁止された行為を行うことが構造要件の実現とされるのに対して、不真正不作為犯の場合には、命じられた一定の行為を行わないことによって作為犯の結果を発生させることが、構成要件該当性の重要な要素となる。作為と不作為との間には存在構造上の差異があるので、規範構造上も決定的な差異があるとされる。すなわち、カウフマンによれば、規範が禁止規範であるか命令規範であるかは、規範対象によって区別される。規範の要求が一定の行為に出ないことであれば、それは禁止規範であり、規範の要求が一定の行為に出ることであれば、それは命令規範である。不真正不作為犯の場合、一定の行為に出ることが要求され、その行為に出ない不作為が犯罪を構成するので、不真正不作為犯は命

令規範違反であって、禁止規範違反ではないとされるわけである。このように存在論的構造および規範構造が異なるにもかかわらず、不真正不作為犯を作為構成要件（禁止規範）によって処罰するのは、「価値論的に」不作為を作為と同視ないし等置することができるからである。もし作為と不作為の存在論的構造および規範構造の相違を重視し価値論的考慮を一切排除するならば、作為犯（禁止規範）の構成要件に不作為犯を包括させることはできないはずである。にもかかわらず、作為犯の構成要件に不作為犯を包含させるならば、それは刑法上許されない類推解釈であって罪刑法定主義に違反するとの疑問が生ずる。この見地においては、不真正不作為犯を処罰するためには、特別立法が必要とされることになる。これが不真正不作為犯の法規化の問題である。

通説は、規範論の次元において、作為犯を禁止規範違反として把握し、真正不作為犯を命令規範違反と解し、不真正不作為犯は、作為義務を内容とする命令規範に違反することによって最終的に「禁止規範」に違反するとする。つまり、不真正不作為犯は「不作為による作為犯」として捉えられるわけである。不真正不作為犯の構成要件該当性が、命令規範違反の不作為が特定の作為犯と同じ処罰に値するかという価値判断によって決定されるという点においては通説もカウフマンも同じであり、見かけ程の対立は存在しない。そこにおいては、構成要件該当性の問題として、どのように不作為と作為の同価値性（等置性）を決定するかが、実質的には重要であるということになる。

罪刑法定主義に抵触するとの疑惑を立法によって解決しようとしてドイツの1975年1月1日の改正刑法第13条は、不真正不作為犯の処罰を明文で規定している。わが国の改正刑法草案第12条も不真正不作為犯の処罰規定を設けている。ドイツにおけるこのような法規化の別の動機として、判例が不真正不作為犯の成立範囲を拡張しすぎたのを明文を設けて制限することが挙げられてきた。ドイツの判例は、例えば、夫が自殺するのを防止しなかった妻の不作為について殺人罪の成立を認め、婚約者の自殺を防止しなかった男性の不作為について殺人罪の成立を認め、母親が同居の娘と婚約者との性交を黙認してこれを防止しなかったことについて、重い猥褻行為周旋罪（ドイツ刑法第181条）の成立を認めているのである。上記のようなケースにおいて、わが国の実務は殺人罪の成立を決して認めないであろう。したがって、わが国においては、上記の第二の立法動機は意味をもたない。かりに法規化をしたとしても、抽象的な文言とならざるを得ず、実質的な解釈による運用を必要とするであろう。

Ⅶ．作為義務の位置づけ

不真正不作為犯における因果関係の存在の問題がクリアーされた後、不真正不作為犯の成立範囲の「限定」の問題は「違法性」の領域で議論されるに至った。すなわち、法規・契約・先行行為によって「特別の義務」を負担する者の不作為のみが「違法性」を有するので、その者の不作為だけが不真正不作為犯として処罰されるべきであるとされたのである。違法性説によって、不真正不作為犯の成立範囲の限定は有効になされうるが、しかし、構成要件該当性判断の有する「違法性推定機能」を否定せざるをえない点で、作為犯の犯罪論構成との決定的違いを生じさせるとして、この説は批判される。そこで提唱されたのが、ナークラーの保障（証）人説である。

ナークラーは、法規・契約・先行行為に基づいて作為義務を負う者の「特別な地位」を「保障人地位」として把握した。これを不真正不作為犯の「構成要件要素」として位置づけたのである。保障人説は「保障人」として抽出された人の不作為のみが「構成要件」を実現しうるとして「限定」の問題を構成要件の段階で処理した点にお

いて重要な意義を有する。しかし、法規・契約・先行行為によって選び出された保障人の不作為が、構成要件を実現したとすることの「実質的根拠」を明らかにする必要がある。さらに「保障人的地位」と「不作為の違法性」との関係も明確にされなければならないであろう。区別説が主張される所以である。

VIII. 作為義務の根拠

現在、不真正不作為犯の成立範囲の「限定」のための法理としては、「作為との同価値性」と「作為義務の根拠」がある。同価値性の問題が優れて価値論に関わるのに対して、作為義務の根拠の問題は、なお「事実」的側面に係わりうる問題領域である。

ドイツにおいては作為義務の根拠を「法律」・「契約」・「事務管理」・「先行行為」・「密接な生活関係」等に求めたうえで、その「実質的内容」を「法益保護作用」と「危険防止作用」に区別し、形式的根拠と実質的内容とを総合して、作為義務の範囲を定める努力がなされている。例えば、親が子を救助しなければならないというのは、「法律」（民法）に基づく「危険防止作用」の帰結であり、水泳指導者が受講者を救助しなければならないというのは、「契約」に基づく「危険防止作用」の帰結であるとして、それぞれこれを画定しうるというわけである。また親が子の非行を防止しなければならないというのは、「法律」に基づく「危険防止作用」であり、夜警・ガードマンの見廻りは、「契約」・「事務管理」に基づく「危険防止作用」にほかならないのである（内田）。このように、「形式的根拠」を「実質的考量」によって「限定」しようとする傾向が存在するのであり、わが国の通説も、これと同じ傾向にあるとされる。特に「事実上の引受け」・「支配領域の確立」を問題にする立場がそうである。このように妥当な方向にあるにせよ、なお現在の学説上の問題として次のことが指摘されている。すなわち、①「先行行為」の法的性質が、明確ではない。②「条理」等に基づく「先行行為」を肯定してよいかどうかを、さらに検討する必要がある。③根源的には、「法令」・「契約」・「事務管理」に基づく作為義務の実質的根拠があきらかにされる必要がある。これらが、単に、「法益保護作用」・「危険防止作用」に奉仕するというだけでは、「同置」問題は解決していないからである。例えば、親が、民法の諸規定（730条・820条・877条等）を遵守しなかったことが、何故、子供を「殺した」ことになるのか、その究極の根拠は未だ十分には解明されていないのである（内田）。これらの問題をさらに検討する必要があろう。

論題提起＝川端

歴史的に不真正不作為犯論がなぜ重要な問題として扱われてきたのか、そしてそれがこれからもどういう方向で展開されていく可能性があるのかを見極めようというのが本章のテーマです。

I．不真正不作為犯論の根底にある「実体」的問題

　不真正不作為犯論というのは、分かったようで分からない部分がどうしてもつきまといます。その原因はどこにあるのかを、不真正不作為犯論の根底にある「実体」的問題として考えてみたいと思います。

　不真正不作為犯自体は実際上は処罰されてきていますが、これが理論化されたのは19世紀に入ってからであるという歴史的な背景があり、それが現在でもなおあいまいな部分を残している根本的な原因は、前章の議論とも係わってきますが、不作為の因果性の問題です。この問題につきどうしても解明し尽くせない部分がありますので、それを作為との構造上の本質的な相違点という捉え方をしてきた関係で、不真正不作為犯論という特殊な分野ができて、現在でも、またこれからも、そのまま残りそうだと思います。実体としては存在構造上の差異という部分は将来も残るのではないかという気がしていまして、この因果性に関して、時代が変わったらまた別の観点から捉え直しがなされるのではないかと思っております。この点について、後でみなさんから別の捉え方があるのではないかということで、議論していただければと思います。

II．不真正不作為犯論を考察する際の実質的視点——「限定」の論理

　不真正不作為犯論の実体は、作為との存在論的相違にありますから、作為犯と同じ範囲で処罰することは許されない、という実質的な考慮がなされていると言えると思います。その意味で、実際上は不真正不作為犯については、成立範囲を限定しようとする考慮がどうしても働いてくるのですが、それを理論的にどのように説明するのかという点が根本的な問題だと思います。この「限定」の論理に関して、従来から指摘されていますように、わが国の判例は、殺人とか遺棄とか放火とか詐欺とか、ごく限られた犯罪類型についてだけ不真正不作為犯の成立を認めているわけで、その意味で非常に謙抑的であって、学説もこれを是認してきております。

　限定を要するという法理は、ある意味で我々にとっては当然の前提になっているわけですけれども、これがどこまで意味を持ち得るかという点につい

て、後でお聞かせいただければと思います。

III. 不真正不作為犯の論点の摘示
以上を前提として、一般的な類型的な論点を見ておくことにします。
(1) 作為と不作為とを区別する基準の問題
(2) 不作為と因果関係
前章の因果関係論で議論が出れば省こうと思っていたのですが、出ませんでしたので、ここで議論してもいいかなと思います。
(3) 不真正不作為犯と法規範の構造・罪刑法定主義・法規化との関係
不真正不作為犯の存在構造と法規範論、罪刑法定主義と立法化ないし法規化との関係をどのように捉えるかですが、これも従来からいろいろと言われてきた事柄について根本的な観点からどのように捉え直すかはこれからの課題だろうと思いますので、ここで考えたいと思います。
(4) 作為義務の位置づけ
これはおなじみの問題ですからあえて詳しい説明はいらないと思いますが、作為義務の位置づけの問題は、構成要件をどのように捉えるかという点にも係わってくるわけで、前田さんの構成要件の実質化の問題もここでかなり大きな意味を持ってくるだろうと思います。
(5) 作為義務の発生根拠
これも不作為犯処罰の限定の議論と、ドイツの議論と日本の議論をどういう形でリンクさせるのか、あるいはリンクさせることができるかという実質化の問題に係わってくるという気がします。

IV. 作為と不作為との区別
ここからは今あげた論点の個別的な問題に入っていくことになります。
作為と不作為の区別という点ですが、抽象的・理念的な観点からは明確に区別されますけれども、いざ個別・具体的な場面で考えようとすると、必ずしもその基準が明確ではないのではないかという問題があります。これからもいろいろな場面に出てくると思いますが、例えば、延命装置の取り外しの問題があります。取り外しが作為なのか不作為なのかというのは現に争われ

ている議論です。そのような先端的な場面でも、この基準設定というのは十分に意味をもち得るだろうという気がします。ですから、単なる理論だけの問題ではなくて、実際上の処罰範囲の広狭に係わってくるという点において、実践的にも大きな意味を持ち得ると思います。

　ただ、わが国の判例では、必ずしも作為と不作為との区別を大上段から議論するという傾向は見られません。典型的な不作為犯という形で不作為犯の成立を認めていますが、個別的な場合には、例えば、詐欺罪に関して、無銭飲食の場合には、積極的な不作為による「欺く行為」なのかどうなのかという形で議論されたり、保護責任者遺棄罪に関して、「遺棄行為」が、作為なのか不作為なのかが、論理的な前提として問題にされたりしています。

　これから、ある程度判例において適用される可能性を視野に入れて区別の基準を設定しておく必要があるのではないだろうかという感じがします。ドイツでもかなり議論が深化されていて、わが国にも紹介されておりますが、どの学説を採るかというのは非常に難しいのですけれども、わたくしはザムゾンが提唱したいわゆる法益状態説という立場で捉えた方が、明確に区別できるのではないかと考えております。法益状態を積極的に悪化させるのが作為で、それをよくしないのが不作為であるとして、法益状態の観点からこれを捉えていこうということです。これには規範論が係わってきます。基本的には法益侵害にどのように係わるのか、という観点から見ていかざるを得ないのではないかという感じがします。これが区別の問題です。

Ⅴ．不作為と因果関係

　因果関係の問題ですが、これは従来の因果関係論の見地からは条件関係の存否に関して議論されるわけです。現時点では条件公式を修正して条件関係を判断するのが通説といえます。つまり、一定の条件を付加するか除去するかという観点から言いますと、条件を付加する形を用いて、その作為をしていれば結果が生じたであろうという肯定命題によって判断するわけです。このような形で一応決着をみていますが、これで本当に解決がなされたのかどうかについてはよく分かりません。前に検討した因果関係論の延長線上で議論していただきたいのですが、伊東さんや山口さんの立場からこれをどのよ

うに考えておられるのかについて教えていただければと思います。

　前章において危険概念や実行行為性との関連で、山口さんは過失犯に関して議論されたのですが、これは不作為犯についても出てくる可能性がある問題です。西田さんは因果関係の存否と未遂の可罰性の肯否を同じ基準で判断されるわけですが、こういったことが実行行為性の問題とリンクできるのかどうか、むしろ同価値性の観念がここで機能してくるのではないかという疑問を持っておりますので、その点について皆さんから教えていただければと思っています。

VI．不真正不作為犯と法規範の構造・罪刑法定主義・法規化との関係

　これは抽象的な議論ですので、ここで力を込めて詳しく検討する必要があるかどうかは分かりません。ただ、立法問題として総論に規定を置くのか各論に置くのかということがあるのですが、それと同時に、立法することの目的をどのように捉えるかについて、ドイツとは状況が違うような気がしますので、その点を考える必要があるのかどうかをお話ししていただきたいと思います。

　ドイツの場合には、論理的に一貫して処罰する可能性があるものについてはどんどん処罰してしまうという傾向があって、それを制限するという実際的な目的のもとに、法規化がなされ新刑法に採り入れられたのですが、これが必ずしもうまく機能しないのではないかというのが、現時点での議論の新たな展開のきっかけになっています。つまり、形の上では成文で法規化されて罪刑法定主義の問題はクリアーできたのですが、中身は抽象的にならざるを得ないので、その実質的な基準などをどうしたらいいかという問題はそのまま残されています。形式的には罪刑法定主義の問題をクリアーしても、こんどは明確性の原則に違反するのではないかという議論が、今また出てきているようです。これについて、我々も将来の問題として考えておく必要があると思います。ただ、現時点で私自身は立法の必要性を認めておりませんので、解釈論としてドイツの議論をどのように採り入れていくかということが、大きな意味を持ち得るだろうと考えています。

VII. 作為義務の位置づけ

　これも昔から議論されてきた典型問題ですから、ここでどうのこうのと言う必要はないと思うのですが、ただこれも構成要件と違法性の関係という一般論に還元されうる要素がありますので、構成要件論、違法性論というのも大きな目で考えておく必要もあると思います。この点に関して議論があれば触れていただきたいと思います。

　学説上の位置づけ自体は、共通項があると思うのです。作為義務を構成要件論で扱うことの意義が明らかにされる必要があります。前田さんの場合には統合説の立場に立たれて構成要件で全部処理されるわけですが、保障人的地位と作為義務とを区別するという考え方もありますから、この点に関して理論的な相剋あるいは理論的な相互対決というような要素も、まだ残されているという気もします。

VIII. 作為義務の根拠

　作為義務の根拠の問題も従前から議論されてきて、今なお議論が続いていますが、形式的三分説が通説となっています。通説もさらにその三つの根拠の中身をもっと実質的な基準をたてて説明していこうとしているわけですが、これがうまくいっているかどうか。それともこういう考え方とは別個に何らかの形で作為義務を再構成できないのかどうか。あるいはそれについて、従来の枠組みと別の枠組みがあるとすれば、それをどういう形で理論化していくかという問題があろうかと思います。

　ここで現在の作為義務論で、形式的な根拠と実質的な考量ということでとりあげているのは、内田先生が主張されている問題点です。これは『刑法基本講座』の中で述べられているわけですが、それについて我々も考えておく必要があるのかどうか、に関してお話しいただければと思います。

　概略は以上ですが、ここでは不作為犯の主観的要素・故意の問題、共犯の問題は省略しています。関連する点があれば、それについても述べていただきたいと思います。

本　論

Ⅰ．不真正不作為犯論の基礎

1．不真正不作為犯の「実体」について
　川端　不真正不作為犯の実体の問題は、非常に抽象的な議論ですので、実体を自分なりにどう捉えるかという観点からお話しいただければと思います。前田さん、どうですか。
　前田　一時期不作為犯論が多かったんですが、この頃発表された論文を見ていて、最近はちょっと低調というか、論文の数は少ないかなという気がしています。
　後半の作為義務の根拠づけが一番大きな問題になると思うのですが、川端さんの不作為犯論の歴史的な分析は、議論として特に強調されたいというご趣旨なのでしょうか。
　川端　捉え方それ自体についてはそれほど争いはないと思います。

2．作為と不作為の区別
　前田　それでは、作為と不作為の区別という論点に早速入りたいと思います。法益状態説が主張されるようになったのは、最近の作為不作為の具体的争点である植物状態の延命措置の議論が盛んになるより前からですよね。以前は、作為と不作為を区別して論じることの意義がそんなにあるかなあと思っていたんですが。ただ、確かに延命措置で植物状態にある人の場合はどうするかという問題をどう捉えるかは考えておかなければいけないとは思います。そして、抽象的に法益の悪化というか、法益侵害状態の積極的な推進が作為で、そうでないのが不作為であるという抽象論・一般論では、現実の具体的な問題のすべてをうまく説明はできないと思うのです。特に、延命措置の場合にうまく説明できるかなということを感じるんです。

山口　私は、作為と不作為の区別の議論に関しては、町野さんと同様の立場を採っています。つまり、作為と不作為は排他的なものではなく、それぞれ別個独立に評価されるべきもので、作為により犯罪が基礎づけられれば作為犯になるし、作為で基礎づけられなければ不作為を問題にしなければならない、不作為を問題にすると作為義務が余計に問題となる、というようにしか考えていないのです。そうなると、生命維持装置の取り外しなどは当然作為犯であって、これを不可罰にするためには特別の理由を必要とすると考えております。

前田　取り外し行為があるかないかで？

山口　そうです。

前田　自然的に捉えるということですか？

山口　そのとおりです。

前田　ただ、先ほどのお話だと、作為として捉えることもできるし、不作為としても捉えることができて、選択の余地がある状況が考えられる、という趣旨ではないですか。

山口　作為として捉えられれば、検察官は、当然、作為犯として構成してきます。その方が犯罪の成立は容易ですから。そうして、それが成り立てばそれは作為犯だということになる。本当は作為なのかも知れないけれども、ことさらに不作為としたいということで不作為構成をしてくれば、それは不作為構成でもいいと思います。ただその場合には、作為義務の基礎づけという厄介なことをやらなければいけないというだけのことではないかと考えています。

前田　そういう状況が日常的に起こるのは、過失の領域だと思うんですね。過失は、作為で構成できる場合も不作為で構成することが多い。その理由は、特に交通事故の場合、厄介な作為義務の内容が定型化・類型化していますので、義務違反で捕まえ易いという関係があると思うのです。ただ、いずれにせよ私は、あまり作為か不作為かを理論として分ける基準を議論しても意味がないんじゃないかなという感じがしているんですが。

伊東　もう少し言うと、例の禁止規範か命令規範かという区別は、どうも言葉の遊びに過ぎないのではないかという気がしていまして、そういう意

味では作為犯、不作為犯の概念的区分というのはあまり実りがあるとは思っていないのです。

少し先の方にいきますが、純粋な本当の意味での不作為というものですか、——それは、結局、不作為犯の概念の問題になってしまうのでしょうが——それでは足りない、何らかの意味での作為がないと処罰できないような気がするのです。多くの場合、特に純粋な注意義務違反のような場合は別として、不真正不作為犯ということを議論の前提とすると、繰り返しになりますが、どういうふうに不作為犯を捉えているかによって、その議論はかなり変わってしまうと思うのです。私自身は一種の目的的行為論的な発想ですが、すでに結果に向かっている因果系列をそのまま放置しておくだけでは処罰できないのであって、それに対して阻害的に機能するような別個の因果系列を排除するとか、そういうものが処罰の為には必要だろうと考えるのです。したがって、要は、それを作為というか不作為というかの差になってしまうと思うのです。よく不作為による作為というのですが、逆に、作為による不作為というような事態がないと処罰できないような気がするのです。そういう意味では、概念的な区別もはっきりしたものができるとは思いませんし、実体としても何となく今までの議論と違ってくるかなという気がするのですが……。

3．作為的要素と当罰性

川端 その場合、作為的要素がなければ処罰できないという主張の根底にあるのは何なのでしょうか？

伊東 ここに出てくることだと思うのですが、因果性というか、原因力の問題になってくるのではないでしょうか。自然的に結果に向かって流れている因果系列というのがあって、それに何ら関与していない状態は、私から見ると、行為ではない、という気がするのです。当然、行為でなければ処罰できない。直接的に結果に向けて自分が因果系列を設定するか、流れている因果系列を利用しながら自分が阻害的な因果系列を排除する、あるいはそれに促進的な因果系列を付加するというようなことによって、初めて行為的なものになる。そういう基本的な発想を持っているのです。

前田 例えば、赤ちゃんにミルクを与えないで殺すというような場合、他の人が与えるのを止めさせれば行為にあたるんだろうけど、何も与えないというだけで他人の行為もじゃましないし促進もしない、要するにまったく放っておくだけだと、これはやはり殺人にはならないということですか？

伊東 理屈倒れになるかもしれないのですが、何となくならない気がするのです。

前田 それが処罰の対象にならないというのはよくわからないんです。ミルクを与えなければ赤ん坊が死ぬのにあえて与えないという場合には、やはり殺人になる場合が含まれていると考えるのですが……。

伊東 確かにそうなのですが、例えば、他の人がミルクをやれないような状態の設定を要求するかどうか、という問題になるのであって、普通の生活をしていて、ただただそのまま置いておくというのでは、やはり駄目なのでは……。

山口 他の人が救助するのを排除するといったことを積極的にやれば、それはそれで処罰の根拠を認めうると思います。伊東さんが今言われたような考え方と比較的近いと思われる考え方を、最近、松宮さんや佐伯さんが主張されています。こうした見解の一番の問題は、前田さんが言われたように、保護していた人が保護を止めてしまうという類型を処罰できるかどうかということではないかと思います。その点については、私も前田さんと全く同感で、処罰できないとするのは不都合ではないかと思います。処罰できる場合があってしかるべきではないかと考えているのですが。

伊東 それは、構成方法で言えば、保護していたという状況をどう評価するかという問題として、逃げることができるのではないでしょうか。

山口 しかし、保護は保護であって、危険を設定しているわけでも何でもありません。例えば、捨て子されてる人を餓死させるつもりで自分の家に連れてきて、放っておいて何も与えないということになると、そのまま元の所に置いておけば誰かが助けてくれるかも知れないですから、自宅に連れてくることによって危険を設定しているとは言えると思います。多分伊東さんはそうした状況を問題とされているのでしょうが、それは非常に例外的で、判例（東京地判昭和40年9月30日下刑集7巻9号1828頁）で問題となった事案でも、

最初は助けるつもりで人を車の中に引き入れたという場合は、結局不作為犯は成立しないということになってしまいますね。それでいいかという、実質判断の問題に最終的には帰着するのだろうと思います。

伊東 「作為」という言い方が良くないのかもしれませんね。また批判されてしまうかもしれないのですが、一種の故意論的な絡みが出てくるのではないでしょうか。目的に向かっての何らかの状況的な設定ということを──まあ規範的評価ということになってしまうのかもしれませんが──構成できる場合は多いと思いますよ。ただ、例えば、子供を産んで、産んだ途端から何もしていない、これがなかなか難しいのですよ。

山口 子供を産むのは行為ではありませんから、その場合、行為も何もありませんね。

伊東 ただ、自分の産んだ子供が自分の家族に所属して一緒に暮らし始めたわけですから、最初から何も面倒をみていなければどうしようもないのですが、最初に面倒をみ始めたという点を保護ないし支配状態下に取り込んだと捉え、その後、故意に殺してやろうということでその状態を維持したというふうに捉えることで、阻害的な因果系列が遮断されているという評価は出来るのではないのでしょうか。

山口 阻害的因果系列も何も最初からないのではないでしょうか。つまり、誰かが助けたいと思って、窓から手を延ばして赤ちゃんを助けようとしているのを妨げれば、その段階で結果阻害的な因果系列の遮断があるかもしれません。しかし、山小屋などで親子3人で暮らしていて、最初は可愛いと思って赤ちゃんにミルクを与えていたが、いいかげん面倒になったから放っておくという状況になった場合には、結果阻害的な因果系列を遮断しているとは言えないと思います。そういう場合は伊東さんのような考え方では処罰できないことになりますね。

前田 そのような考え方が出てくる根拠が目的的行為論だとおっしゃったんですが、もっと何か結果惹起とか結果との因果性を強調しているようにも聞こえるんです。しかし、不作為犯の典型例の一部が説明できなくなると思うのです。

伊東 いや、意を強くしたのは、ある意味では、堀内さんの議論もそこ

に達し得る可能性があると思うからなのです。

山口 堀内さんはむしろ逆ではないですか。保護している状況を作り出すことが必要だとされるのですから。

前田 やはり、堀内さんは、結果無価値からの説明を徹底しようとされたと思うのです。むしろ私のような言い方のほうが、行為無価値的なんですね。ある意味で。

伊東 いや、行為無価値論というよりは、行為論から実は考えているのです。だから、私の場合、過失もみんな同じような発想なのです。先ほど出てきた問題ですが、事前的な判断で過失行為が持っている危険性の中に入るものについて生じた結果が帰属してくる、という同じ発想でやっていて、ただ、それが過失の場合には、直接的な構成要件的結果を目指しているかそうではないかというのと同じで、こちらの場合には、因果系列の方向性は違うけれど意図している目的そのものは故意で決まってくるので同じだということになるのです。実はかなり昔に考えて、それ以来放り出してある問題なのです……。

4．支配領域性と危険創出

山口 行為論はよく分かりませんが、例えば佐伯さんが「香川古稀」に書かれた論文の中で、作為義務を肯定するためには、支配領域性と危険創出の二つがいるとされていることが興味深いと思います。支配領域性というのは作為、不作為の同価値性を担保するためのもので、危険創出は刑法の自由主義原則の観点から要求されるというのです。伊東さんが言われた考え方、これは日髙さんが言われていることの背後にある考え方と同じだと思われるのですが、そこには、実質的な配慮として作為と不作為は違う、不作為というのは何もやらないで処罰される場合で、その意味で我々に特別の負担が課される場合であり、それは本当は処罰してはいけないのではないかという考え方が背景にあるように思います。処罰しうるためには、自分が、日髙さんの場合ですと先行行為という形で、結果に至る何らかの因果経過を設定していることが必要だという考え方がそこに存在するように思われるのです。最近の佐伯さんの考えにもそういう考慮が窺われるように思います。再び、日

髙さんの見解でいえば、作為と不作為の存在構造論上の差異を超えるためには先行行為が必要だとされているのは、結局は、積極的に他人に何か悪いことをやっている人は処罰できるが、何もやらない人は本当は処罰できない。それにもかかわらず処罰するためには、何か自分が積極的に結果に至るようなことをやったのでなければいけない。こういう発想ではないかと思います。

　伊東　要は、日髙さんのように、処罰の具体的な妥当性を得るために先行行為を付加すればやれる、と言うか、当面は何とか凌ぐことは努力しても建前上は処罰できない、と言うかの差だけだ、ということでしょう。

5．真正不作為犯の場合

　山口　少しお伺いしたいことがあります。伊東さんのような考え方によると、不真正不作為犯だけではなく、真正不作為犯も処罰できないということになりませんか？

　伊東　先ほど、一先ず措いてと言ったのは、実はそれなのですよ。真正不作為犯の場合は本当にどうなってしまうのでしょうね。ある意味では、命令違反そのものという処理をする他ないのかもしれませんね。逆に言うと、母親が放っておいたというのは、民法上の扶養義務に反したもので足りるという判断をしているというのかもしれません。

　山口　真正不作為犯の規定があり、それが憲法違反でないとすれば、刑法上そのような処罰が認められているということを意味しますね。そうすると、不真正不作為犯の場合、なぜそういうものが処罰できないのかということが問題になるのではないでしょうか。

　伊東　まあ、そうでしょうね。だから、先ほどのように、規範的な区別というのが本当はできないのではないかと言いつつ、形式上はせざるを得ない、ということに達してしまうのでしょうね。

　前田　そういう議論が強くなってきていることと、行為無価値を重視するか結果無価値を重視するかという対立とは、直接論理的な連関はないということですか。

　伊東　ないと思いますよ。

山口 川端さんの言われるような不作為の実体をどう捉え、それが作為犯の場合とどう違っており、その実体の違いを超えて処罰するためにはどういうことが必要なのか、という辺りが問われているのだろうと思います。

6．規範論との関係

伊東 先ほど、私が不作為をどう定義するのか、と言ったのはそれなのですよ。今までの規範論を使った定義だと、形式的には言えるが、実体的にピチッとこないような気がする、ということなのです。

川端 規範論も結局、規範の対象論からきているのですよね。まず行為形態として作為と不作為があって、それに対応する規範の特質は何かという形で議論してきているわけで、規範論自体はあまり積極的な意味はないと思います。規範論が意味を持ってきたのは、憲法違反の問題に結びつけられるところですね。ですから、法規化の問題も規範論がなければ出てこなかったといえます。

前田 ドイツで憲法違反論が出てくるんですね。

川端 このような状況があったから、それなりの実践的な意味はあったというだけの話なのですが、今の伊東さんのような考え方についても、規範論の基礎がないと主張できない場合はあるわけですよね。

伊東 まあ、最終的には、処罰する為にはそれに該当する規範がなければ処分できないわけですからね。

川端 さっき山口さんが言われたように、どちらかで構成できて、どちらかで処分できればそれですむ問題でもあるのです。

伊東 そこは、ある意味では先ほども出てきたのですが、私は昔の残滓を引きずっていて「裸の行為論」的な発想がありますから、構成要件でポンと後から貼り付ければ良いという感じで、そういうところで違ってくるのかな……という気もしなくはないのですが。

山口 行為を構成要件の前段階と考えると、不作為は作為と違っており、その段階で落ちてしまうということになりそうな気がするのですが。

伊東 私の場合は、最終的には、不作為を独立して処罰しないということを言っていることになるのでしょうね。

前田 そういうことでしょうね。

伊東 そういう意味では、原因性がないという立場には非常に忠実なのかもしれません。

前田 そういうのが目的的行為論につながるんですよね。

伊東 ただ、重々その欠点は知っている積もりですし、何とかそれを逃れようと思ってはいるのです。

7．作為としての構成と不作為としての構成のもつ意味

川端 さっき山口さんが言われたのですが、作為と構成するか不作為と構成するかで決着がつくから、いいのではないかという捉え方については、どのように考えればいいのでしょうか？ 作為として捉える部分か、不作為と捉える部分かは、時間的な前後関係によって違いが生ずると思いますが、その場合どこに重点を置くかという価値観の相違は、考えなくていいのでしょうか？

山口 私が言ったのは、不作為犯は、実体として、本来処罰できない部分を広げて処罰しているということは否定できない、憲法違反だとは言いませんが、広げて処罰しているということは否定できないと思いますので、本来は作為で処罰するというのが原則なのだと考えます。作為を取り出してきたときに犯罪が成立する以上は、犯罪になるので、それでよいのです。不作為という構成が可能であっても、作為として構成して犯罪の成立を肯定しうる以上は、これは不作為だから作為犯にはならないとはいえないだろうということです。

伊東 作為、不作為の存在論的差異によって処罰が左右されているのではない、ということでしょう？

山口 私も書いたことがありますが、存在論的には作為と不作為に区別はありません。例えば、車を運転していて人が前に飛び出してきたときに、ブレーキを踏まないといけないのですが、慌てていたので、ブレーキの代わりにアクセルを踏んでひき殺したという場合は、アクセルを踏んでひき殺すという作為でもあるし、ブレーキを踏まないという不作為でもあるのです。そういう意味で、作為と不作為というのは、実質的に見ればアクセルを踏ん

でいるという行為の中に、同時に併存すると考えられるものなのです。そのとき、アクセルを踏んだという作為で起訴すれば、結果回避可能性が問題にはなりますが、おそらく作為犯が成立しうるでしょうし、ブレーキを踏まなかったという不作為で起訴しても、当然作為義務がありますから、やはり不作為犯として成立しうるということになるだけです。

前田 交通事故の場合はかなりあると思うんです。過失犯はかなりあると思いますね。私は、やはり作為として構成できるんだとすれば、作為として構成すべきだと思います。交通事故は、例えば、高速でひき殺した場合ブレーキを踏まなかったということで処理しやすいですから。そこのところは、過失犯の構成要件の特性というのもあると思います。

山口 今の例で、作為として構成しても、不作為として構成しても作為義務があるから、処罰できるならどちらでも同じなんです。しかし、不作為として構成すると作為義務がないから処罰できない場合に、不可罰にするために不作為犯とするというのは承服できませんね。

川端 結果発生に作為の部分と不作為の部分とが結びついている場合は、今のように言えるわけですね。

前田 さっきの例でブレーキを踏まないでアクセルを踏んだ例ですけど、アクセルもブレーキも踏まないでそのまま突っ込んだというような場合でも、車を動かしていたという作為で構成し得ないことはないんですね。ただ、その場合には、やはりブレーキを踏まないで漫然と減速しなかったという不作為でやった方がいいと思うんですね。そういう場合は不作為犯であるということになる。やはりとらえやすい方で構成して、ただし片一方で処罰可能であるのに、それを逃すということは許されないのは当然の前提なんですが。

川端 もう一つ、ブレーキを踏んでいたら事故は発生しなかったという大前提がありますね。

前田 それは当然です。

川端 その部分があるから不作為としての構成ができることになるのでしょうか？

前田 そうです。

川端　ダブらない場面、つまり、不作為として構成できない場面が出てくるような気がしますが……。

山口　それは、例えばアクセルを踏んだのですが、アクセルを踏まなくても、もう避けられない場合が問題になります。急に人が飛び出してきたので、衝突してしまったような場合には、結果回避可能性の問題になるのですが、作為犯の構成はできません。不作為として構成できるかが問題になりますが、不作為として構成しても、ブレーキを踏んでも衝突を回避できなければ駄目でしょうね。

前田　一見すると作為、不作為のどちらかに見えるような場合でも、無理すればかなりできてしまうんですね。

川端　どちらかに振り分けていくやり方ですね。

前田　ですから、デパートのスプリンクラー設置義務違反で失火したという事案でも、それは設置しなかった不作為ではなくて、そのことを知りながら危険な所にお客を入れた作為だと言えないことはない。どう構成していくかです。ただ、そのときには立証のしやすさに加えて、「解釈の自然さ」も加味されて決まってくるんだと思うんです。だから理論的に、「こういう場合はきちんと作為でなくてはいけない」と常に決まるものではないと私は思います。それを抽象的にスパッと切る理論があるかというと、それを探究してもあまり意味がないということを申し上げたんですが。

川端　そこがドイツの議論との差であると思います。ドイツの議論においては、作為と不作為は全然違うから、両者をまず振り分けてそれぞれの構成要件の枠内で考えていこうとします。

前田　ドイツはそれが強いわけですから。

川端　そういう考え方を採りますから、作為、不作為の基準が前面に出てくるわけです。

山口　そうなってくると、条文がないと、不作為の処罰は罪刑法定主義に反するということに当然なりますね。

川端　そういう発想が強いから不可罰説も有力となりますが、日本の場合、判例において区別の基準が出てこない理由はそこにありますね。あえて分ける必要がないわけですから。

前田 だからさっき川端さんがおっしゃった詐欺だって、かなり微妙なところを挙動という作為にしてみたり、告げないという不作為にしてみたりするわけです。でも、それなりに一貫性は持っているわけです。そこは微妙だから悪いかといいますと、私はああいうやり方でも国民にとって処罰範囲が不明確になっているという感じはしないんですね。罪刑法定主義云々という議論には、つながらないような感じがしますけど。

川端 日本では大上段に構えてそのような議論はあまりしませんので、そういう意味では得策なやり方だと思いますね。

山口 生命維持装置の取り外しは作為か不作為かが議論されていますね。

前田 さっきの問題ですね。

山口 取り外しは作為だとすると、無罪とするためには、正面からその許容性を問題としないといけないことになるわけです。

前田 だから不作為に逃げるというような感じなんですよね。かなり苦しい。

8．行為主義との関係

伊東 後で関係してくるのですが、例えば、行為主義という原理がありますよね。心情だけでは処罰できない、ということは皆さんも認めるでしょう？ 母親が何も世話しないというのと、どこが違うのでしょうか。多分、違うのでしょう？

山口 おそらく行為主義自体が修正されているんでしょう。人間の行為には不作為まで含めるという意味では、行為主義というのでしょうか、つまり、積極的に何か悪いことをやらない限りは処罰できないという行為主義原則を、不作為犯の処罰は実質的に修正している、ということは否定できないと思います。そのこと自体は真正不作為犯の処罰規定があれば、認めざるを得ないわけですから。

前田 行為の意義の土台は、「身体の動静」でしょ。行為主義も、身体の「動」だけでいいとはいわないと思います。身体の動「静」、不作為も入れた行為主義を考えているんだと思いますけれど、ただ、先ほどの佐伯さん

の議論もそうなのかもしれないけれども、ある意味では行為主義を徹底しろという、今のご指摘につながっていると思うんです。確かに殺したいと思っただけで、外に現れたものがないとすれば刑法の対象外だという議論は分かります。ただ、母子二人暮らしの母親が現にミルクを与えないという状態を続けているということは、やはり外に現れた「行為」があると言えると思います。

川端　それは、時間の経過によって、ミルクを与えていないという事実が証明されていくということだと思います。

伊東　私は、必ずしも動・静、物理的あるいは肉体的な動・静ということではなくて、ある意味で規範的な因果の設定ということで何とかごまかせるかな、という気がしていたのですが……。そこのところは、どうしても何故かこだわりが残るのです。

川端　大事なのは作為と不作為の構造上の根本的な差を厳格に区別し合理的に説明することだと思うのです。これが解決しない以上、区別の問題はこれからもずっと続いていくと思います。

前田　ある意味で、基本的な立場からいうと、引っくり返っているという感じはするんですが。私は、やはり不作為の一定部分は、むしろ積極的に因果的に影響しなくても、処罰せざるを得ない場合があるだろうと思っているんですけれど……。

山口　私もそうなのです。ただ、何も積極的に悪いことをしなければ処罰されないというのは原則です。人を積極的に救助しなければいけないというのは、よほどのことがなければ認められない。そういう意味で、作為義務、保障人的地位は、相当限定されないといけないのではないかと思いますが。

伊東　そういう意味では、ある特定の状況に置かれた人間は何もしなくても処罰できる、という為の根拠づけには、本来、物凄く強いものであることが要求されるわけですよね。そうすれば、当然、義務ということにいくのだろうけれど、その義務を法益保護から持ってくるのか、一種行為的なものからもってくるのか……。そういう意味では、やはり倫理違反と言えるのだろうし……。

川端　はっきり出てくるのは、フォイエルバッハの権利侵害説の発想ですよね。権利を侵害すること自体と、権利を侵害しなくても一定の価値あるものの侵害をどうするか、という特別な場合ですね。根本に遡るとそこまで行ってしまうと思います。フォイエルバッハの所説はある意味では正しいと言えます。彼が因果性を言わなかったのは、それを当然の前提として認めていたからだと思います。権利侵害あるいは法益侵害は、当然、因果性を包含しているわけです。

　山口　自由主義ということからいけば、積極的に何かやらなければいけないのであって、扶養義務違反みたいなもので処罰されるというのは、むしろ真の刑事犯罪ではなくて、準刑事犯罪みたいなものだという発想も、フォイエルバッハがそう言っているかどうかは別として、十分理解可能だと思います。

9．法益関係的要素と不作為犯の処罰

　前田　作為義務の議論に飛んでしまうかもしれませんが、義務を法益関係的なものに徹底して限定していくと、先ほど説明のあった堀内さんの立論もそうだと思うんですが、結果惹起の観点から説明できないものは不作為から排除される。たしかに、不作為を処罰する場合というのは、重要な法益が危険な状態にさらされていて、しかもその危険な状況を作るのに関与した場合とか、そういう状況下で危険性を制御できる立場にあったということが影響してくると思います。そのような形で、法益関係的な部分がほとんどだと思うのですけれども、例外的には、親と親でない場合とで不作為犯の成否が異なる場合などがあり得る。これも詰めていけば法益的な言葉で説明しきれなくはないかも知れないけれど、あまり説得性のあるような形にならない。法的な関係などが、作為義務の内容には入ってくる。その意味では、純法益関係的なものだけではない、というのが偽らざるところなんだと思います。だから、さっきの赤ちゃんの例でも、むずかしいんです。

　山口　それはいつもゼミの学生に批判されている点なのですが、しようがないのではないかと思うんですね。

　伊東　ここで逆転！

川端　それは何なのでしょうかね？

山口　これは正面から言うことはできませんが、不作為犯の処罰というのは作為することの社会的期待が刑法規範化されたものであって、それには否定し難いものがある。それをどの程度厳格に考えていくかということなのかなと思います。それを否定してしまうと、先行行為一元論みたいな、あるいは伊東さんがさっき言われた見解とか、あるいは佐伯さんの考え方のようになっていくのかも知れません。けれども、それでは結論としてすわりが悪いし、不十分だと思うのです。

それから、実体的な判断としても、母親が赤ちゃんを首をしめて殺すとか、ミルクを必要としている赤ちゃんに、ことさらにミルクを与えずに餓死させるのとでは、かなり似ている部分があるということはあるのではないかと思います。あまり論理的ではありませんが。

II．不作為の因果性と実行行為性

1．不作為の因果関係

前田　それが最後のところの、作為義務の根拠の核の部分で、そこに飛んでしまったんですが。

その他、不作為の因果関係はどうですか。故意作為犯の議論だと、因果関係論の内の条件関係の存否はあまり問題にならないわけですが、不作為犯、過失犯、特に不作為になってくると、条件関係そのものが問題になる場合が多い感じがするんですね。

伊東　因果関係で議論するときに、私には良く分からないところがあるのです。過失行為の場合で言った方が良いと思うのですが、過失の義務違反と結果という言い方をしますよね。しかし、これはどうなのでしょう、皆、通常、そういうふうに捉えているのでしょうか？　そこが良く分からないのです。よくそう言うのですが、過失行為そのものと結果との間だと見る限り、作為の場合は良いのですが、不作為のところでもその思考パターンでや

れるかどうか、それ自体が問題だと思うのです。私が見る限りでは、そこをはっきりせずに、過失や不作為については、義務違反と結果という言い方をしている方も少なくありません。しかし、そう言えるかどうかということ自体が問題なのだと思います。皆さんはどう考えられますか？

山口 義務違反というのは不作為だということですか？

伊東 そういうことだと思います。

前田 期待された義務を果たしたら、結果が起こらなかっただろうかと考える。だから「あれ無くばこれ無し」の逆の、仮定的な判断になって、十中八、九決定（最決平成元年12月15日刑集43巻13号879頁）ではないですが、規範的な微妙な評価になってくる。これは合法則性の考え方だと容易に答えが出るんですか？

伊東 仮定的な因果関係の場合は、出ると思います。何故かというと、仮定的なもの、やってないものは、全然関係がないから。

前田 山口説は仮定的因果関係の場合は、そう単純にぱっと踏み切ったりというわけにはいかないでしょ。微妙な判断になるわけですね。

山口 そうですね。

前田 そういう意味では、微妙な判断にならない方がおかしいと思うんですね。仮定的因果関係の場合は、規範的にかなり微妙な判断をせざるを得ないファクターを含んでいると思うんです。その意味で過失犯の場合、作為でやる方が楽なんですよ。不作為にすると因果性の判断が難しいという問題もあると思います。

川端 これも期待された作為を行わないことという形で説明するにしても、期待という部分が価値的な広がりを持つことになりますよね。「社会的な」期待という形で、「社会的」という言葉をつけて事実性を強調するのが従来の考え方ですが、それだってかなり規範的性質を帯びることは否定できないわけですので、因果関係はやはり難しいですね。

伊東 純粋な意味での因果関係は難しいですね。

川端 だから、やはり根本的に疑問が出てくるわけでしょう。原因と結果の関係についてはどうしても立証できない面があるのでしょうかね。

前田 だから、当該作為を行っても結果はどっちにしろ起こってしまう

ということになれば、条件関係がないという議論になるわけですが、さっき指摘があったように、「期待された行為を行っても結果を阻止できなかったのなら、そもそも行為ではない」という不作為の実行行為性の議論にどうしてもなってくる。確かに微妙なところだと思いますね。不作為犯は量的にそんなに多くないから、あまり議論しませんが、過失という形ではずいぶんつきつけられていると思います。

　川端　特に、新過失論を採った場合、過失全体が不作為になってしまうのですね。

　前田　新過失論は、普通そうですね。全部不作為犯になってしまうんですね。

　川端　そういう意味で広がりはかなり大きいと言えます。

2．不作為犯の実行行為性

　川端　今出た不作為犯の実行行為性の問題についてはどうですか？

　前田　結果回避可能性がなければということですか？

　川端　それとの関連でも結構です。

　山口　私は別に……。不作為犯の場合も作為犯と同じですから……。

　川端　前田さんはどうですか？

　前田　作為義務を果たしても結果は回避し得なかったような場合には、そもそも実行行為性で切っても因果関係で切っても同じなんでしょうけども、ただ、さっきは議論が出なかったんですが、未遂の場合も、まあ理論的には因果関係を考えられないことはないかも知れませんが、通常は因果関係だと既遂になるか未遂になるかですね。実行行為性が全くないようなところになると未遂にもならないという差は出てきます。

　理論的には山口さんのおっしゃるように、行為と未遂結果との因果関係というのも、考えられないことはないと思っていますが、多くの場合は実行行為があって危険性が生ずれば、まあつながってますので、結果との因果性が切れれば、だいたい未遂になってしまう。ところが実行行為性もないとなると、未遂としても処罰できない。ただ、不作為犯の場合に結果回避可能性が全くないとすれば、未遂として処罰する場合がでてくるかということです

が、そのような場合は考えられないんじゃないかと思っています。

川端 西田さんは、カウフマンが、不作為自体と不作為者とを区別して不作為の因果関係を考えるのは、無意味だと言っているわけですね。

前田 なるほど……。

川端 伊東さんは行為無価値論の捉え方に関して、実行行為性をあとから構成要件にかぶせたでしょう。あの考え方を採りますと、こういう前田さんのような意見は出てこないはずなのですが……。

伊東 そうですね。何と言ったら良いのか分かりませんが、ある意味では実行行為性は緩いとでも言えば良いのでしょうか。

川端 因果関係とは結びつかなくなるはずですが……。

伊東 先ほどの私の発想でいけば、何らかの行為ということで結果との因果系列のことを考えているのですから、そのものを実行行為だと言おうと思えば言えるのですよ。ただし、それには強弱物凄いレヴェルの差があって、それを主観的に、単に故意というレヴェルで判断すると、かなり弱いものでも入ってしまうということになるわけで……。そこのところは、先ほどから出てきているのと同様に、行為無価値論ということとはあまり関係なくなってきているので、私自身は、実行行為性は因果関係のところで出てくるのではないかなと思います。

川端 そこのところは私はちょっと考え方が違っておりまして、同価値性で実行行為性を基礎づけますから、実行行為性と因果関係とは切り離せるという理解をしているのです。

伊東 ですから、正しくないのかもしれませんが、そもそも私の場合、純粋不作為、つまり、本来は処罰できないものを処罰するために等価値だというような発想をしていないのです。純粋不作為はやはり駄目で、同価値性というのは、作為としては弱いかもしれないけれど何らかの恰好でそれを持ち上げているということなのです。そういう意味で、同価値性というのは発想的にあまり出てこない。そこで違ってしまうのではないでしょうか。

川端 そこの差ですね。

3. 不真正不作為犯の法規化

前田 不作為と罪刑法定主義、不真正不作為犯と法規範化の関係はどうですか。

川端 立法論としてどのようにお考えですか？ 日本の改正草案は、12条を一般的規定として総論に置きましたが、あのような規定を今設ける必要があるかという問題です。今までの判例・学説の流れの中で、法規化する必要があるかということについて、いかがですか？

前田 私はその必要はあまり感じないんですが。

川端 いまの解釈論でまかなえるとお考えでしょうか？

前田 まかなえると思いますが、ドイツとは条件が違うという感じがします。

川端 山口さんの立場は違わないのでしょうか？

山口 同じです。不作為というのは、およそ作為犯の規定で処罰することはできないというような考え方をとれば、規定の置き方はそれぞれ別途考えなければならないでしょうけれども、何らかの規定を置かなければならないでしょう。しかし、価値的に同価値かどうかを問題とする、つまり同価値性を媒介として構成要件該当性判断が可能であると考えれば、別に新たな条文はいらないわけですし、置いても無意味だということになります。これはもうすでにいろいろな方が指摘されていますね。規定を置くことは、むしろ逆に、処罰を促進するだけで有害だということになると思うのですが。

伊東 まさに真正不作為犯を処罰する為には条文がいるわけで、そういう意味ではあった方が良いのでしょうが、ただ、各論の現実的な解釈論にとっては、総則規定を置いても役に立たないだろうなという気がするのです。

川端 総則規定は限定機能を持たないということでしょうか？

伊東 ええ、持たないということなのです。そういう意味では、黙示的な合意で良いのではないですかね。

川端 ドイツでは条文を設けたにもかかわらず、結局、解釈論で同じことをやっているわけですよね。わが国でもこれと同じことになりかねないですね。

山口 総則に条文を置くのは意味がないから各則に置けという議論があ

りますね。しかし、各則に置けるかというと、例えば不作為の殺人を考えてみてもいろいろな類型があるわけですから疑問があるように思います。構成要件的状況をかなり特定して書くということでもしない限りは、書けないわけですから、一体どのような規定が各則に置けるかには問題があると思いますね。

川端 特定してしまいますと、かなり漏れてしまう部分が生じてくるわけですし、逆に抽象的な規定を設けますと、それを設けた意味がなくなってしまうことになりますし……。

前田 でも、今でもわが国では、罪刑法定主義の観点から不作為犯の処罰範囲は不明確だという議論は強いわけですかね。ただそれを、今おっしゃったような条文をいじることで明確化できるかと言いますと、やはりできない部分は残らざるを得ない。ドイツでも、条文を作っても同じような作業をやらざるを得なくなったというのは当然だし、なるほどなあという感じはしたんですが。

川端 日本でも将来はそういうことになるのでしょうね。

伊東 ドイツでは、良きサマリタンというか、旧だと330条でしたか、不救助罪の規定があったからですが、日本の場合、そういう規定はないわけですしね。

前田 川端さんが挙げていた例で、母親が同居の娘と婚約者の性交を黙認したら重い猥褻行為周旋罪になるというのは、やはり日本の感覚とはちょっと違いますね。

川端 ドイツにおいては密告の義務が厳然として存在していますから、それと同じ発想だと思います。どういう状況であっても理念的に犯罪行為として認めると、犯罪として全部処罰しなければ気が済まないということになりますから、日本とは明らかに違いますね。

前田 だからそこは非常に面白いと思うんですが。

川端 殺人のケースもそうですね。自殺の不防止は、殺人罪になってしまうのですね。あれは自殺幇助との関連がありますから。そのような意味で、不作為もそうですが、日本の犯罪観はドイツのそれとはだいぶ違いますよね。

III. 作為義務をめぐる問題点

1. 作為義務の位置づけ

川端 それでは、中核となる作為義務の問題に入りましょう。作為義務の位置づけは、体系論に係わってきますが、違法性論の次元で主体の範囲の限定をしようとして、それはそれなりに成果を収めたと言えます。しかし、主体の限定が構成要件の段階でできないという形で学説上、批判が展開され、その結果、保障人説が出てきたという理解ですね。その場合に類型的・定型的な形式的判断である構成要件該当性と、個別的・非類型的な実質的判断である違法性という二つの異なったものを明快に区別すべきとする二分説・区別説が主張されています。この点については前田さんは、最近、だいぶ疑問を持たれているでしょう？

前田 そうですね。構成要件が類型的であることは望ましいんでしょうが、ある程度実質化せざるを得ないと思うのです。また、作為義務というものも、ある程度実質的なものでしかあり得ない。それを無理して保障人という「枠」に押し込めてみても、結局、保障人のどの行為が構成要件に該当するかということになるし、具体的にその人が保障人と呼べるかどうかという判断は、やはり実質的に考えざるを得ないことになる。だったら、やはり作為義務の問題も構成要件の問題といいますか、その実行行為、例えば殺人の不作為として「殺す行為」と言えるかどうかの判断の中で、実質的な同価値性判断を行うべきだと考えるのです。構成要件を実質化する議論の中で、不作為犯論は一定の推進力と言いますか、動機になっていることは事実だと思います。この点について団藤先生がおっしゃったことを思い出します。先生は逆の方向なのですが、藤木先生が構成要件を可罰的違法性などで実質化したのは団藤先生の責任でもあるとおっしゃたことがあるんですよ。不作為犯論で、作為義務を構成要件の問題とするようなことを団藤先生がおっしゃたことが一つの原因になって藤木先生の構成要件論の実質化が生じたんだと

いう話をされたのです。不作為の議論と構成要件の実質化というのは、私の頭では、その意味では何となくつながっているのです。だから、保障人説が通説になったので罪刑法定主義上全く問題ないという議論は問題だし、保障人説を採ってもやはり実質的判断の問題は残るのであって、それを構成要件のレヴェルで行うかどうかの選択の問題だという感じがするんですけど。

伊東 全く同感というべきでしょうか。保障人的地位というのは、確かに類型的には言えるけれども、アプリオリに個々の事案毎に判断できるわけではないので、やはり、作為義務があるかどうかを予め判断して、だから保障人的地位にある人間だというか、違法性に下ろすかのどちらかということになるだろうと思います。どちらでも、実質的にはあまり変わりないだろうな、という気はするのですが。体系としては、保障人的地位を構成要件で実質化した方がきれいなような気がします。

山口 私には、構成要件は類型的で違法性が実質的だということの意味自体に、いまひとつはっきりしない部分があるのです。構成要件が類型的というのが、一定の法益侵害行為を構成要件該当行為として捕捉しており、それに当てはまらなければいけないという限りにおいては構成要件は類型的ですが、あとはすべて実質的ではないかと思っています。不作為犯も、構成要件、例えば、不作為の殺人を199条の構成要件に当てはめて処罰する以上は、構成要件段階で人を殺したというように判断できるかどうかということが、実質的に問題にならざるを得ない。その意味では構成要件段階で実質判断をせざるを得ないと思います。むしろ一般的に行われている議論を前提とすると、違法性段階まで下ろすと、何でも考慮の対象に入ってくるような感じになってしまって、むしろマイナスが大きいのではないかという感じすらするぐらいであるということです。たしかに保障人的地位という概念には、一つの意味があると思うのですが、しかし、保障人的地位というと直ちに範囲が決まってくるというものでもありませんから、一つのレッテルみたいなものですし、また保障人的地位と条文に書いてあるわけでもありませんから、あくまでも実質的な構成要件該当性判断の問題だと思うのです。

2. 二分説・区別説について

前田 二分説というのはかなり有力ですね。川端さんもそうですね。今の点について川端さんのお考えは？

川端 構成要件は類型的なもので、実質判断はできるだけ避けるべきだという従来の考え方にしたがった場合、個別的・具体的で実質的な内容を有する義務は構成要件に取り込むべきではないことになります。そのような義務ではなくて、一定の生活関係において保護関係のようなものが類型化されていて、まず構成要件の段階でそれだけにしぼり込んでいくべきだと思います。このような類型的要素と全然関係のない者の不作為があったとしても、それは構成要件段階で排除されることになります。社会的な観点から類型化されたものについてはそれだけで限定されておりますが、そこでは規範的・実質的な価値判断は全然入っていないわけです。

要するに、そのような類型化された関係の中で不作為があり、そしてそれによって結果が生じているという没価値的な判断がなされていることになるのです。これはフィクションと言えばフィクションかも知れませんが、そういう前提をとって、具体的にどういう意味を持ち得るのかが本当の問題点です。具体的な義務が特定されて、その義務に違反したという部分があって初めて、違法性が確定されうる点に意味があるのですね。類型的判断と具体的・実質的な判断の要請を、そこで明確に区別しているつもりなのです。

確かに、おっしゃる通り、類型化する段階である程度、価値的な評価が入ってきていることは否定できないと思います。生活関係という形で類型化する操作の中で価値判断が入り込むことになるでしょう。しかし、程度問題として、実質的・具体的な当罰性に係わる問題は、違法性の次元で議論すべきなのであって、二分説・区別説は構成要件段階ではできるだけそれを排除しているというメリットがあるだろうと、私は理解しております。

伊東 そこでは構成要件の違法推定機能はないのですね？

川端 いや、全くないわけではありません。類型化された範囲のものについては定型的に違法性があるという限度で違法推定機能があります。

伊東 しかし、それでは足りなくて、もう一度違法性のレヴェルでやり直すということですね。

川端　類型的な社会的関係を全く有しない人の不作為とは違うという意味での、弱い違法性が定型的な違法性です。積極的に義務違反があって初めて、不作為としての違法性が認められるのであり、さらにそれに一般的な別の観点からの正当化事由（例えば、正当防衛）が問題になります。これは一般的な違法性の問題として議論するのです。二分説・区別説はそういう構造を持っております。

　山口　川端さんの、構成要件段階で枠をかけて違法性段階で実質判断をというお考えに関連して、お伺いしたいのですが、構成要件段階で１段階でやるとなぜまずいのですか？

　川端　違法性と構成要件との差で言いますと、違法行為を類型化したものとして構成要件を捉えるという考え方が前提となっているのですね。この原則を維持するかどうかという問題にほかなりません。

　伊東　しかし、普通の場合、違法「阻却」は議論するから、離すのは良いのかもしれませんが、不作為犯の場合はそうではないですね。積極的に根拠づけることをもう一度やる。そうだとすると、私としては、構成要件の中でそれをしたとしても何ら問題はないように思うのです。むしろ、違法性の段階で行って意味のあるのは、もっと実質的なもので本当にあるかどうかということで行う積極な根拠づけのための義務の吟味ではなくて、阻却のためのというか、不可罰の方向での検討だと思うのです。

　川端　違法行為が構成要件に類型化されているという前提があるからこそ、違法推定機能が認められ、違法性の阻却という方向の議論が生きてくるわけですよね、特に作為犯の場合は。それと違って不作為犯の場合は、不作為の存在構造に係わってきますが、原則的には不作為は社会生活上、見逃されているはずなのですよね。例外的にそれが処罰の対象になってくる以上は、個別的に積極的な義務づけが必要であると考えているわけです。

　伊東　先に行ってしまいますが、結果があって、構成要件レヴェルで因果関係が確定されているわけですから、そこにいる人間が不法を――結果無価値なら結果無価値でも良いのですが――惹起したということは特定されているわけですね。それが、逆にいうと、もう少し類型的な人間でなければいけないというのは、今度は何故出てくるのでしょうか。

川端　それは答えにくいのですけれども、不作為は例外的に特別な関係にあるものだけが積極的評価を受ける生活関係なのですね。ですから、その意味で、限定という要素が働いてくると思います。それが構成要件段階での限定の問題です。

3．構成要件段階における限定

　山口　いや、むしろ、今お伺いしていて感じたのは、構成要件段階ですと、いわば一段階でやりますと、それでも枠があるのです。保障人的地位という枠があって、その実質判断で勝負するということなのですが、二段階で分けるとたしかに構成要件段階で枠があるのだけれど、それはある程度広く設定されたものであって、さらに違法性段階に下りたときに、義務づけが問題になるわけですね。具体的義務づけが問題になったときに、構成要件で一段階でやるのであれば問題にならなかったような事情が、具体的義務づけで問題になってくることを認めるということですね。つまり、個別・具体的な事情の特殊性ということが根拠になって、かえって作為義務の範囲が広くなりませんか。つまり一段階であれば、構成要件段階で保障人的地位というものが設定されて、そこに決められている事情だけが考慮される。ところが二段階に分けると、一段階目はある程度広く設定された上で、二段階目はその人を義務づけるいろいろな事情が入ってくることになるわけです。構成要件段階では考慮されなかったかも知れない事情も、考慮し得るというところに違法性を考えるという実質的な意味があるとすれば……。

　川端　いや、そこが問題なのではなくて、まず、どういうものが構成要件で議論されるべき対象となるかを限定するのです。これが保障人的地位の問題です。どういう犯罪類型がそこで問題になりうるかという限定ですね。その場合に具体的にどういう作為をすべきだったかを議論するのが、義務の具体化としての作為義務の問題です。一定の作為義務があってそれを履行しなかったからその不作為は違法であるとされるわけです。

　山口　それでは、主体の範囲が広がるというわけではないですね。

　川端　それは広がらないと思います。

　前田　構成要件段階で、主体は全部決めて？

川端 そうです。具体的な義務内容とか、この場合にどういうことをすべきであったのにやらなかったから違法性が高いとかは、違法性の次元で考えるのです。

前田 じゃあ、私はちょっと誤解していましたけれど、例えば溺れている子を助けなかった時に、父親か第三者かの区別の問題とか、同じ第三者でも突き落とした人かそうでないか、泳げる人か泳げない人か、これらはやはり、全部構成要件段階に入ってくるということですか。

川端 泳げるか泳げないかという作為可能性ではなくて、その場合、その行為者が突き落としたかどうかという、「先行行為の問題」として何らかの形で係わってきていますよね。ここでの限定は、親子関係だとかプールの監視員だとかの一種の保護関係にある者を主体として抽出するだけです。

前田 構成要件該当性の？

川端 そう、構成要件該当性の段階でこれを考えるのです。

前田 だけど、泳げない親でも、構成要件該当性はあるけれども違法性はなくなるということでしょうか。

川端 そこは作為の可能性の問題として処理します。

前田 それは構成要件判断ではないのですか？

川端 それは構成要件要素とするのか、それとも作為義務違反の前提となる要素と解するのかという位置づけの問題ということになります。

前田 可能性は別にして？

川端 構成要件要素として、同価値性とかのいろいろな要素を取り込む立場があります。私は同価値性は構成要件要素と捉えています。このように、何を構成要件要素とするのかという問題はありますが、基本的には、構成要件段階で問題にするのは、結果発生に帰責すべき範囲を定めるだけの要素であり、保障人的地位はこれに含まれると考えています。

伊東 そうすると、違法段階までいかないと、具体的な義務内容が決まらないから、不作為の未遂とか、先ほど出た問題ですけれど、実行行為性というのは決まらない、ということになるのでしょうか。

川端 私は、不作為犯の実行行為性は、同価値性を構成要件要素にしたうえで、それを有する不作為についてのみ肯定されると解しています。考え

方はいろいろありますが……。構成要件の段階の議論と具体的にどういう作為義務があって、それにどの程度違反したかという問題とは区別される必要があります。なお、作為の可能性も、義務は可能性を前提とする立場を採れば、これは義務の問題に入ってきます。

伊東 それだと、親のような一定の保障人的地位にある人がいるということの確定と、例えば、被害者が死亡したという結果とがある場合、その間はどうやって結び付けるのですか。因果関係の問題になってしまうのかもしれませんが……。義務みたいなものがないと繋がらないのではないでしょうか。

川端 いや、その場合、その人の不作為があり、それと結果との因果関係が問題になります。

伊東 ただ、していないというのは、何かをしていないというのが今の考え方ですね。

川端 その生活関係において期待される作為を行わないという不作為があるのです。その部分が構成要件要素ですから、そこだけを類型的に判断できるわけです。

伊東 なるほど。

川端 これを具体的にどうすべきであったかという義務違反性の問題は、後の違法性の段階で考えるのです。

4．作為義務の具体的内容

前田 なるほど。それでは、作為義務の具体的内容に入っていこうと思います。類型的に法律とか契約とか先行行為というのは、保障人的地位の問題なんですね。法律関係があるかどうかは。

川端 それ自体はそうなのですが、その地位に基づいてどういう義務が出てくるかは、別問題だという構成ですね。

伊東 そうすると、今までみたいな形式論だけで決めるわけではないし、実質論だけでやるわけでもない、ダブルにやる、というわけですね。

川端 そうです。先ほども言いましたように、類型化の段階で、ある程度、規範的評価が入ってこざるを得ないことは否定できないと思います。

山口 保障人的地位にはいろいろ強弱があり得ますね。構成要件段階では一応認められるけれども、違法性段階では、こんなことまでやらなければならないのかという、重い負担を負わせるような作為義務はない。軽い作為義務ならあるような場合です。そういう問題は構成要件段階で考えられるということになるんでしょうか。

川端 今の強弱の問題は、結局、地位の競合という問題として現われると思います。父親としての地位と監視員としての地位が競合した場合、どちらも構成要件該当性があるのですが、違法性の段階で強弱を判断することになり、そこで当罰性判断が出てきます。

山口 構成要件段階で考えても、具体的な事案で問題となる作為義務の内容と保障人的地位を1対1対応で考えると、そのような作為が義務づけられるかということだけが問題になりますが、およそ何か作為義務があり得るかということで考えると、そういう人にとって、ものすごく苦労しなければいけないものと、そんなに苦労しなくてもいいものといろいろあり得るわけです。そのときに、これはすごく苦労しなければいけないから、そこまでは義務づけられない、そこまでの義務はないということは、確かに二つ分けるという構成で落ちる、という議論は可能になるんでしょうね。構成要件段階で考えると、それはどうなんですかね。

前田 具体的に一つの義務を設定して、例えば溺れている人を飛び込んで助けるのと、人を呼びに行くのと両方やらなかったら、軽い方を問題にするんでしょうけども、その義務があったかどうかを考えるということになります。それを分けるというのは、構成要件の類型化というのも伝統的な考え方だし、類型性というのも分からないでもないんですが、それをやるメリットが少なすぎるんじゃないかという趣旨なんですが。

5．構成要件の実質化と「作為との同価値性」

川端 実質的判断を取り込むことによって構成要件を実質化するという、前田さんの考え方によれば、すべてを構成要件で処理した方がいいということになるわけですね？

前田 私はそう考えるのですけれど。要するに不作為で殺したと言える

には、作為との同価値性が必要で、その同価値性判断は構成要件該当性判断で行うわけです。

川端 それは実行行為性の問題ですね？

前田 ええ、その中に入ってこざるを得ないという感じがするんですが。

川端 その場合、具体的な当罰性の問題ではなくて、類型的に実行行為性が考えられるとして、作為との同価値性を見出すことになるのでしょうか？

前田 その不作為が、当罰的な構成要件の予定する「殺す行為」に当てはまるかどうかを考えるんですね。だからワンクッション置いて、殺す行為から類型化される不作為としての殺す行為みたいな枠をまず作って、その次に違法性の段階でそれに当てはまるかを考えるのであれば、両方一度に、構成要件のところで殺す行為と言えるかどうかを考えればいい。間に保障人的地位というものを作ることによって、国民に処罰範囲が明確になるというメリットは非常に少ないですね。

川端 そうですね。それは私も認めます。
結局、これは構成要件と違法性の関係を、理論体系上、整合性を有しているものと言えるかという問題として、考えているわけです。

6．作為義務の根拠

前田 作為義務の根拠として、いろいろなものが挙げられますが、さっき三分説とおっしゃいましたね。

川端 形式的三分説が従来、作為義務の発生根拠として挙げてきたのは、法令・契約・条理です。

前田 これが三分説というわけですね。

川端 その実質を考慮することなく、形式的に法令・契約ないし事務管理・先行行為ないし条理を根拠とするわけです。

前田 先行行為については、日高さんのように非常に重視するタイプと、西田さんのように先行行為は作為義務の根拠に入れないというタイプと両極端に分れるわけですが、川端さんは先行行為も重視されるわけですか？

川端　私は、条理という観点から作為義務の発生根拠の問題として先行行為を考えています。つまり、義務の根拠論として言っているわけで、日髙さんの場合は、もともと存在構造のギャップを埋めるという観点からこれを問題にしています。先ほど山口さんが指摘されたことに係わってくるのですが、ここではあくまでも、何らかの行為があった以上は、それによって生じた危険を除去すべき義務が生ずるだろうという発想になります。

　前田　日髙さんの場合、具体的にその作為義務の根拠として、先行行為を重視されるわけですね。

　川端　それはさっきの出発点と結びつくことになりますね。

　伊東　川端さんの場合は、先行行為の種類による差別化というようなものはあるのですか？

　川端　あり得ると思います。危険発生にどれだけの影響力を持っているかによって、それに対応するだけの重い義務が生じてくるはずです。

　伊東　先行行為があったということは、保障人的地位の一つの類型ですね？　先行行為者という意味でですね？

　川端　全く無関係ではないという意味で、類型化が出てきます。つまり、何らかの関与をしているという保障人的地位が問題になりますから、作為義務論でいう意味での先行行為としての義務づけとして十分かどうかは、違法性の次元では判断できないと思います。

7．作為義務の根拠としての「条理」と倫理規範

　伊東　この場合、条理というのはいわゆる倫理規範を入れますよね。

　川端　そこは正直言って分からないところです。法令・契約、それに準ずるものとしての条理がはたして倫理規範でもよいと言えるのかは、さしあたり留保しているのです。慣習法ならいいけれども、単なる事実、慣習ではいけないというのは、あまりにも観念的すぎますよね。ですから、その部分はどうしても不明確であると考えていますが、それをどういう形で法益侵害に係わる部分として限定していくか、という課題があると思います。

8．先行行為と作為義務

前田 先行行為というのを、作為義務の根拠から除くべきだという議論をされているんだと思うんですが。

山口 ドイツで、確か、シューネマンもそういう主張をしていたと思います。

前田 シューネマンの考え方ですか。理由はなんでしたか。

山口 理由は私には納得しがたいのですが、先行行為を作為義務の発生根拠とすると、不作為犯の処罰が不安定になること、それと、先行行為の処罰と不作為犯の処罰の二重処罰になるということが、わが国の学説では挙げられていたと思います。

前田 先行行為は、すでに過失で突き落とせば過失致死だし、故意でやれば殺人だし、それがあるから二重処罰になるということですかね。

山口 私はどちらもあまり理由がないのではないかと思っているんですが。

川端 処罰を認めるべきだということですか？

山口 先行行為を排除する理由がないということです。

前田 行為無価値対結果無価値という視点の問題に入っていきますが、基本は結果からという意識だとすると、日髙さんのおっしゃることはよく分かるんで、先行行為があって法益侵害の危険の原因を与えているとすると、それを止める義務が出てくるというのが分かりやすい筋道だと思っていたんですが。

川端 そこは共通しておりませんか？

前田 それは一緒だと思います。ただ西田さんの議論は、筋道からいくとちょっと分かりにくいなと思ったんですけど。

山口 それはおそらく、先行行為を作為義務の発生根拠にすると、それだけに寄り掛かって処罰範囲が相当広くなる可能性があるので、あえて否定しているということなんだろうと思います。

9．法益侵害性と作為義務

前田 最大のポイントは、結果発生に原因を与えたとか、結果発生を防

ぎ得る立場にあるとかという、法益侵害に結びつくもの以外のファクターなんですね。さっきおっしゃったように、条理の中に倫理的な義務とか何かを広く入れるのが問題になるというのはそのとうりで、そこは当然入らないんですが、ただ法律に類型化したような、民法に出てくるような親子の間の義務とかいうものが、完全に法益侵害で説明できるとは限らない。

川端 抽象的には民法上の義務というのは出てきますが、それが即刑法上の作為義務には結びつかないのですね。それが前提になって、法益関係的な要素があって、法益侵害にどういう影響を及ぼし、どの程度除去すべき状況にあるかという要素が刑法上出てくるのですね。

前田 そうすると、川端さんはそこで、先ほど伊東さんがおっしゃったような意味で、法益侵害に何らかの因果的影響を与えたりとか、因果を止めるようなものを阻止したとか、そういう行為がないと、やはり不作為犯は成立しないとお考えですか。

川端 はい、その点に関してはそうなんです。

伊東 結局、倫理性というものだけで根拠づけたくなくなると、そういう切り方は一つの手なのですよね。何か他のものがあれば、お教え願えれば良いのですが……。

山口 親が子供を育てる義務などというのは、やはり認めないわけにはいかないのではないかと思います。

川端 その義務の部分がありますから、ストレートに作為義務に違反するということなのですね。

山口 それが批判されているのですが、認めざるを得ないと思います。

前田 私も山口さんと同じで、おかしいと批判されているんですが、やはり親が子に対してミルクを与えない場合は、不作為犯で処罰せざるを得ないと考えるのです。ずっと暮らしてきて、特に赤ちゃんが病気になるような原因を与えたわけでもない、他の人がミルクを与えるのを邪魔したわけでもない、二人で暮らしていて何もしないで餓死させたというような場合は、やはり不作為の殺人にせざるを得ないと考えるんですね。

Ⅳ．不真正不作為犯の要件に関するその他の問題点

1．排他的支配

伊東 庇護的関係にあるような場合も、その関係自体が、一種、排他的な領域の設定というように看做せる場合でしょう。

山口 私は、排他的支配はいるというように考えているんですけれど。排他的支配があるということは必要ですが、それがあれば後は比較的緩やかに考えざるを得ないと思うのです。

伊東 でも、排他的支配をどれだけ強く読むかによって、大分差はあると思うのですけれど。

前田 それはそうですね。

伊東 先ほども言ったように、隣家とは自由に話ができるような状態で、ただ赤ん坊にミルクをやっていないというような状態でも、山口さんの立場では、一応、排他的支配はあるわけでしょう？

山口 排他的支配の内実というのはこれまであまり問題にされてきていませんね。問題があることは認識しているのですが。少しずれる例ですが、例えば池に人を突き落とした人間が隣にいるときに、その場にいたもう一人の人に排他的支配があるかどうかというと、なかなか難しい問題なんです。

伊東 少し議論からずれるのですが、堀内さん、西田さんと展開されて、排他的支配という観念を用いる傾向は学生にも強くあるわけですけれど、中身そのものをもう少し具体的に考えてみないといけないのでしょうね。今の例は、山口さん自身はどう思うのですか？

山口 わからないですね。かつて、インターネットのプロバイダーの責任を検討した際に少し書いたことがあるのですが、先行行為にあたる行為をした人間がいて、その者は被害者を助けようと思えば助けられるのですが、まず助けないだろう、というような場合に、もう一人の不作為者について排他的支配があるのかどうかという問題。これはあるとも言えるし、ないとも

言える。非常に難しい問題なんです。つまり、作為を行った人間については、作為の期待可能性がないと考えられるのかどうか、それ自体が一つの問題ですし、そう考えれば排他的支配があるということになるのかどうか、よくわからないですね。

伊東 なるほど。例えば、子供が落ちて溺れているときに、そこに群衆が集まってきて、二人の人間が、金を払ったら自分が飛び込んで助けてやるよ、という場合はどうでしょう。

山口 その場合には排他的支配はないと思います。それは四人なら、三人なら、二人ならどうかといったときに、共犯関係があれば別ですが、そうでない限りは排他的支配は認められないと思います。

前田 そうでしょうね。だから不作為をどこまで処罰するかについてのドイツの例との比較ですが、日本の方が狭い。それがいいとか悪いとかではなくて、それが日本の法感情というのか……。とにかく、それによって最後は決まらざるを得ないんで。ただ、それをうまく説明するために理論づけることは必要なんですけれどもね。基本的には法益侵害的なことからしばって、なるべく単なる倫理違反まで広がらないようにしておくのがいいと思うんです。ただ、最後の最後はどうしても微妙なところが出てくると考えているのです。意外な対立関係になってしまったんですが。

川端 問題の根源をもう少し我々は考える必要がありますね。

伊東 私の場合、ネックになるのは、作為と不作為、故意と過失というものをバラバラに考える癖がありますので、そこがどうしても超えられないのでしょうが……。目的的行為論の影響をかなり強く受けていて、行為論的なものに拘ることが、かえって、物理的というか、そういう切り方をしたくなる原因のような気もするのです。

山口 むしろ不作為犯の処罰自体に、そもそも疑念を持っているわけですから、狭くなるのは……。

伊東 当たり前でしょうね。

2．不作為犯における故意

川端 最初に問題提起はしなかったのですが、故意の問題があります。

不作為犯に関して、故意の関係はどうなのでしょうか？
　前田　作為義務の錯誤ということですか？
　川端　そこまでは行かないけれども、原因力の関連で、故意を主張するわけですね。故意が影響力を持ちうるかどうかという問題です。
　伊東　故意犯というのは、構成要件該当事実に向けた因果力の支配ということですが、ただそう思っているだけでは行為原則から撥ねられてしまうから、何らかの因果系列を差し込んだり、あるいは、排除しなければならない。そういう意味では、かなり弱いものも入ってしまうわけで、そうなると、主観面の処罰という色彩は出てくるかもしれません。ただ、それは、恐らく作為義務のあたりで、絞ろうと思えば絞れると思います。
　川端　その場合、主観面は結果発生との関連で、故意か過失かの行為態様を振り分ける基準としての意味しかないのではないですか？　つまり、それに向けて積極的に利用したという関係があれば故意犯であり、そうでないときは過失犯であるというだけの問題ではないでしょうか？
　伊東　振り分けだけ、ということはないと思います。
　川端　それだけだというのは少し言い過ぎになりますかね。
　伊東　まさにそれが基本的なファンクションであるということは否定できませんが。
　川端　それは原因力じゃなくて、行為態様の意味づけの問題であると思いますが……。
　伊東　いや、行為態様として振り分けるだけではなくて、因果の支配、主観による客観の支配ということが出てきますから、その設定の強度の高低というものがあるわけでして、そこから差が生じてくるのではないでしょうか。

3．作為義務の錯誤

　川端　犯罪論体系との関連で、作為義務の位置づけは、錯誤論に影響を及ぼしてきます。
　前田　いや、先ほどの議論で、二分説で分けなければいけないというのは、一方の構成要件的地位に関する錯誤は事実の錯誤だけれども、義務に関

する錯誤は法律の錯誤ないし禁止の錯誤だとするための議論でもあるわけです。

川端 一般にそのように言われますが、私は逆だと思います。二分説ないし区別説は最初から錯誤論を意識して提起された見解ではなくて、作為義務を構成要件と違法性とに振り分けた結果として、それに関する錯誤は構成要件的錯誤と禁止の錯誤に分かれたというとらえ方が妥当であると思うのです。

前田 私はそこをちょっと誤解していたというか、他のところで正当防衛の議論の適法性の錯誤なんかのところでも分けますが、それとつながって、二分説のメリットはそこにあるのかと思っていたんですが。

川端 確かに、メリットとして挙げられる部分は出てきますが、それは結果論だと思います。明確に錯誤の処理のための理論として評価されていますが、その点は立論の動機ではなかったと思います。

その点、前田説は、作為義務を規範的構成要件要素と解されるわけですよね？

前田 構成要件要素の錯誤ですが、結局は構成要件要素の認識の問題だというふうに私は考えるんですけど。作為義務の認識の有無という形で処理する。

川端 作為義務自体の認識と保障人的地位に相当する事実の認識とは差がないと考えるわけですね？

前田 ええ、差がないというのが私の考えです。

川端 錯誤に関して他に何かありませんか？

山口 私も前田さんに近い考え方なんですが、保障人的地位を構成要件に入れてきたら、規範的構成要件要素の錯誤の問題になるので、その場合には義務という観点よりは、むしろ保障人的地位を基礎づける事実の認識が問題となるのではないかと思います。

川端 事実的部分と義務そのものの問題ですか？

山口 いや、例えば親が子を助けなければならないという場合には、自分が親であってこれは子であるという認識はいるということです。

川端 それだけで足りるかどうかですね。自分の子供であることの認識

はあるが、自分の場合には義務がないと思ったというケースの取り扱いですね。

前田　それは故意に影響しない、法的な誤りだと思いますが。

川端　その点、伊東さんはどのようにお考えですか？

伊東　保障人的地位というものが、そもそも必ずしもアプリオリには決まらないということを前提にすれば、山口さんが言われたことと逆さみたいな感じになるのではないでしょうか。むしろ、義務を根拠づける事実の錯誤の問題と同じでしょう。

山口　だからそういうことです。保障人的地位というのが作為義務を基礎づけるものですので。

前田　親であれば作為義務を基礎づけるというか保障人的地位が出てくるとしますと、親であるということの素人的認識があればいいわけで、親だけど許されると思ったという部分は重要ではないということになるんだと思うんですけどね。

伊東　山口さんでしたか、先ほど言われていた「そこまではやる必要はない」と思ったという場合はどうなのでしょうか。同じですか？

山口　結局そういう義務があるかどうか。義務を基礎づけるような要件が備わっているかどうかで、備わっていればそれを行為者が認識していなければならないというだけの話です。

4．不作為犯の処罰と罪刑法定主義違反の問題

川端　他に何か議論することがありますか？

伊東　佐伯さんや松宮さんのような考え方が出てきているというのには、何か理由があるのでしょうか。

山口　基本には不真正不作為犯の処罰は罪刑法定主義違反だという考えがあるんですよ。それにも拘わらず処罰するのは、準作為、「延長された手」という言葉を使っていたと思うのですが、そういったものが必要だということだと思います。例えば、電車を運転している人が、スイッチを押して電車を進行させるというときに、だれかが前に立っているのに止めないという場合、電車というのは自分の「延長された手」であると考えて、事故が起きた

らそれは不作為犯で処罰していいということですね。ただし、その後、例えば交通事故があって、誰かが怪我をしているときに、助けなければいけないかどうかという場合は別だとされているのです。「延長された手」の問題ではないですから。

前田 それはどっちですか。佐伯さんのものですか。松宮さんは何に書いているのですか。

山口 教科書です。

伊東 成文堂から出ている。

山口 あとは刑法雑誌の不作為犯の特集がありましたね。山中さんが中心になっているものです。あの中で保障人的地位について松宮さんが取り上げておられて、少し触れられていました。

伊東 そちらも、罪刑法定主義からきているのですか？

川端 罪刑法定主義からきていますから、その問題はまだ生きているわけですね。

山口 どうしても処罰するのなら、作為とみなせるようなものを捉えたいということではないかと思います。

伊東 そうなると、それはまさに私の行き方なんですけれどね。ナチュラルなのですが……。一つの行き方だと思いますね。

山口 他の人に言われてみるとそうですね。

伊東 そうですね〜、他の人が言っているのを聞くとやはり変かなぁ。

川端 やはり根本がここにあるから、それが消えない限りそうでしょうね。

伊東 今回、私は聞かれたから言っているのであって、書くのにはかなりの度胸がいるでしょうね、ペーパーにするのには。

山口 ほんとうは不作為犯というのは、真正不作為犯の形で規定を作らない限りは処罰できないということが、基本的な考え方ですね。

伊東 その反面、金澤先生のような原理的な議論、原因力とか存在論的差異ということそのものの議論はなくなってきているのでしょう？　勿論、あることはあるのでしょうが。

山口 例えば、罪刑法定主義に反するとか、およそ不可罰であるという

主張はだいたい影を潜めているわけでしょう。だけれども松宮さんなどは、ほとんどそれと同じような考え方に基づくものだと思います。

前田 松宮さんはともかく、佐伯さんもそういう流れをとっていけば……。

山口 ないです。佐伯さんは排他的支配と危険創出に注目しています。彼はそれで全部カバーできると言っているのですが、その点については、ちょっと無理だろうというのが私の見るところなんです。

前田 香川さんの古稀記念論文集ですね（？）。

伊東 佐伯さんの書いているのは、発想的にはどういう方向からきているのか分かりませんが、似ていることは似ているのですね。ただ、先ほど言ったように、排他的支配の取り方などの差はあります。

山口 結局、佐伯説は同価値性というところから排他的支配を持ってきている。それから危険創出を自由主義、つまり積極的になにかやらない限りは、処罰されないというところから持ってきている。そうなると、多分、先行行為説になるのではないかと思うのですが？

伊東 先行行為説とは違うと思うのです。少なくとも日髙さんの言われている先行行為説は、先行行為の差の区別をあまりつけないですから。つけろという方が無理なのかもしれませんが……。

川端 日髙さんは因果関係の設定の問題として言っているわけですね。

伊東 要するに、危険として始めた以上は止めるべきだという発想ですから。………そういう意味では、佐伯さんの考え方は面白いかもしれないですね。

山口 先ほどの伊東さんが言われた、人を保護する事例についても、多分、排他的支配を設定することは危険創出だと佐伯さんは考えておられるらしいのですが、保護するために排他的支配を設定した場合には危険創出をしてはいません。判例はむしろそういう場合をとらえているわけで、それはやはり佐伯説では処罰範囲から落ちることになるので、問題があると考えています。堀内さんの説は、それと真っ向から反対になっています。堀内説では、作為義務が生じるためには、保護しなければいけないわけですから。保護した場合だけ処罰される。そうすると、佐伯さんのような考えは、まあ、

松宮説もそうかも知れませんが、むしろその正反対だけ処罰するという見解になります。私は、やはり両方を処罰しなければいけないのではないかと思っているのです。

前田　そう思いますけれどね。

川端　それはこれからの方向性として、非常におもしろいですね。

伊東　もう少ししっかり考えてみます。

前田　一番最初に申し上げた不作為犯は意外に低調だという点ですが、動きがあるのかも知れないですね。

川端　今後、そこから新たな展開が生ずるかもしれないということですね。

以上で、不真正不作為犯の問題を終えることにしましょう。

Chapter 3

故意・錯誤論

【本章の論題提起者】
山　口

本章のレジュメ

I．錯誤論の位置づけ
〔基本的理解〕
①故意の存否の問題であり、故意概念を錯誤の事案の解決においてより明確化する意義を有するにすぎないと理解する。
②構成要件該当事実の認識の存否を責任要素である「故意」として問題とする。→構成要件的故意という概念の否認。
③違法性阻却事由該当事実の錯誤は、構成要件該当性、違法性は肯定されるが、責任要素である故意が欠如することになる。錯誤することについて過失があれば、過失犯が成立する（構成要件該当性、違法性は一応、故意犯と過失犯に共通である）。

〔注釈〕
①錯誤論は、故意のないところに故意を転用する特別の理論であるとする見解は、故意のないところに（構成要件的故意を認める見解においては構成要件該当性のないところに）故意犯の成立を認めるもので、採ることはできないと考える。
②特に故意を構成要件段階に位置づける見地から、構成要件的故意があれば故意犯であり、錯誤論は発生した具体的構成要件事実（特に、結果）が故意に包摂されるかを問題とする立場は、存在した故意と構成要件的行為により故意犯の未遂が成立しうるという意味において「故意犯」であり、発生した構成要件該当事実についての故意が認められるかを問題とする限度では、結論において、妥当でないとは言えない。
③違法性阻却事由該当事実の錯誤については、構成要件的故意を肯定する立場からは、厳格責任説を採り、過失犯の成立可能性を認めないことが一貫する。なぜならば、構成要件的故意があり、故意犯の構成要件該当性があっても、過失犯が成立するのであれば、故意犯構成要件該当性には過失犯の構成要件該当性が含まれていること、つまり構成要件的故意には構成要件的過失が含まれていることを認める必要があ

り、それには無理があるからである（ことに、構成要件的故意・過失を行為無価値性を基礎づけるものだと理解する場合には困難になると思われる）。→かといって厳格責任説が妥当であるとは思われない。ある要素が構成要件に位置づけられるか、違法性に位置づけられるかによって、その認識の取扱いが変わることは実質的に妥当であるとは思われないからである（例えば、被害者の同意のように、構成要件段階に位置づけるか、違法性段階に位置づけるか議論のありうるものがあるが、その錯誤が、理論的位置づけの差異により、異なった扱いを受けることが正当化されるとは思われない）。
④構成要件該当事実の認識を故意の要件として不要とする見解に反対する。構成要件該当性の存在は、罪刑法定主義上要求される犯罪論上の要件であり、これが犯罪の客観面に対応する主観面である故意の要件としても要求されるのは、罪刑法定主義の要請でもあると理解する。

II．具体的事実の錯誤
①構成要件該当事実の認識を故意と解する立場から、（具体的）法定符合説（構成要件的符合説）を採る。しかも、構成要件該当事実の中で、構成要件的評価に際して重要な事実と量刑においてのみ重要な事実とを区別し、前者の認識を欠く場合には、故意を認めることができないが、後者の錯誤は重要でなく、故意を阻却しないと考える。つまり、構成要件的評価の重要性の判断と、故意を認めるために認識を要する事実の範囲の判断基準を連動させる立場に立つ。
②客体の錯誤については、客体の同一構成要件内の属性の錯誤は、構成要件的評価において重要でないから（被害者の性別が男か女かによって構成要件的評価が異ならない）、故意を阻却しない。しかし、行為

者が念頭においた客体についての未遂構成要件該当性が認められれば、未遂犯の成立は可能であり、「故意の個数」の議論がここでも問題となる。

③②でも明らかなように、客体の錯誤の事例は方法の錯誤の事例と論理的に区別できない。客体の錯誤の事例は、発生した構成要件該当事実について故意がないとはいい得ない事例である、というに過ぎない。

④方法の錯誤の事例では、発生した予測外の構成要件該当事実について故意を認めることはできない。なぜならば、狙った客体Aとの関係で肯定される（未遂）構成要件該当性と、命中した客体Bとの関係で肯定される（既遂）構成要件該当性とは、明らかに異なる以上、故意の要件として認識されるべき構成要件該当事実のレヴェルでも、その判断は連動しなければならないからである。これを連動させていない見解（抽象的法定符合説）は、故意を構成要件該当事実とする立場からは基礎づけられない（錯誤論を故意論とは別の理論とするか、故意をさらに一般化して理解する必要がある）。

⑤「故意の個数」を故意の要素として問題とすることはできない。これは、量刑で考慮するほかない。

⑥因果関係の錯誤の事例では、相当因果関係の範囲内における因果関係の食い違いは構成要件的評価において重要でないから、故意の阻却を認める余地はない。ただし、このことは、構成要件要素としての因果関係が故意の認識対象から外されることを意味しない。因果関係がなければ、構成要件該当性はない以上、因果関係の認識を欠いた行為者の主観面は、犯罪を構成しない事実の主観的反映にすぎず、罪刑法定主義の観点からも、疑問がある。

III．抽象的事実の錯誤

①構成要件該当事実の認識を故意とする立場から、構成要件的符合説を採る。基準は、具体的事実の錯誤の場合と同一であり、これは故意の有無という同じ問題である以上、当然のことである。

②構成要件の符合とは、構成要件の重なり合いであり、形式的に符合せず、「実質的にのみ符合」する場合においては、両者にまたがる包括的構成要件を解釈として認めうるかにかかっている。

③違法・責任符合説は、結論において、構成要件的符合説と同じである。ただ、②の論理操作をしないので、形式的には、客観的に実現された構成要件と主観的に実現されている構成要件とが異なることを承認することとなっており、それ自体に疑問がある。

④実質的故意論は、抽象的事実の錯誤に関する限り、違法・責任符合説と同様の見解になっている。

IV．違法性の錯誤

①違法性の意識は故意の要素ではない。
→故意説の否認

②違法性の意識の可能性は責任の要素である。→責任説（制限責任説）

Chapter 3. 故意・錯誤論

山口 本章では、故意・錯誤論というタイトルで話をさせていただきます。

I. 錯誤論の位置づけ

論題提起=山口

まず、錯誤論をどう位置づけるのかということが議論されていますし、ここでの議論の前提としてもその点をご議論いただいた方がいいのではないかということで、私の考え方を述べさせていただきます。関連して故意の体系的な位置づけのような問題も部分的に出てまいりますので、もしよろしければそれも関連してご議論いただければと思います。

まず、1番目に、錯誤論をどう考えるかということですが、錯誤論といわれるものも結局は故意があるかないかの議論であって、それ以外の何ものでもないと考えています。ただ、そういう議論が意味がないのかというとそうではありませんで、故意概念が錯誤の事案に即してより緻密化・明確化されるという意義は持ちますが、逆にいいますと、そういう意味しかもたないのではないかと考えています。これが第1の考え方です。

2番目の基本的な考え方は、故意とは、構成要件該当事実の認識・予見と考え、それは責任要素である。つまり、構成要件段階では、故意犯・過失犯は共通に考えるのです。そして、責任段階で、すでに存在が認められた構成要件該当事実が認識されていたかどうか、ということが故意として問題になるという考えです。したがって、構成要件的故意という考え方は認めておりません。

3番目ですが、したがってこういう考え方によると、違法性阻却事由に該当する事実の錯誤はどうなるかといいますと、構成要件該当性・違法性は認められるのだけれども、責任要素、責任要件である故意が欠如する、そのた

めに故意犯が成立しない場合であるということになります。誤認したことについて過失があれば、過失犯が成立することになるというのが、私の基本的な考え方です。

　以上三つをテーゼとして出したわけですが、これについて簡単に補足という形でお話しいたします。

　1番目の点について。皆さんご存じのように、学説では、錯誤論というのは故意の転用論であるとか、故意のないところに故意を認める議論だとか、つまり錯誤論というのは故意論とは別の理論的な意味合いを持つという主張が存在するわけですが、私はこういう考え方に基本的に反対です。どうしてかと言いますと、そういうように理解された錯誤論で構成される故意犯では、故意がないのに故意犯が成立するということを認めることになっているので、採ることはできないのではないかと考えます。私自身は採りませんが、構成要件的故意を認める考え方によれば、故意犯の構成要件該当性のないところに故意犯を認めることになってしまって、より問題ではないかと思っているわけです。

　2番目の点ですが、故意を構成要件段階に位置づける、つまり構成要件的故意を認める立場から、構成要件的故意があれば故意犯であって、発生した法益侵害結果がその故意に包摂されるかという形で錯誤論を問題とする考え方もあります。これは錯誤論に独自の理論的余地を認める立場からと、そうでない立場からとの両方から採られていますが、結論から言いますと、そういう考え方自体は特におかしいことではないと思います。要は、最初に故意があって、もし構成要件的行為が行われておれば、未遂犯処罰規定があるときには未遂犯になりうるわけです。そういう意味ではこれは故意犯ですし、別に、発生した法益侵害結果を基にして肯定されるべき構成要件該当性との関係で言いますと、それについての認識があるかどうかという意味で故意が問題になるという点では、私が妥当であると思う考え方と結論において異なるものではないからです。

　3番目の違法性阻却事由に該当する事実の錯誤の問題ですが、私は、構成要件的故意を肯定する立場からいきますと、厳格責任説を採って過失犯の成立可能性を認めないのが理論的に一貫するのではないかと考えています。ど

うしてかと言いますと、構成要件的故意はすでにあるとされているわけですから、つまり故意犯の構成要件該当性があるという前提ですので、それにもかかわらず、結局、最終的には過失犯が成立しうるという結論を採るのなら、論理的に必要になるのは、故意犯の構成要件該当性には過失犯の構成要件該当性も含まれている、また別の言い方をすると、構成要件的故意には構成要件的過失が含まれているということを、どうしても認める必要があるからです。そうしませんと、構成要件該当性のない犯罪を認めざるを得ないということになりますので、問題が生じてしまいます。そこで、構成要件的故意が構成要件的過失を含むという考え方を採ることには無理があるのではないかと思います。殊に、構成要件的故意・過失について、行為無価値性というものを基礎づけるのだという考え方を採る場合には、なお困難ではないかと思われます。

　かと言って、私自身は厳格責任説が妥当だとは全然考えておりません。それはどうしてかと言いますと、厳格責任説によると、ある要素が構成要件段階に位置づけられるか、違法性段階・違法性阻却事由段階に位置づけられるかによって、認識の有無による結論が違うということになります。しかしながら、例えば被害者の同意のように、構成要件段階に位置づけることも考えられるし、違法性阻却段階に位置づけることも考えられる、どちらに位置づけるかによって、その錯誤の結論が異なるということは、実質的にみて正当化できないのではないかと思っています。ここからも、結論として厳格責任説は採れないのではないかと考えています。

　最後に4番目の点ですが、故意は、構成要件該当事実の認識として考えられなければならないだろうと思います。また、構成要件該当事実は、すべて認識される必要があると思います。客観的処罰条件という問題がありますが、もしそれについて何らの故意も過失もいらないのだとすれば、客観的処罰条件は構成要件該当事実の外で可罰性を基礎づける、まさに客観的処罰条件だと考えるべきだと思いますし、もし客観的処罰条件というものが犯罪の実体的成否に関わるもので、構成要件の中に取り込まれるべきものだとすれば、結果的加重犯の加重結果と同じように、それについては少なくとも過失が要求されると考えないと、責任主義の観点から問題があると思います。そ

の意味では構成要件該当事実の認識が故意であると考えなければならないと考えています。実質的に構成要件該当事実であれば、すべて認識されていないと故意は認められないと思います。

　これをもう少し理論的に言えば、構成要件該当性がなければ犯罪にならないというのは罪刑法定主義の要請ですから、構成要件該当性が必要だというのが罪刑法定主義の客観面だとしますと、その主観面の要請として、構成要件該当事実の認識がないと可罰的な責任は認められないというようになるのではないかと考えています。いろいろご批判、ご疑問等おありだと思いますのでどうぞ自由にご議論いただきたいと思います。

本　論

1．錯誤論の位置づけについての基本的立場

川端　山口さんの立場は、［基本的理解］①②③、［注釈］①②③④という形で示されていますが、議論をする前提として、それぞれについて各人の結論を聞いておくことにします。

前田　［基本的理解］①は、基本的には全く同じ発想なんです。錯誤論というのが、故意のないところに故意を作り出すものであるとすれば、これは責任主義に反する。故意犯というのは故意があるから処罰するのであって、ないのに擬制するわけにはいかない。ただ、山口説と若干違うのは、後に出てくる具体的事実の錯誤の所で明らかになる問題ですが、私ももちろん、［注釈］④にあるような構成要件事実の認識が必要だと考えるのですが、構成要件の認識というものを、ある程度緩やかに解すると言いますか、具体性をあまり要求しない。そこのところがあるので、故意が認められた後、処罰範囲の妥当性を確保するために、結果があまりにも突飛な場合にはその故意にその結果を帰責しないという主観的帰責という枠を考える。この点は、従来の議論の枠組みでは、具体的事実の錯誤の問題ということになると思います。いずれにせよ、やはり故意犯の成否の問題というのは、思ったことが

若干結果とずれていたとしても、故意非難が可能かどうかの問題だと考えています。そこは故意が広すぎるという批判につながるのかも知れないけれど、故意があったとしたら、例外的に広すぎるのを狭めるために、主観的帰責はないという場合をチェックする以外は、故意概念ですべて決着がつくというのが私の考え方です。

　［基本的理解］②の、構成要件的故意という概念については、特定の意味を持って使われることがあるので注意しなければならないと思いますが、構成要件の段階で何罪の構成要件に該当するかという時には、やはり故意を参考にせざるを得ないだろうという立場ですね。ただ、ここは非常に苦しいというか微妙な言い方をするところなんですが、やはり違法性阻却事由の錯誤もひっくるめて考えると、故意というのは、構成要件のところでも問題になるし、違法阻却に対応する認識のところでも問題になる責任要素だと考えます。ただ、構成要件の段階では、構成要件を特定化するという時にはそれなりの意味を持つという使い方をする。ですから、まず構成要件段階で故意の有無というのをきちっと決めてしまうというよりは、体系的には、客観的な構成要件該当性があって、客観的違法性の判断をして、その次に故意を考える。ただ、違法性阻却の問題が出てこないときには、やはり何罪に当たるかということだけを考える時には、客観的構成要件があって、それに対応する認識としての故意の存否を考えるということです。それはやはり構成要件要素だと言ってもかまわないというのが私の立場です。

　［基本的理解］③の、違法性阻却事由の錯誤というのは、故意が欠けるという考え方ですから、錯誤について過失があれば過失犯が成立し得るという立場です。

　伊東　［基本的理解］①は同じですね。錯誤論は採ることが出来ないということの意味、故意のないところに故意を認めるというのはそもそも変だ、というのは全く同じです。

　［基本的理解］②の、構成要件的故意というのは、私は認めざるを得ないというか、大前提として認めていますので、特にごちゃごちゃ言う必要はないでしょう。反面、責任故意という概念は要らないと思います。

　［基本的理解］③の違法性阻却事由該当事実の錯誤について、構成要件的

故意を肯定する立場からは厳格責任説を採ることになるという論理は、確かに説得力はあります。ただ、私の場合は、正当化事情の錯誤の場合には違法性阻却の側面が出てくることがあるというのがちょっと違ってきます。誰でも誤認するような場合、違法性阻却を認める、あるいは、可罰的違法性阻却というべきでしょうか、それを認めるということです。あと、［注釈］③で厳格責任説が叩かれているところですが、何となく私は厳格責任説に近そうなのですが、そこは後で議論した上で考えてみたいと思います。

　川 端　［基本的理解］①は、基本的に賛成です。ただ、故意概念をより明確にするという点ではなくて、むしろ故意の最小限の部分を示すという点で意味があると考えております。

　［基本的理解］②は、構成要件的故意という概念を認めていますので、山口説とは、真っ向から対立することになります。ただ、前田説と違うのは、構成要件を違法行為類型として捉え、違法性の要素が包含されているという形で故意を構成要件要素にしている点です。単なる類別機能だけではなくて、違法論との絡みで構成要件要素という観点を強調していく点で違いが出てくるのです。

　［基本的理解］③は、基本的には厳格責任説に立ちながら、伊東さんが言われたような場合には違法性阻却を認めます。その意味で二元的厳格責任説の立場を支持しているわけです。むしろ厳格責任説という点に限定すれば、この中では私が一番徹底しているのではないかと思います。

　これを前提に、まず［基本的理解］①から議論していきましょう。

2．錯誤論と故意概念

　前 田　［基本的理解］①は、それほど争いはないのではないでしょうか。山口さんは、①は特に抽象的事実の錯誤を念頭に置いているんですか。そうでもなくて？

　山 口　方法の錯誤の場合をも念頭に置いています。故意の転用だということを正面から認める考え方、政策的に故意を認めるという考え方は、実体としては、故意がないのだけれども故意犯にすると言っておられるのと同じではないかと思うのですが。そういうように考えるべきではないだろうとい

うことです。

伊東 ①に関しては、4人とも一致するのですが、学界全体としてはどうなのでしょうか、今言われた側面だけではなくて……。その部分は極めて重要な領域だという考え方もあるでしょうし……。

山口 最近は、錯誤という問題はやはり故意の存否の問題であって、平野先生が昔言われた言葉で言えば、裏側からみた故意論だという理解が有力ですね。

前田 あのころから、議論が変わってきたんでしょうね。今でも特に抽象的事実の錯誤では、故意はないけれど構成要件的に重なり合って符合するから故意犯が成立するというような言い方をする人はいますよね。

伊東 たくさんいるのでしょ。そういう人たちが皆ここでやっている議論とは違う議論をしているのかどうか、というのが実は重要だと思うのです。あるいは、もう一つ例を挙げれば、日髙さんみたいな考え方だってあるでしょう。あれだと、なくたって徹底して故意を認めてしまうわけですから。

山口 抽象的符合説のような考え方は、ひとまず置いているんです。

川端 実体としてはどうでしょうか。錯誤論は、結果的に見て、現実に存在した認識面・意欲面を基準にして、故意があったとする操作を意味すると思います。

山口 故意があったと言えなければいけません。故意責任を基礎づける内実がやはりあったと言えないといけないと思います。その意味で、無いものを作りだすという意味での政策という考え方なら、やはり適当ではないだろうと考えるのです。

伊東 基本的に何らかの本来の故意論で、いわゆる錯誤事例を説明しようという方向においては、今かなりそちらの方に動き出したといえると思います。

山口 錯誤があるにもかかわらず故意犯が成立するということならば、先ほど川端さんが言われましたように、故意の内実、故意の最小限の内容というのがそれだけ薄まっていくということだろうと思うのです。それをどこまで認めていくかということが、むしろ正面から問題にされなければいけな

い。故意論は故意論、錯誤論は錯誤論ということで、他方のことは知りません、間に壁を立てて両者は違いますよと言っているのは、やはり問題ではないかという気がする。

川端 それはそうでしょうね。今の時点では大きな観点から批判されるべきでしょうね。

前田 おっしゃる通りなんですが、いろんな人の議論を思い出してみると、その指摘はかなり重みがあると思います。やはり、故意はないけれども構成要件的に重なり合うから故意犯は成立するという議論は、今でも学説の中にないわけではない。

山口 抽象的事実の錯誤を先取りしてしまいますが、例えば、Aという構成要件該当性とBという構成要件に関わる故意とがあると、故意犯が成立するという説、林幹人説がそうですね。そういう説がありますから、当該構成要件にあたる故意はないけれども、別の故意があるから故意犯が成立する、という説明になってしまいます。

前田 私もそれを考えたんですが、この議論が一般的に受け入れられている議論かというと、そうではないように思うのです。故意を実質化しすぎると批判をされることはよくあるんです。逆にこうしないとおかしいと思うから、故意論が少しは緩やかにならざるを得ないということなのだと思いますが。厳格に当てはめたら故意が無くなってしまうという意識が、若干あるんです。

伊東 そこでだいぶ緩やかになっている。

川端 だからこそ強調する意味があることになりますね。

前田 私はそう思うのです。

山口 故意の問題と錯誤の問題は、そういう意味で基本的に統一化されるという立場に立って、二つの方向があり得ます。つまり、実際上故意犯の成立を認めるから故意概念を非常に緩めていくという方向と、故意概念はこうだとした上で、例えば判例の具体的結論などを批判していくという方向の対立、二通りの対立する立場があって、どちらの立場も結論は違いますけれども、故意論と錯誤論というのは、そういう意味で、基本的に一貫して考えなければいけない、という点においては同じ立場だということになります。

それはそう考えるべきだと思います。

3．構成要件的故意の存否

川端 これを一応の前提にして、次は［基本的理解］②について考えましょう。

山口 厳格責任説を採られて、過失犯の成立可能性を否定されるのならば、問題はありません。ただ厳格責任説自体には異論がありますが。理論的一貫性という点から言えば特に問題はないと思います。また、前田さんのように構成要件段階で故意犯と過失犯を区別するという見解は、それはそれで分かるのですが、違法阻却事由に該当する事実の錯誤の場合に、過失犯の成立を認める理屈が問題になりますね。過失犯が成立するという以上は過失犯の構成要件該当性がないわけにいきませんから。例えば、誤想防衛の場合について、故意で人を殺しているのだけれども、故意殺人の構成要件該当性に過失致死の構成要件該当性が含まれていたというように考えて処理するのでしょうか。

前田 そう考えています。

山口 そうすると、構成要件段階で故意犯の構成要件と過失犯の構成要件とは区別されていない、ということにならないのかというのが疑問なのです。もともと両者を区別するために、構成要件段階に故意を位置づけていることと矛盾する結果になってしまわないか、というのが私の疑問です。前田さんが構成要件段階に故意を位置づけていることの意味合いが、いわゆる普通の構成要件的故意論を採られる方と同じだとは思われませんので、その意味では別かもしれませんが……。

前田 いわゆる構成要件的故意論を採る考え方とはちがうと思います。ただ故意犯である殺人罪と過失犯である過失致死罪とでは、構成要件は違うとは思っているんです。ただ、殺人だが正当防衛で故意犯の成立が否定されるものの、死の惹起に過失があったので過失致死が成立することが矛盾するとも考えていないんです。

山口 そうすると、その場合には、過失犯の構成要件該当性もあったということですね。

前　田　そうです。
伊　東　それをどうやって説明するのですか？
前　田　まず表に出てくる時には、重い犯罪である故意が吟味される。第一義的に出てくるのは、事実的に捉える故意なんだけれども、それが否定されたとしても、過失犯の構成要件的評価ができるものは残されていて、それについての正当化は故意犯と別個であり得る。故意という仮面が落ちた後にもう一つの面が出てくるという感じです。
山　口　単に責任要素として故意・過失を考えますと、現実の認識・予見というものの背後には認識・予見可能性というものもあるだろうと、実質的に大は小を兼ねるみたいな考え方は可能だと思うのです。
前　田　さっきの説明と今の説明をつなげると、構成要件のところで出てくる故意というのは、いわば実体としての故意の表の顔の部分なんです。本体は責任要素としての故意であり過失なんです。ただ、それが何罪の構成要件にあたるかという時には、やはり人を殺した時に故意があれば殺人であると、故意がなくても過失があれば過失致死だということになる。それが違法阻却の認識で行ったということで故意犯ではないとされた時に、より広い過失致死の余地は残る。実質として残っている責任要素としての過失責任は残っている。同じ法益の侵害の場合には、故意犯より過失犯の方が広いので、その残っているものの仮面が、構成要件のところで否定されたところに出てくる、という感じなんです。もちろん苦しいのは苦しいんだけれど、説明できないわけではないというふうに考えています。
山　口　理論的にどういうように整合的に説明するかが問題で、実体の問題ではないですから。
伊　東　まあ、それで困らないものとして……、過失犯成立を認めないとした厳格責任説として、（レジュメの［注釈］③の）後ろの方で挙げられている、要するにどこの段階に位置づけるかで取り扱いが異なり得ることが問題となる。

4．被害者の同意についての錯誤

山　口　被害者の同意があることについての錯誤ですね。これをどう考え

るのかということが疑問です。

川端 被害者の承諾を構成要件に位置づけるか、それとも違法性に位置づけるかは、犯罪論構成上、決定的な意味を有すると思います。つまり、定型的な違法性を問題とする構成要件と、個別的に場合によって違法であったり違法でなくなったりするような実質的当罰性を問題にする違法性とではやはり質が違うわけですから、その何れに位置づけるかによって差が出てくるのは当然だと思います。

山口 一旦どちらかに位置づけられたらそうだというのは分かるのですが、その位置づけ方が問題なのです。

川端 結論の差は、体系的位置づけに基づく差にすぎず、その承諾の実体をどのようにみるかの争いの方が重要なのです。犯罪の成否の結論は同じでも、理論的な一貫性という面からみてどちらに位置づけるかは、その要素の実体によって決まっているという前提をとっているのです。

山口 例えば、住居侵入罪で、家に住んでいる人がどうぞお入り下さいと言っているかどうかということについての錯誤はどうなんでしょう。

川端 構成要件該当性阻却ということになりますね。

山口 物を壊していいよと言っている、物の所有者の同意についての錯誤はどうなるんでしょう。

川端 その場合は、同意がないにもかかわらずあると思ったという場合ですか、その逆の場合ですか？

山口 同意がないんだけれどもあると思った場合です。

川端 それは構成要件該当性阻却でしょうね。

前田 違法阻却としての同意を、川端さんはかなり認められる立場ですね。だから構成要件によっては、同意が構成要件になったり違法性阻却になったりというのは出てくる？

川端 位置づけの相違によってそういう差が出てくるわけですが、何れに位置づけるかは、理論的立場によってその要素の性格づけの違いとして明確に定まるのであって、それがたまたま錯誤論に投影されて結論に違いが生じたに過ぎないわけですから、そのこと自体は基本的な批判にならないと思います。

山 口 言い換えると、実体的にどちらに位置づけられるかというのは、被害者の同意のような場合については、はっきりしないのではないか、どちらにも転び得るのではないかということです。

前 田 私は、被害者の同意は構成要件の問題と説明しますが、違法阻却でもそんなに差はないと思っているんです。違法阻却と構成要件（該当性阻却）というのは、連続的なんです。だから故意の中身も両方にまたがるという感じがそこで出てくる。体系的に説明が難しいという面が出てくるんですが。ただ、構成要件的故意というかどうかは別として、故意抜きに構成要件該当性が判断できるかどうかというと、できない。論理としては不可能ではないんだけれども、現実に行われている使い方とか言葉のしがらみとかから考えると、どうしても構成要件のところで故意とか過失とかと言うのが出てこないと苦しいのです。私の構成要件故意というのは、その程度の軽い意味なんです。違法性と構成要件とは質的にもスパッと別れて、それに対しての主観的な認識の問題も全部別れるというのとは、ちょっと感覚が違うんです。

5．故意犯・過失犯の構成要件該当性

山 口 そうすれば、構成要件該当性というのは、実は、故意犯の構成要件該当事実というのが事実上の類型としてある、過失犯が認められるような構成要件該当事実が事実上の類型としてある、そして違法性が阻却されるような部分もある、無過失の場合もある、というようなことになるのでしょうか。私も、当然、「殺人罪の構成要件」などと言ったりしているわけですから、そういうように言えば当然そのように考えるわけです。けれども、違法性阻却事由に該当する事実の錯誤のような場合についてどう説明するのかと考えると、厳格責任説を採らない立場からすれば、故意は責任要素だと言うのが一番素直な考え方だと思います。

数 人 それはおっしゃる通りだ。

川 端 厳格責任説は、先ほど述べましたように、構成要件該当性と違法性をかなり厳密に分ける考え方ですね。

今ちょっと触れられたけれども、逆に、山口さんの場合、構成要件の概念

に係わってきますが、構成要件該当性・違法性においては、故意犯と過失犯は基本的に共通点があるという捉え方ですね。そうしますと、過失致死罪と傷害致死罪と殺人罪の構成要件は一つであるということになりますが、それは、一般にはちょっと理解しにくいと思います。その場合、「人を死亡させる」という構成要件があるという考え方なのでしょうか？

山口 そうです。

川端 「人を死亡させる」という構成要件があって、過失致死も傷害致死も殺人もすべてそれに該当することになるわけですね？

山口 そういう意味での客観的な構成要件該当事実があるだけでは犯罪は成立しないので、それに対する責任がないと犯罪になりませんから、犯罪というのは、そういう意味で、すべてについて故意を要求している殺人罪と、最低限、方法についての故意があれば足りるとされている傷害致死と、それもいらない、過失だけでいいという過失致死と、責任要件で犯罪類型が分かれていくという考え方を採っています。

川端 その点は前田さんは違うわけでしょう？

前田 いや、同じなんですよ。責任要素なんです。ただ、その責任要素も加味した殺人罪とか傷害致死罪という類型ですね。それを一般には構成要件と呼んでいますから、私もそうするということです。ほとんど同じなんですが、呼び方として、殺意があるか否かで構成要件が異なると表現するということです。

川端 むしろ今言った三つの犯罪類型を構成要件該当性の段階で区別するために、構成要件的故意・過失の観念を認めるのが必要であるということにはなりませんか？

前田 区別するために必要というか、何罪と表現するかというときに、客観的な人を殺すという行為プラス殺意があってはじめて殺人罪と呼びうるということなんです。だから殺人罪というのは、人を殺す行為プラス殺意、傷害致死罪というのは人を殺す行為プラス傷害ないし暴行の故意ということなんです。

山口 前田さんと私の違いは、前田さんは、構成要件というのは、殺人罪の構成要件とか、傷害致死の構成要件と言わないと非常識ではないかとさ

れている点にあるわけですね。
　前田　非常識というか、実務に無視されてしまうという……。
　山口　そういう点に配慮されているということで、私自身も実際上そのように言っていますし、お伺いすると実体部分はそんなに違うわけではないと思います。
　前田　それは違わないと思います。ただ、平野先生のお考えを徹底すれば、人を殺すというのは、構成要件はみな同じだという言い方の方が、理屈としてスパッとして分かり易いと思います。ただ、そういうふうに言わないのは、さっき言ったような配慮なんですね。
　伊東　平野先生のような言い方はよく理解できるのです。ただ、理論がそこにすんなり合わないということです。

6．違法性阻却事由の錯誤
　前田　違法阻却事由の認識がある場合は故意がなくなるという処理のことですか。厳格責任説であれば、理論的に問題がないということですか。
　伊東　そうですね。
　前田　その意味では、川端さん、伊東さんの理論は一致する。
　山口　その意味では、私に言わせれば、厳格責任説は理論的に一貫していると思います。
　伊東　一貫しているのですが、厳格責任説は一貫しているけれども変だ、と山口さんが言っているのについて、私がまた、なるほどと言っているのですけれどもね。被害者の同意の問題に関して言えば、保護法益の欠如というのは、行為無価値論を採ったら、不法原理からいって、違法性阻却事由ではないですよね？
　山口　構成要件該当性が失われるのですか。
　伊東　ええ、唯一、可能性があるとすればですが。……そうならざるを得ないと思うのです。極端なことを言えば、被害者の同意は、社会的相当性を判断する際の一つの要素としてしか判断しない、独立のものではない、ただ、構成要件的に書かれている場合は、同意があればそれはそれで済んでしまう、つまり、構成要件不該当、それだけの問題、ということです。

II．具体的事実の錯誤

> 論題提起＝山口

　山口　2番目の大きなテーマとして、具体的事実の錯誤の解決の問題、それにともなって生じているさまざまな問題について、私の考え方を述べさせていただきます。

　①基本的な立場として、構成要件該当事実の認識を故意と考えるという考え方を申しましたけれども、そういう考え方から、私はいわゆる具体的法定符合説・具体的構成要件的符合説というのがとられるべきではないかと考えております。これは判例とは違うわけですし、皆さんのご見解とも違ったりしますので、ご議論いただきたいと思います。
　そのなかで、具体的法定符合説の理解ですが、私自身は、構成要件該当事実と言っても一定の評価が入るのであって、故意が成立するために必要で認識されるべき構成要件該当事実は、評価が加えられた上での事実だと考えています。その意味で法定符合説・構成要件符合説というように考えているのです。すなわち構成要件該当事実と言っても、例えば傷害罪でいきますと右腕に怪我を負わせたとか、左腕に怪我をしたという個々具体的な事実があるわけです。しかし右腕だったか左腕だったかということ自体が、構成要件的評価の上で重要だとは思われない。被害者に傷害を負わせたということが構成要件的評価の上で重要であって、どの部位であったか、右腕であったか左腕であったか、あるいは傷害の程度がどの程度であったかというのは、量刑上重要であるに過ぎないと考えています。つまり構成要件該当事実の中でも、構成要件的評価のレベルで重要な事実と、量刑上重要であるに過ぎない事実とは区別されるべきであると考えておりまして、前者の構成要件的評価の段階で重要だと考えられる事実については、これはすべて認識されていな

ければならない、こういう意味での認識が欠ける場合、故意は認められないのです。

ところが、後の量刑上重要であるに過ぎない事実についての錯誤というのは、重要でないのであって、その点についての錯誤があっても前者の構成要件的評価の上で重要な事実の認識があれば、故意は失われないと考えているわけです。先ほどの傷害の例で言いますと、被害者の身体に傷害を負わせるということは構成要件的評価の上で重要なのですが、右腕を狙ったところ左腕に当たってしまったというときに、右腕か左腕か、あるいは右腕を狙ったんだけれどもそれが腹部に当たってしまって非常に重篤な傷害を負わせたということは、単なる量刑上意味を持つに過ぎない事実です。量刑上も実質的には責任を要求されるべきだとすれば、そこでも現実に発生した傷害結果についての故意のようなものが考慮されなければいけないでしょうが、それは傷害罪の成否、故意犯の成否という観点からすると重要でないと考えています。この意味で、故意があるために必要な構成要件該当事実の認識という場合の、構成要件該当事実を選別するために必要な評価的基準というのは、構成要件該当性を認めるために必要な評価的基準と連動して考えるべきではないかと考えているのです。こういう観点からしますと、例えば被害者が違えば構成要件該当事実は違うことになります。その意味で被害者の相違は構成要件該当性の評価の上で重要であると考えますので、方法の錯誤においては意外な結果、狙っていない客体に生じた結果については故意は認められないという、いわゆる具体的法定符合説に至るのです。

以上が一般論ですが、次に②客体の錯誤について触れたいと思います。

客体の錯誤については以上のような考え方でいきますと、客体の同一構成要件内の属性の錯誤というのは、例えば被害者の性別が男か女かといったことは構成要件的評価において重要でないので、その点については錯誤があっても故意は失われないということになります。ただこの場合、客体の錯誤というのも実は、例えば行為者が念頭においていたAという人を殺そうと思ってAを探していたんだけれども、BをAと間違えてBを殺してしまったというときには、Aに対する故意は当然問題になってしかるべきで、客体の錯誤の事案においてはBに対する故意があると言わざるを得ないのだけれども、

Aに対する故意もあったということになって、その結果、具体的法定符合説の立場でも故意の個数の議論が生ずるというのが私の基本的な理解です。

　③に移りますが、今申しましたように客体の錯誤の事例と方法の錯誤の事例とは、論理的には区別できないというのが私の理解です。具体的法定符合説に対しては、客体の錯誤と方法の錯誤を区別できないのではないか、客体の錯誤については故意を認め、方法の錯誤については故意を認めないというのは、区別できないものについて、結論において区別を認めることになって不当だという趣旨の批判が行われています。しかし、これは必ずしもそうではないと考えます。客体の錯誤とされる事例は、現にあった行為者の認識を前提とすると、どうしても故意があったと言わざるを得ない場合だというに過ぎないのであって、故意がなかったと言わせないという場合に過ぎないと思うのです。客体の錯誤と方法の錯誤とが論理的に区別できないから、そもそも具体的法定符合説が不当であるということには、全然ならないと考えています。

　④の方法の錯誤の事例ですが、発生した予測外の構成要件該当事実については、故意を認めることができないということです。どうしてかと言いますと、Aを殺そうと思ってAを狙ったところがAに当たらずにBに当たってしまった、というよく問題にされる事例でいきますと、狙った客体Aとの関係で認められる未遂犯の構成要件該当事実と、命中した客体Bとの関係で肯定される既遂犯の構成要件該当事実とは、明らかに異なっているわけで、どんな説でもこの二つの構成要件該当事実を認めているわけです。その限りにおいて、被害者がAかBかというのは、構成要件該当性判断のレベルにおいては重要だというように考えられているのであって、故意の要件としても先ほど申しましたように、当然それに連動して、故意を認めるために必要な、認識されるべき構成要件該当事実のレベルでも、その被害者の相違というものは、同様に重要だと判断されなければならないということです。ところが、判例（最判昭和53年7月28日刑集32巻5号1068頁）あるいは多数説、通説と言っていいのかも知れませんが、方法の錯誤の事例について、予想外の客体に対しても故意を認める見解、抽象的法定符合説ですが、これは構成要件的な重要性の評価と、故意の評価と、評価の基準を連動させない見解ですが、これは

構成要件該当事実の認識を故意とする私の立場からは、基礎づけることはできないように思います。

　こういう判例の見解を正当化するとすれば、錯誤論は故意論とは別の、いわば政策的な議論だと正面から認めるか、あるいはさらに故意というのは構成要件該当事実よりもさらに抽象的・一般的な内容の認識で足りるのだということを、正面から認める必要があるのではないか。言い換えると、現に認めているんだということになるように思います。

　次は⑤故意の個数の問題です。これはご承知のように平野先生が、抽象的法定符合説に対して故意の個数というものを持ち出してその結論を批判されたわけですが、私は故意の個数を問題として、それを犯罪の成立の個数に反映させることは困難であると考えています。先ほど言いましたように、具体的法定符合説であっても故意の個数の問題は生じるわけで、この場合に故意の個数を数えて処理して、1人しか殺す意思がないから、1個の故意犯しか成立しないということはできないと思います。例えば、2個のワイングラスを持って来て、2人のお客さんにワインを勧める。その一方に入っているワインの中にだけ毒薬を混入しているという場合、1人しか殺す意思がないということになります。ところがそのワインを飲んで1人が死ねば、これはその人に対する故意の殺人罪が成立するのは当然ですが、幸運にもそのワインを取らずに死ななかった他方の人間に対しても、当然殺人未遂罪が成立すると考えないとおかしいように思います。その意味で、故意の個数はカウントできない、故意の個数というのは量刑で考慮するほかないと思うわけです。これは抽象的法定符合説と具体的法定符合説に共通の問題ですが、故意の個数というのは、議論として問題があるのではないかと思います。

　最後に⑥の因果関係の錯誤の問題です。今まで説明してきた考え方によりますと、相当因果関係の範囲内における因果関係の食い違いというのは、構成要件的評価において重要ではありませんので、故意の阻却を認める余地はないということになります。しかし、こういうように言うことは、構成要件要素としての因果関係を、故意の認識対象でないということを意味するわけではありません。つまり因果関係がなければ当然構成要件該当性はないわけですから、構成要件該当事実の認識が必要だとしますと、当然因果関係の認

識もなければならないわけです。ただし、行為者が予見していた因果経過は、客観的に発生した因果経過と同じである必要はない、というに過ぎないのです。そういう意味で因果関係の認識は故意の内容だけれども、その錯誤は構成要件的評価の上で重要でない錯誤だから、因果関係の錯誤は故意を阻却しないという考え方になるのです。

　以上が具体的事実の錯誤に関する私なりの考え方です。

本　論

1．構成要件的評価上重要な事実と量刑上重要な事実という類別について

　川　端　かなり刺激的な内容を含んでいますので、それぞれの立場から意見が出てくるかと思います。

　まず、構成要件的評価レベルで重要な事実と量刑上重要であるにすぎない事実とに二分し、これらが同一構成要件内の属性の錯誤の問題につながっていき、そしてこれで全部解決がつくかという点については、どうでしょうか？　これは、従来、あまり議論されていない扱い方ですね。このような新たな基準の設定についてどのようにお考えでしょうか？　伊東さんは具体的符合説の立場に立っておられますが、その立場から今の山口さんの提議された問題についてはいかがですか？

　伊　東　結論的には同じになるところも多いのですが、ちょっと説明して欲しい点があります。構成要件評価に際して重要な事実と量刑においてのみ重要な事実といわれるのですが、この「量刑」という際には、先ほどの例だと、例えば狙ったのが片腕で実際にはお腹に当たって重篤な結果を生じたということは、違法の量というのは少々変かもしれないですが、それとは全く関係ないということですか？

　山　口　例えばこういう場合です。手先を狙って拳銃を発射して傷害を負わせるつもりだったが、拳銃の弾が頭部に命中して相手は植物人間になって

しまったというとき、傷害罪が成立することは間違いないと思います。ただ、その場合、相手の頭部に重篤な傷害を負わせたということについては、結果としてそうなっているけれども、行為者には過失しかないので、量刑上、故意にそういう結果を生じさせた場合とは、区別する取扱いがなされねばならない、と言う意味に止まるんです。

伊東 そうすると、私は結論的には山口さんとほとんど同じになってしまいそうです。

川端 法定的符合説の立場に立たれる前田さんはいかがですか？

前田 構成要件事実のなかで、重要な事実についての認識が必要だというところについては全く同じなんだけれども、問題は重要さの判断の具体的内容ですね。どの程度までのものを重要な事実というかということです。例えば、人が違うと重要なのか、同じ人のなかで右腕と左腕では同じなのか……。いろいろなバリエーションがあると思います。②ですが、方法の錯誤と客体の錯誤がきちっと区別できないから、それに代えて別の基準をというのは非常によく分かります。元々方法の錯誤と客体の錯誤の定義というのが論理的なものではないですし、徹底した具体的符合説というのだったら、客体の錯誤も故意がなくなるべきだという議論もあり得るわけで、やはり程度の問題だと思うんです。そのなかで構成要件的評価に重要なものを何と考えるかの問題だと思います。その構成要件的評価の重要性というのは、客観的な構成要件該当性と一致させなければいけないというところが山口説のポイントで、これは非常に鋭い指摘で、一つの明快な線を引くという意味では傾聴に値する議論だと思います。しかし、それだと処罰範囲が狭くなり過ぎる、と言うか故意の成立範囲が狭くなり過ぎる。もうちょっと抽象化した、①のところでさっきの故意が構成要件要素の事実の認識だというのは前提として認めた上で、それをある程度一般化する必要があるというのが私の考え方なんです。

山口 そういうことかなと思ったのですが。

前田 ええ、山口さんがこれだけ明確に分析されると、自分の考え方が非常によくわかるということなんです。やはり客体が違っても、「人を殺した者」という構成要件該当事実の認識としては、違う人の認識であっても、

殺人罪の故意としては成り立ち得るというのが、私の考え方なんです。これは、何が構成要件的評価に対して重要かという点についての評価の違いというか、基準の立て方の違いだと思います。ただ、構成要件的評価に際してという言い方も取り込んでしまうと、そこから少し論理的に結論が出てくるかも知れませんね。私は「その罪の故意として必要な認識」という観点から考えていきますので、出発点は、構成要件要素の認識をどこまで一般化するのが合理的かという発想なのです。

2．重要性の判断基準

川端 私もそこは全く同じなんです。今、前田さんも指摘されたのですが、重要性の判断基準はどこに求められるのですか？

山口 具体的な例でしか答えられないんですが、Aを狙ったときにAに当たらずにBに当たったという例と、Aの右腕を狙って右腕に当たらずに左腕に当たったという例で考えますと、Aを狙ってBに当たったというのは、Aに対する殺意があれば、Aに対する殺人未遂とBに対する殺人、あるいは過失致死ということになって、二つの構成要件該当事実があるということは明らかなのですが、Aの右腕を狙って左腕に当たったというときに、これは、傷害未遂——不可罰ですが——と過失傷害の二つの構成要件該当事実があるかというと、恐らくそうではなくて、ただ単に傷害という一つの構成要件該当事実があるにすぎないということになるのではないか。普通皆そう考えていると思います。それは突き詰めていくと、傷害罪では、右腕が撃たれたのか左腕が撃たれたのかということは実はどうでもいいことで、Aという人の身体が傷害されたかどうかということだけが、傷害罪の構成要件該当性を認めるために必要なのではないか。殺人罪では、私の理解によれば、具体的な被害者が殺されたかどうかということが重要なのであって、死に方がどうであろうとそれはかまわないのではないか、ということなのです。

川端 今の例ですと、法益の主体が違うかどうかという問題に還元されませんか？

山口 法益の主体の違いは個人法益に対する罪の場合には、構成要件上重要だから、誰でも法益の主体別に構成要件該当事実を考えていくというこ

とだろうと思います。それでいきますと、よく議論されているAの物、例えばAのαという物を破壊しようと思って間違えてβという物を破壊してしまったというときに、いろいろな考え方がありますが、αを壊そうがβを壊そうが、Aの財産的な利益を侵害したという一つの構成要件該当事実を発生させただけだと考える余地がなくはない。そういうように考えれば、物の違いがあっても、Aという人の財産的な利益が侵害されたということになります。どちらの物かというのは量刑上重要になるにすぎないと考えると、同一の所有者に属する物の違いは、故意を阻却しないと考える余地が十分にあると思います。よく言われているのは、例えば、教唆犯が正犯に対して住居侵入窃盗で財布を取って来いと言ったけれども、財布を取って来ないでダイヤモンドの指輪を取ってきたというときも、教唆犯については錯誤はないことになります。被害者の財産権を侵害する点が重要なのであって、その点について食い違いがなければ、取ってくる物についての食い違いというのは、構成要件的には重要でないというように考えられると思うのです。

川端 そうしますと、従来の法定的符合説が主張してきた、構成要件として規定されている「概念の範囲内で」一致するかどうか、という議論とはどう違うのでしょうか？

山口 実はそういう議論からヒントを得ているのです。抽象的法定符合説を正当化する理屈として、構成要件的に重要なのは、殺人罪でいきますと、人だけである、人だけが重要であって、具体的に被害者の違いは重要でないという議論がありますね。ところが現実に構成要件該当性をどういうように肯定しているのかと言いますと、方法の錯誤の事案では、明らかに二つの構成要件該当事実を肯定していて、それは被害者毎に肯定しているわけです。そう考えてみると、例えば殺人罪という構成要件では、被害者はどうでもいい、誰でもいいということになっていないのではないか。これがこのような整理の仕方をしてみようかという出発点になったのです。

伊東 結論的には同じなのですが、考え方が若干違います。私はむしろ、同じ人のどちらに当たったかというのは、後で議論する故意の個数の問題と絡むのでしょうが、一つの故意の範囲内だという捉え方をするのです。故意にはブレがあるという考え方です。

山口 伊東さんが前に書かれたもので、今もその見解を維持されているかどうか分からないですが、お伺いしたいのは、例えばAを狙って弾を撃ったときに、行為者は全然気がつかなかった、例えば物陰に隠れていたBに当たってしまったという場合、Bに対する故意を認めるのですか。

伊東 全く認識がなければ、ありません。

山口 例えば、Bという人がいるなとは思っていた、しかし自分はピストルの名手であって、Aにしか絶対当てないと思ったんだけれども、突然Bが前に走り出してきたためにBに当たってしまったという場合はどうなるんです？

伊東 故意を認めます。

山口 認識がなくても？

伊東 いや、Aが居て、それがBであるかどうかということの認識の程度もあるでしょうが、少なくとも自分のやろうとしている範囲内に入ってくるという認識があれば、故意はあるということです。

山口 やろうとしている範囲内に入ってきたら……、そこがわからないんです。伊東さんは以前に書かれた論文で、それは未必の故意ではないと言っておられるんですね。そこがよくわからないんです。未必の故意というのは故意だということだと思うのです。故意ではない故意があるかどうなのかということがちょっと理解できません。

伊東 未必の故意の理解の仕方で、いわゆる認容説的なものをいっているのなら、そういうものを認める必要はないでしょうということなのです。

山口 そうだとすると、その認容はいらないんだと言うことで、いわゆる未必の故意かどうかはわかりませんが、そういうような故意があるのだという説明と同じなのですか。

伊東 そこで問題になるのは、その場合に「人」という明確な認識が要るのか要らないのか、という問題なのです。そこのところで、私は若干緩めるのです。何かが入ってくるという認識で足りる、と。

前田 それでは、殺人の故意として、人でなくてもいいということですか。

伊東 いや、人様(ヒトヨウ)のものと言ったらいいのだと思います。

山口 それはちょっと私の理解では採用できませんね。

前田 それは、法定符合説の私から見ても……。伊東さんの論文というのは、それほど古いものではないでしょうね。

伊東 古いものです、7年前のものですから。

3．客体の錯誤と方法の錯誤との関係

前田 さっき申し上げたように、私が評価するのは、客体の錯誤と方法の錯誤で区別するというのは、実は故意が認められるか認められないかの線を引こうとしてきたのだけれども、それは不適切な道具だったのであって、それに代えて構成要件評価の重要性という基準を提示する点です。その中で罪数論的発想といいますか、従来の構成要件判断と違う罪数論に似た発想が入ってくるというのは、非常に興味深いんです。ただ、客観的に一つの罪が成立するか否かとか、成否の問題と量刑を分けて量刑の問題を除くという処理は、かなり手掛かりになるし分けられると思うんだけれど、そうなるとそれは客観的な問題の基準であって、それに対応する認識の問題としての客体をどう決めるかという議論は、またちょっとずれるのではないかという気がするんです。

山口 そこが具体的な結論の相違となって現れる。

前田 そうですね、筋道は非常によく分かるんですか。

伊東 結論は同じだけれど、論理が違い、更にもう一つ違うのは、山口さんのものはやはり「評価」なのですよね。

川端 その点と絡んできますが、客体の錯誤はその説ではどうなりますか？ 従来の立場は、方法の錯誤と客体の錯誤において結論の差を認めていますが、その点はどうなるのでしょうか？

伊東 まず、先ほど言ったのは——うまい表現ができなくて、長井さんなどにも叩かれているのですが——、要するに潜在的・未必的・同時的認識で足りると書いたのですが、人間の認識は、あれは「人」だ、という意味づけをするかどうかという次元だけで論じる考え方に対して、視覚に入ってきたときに「人様のもの」と認識されれば、すでに行動制御に反映されるのが常だから、その範囲中でだったら故意が認められるのではないか、という一

つの試論を出したということです。ちょっと弁明させてもらえば、もう少し考えようということです。そこで、客体の錯誤ですが……。

川端 山口説のようにここまで徹底した立場はないですね。つまり、客体の錯誤について未遂の可能性を認めるわけですよね。

山口 それは大谷先生が批判されている点で……。批判は当たっている面があると思います。

川端 従来の具体的符合説は、未遂の可能性を認めなかったですね。

伊東 未遂の可能性というのは、主観的に思ったということですか？

山口 例えば、私が雑踏の中でAという人間を、殺そうと思って探していた。もう少しでAに行き着く直前に、間違えてBをAだと思って、ピストルを出してBを撃ち殺してしまった。ところがAはその隣にいたというときに、撃とうとした段階でAに対する殺人未遂は当然成立するのではないか。あるいは行為者の中でAという人を思い浮かべて、それに対してアクションを起こしているわけですから、それに対する故意は当然あったと言わざるを得ないのではないか。ところが逆に言いますと、現にそこで狙っているBに対する故意もやはりあったと言わざるを得ないのではないかということなんです。

伊東 ……その場合、『平野古稀』に書いた私の見解からも、そのような結論を認めることになると思います。

山口 普通はどう考えられているのかよくわかりませんが、ピストルで人を射殺するという例でも、現実にピストルの引き金を指で引いて弾が出る直前になって、初めて殺人未遂だということではおそらくなくて、理屈としては、殺すつもりでピストルを構えると殺人未遂だということになるのではないでしょうか。

前田 それは未遂の着手時期の話として？

山口 そういう意味で殺人未遂の成立可能性があるのだから。

伊東 可能性を認めれば、ということでね。

山口 ええ。かりに客体がある以上はもし殺人未遂が成立するんだとすれば、なくたって故意はあるんだと言うことになるのでしょうね。

伊東 Aという属性を故意の中身と考えていないということでしょう、

その段階では。

前田 これが故意の個数の議論につながっているんだということですね。

川端 先ほども触れられたと思うのですが、典型的な事例として挙げられている場合と違って、今の場合に未遂の可能性があるというのは、現場に他の客体がいたからなのですね。その場合には未遂の可能性が出てくるのですが、そこに他の客体がいなかった場合はどうなるのですか？

山口 それは未遂の構成要件該当性がないから未遂罪は成立しませんが、ただその人に対する故意はあると思います。構成要件該当性がないから故意を問題にする必要はないのですが、あえてどうだと言われれば、故意はあったということになるでしょう。

川端 故意はあったと確定しなければいけないのですね。

山口 私の理解によりますと、故意というのは、構成要件該当性・違法性がないと問題にする余地がないので、問題にはなりませんが。故意はあったかどうかというときには、やはりあったと言えるのではないでしょうか。

伊東 AであるかBであるかというのは、故意の要素というよりも、もう一つ上の一般的な要素のような気がするのですがね〜。要するに、Aだから殺すという趣旨ですよね。

川端 そのように解しますと、動機を重視する方向にいってしまいます。そうではなくて、法益主体であるAとBがいて、Aを殺そうとした部分があるから故意があるとされ、また、現にそこにいるBに対する故意もあるという事ですね。

4．故意の個数

前田 客体の錯誤でも、1発で2人を殺すような問題につながっているわけですね。それはご指摘の通りだと思いましたけれど。私はもともと故意の個数を問題にしない側だから、なるほどと思うんですが、川端さんは故意の個数は問題にされるわけですね。

川端 ええ、問題にしております。私は、今の山口さんの説明と違うのかも知れませんが、故意の個数を言い出したのは基本的には具体的符合説の

側からですので、ある意味で、客体毎の故意ということを本来言うはずなのですね。侵害されるべき法益の主体毎に、それに対して故意を実現していくという観点からしますと、どうしても個数が意味を持ってきますので、法定的符合説は、本来、そういう議論に乗っかる必要はなかったはずなのです。しかし、1人の人を殺すか2人の人を殺すのかという、ある意味で、「罪数」的な評価の観点も故意にある程度投影されているのだという前提をとれば、個数を問題にする必要はあるだろうと思います。1人の人を殺す意思と2人の人を殺す意思とは、構成要件的故意レヴェルで、つまり、違法評価を加える前提としての故意の内容として意味を持ち得るという趣旨なのです。

前田 そこでも、④の個数の問題までつながってくると、山口さんに聞きたいんだけれど、構成要件が成立するのに必要な事実かどうかという基準だと、やはり何個の構成要件かという観点も入ってくる。構成要件的評価の重要な部分というのを、客観面に即応して厳格に要求するとなると、故意の個数を故意の要素に入れてこないとおかしくはならないのですか？

山口 例えば、択一的故意のような場合の問題ですね。AかBかのいずれを殺すかわからないというような場合ですね、先ほどのワインの例のように。そのときは一人しか死なないことは明らかなのです。その意味では1個の故意しかない。しかし、Aが飲むかも分からないしBが飲むかも分からない。その意味ではどっちに対する故意犯も成立するのではないか、理論的な基礎づけが不十分かもしれませんが、そういうように考えないとおかしいと思うのです。幸運にも死ななかった方が最初から殺される余地がなかったというようには絶対言えないわけです。もしワインを飲む直前に、両方手を延ばして取ろうとする直前に「待った」と言うとすると、どちらに対する殺人未遂が成立するのでしょうか。そこでは、やはり両方に対する殺人未遂が成立するか、どちらに対する殺人未遂も成立しないかのいずれか、あるいは被害者を特定しない1個の殺人未遂罪が成立するかの三つしかないのです。最後の被害者が特定しない殺人未遂という見解は採りにくいということで、両方に対する殺人未遂が成立するという限りでは、1人しか殺すつもりがなくても故意犯が二つ成立して、観念的競合で処理される、というように解決するしかないのではないか、と考えています。

川端　穿った見方になるかもしれませんが、危険の発生という点からしますと、毒物の入ったワインを取ろうとした人についてだけが現実的危険があるのであって、もう一方は単なる不能犯みたいなものではありませんか？

山口　ただ、例えば早い者勝ちみたいになったときには、両方に対する未遂犯はあり得ますね。あるいは、パーティーで100人の招待客がいて100個のシャンペングラスがあり、そのうちの50個に毒薬が入っていた場合は、飲んで50人は死ぬんですね。しかしどの50人かは特定できていない、というときにはやはり死んだ50人に対する殺人罪と死ななかった50人に対する殺人未遂が成立するのではないかというように思うのですが。

前田　そうなると私の考え方と近いと言うか、故意の個数を考えない法定的符合説としては異存はないわけです。川端さんの発想では、現に死んだ50人が、50人を殺そうとして50人が死んだのなら、そこで故意は全部使い果たしてしまって、後の未遂は出てこないという発想なんですね。故意の個数に関してはやはり、かなり批判があることはあるわけですよね。狙った人を怪我させて別の人を殺した時に、狙った人が後から死んでしまえば、今度は殺人の客体が変わってしまう。その辺の問題は、特には、故意の個数を問題にする説は痛痒を感じないのですか？

川端　故意の個数は、構成要件的評価に絡んでくると思います。それは、むしろ故意犯としての評価と過失犯としての評価の取扱いの問題なのです。「故意」の個数といいますと、誤解を招きやすいわけですので、私はむしろ「故意犯」の個数と称するのが正確であると考えています。その故意に基づいて故意犯が何個成立し得るかを議論するわけですから、故意犯として評価された部分以外は過失犯として評価され得るにすぎないわけですので、故意犯の成立の個数の問題と過失犯の成立の個数の問題が、故意の個数の問題であるという捉え方なのです。いま前田さんが言われた点ですが、故意犯としての評価と過失犯としての評価というのは、具体的に発生した結果を基に判断せざるを得ませんから、その意味で評価換えが起こっても当然であり、なんら痛痒を感じないことになります。

山口　故意か過失かというように言われると、行為時に心理的な状態が必要ですから評価替えを認めることはできないけれども、故意犯・過失犯と

いう、結局、犯罪として評価できるのかどうかという問題だとすれば、その限りでは事後的に変わっても、トータルな評価ですからおかしくない、ということは言えるのかなと思います。

前田 それはそうなんですけどね。ただ、この点は、法定的符合説内部でも分かれるわけです。

5．因果関係の錯誤

川端 因果関係の錯誤については、山口さんと基本的には同じなのですが、前田さんと私は違いますね。伊東さんはどうですか？

伊東 同じです。

山口 前田さんも因果関係の錯誤は重要ではないという点では同じですね。

前田 そんなに違わないんだけども、あえて反論させていただくと、因果関係の錯誤が相当因果関係の範囲内で食い違っても重要でないので故意が阻却されないというのはいいんですが、それでは因果関係の範囲を超えて重要なずれが生じた時にはどうなるかということなのです。その場合、因果関係が切れるんですが、その時に、認識と現に生じた問題とのずれが、すべてそのまま問題となるんじゃないということだけれども、従来の因果関係の錯誤論に即して言えば、故意には因果関係の認識が必要で、認識したものと現に生じた因果関係が相当因果関係の範囲を超えてずれてしまったら重大な錯誤となり、因果関係の錯誤は事実の錯誤なので、重要な事実の錯誤がある以上故意がなくなるということになるわけです。けれど、殺意を持って斬りかかって、被害者が運ばれた病院で地震に遭って死んだ場合、殺意がないので殺人未遂にもならないというのは、明らかにおかしいわけです。やはり、殺意は認めないとおかしい。因果関係が切れるから未遂なのだという構成にした方がいいと思うのです。だから、私も積極的に因果関係の認識がいらない、構成要件の認識のなかから因果関係の認識を排除すべきだと積極的に申し上げているというよりは、因果関係の認識が必要で因果関係の錯誤が事実の錯誤だというふうに形式的に当てはめてしまうとおかしな事になりますと申し上げているのです。因果関係の錯誤の問題は、行為時の故意を阻却しな

いと構成すべきだと考えるのです。ただ、片一方で私も、実行行為の認識は要求するわけで、因果の相当性的なものの認識を裏から入れているみたいな面がないわけではないんです。ただ、実行行為の認識が必要だと言っても、さっき言ったような問題は生じないけれども、因果関係の認識が必要で因果関係の錯誤が事実の錯誤だというと、そういう問題が生じるのではないかというのが私の主張なんです。

山口 因果関係の錯誤で故意がなくなると未遂も成立しなくなるのではないかということですね。

前田 そうです。

山口 それをかなり気にしておられるのですが、次のように考えられるのではないかと思うのです。例えば、殺人罪でいえば、殺人既遂と殺人未遂は構成要件該当性は違います。殺人未遂の構成要件該当性は既遂と違うので、殺す意思があれば当然殺人未遂が成立する。それと殺人既遂の構成要件該当性があって、かつそれに対する必要な故意があるかどうかという判断は別の判断ですから、殺人既遂は成立しないということになっても殺人未遂が成立する余地は十分に残る。こうして、構成要件該当性の違いで考えています。

前田 だから、それに対する故意も違うということですか。

山口 故意として要求される内容は、その限りでは同じです。例えば、人を殺そうと思って殺人未遂になり得るような客観的行為をすれば、その段階で殺人未遂が成立する。ところが、例えば因果関係の錯誤で故意を阻却するという結論をとるような場合では、その後の因果の経過が非常に異常で、生じた結果について、既遂の責任を問えないということになるだけの話ではないかと思うのですが。

前田 結論は同じことを言っているようにも思うのですが、既遂と未遂で二つの構成要件があり、必要となる故意が違うという言い方は、新しい説明なんだと思うのです。今までの議論としてはそこのところを、故意がない、なくても未遂になるというのを、あまりにもイージーに考えてきてはいないかということです。

山口 そのあたりを理論的に整理してこなかったのでしょうね。そもそ

も因果関係の錯誤の議論では、認識と現実の食い違いが相当性の範囲を超えているかどうかというような、どういうことを言っているのかわからないような基準が述べられたりしたこともあって、十分議論が整理されてこなかったということがあると思います。結論は前田さんと同じですね。

前田 二つの構成要件という説明は分かるんですが、あえてそれに乗らないで今までの説明を維持しようと思うのは、最初に提示された故意が認められるかどうかのところで、構成要件評価に際して重要な事実の中身をどの程度抽象化するかという時に、因果関係論の伊東さんの発表の時に感じたのですが、どうも構成要件の中で、因果関係というのは構成要件要素というよりは、それの外というと変だけれども、帰責の問題として別に分けられるかなという感じがするのです。そしてどの部分までの認識が必要かということで、ある程度抽象化する、もちろんそれに対しては、抽象化といえば結局自分の結論の先取りで、自分に必要なところだけをつまみ食いするというようなところがあるかも知れないけれど、判例も、認識の対象として構成要件要素は基本的に全部いれるけれども、そのなかで因果関係というのはちょっと質的に違うと考えているのかなという感じを持っているんですが。

山口 同じことかも知れませんが、具体的な因果経過が構成要件該当性のレヴェルで重要なのではなくて、相当因果関係として評価できる関係があるかどうかということが重要なのです。

前田 私が言っていることと紙一重です。しかし多くの人は、そこのところを具体的に生じた因果経過の重要部分みたいなものの認識可能性とか、認識という言葉を入れているんですね。それはやはりちょっと無理があるのではないか。山口さんは、そこを慎重に書き分けていらっしゃるのはよく分かっているんですが。私は、目立つために「因果関係の認識はいらない」ということをオーバーに言ったという面もあるんですが、それだけではなくて、結論の合理性と実質論を考えると、因果関係の認識が必要でないと言ってもそれほどおかしくないのかなと、まだ思っているんですが。

山口 最後に抽象的事実の錯誤の問題について簡単に述べたいと思います。

III. 抽象的事実の錯誤

> 論題提起=山口

①構成要件該当事実の認識を故意だという立場からしますと、いわゆる抽象的事実の錯誤の問題の解決も構成要件的符合説、法定的符合説によって解決するということに当然なると思います。ここでは、判例あるいは学説では故意の成立、あるいは故意犯の成立は実際にはかなり広く認められていますので、理論的には相当苦しい部分もありますけれども、基本的には同じ故意があるかどうかという問題ですから、抽象的事実の錯誤の問題と具体的事実の錯誤の問題とは理論的に違う問題ではないというように思います。

②構成要件的符合説を採る以上は、構成要件的な符合ということを問題にして、行為者の認識した事実を前提とした場合に、果して客観的に実現された構成要件該当事実の認識があったと言えるかどうかということが問題になるのです。二つの構成要件が法条競合関係にあれば問題なくそう言えると思いますが、そうでない場合がまさに問題で、判例でも学説でも議論されています。構成要件的符合説からいきますと、基本的には生じた事実について故意がないことになるというのがむしろ常識的で当然の解決ですが、実際上それでは困るということもあって、判例（最決昭和54年3月27日刑集33巻2号140頁）も故意の成立を認めていますし、学説もしかたがないのではないかということで判例の結論を是認しているわけです。私もそれを理論的に正当化しうるという立場で、判例の立場を是認しているわけです。

その際には、構成要件該当事実の認識が故意だということになりますと、客観的に実現された構成要件と主観的に実現しようとしている構成要件とが、同じか、あるいは重なり合っているということが、解釈で言えなくてはならないと考えています。例えば、窃盗と占有離脱物横領の錯誤の問題にし

ても、窃盗は他人の占有下にある財物の奪取ですし、占有離脱物横領は他人の占有下にない財物の奪取ですから、結局形式的にみると構成要件は重なりあっていないということになります。しかし、両者の間に実質的な重なり合いを肯定できると考えて、故意犯の成立を肯定するのがおそらく一般的であり、判例（東京高判昭和35年7月15日下刑集2巻7＝8号989頁）もそのように考えていると思います。そこでは、いわば窃盗と占有離脱物横領との両者を包括するような構成要件が解釈上作られるということが前提になっていて、それが客観的にも主観的にも実現されているという論理操作を経ない限りは、結論が是認できないのではないかというのが私の見解です。そして、そういう構成要件を作り出すということは、解釈上不可能ではないと思います。まさに窃盗と占有離脱物横領の場合については、あまり抵抗がないのではないかと思います。

　これに対しては有力な他の見解として、町野さんの違法・責任符合説、前田さんの実質的な故意概念で問題を解決しようという見解がありますが、二つの見解は構成要件の解釈で問題を解決しようというよりは、むしろ直接故意の問題として問題を解決しようという考え方ではないかと思われます。しかし、私はあくまでも構成要件該当事実ということを問題にしようとしていますので、そのような考え方にはあまり賛成できないといいますか、そういう考え方には無理があると言わざるを得ないと思います。ただ、どちらの見解にしても、結局、客観的に実現された構成要件該当事実と違う構成要件該当事実についての認識予見というもので故意犯の成立を認めるということにならざるを得ないわけですが、その限りで、故意概念は抽象化するということに結局なるわけです。そういうことに対して、私自身は少々疑問をもっておりまして、故意概念の抽象化ということにいくと、限度がどこにあるのかに疑問があるのです。むしろ構成要件解釈として可能な範囲内で、故意犯の成立を認める方が妥当ではないかと考えています。ただ、実際に考えている内容は構成要件該当事実の認識を固持する見解と、町野さん、前田さんの採っておられる見解とでは実質においては、おそらく変わりないので、ただ理論構成において違うのではないかということです。

本　論

1．抽象的事実の錯誤と故意論による処理

川端　従来、抽象的事実の錯誤の問題とされてきた事例を錯誤論で処理するのか、それとも実質故意論で処理するのかという問題がありますが、伊東さんはどちらですか？　錯誤論で処理するのでしょうか？

伊東　錯誤論ではいきません。

川端　前田説と同じですか。

伊東　前田説とも違うのです。

川端　まず前田さんから、故意論でいくという本音の部分と錯誤論がなぜいけないのかという批判の部分をお願いします。

前田　山口さんの発表の最初の部分の繰り返しになりますが、出発点は、故意犯として処罰する以上その罪の故意がなければいけないということなんです。ただ、その罪の故意非難という時には、一定の抽象化と言いますか、「そういう認識があればその罪の故意非難を行為者に向けうる」という視点から、故意内容の実質化がなされる必要があると考えるのです。先ほどの具体的事実の錯誤のときでもそうですが、構成要件事実の重要部分として何が考えられているかというと、「その罪の故意として非難可能な程度の認識とは何か」ということなのです。山口さんの場合は、明確に切る理論的な枠組み、手掛かりが必要だと考えられる。構成要件的な事実を出発点にしなければだめだとされるわけです。そこのところは、私も、もちろん構成要件的事実とは無関係に故意が決まるなどとは考えない。ただ、やはりその中で、どの事実をどの程度認識すれば、その故意非難が可能なのかどうかという実質を考える必要はあると思うのです。その意味で、私の方が基準が不明確で不安定な判断になり易いというのはもちろん認めるんです。ただ、実質的と言っても、構成要件の重なり合いとか従来の議論から完全に離れるわけではなくて、やはり各構成要件の事実的なものとの関係を考慮しながら、認識の必要な範囲を考えていくという意味では同じだと思うんです。

ただ、両者にまたがる包括的構成要件というのは、山口説のことですね。これは薬物犯罪などの故意を議論しているときに、魅力的な考え方だと思うのですが、もっと単刀直入に、客観的にこの罪が成立した、行為者はこういうことを考えていた、この考えたことが現に生じた罪の故意と言えるのかを、そのまま当てはめて考えた方がわかりやすいのではないかというのが、私の考え方です。

　山口　そのときに構成要件の中に上げなければいけないと思うのです。例えば、ヘロインと覚せい剤の錯誤だとしますと、ヘロイン輸入罪の構成要件と覚せい剤輸入罪の構成要件とを較べて、覚せい剤の認識があったということがヘロイン輸入罪の故意非難に十分な事実か、が判断されるのではないか。ということはヘロイン輸入罪の構成要件と覚せい剤輸入罪の構成要件がどういうものであるのかということを考える必要があるのではないかと思います。

　前田　それは完全にそうです。薬物の場合、そういう図を書いて説明したことがあるんですが、まさにその二つを包括する構成要件みたいなものを作って、その包括した枠内に落ちていれば原則として故意があるけれども、その包括した中の特定の一部だけを明確に認識して行為したときには、その包括した枠内にある他のところに故意非難を向けることはできないこともあると思います。ほとんど同じ操作はやるんだと思うんですが、最終的な結論のところでは、私の方がちょっと成立範囲が広いかも知れないですね。そこは具体的事実の錯誤との連動といいますか、構成要件の成立の厳格な認識といいますか、そこを要求されるかどうかの差は、ちょっとは出てくるのかなという気がしますが。

　山口　実務的には前田さんの見解の方が採りやすい。なぜかというと、例えば罰条を掲げる際も、私の見解ですと両方掲げないといけないということになってきますから、そういうことをやるかどうかという問題がありますし、包括的構成要件などというものを正面から認められるかどうかという問題もあると思います。私はそういうことを十分自覚した上で処罰してもらいたいということでいいのではないかと思っていますが、実際的には前田さんが言われているような考え方になる方が、実務家としても採りやすいし、現

在の結論を正当化するという観点からいくと、優れている面があることは否定できないと思います。

　川端　故意論との関連では、前田さんの主張はちょっと分かりにくいのですが、この場合は錯誤ではないという前提をとるわけですね？　今の説明でも、認識していた部分と現実に生じた部分に食い違いがあるような趣旨の発言がありましたが、その点はいかがでしょうか？

　前田　言葉の定義の仕方だと思うのですが、先ほど出た覚せい剤と麻薬の輸入罪でもいいんですが、それは違う罪です。その意味で思ったものと現に生じたものがずれているという意味では、いわゆる広い意味の錯誤であることは否定できない。ただ、そうだとしても問題を解決するときに何が重要かというと、現に軽い罪が生じたとすると、その軽い罪の故意があると言えるかどうかの観点が決定的だということです。重い罪の認識で軽い罪を犯したパターンでは、錯誤の問題は故意の有無の判断に解消されます。逆に軽い罪のつもりで重い罪を犯した時には、軽い罪が成立するという時には、これは故意論というよりは成立したのは重い罪だけども客観的に軽い罪が成立したと言えるかどうかという議論になるわけです。これは錯誤論と言えば錯誤論ですし、客観的構成要件該当性判断ともいえるのです。

　ただ、さっき申し上げたのは、典型的な重い罪を犯そうと思って軽い罪を犯した時には、成立する罪の故意があるかどうかの問題が中心になって考えていかないと答えが出ないのではないか。だから、故意の成否の判断と離れて構成要件の重なり合いというのが一人歩きするのがおかしい、ということなのです。

2．包括的構成要件という概念の肯否

　山口　その限りでは私が言った構成要件的評価ということと、同じようなことになっているんですね。薬物の種類の相違は必ずしも重要でないということになるとすれば。

　前田　私も、やはり包括的構成要件は描いているんですよ。その操作を理論として表に出して実務にやれというよりは、それを実質的に故意があるかどうかの問題として処理すればよいということだと思うんです、基本的に

は。

川端 最高裁の判例（最決昭和61年6月9日刑集40巻4号269頁）は、従来の重なり合いという形で処理できるという前提に立っていますね。

前田 ええ。ですから従来の重なり合いの議論とそれほど違ってしまうということではないわけです。ただ、故意はないんだけども、錯誤の問題であり構成要件が重なっているから、故意が新たに出てくるというような説明の仕方には抵抗があるのです。一番最初の議論に戻ってしまいますが。

川端 伊東さんはどのようにお考えでしょうか？

伊東 前田さんの言われることは、やはり錯誤論をやっているように聞こえるのです。私が錯誤論をやらないというのは、もっとダイレクトですから。つまり、今の山口さんとか前田さんの話を聞いていると、包括的構成要件というようなものを考えているのだけれども、私は、抽象的なものとして束ねてはいけないと思うのです。行為者サイドの認識として、その中に属するような類のものの何らかの認識がなければ故意は認めない立場なのです。例えば、最高裁、判例集に載っている方ではなくて、その後の、密輸した時には如何なる薬物か名称を明確には知らなかったが、あるいは覚醒剤かもしれないと思っていたという薬物事犯（最決平成2年2月9日裁判集刑252号99頁）を考えて頂ければ分かると思いますが……。

山口 台湾から持って来たという事例ですか。

伊東 その事案だと思います。あれをみなさんが評釈される時に、町野さんの違法・責任符合みたいなもので説明される方もいるのですが、判決を読むと、本人はあるいは覚醒剤かもしれないと思ったけれどもヘロインと思ったと認定しているのです。要するに、頭の中の認識としては、何かそういう引っ掛かるものがあって、その認識が一応頭の中に残っているだろう、と。私の先ほど言った潜在的・同時的認識で足りるという議論は、そのレヴェルで勝負しようというものなのです。具体的事実の錯誤の方に戻ってしまうので恐縮なのですが、そこのレベルで言っているのは、先ほどチラッと出た平野先生のA・Bという属性があって「その場」の「その時点」という考え方、具体的な場所・時間というレヴェルでの認識で切っていくということで、あくまでも認識論でみんなやってしまおうというのが、私の今のと

ころの考えなのです。

　川端　私はこの包括的構成要件という捉え方に対しては、従来の見地からは採用するのは難しいなという感じがしています。

　伊東　包括的構成要件というのをなぜ考えていいのでしょうか。

　山口　駄目ならば抽象的事実の錯誤では、故意を否定しなければならない。故意犯の成立を認めているというのは、実体的にはこういう論理操作をやっているからです。

　伊東　私もやはり、規制薬物取締罪というようなものが新しく頭の中でできていなければおかしいはずだということを、最高裁の判例の評釈で書いたことがあるのですが、やはりそうなのですね。ああいうふうにやらなければ、故意を認めるべきではないのでしょうね。そこで合理性・論理性を保とうとして故意論を正面からやると、結局、裁判集の方のような構成で、あの程度の事案までしか引っかけられない、というところなのでしょう。

　川端　最高裁の薬物違反に関する判例（前掲最決昭和61年6月9日）は包括的構成要件を認めない論理ですね。

　山口　実質的構成要件の重なり合いを、どう理解するのかということだと思うのです。そこを判例は非常にあいまいにしていて、どういう論理でそういう考え方が正当化されるのかということについては、いわばオープンにしているので……。

　伊東　何も言っていないですね。

　山口　私のように解釈する人もあるでしょうし、前田さんのように解釈する人もあるでしょう。ただ、なぜあえてこんなことを言っているかというと、抽象的事実の錯誤では故意が否定されるというのが当然であり、故意が認められるというのは非常に異常なんだということです。異常なことは異常な形で正当化するのが適当なのであると思うのです。理論的に当然成立するというように理由づけるのは、結論をいわば正当化しすぎているのではないかと思っているものですから、あえてこういうことを申し上げているのです。

　伊東　一番簡単な窃盗と占有離脱物横領は、逆に言うと一番難しいかも知れませんね。

川端　そうですね。私もその点については改説しました。前は、構成要件を形式的に把握する以上、両者の構成要件の重なり合いを認めてはいけないという立場でしたが、現在では、やはり両者の実質的な重なり合いを認めるのが妥当であると考えております。その場合でも包括的構成要件という言葉は、ちょっと使いにくいですね。といいますのは、実質的に重なり合うという形でしか、故意阻却の否定は正当化できないと思うからです。

伊東　でも、なぜ重なり合うのだったら良いのでしょうね？

前田　そんなに違わないと思う。

川端　私はかなり違うと思うのです。構成要件は個別化されていますから、それを包括するような第三の構成要件を作るのは罪刑法定主義に違反する疑いがあるのです。

山口　私に言わせれば実質そうなんだから、それが罪刑法定主義違反なら、どういう考え方をとっても処罰することは罪刑法定主義違反ではないかと思うのです。

川端　そうではなくて、認識面が重なっている部分についてはそれに及んでいるのだという説明であれば、包括的構成要件を作らなくても、従来の構成要件どうしの範囲での比較が可能なのです。にもかかわらず、包括的構成要件を新たに作ることによって、全然規定されていないものについての故意を認めるのは妥当でないと思います。

前田　そうすると、麻薬を輸入する罪と覚醒剤を輸入する罪というので、一番大事な麻薬と覚せい剤というのは重なっていないんですよ。あの事案について川端さんは故意は否定するんですか。

川端　いいえ。実質的に重なっているから、現実に発生した結果についての故意を認めてよいと考えています。

前田　単刀直入にその罪の故意があるというけれども、実際の麻薬輸入罪と覚せい剤輸入罪というのを比較して、その一つ上の概念として考えて、それに当たるかどうかという実質判断は裁判官もやっているし、私もその経路を経て、だから故意があるという書き方をするわけです。

川端　ただ、その場合も最高裁の論理として私たちが理解するのは、認識面と結果面の重なり合いがあって、その部分についての結果について帰責

できるという論理なのです。

前田 それは、麻薬と覚醒剤が輸入行為という意味で重なっているということですか。

川端 いいえ、そうではありません。輸入したというのは結果なのであり、故意の客体としては麻薬を認識し、結果として覚醒剤を輸入したという場合、薬物という点で、認識面で共通していれば足りるという捉え方をするわけです。

前田 その共通しているという時に、薬物としてとおっしゃったでしょ。それが薬物という広い上位概念ですよ、覚醒剤と麻薬の。そのことを言っているんです。

川端 それはそうなんですが、上位概念としての認識と言っているのではなくて、この部分についての認識が当てはまり得るという説明をするわけです。ですから上位概念としてどうのこうのと言っているのではないのです。共通項として認識が現実の結果と一致するということです。

前田 両方共通項であり両方薬物だということですね。

川端 そうそう。

前田 上位概念と呼んでいるだけなんですが。

川端 包括的構成要件が必要だという考え方に対してはそういう形でこれを否定するわけです。

山口 私のような考えをとると一番困るのは、前田さんが言われたように、重い方を実現したんだけれども、軽い方を実現するつもりだったという場合に、軽い方についての構成要件該当性がないにもかかわらず、いかなる意味で軽い罪が成立するのかということです。町野さんは38条2項が重い方の構成要件該当性を修正するんだという説明をされているわけですが、私の立場からは両者の罪に共通する軽い罪の限度での共通構成要件を想定することになります。

前田 最高裁判例の「意見」にまで採用された考え方ではあるわけです。私はもっと単純に考えるんですが、そこに大きなネックであったことは間違いないですね。

川端 この問題はこの辺で終わることにしましょう。

Chapter 4

違法性と違法性の阻却

【本章の論題提起者】
前　田

本章のレジュメ

I. 戦後の違法論の対立
①構成要件と違法性の関係　構成要件論　可罰的違法性論
　　＊文献的には非常に多い
②責任と違法性の関係　主観的違法要素・人的違法論・行為無価値論
　　①と②に跨るキーワード　社会的相当性
　本書では：②中心
　　客観的違法論 VS 主観的違法論→結果無価値 VS 行為無価値

II. 違法論の対立の流れ
①戦前（客観的違法論が勝利する時代）
・法益侵害説（結果無価値論）は、戦前の日本に存在したのか？
　：戦前の違法論の本流は（実務も含め）、倫理の重視？
・昭和前半の日本刑法学：新派対旧派、主観主義犯罪論対客観主義犯罪論
・牧野刑法理論：主観主義犯罪論＋教育刑＋性格責任＋倫理・国家重視
・小野刑法理論：客観主義犯罪論＋応報刑＋道義的責任＋倫理・国家重視
・輸入学問としての客観的違法論
　　法規範違反説　→命令説　→主観的違法論
　　　──→規範を「評価規範」と「決定規範」に分解する
　　　──→「決定規範」には名宛人が必要
　　　　「評価規範」は、万人に共通で客観的な存在
　　　──→違法性は評価規範、責任は決定規範により＝客観的違法論
　客観的違法論のイデオロギー性　法規範違反説≒主観的違法論
　☆本当にこのような規範論が定着してきたのか
　　＊　ドイツ：ビンディング以来の規範論
②戦後40年

・「戦前の刑事司法」に対する反省から出発した戦後刑法学：客観主義
　団藤：客観主義＋応報刑＋道義的責任に関しては小野刑法を継承
　　　大塚、福田、香川、藤木、大谷、川端、伊東
　平野：道義的責任論を強調せず。法益侵害なくば処罰すべきではない
　　　中、中山、内藤、町野、曽根、山口、前田
　──道義を強調していくと、違法性判断においても社会倫理秩序が重視され具体的な被害はなくとも処罰すべきだということになりがち
　──団藤博士の側から見ると客観的に被害が生ずれば処罰する「違法刑法」
・1960年代以降　刑法改正派 VS 反対派の対立の先鋭化
　：「行為無価値刑法＝責任刑法」「結果無価値刑法＝違法刑法」という形に拡大
・基本は憲法的価値をどれだけ尊重するか（欧米型自由主義へのスタンス）
☆1980年代以降の違法論の状況をどう見ているか

III. 行為無価値対結果無価値
・行為無価値論の日本への輸入（昭和20年代）←ドイツの人的違法論
　多くの学説がこの対概念を我国刑法学の基本的な対立の尺度として援用するようになったのは、当該概念の曖昧性・柔軟性により、既に存在していた学説の基本的な対立を「呑み込んでいった」という事実
＊行為無価値論は違法論を超えていく
　（行為無価値的犯罪論：主観主義的犯罪論）

	結果無価値論		行為無価値論
①違法性判断の対象	客観的	VS	主観的
②違法性判断の基準	客観的	VS	主観的
③違法性判断の基準	功利的	VS	倫理的
④違法性判断の時点	事後的	VS	事前的
⑤違法性評価の傾向	事実的	VS	義務違反的

・具体的論争の場
　構成要件レヴェル＝実行行為・不能犯論（──→未遂論）
　　　＊風俗犯、薬物自己使用等
　正当化レヴェル＝正当防衛（偶然防衛）、同意
・対立軸の変化
　①旧派（客観主義）対新派（主観主義）、主観的危険説 VS 客観的危険説
　②行為無価値対結果無価値
　　具体的危険説 VS 客観的危険説
　　　──→両者の中間での線引き
　　　　　　より緻密な議論の必要性
・対立点：いかなる法益まで保護するか（倫理的事象にどこまで干渉するか）
　衝突する価値の判定──戦後の価値観の対立状況とその変化
・法益をいかに理解するのか
☆行為態様の違法性への影響をどう考えるのか。行為無価値は必要か
　ex. 傷害致死罪と過失致死罪では、法定刑が著しく異なる
　　財産侵害犯でも、侵害行為の態様によって区別
・日本：二元説が有力──→二元説の実像
☆本当に二元説は結果無価値論より処罰を限定するのか

結果無価値行為無価値二元論とは何か
結果無価値が阻却されても行為無価値が残れば違法なのか

IV．正当防衛と結果無価値・行為無価値
・正当防衛の違法阻却根拠論
　☆法確証の利益説の具体像
　☆優越的利益説の内実　平野説の評価
・対物防衛をどう考えるのか
　☆行為無価値論からの帰結
・防衛の意思の要否
　☆防衛の意思の内容をいかに理解するのか
・やむを得ずにした行為の解釈と結果無価値・行為無価値
　☆必要性なのか相当性なのか──→必要性・相当性の意義
　判例は行為の相当性を強調しているのではないか
　　＊最判昭和44年12月4日（刑集23巻12号1573頁）
　　＊最判平成元年11月13日（刑集43巻10号823頁）
　☆著しく均衡を欠く防衛結果についてどう考えるのか
　　結果のみで正当防衛は判定しうるのか
　☆「失敗した防衛」の取り扱い

前田 本章では、違法性と違法性の阻却ということで、ご議論いただきたいと思います。

Ⅰ．違法論の対立の流れ

論題提起=前田

① 違法論の対立軸

戦後の違法論の対立に関する文献のデータベースを見直してみたんですが、そこからはさまざまな対立の構図を描けると思います。量的には構成要件と違法性に関する議論が、一時期かなり多かったわけです。これは違法論というよりは構成要件論だと言われればその通りなのですが、違法性を構成要件の側から分析したわけです。可罰的違法性論が、ある時期からその中心となる。そして、それと絡んで社会的相当性という概念が非常によく使われました。社会的相当性は、まさに違法性の本質論につながっているわけです。

一方、違法と責任の関係に関しましては、違法性判断のなかに主観的なものをどこまで入れるかという形で連綿とした議論があるわけですが、昭和40年代からは行為無価値、結果無価値という概念が、重要な役割を果たすようになりました。社会的相当性概念と密接に関連しており、また人的違法論などとは表裏の関係ともいえます。

このほか、違法論のキーワードとしていくつかのものを拾うことができると思います。例えば、行為の「危険性」という概念も重要で、ますます重要度を増してきている。ただ、あえて一つに絞れというと、社会的相当性という言葉だったと思います。当初は、社会的相当性の議論に関してのウェルツェルの教科書などに示された改説を日本に紹介し、それに合わせて構成要件はどういうふうに定義すべきか、違法阻却とはいかなる構造なのか、などの議論をかなりやってきた。ただ、それは60年代ぐらいまでで、その後下火に

なっていく。それに代わって、というかむしろ一貫して論じられたのは社会的相当性と繋がって出てくる行為無価値・人的違法（論）的な考え方が、どの程度日本の違法論のなかで受け入れられるかというか、そのような考え方を支持すべきかということが中心だったと思います。

これは別の角度から言えば、責任と違法性の関係の問題の基礎にあった客観的違法論対主観的違法論という考え方の対立が衣替えしたものともいえます。客観的違法論が圧倒的になったとされているわけですが、行為無価値論は主観的違法論とどう異なるのかという問題があると思います。

この対談の場での議論としては、行為無価値論対結果無価値論と言われる対立の現状と今後の展望が重要だと思います。実際にはどこで具体的に対立しているのかということがポイントなのだと思います。特に、具体的解釈論としては、正当防衛論が問題となると思います。対立が鮮明に出るという意味ではなくて、現実的に問題となるという意味です。対立点として正当防衛、特にその正当化根拠について行為無価値的なもの、結果無価値的なものがどうかみ合っているのかということを、メインに議論していただきたいと思います。

その前提として、若干食傷気味ではあろうかと思いますが、違法論の基本的な、先ほど申し上げた特に違法（性）と責任の関係についての基本的な考え方についてどう総括し、今どう考えているかという点のご意見を出していただけたらと思います。

②　戦前の対立

日本の刑法学は客観的違法論が圧倒的で、その意味では、結果無価値論的な意識が本流にあるような気もするのですが、考えてみますと戦前の日本の違法論というのは、結果無価値、行為無価値という分け方を意識していたわけではもちろんないわけです。そして、戦前の本流は実務も含めてかなり倫理を重視するといいますか、道義的な考え方が有力であったと思うのです。もちろん、関西と関東との違いというのがありますが。表面的には華々しく新派対旧派、主観主義対客観主義の対立があり、主観主義は犯罪論のレヴェルで主観的要素を重視し、違法論においては主観的違法論的になりがちだと

はいえたと思います。違法性の中においても主観面を強調して、牧野刑法に見られるような主観的犯罪論になるわけです。そして、牧野博士は倫理も重視された。一方、瀧川博士は旧派であり客観主義であり、結果無価値的であったといってもよいと思うのです。時期により振れ幅はあるのですが。

　ここまではあまり問題がないのですが、旧派を実質的に代表した小野刑法は、客観主義的犯罪論であり客観的違法論であると言えますが、今でいう結果無価値的な発想であるかと言うと、ちょっと違うのではないかと思うのです。確かに、牧野・小野の対立は、新派と旧派、主観的犯罪論か客観的犯罪論か、教育刑論か応報刑論か、性格責任論か道義的責任論かという形で明確に対立するのですが、しかし、実質的価値観においては、倫理重視・国家的価値重視という意味で近似性があるわけです。

　純理論的には、戦前から客観的違法論が日本を席捲していたわけです。もちろん宮本先生の議論などを考えれば、主観的違法論がなかったというのは間違いなんですが、やはり客観的違法論が非常に強かった。佐伯博士が日本に持ってこられたメツガーの規範理論、すなわち法規範を決定規範と評価規範に分析して、決定規範は名宛人が必要だけれども評価規範は万人に共通で客観的な存在であって、評価規範により決定される違法性は客観的であるという理論は、かなりの学者に共有された違法論の前提となってきました。決定規範というのはたしかに個別的で、人によって差がつくものだけれども、それは責任の問題なんだということであったわけです。もちろん、客観的違法論は規範の論理分析のみから演繹されるのではなく、イデオロギー性があって、外部的に生じた客観的法益侵害を主たる手がかりに違法性判断を行うべきであるという価値判断に立脚していたわけですが、しかし、現在の違法論は、メツガーの規範理論とはかなりずれてきています。例えば、川端さんのお考えですと、単純に、評価規範が違法性で、決定規範が責任という分け方は妥当しないということですよね。最近の教科書を見ていましても、必ずしも決定規範が違法性に影響しないわけではないという議論がかなり強い。そのことと、客観的違法論者の行為無価値論というのはかなり結び付いていると思うのです。

　ドイツでは、ビンディング以来の伝統の規範論が強く、「行為者に規範が

向けられていなければ違法非難ができない」というような議論が非常に強いんだと思うのですが、そのようなドイツ型の発想の影響と言いますか、因果的な流れは逆でそういう考え方を正統化するためにドイツの議論が引用されているのかも知れませんが、そのような議論があるということです。

戦前に関してはかなり大雑把に、小野・牧野で整理してしまったんですが、もちろんほかの考え方がいろいろとあると思います。

③ 戦後の対立

戦後もまたかなり大雑把に違法論をまとめてしまうと、やはり戦後は客観主義が強かった。その中で違法論の対立は先ほども出てきましたが、ある時期から結果無価値論対行為無価値論という形に収斂していくといいますか、対立が明確化してくるわけです。しかしやはりそのルーツというか根本には、これもまた関西の議論を軽視するようになって叱られる面があると思うのですが、客観主義の小野刑法の二つの分流の対立があると思うのです。一つの流れは、団藤先生のお考えで、小野刑法の応報刑、道義的責任の側面をどちらかというと客観的犯罪論の面より強く継承して、それが行為無価値的犯罪論の流れの中心を形成する。議論を分かりやすくするためにあえて単純化すれば、そういうことなのだと思うのです。現在の行為無価値論的な犯罪論の流れというのは、小野客観的犯罪論のなかの道義的・倫理的なものを重視する考え方が発展して、形成されたと考えていいと思うのです。大塚先生、福田先生を筆頭にいわゆる「通説」を形成してきた。大きくいえば、川端さん、伊東さんもそこに入るわけです。

それに対立する流れが平野先生の流れで、小野刑法理論のうち、道義、倫理の面を強調しないで、犯罪論における客観的側面、別の言い方ですが客観的法益侵害がなければ処罰しないという面を強調する考え方です。中、中山、内藤、町野の先生方、ここでは山口さん、私もここに入るということだと思うのです。

戦後の違法論は、倫理・道義的なものを違法判断のなかに入れるか否か、社会倫理・秩序維持というものを違法判断の前面に出すかどうかの対立点だったと思うのです。特に、刑法改正の議論の頃、対立が鮮明になりました。

どっちが正しいというのではなくて、団藤先生の側から言わせれば、平野先生たちの刑法というのは法益侵害中心の違法刑法であって、責任非難の側面とか責任だけではすまない行為無価値的違法の面に不十分なところがあって危険であるということです。それに対して一方は、「道義違反そのものを処罰するもので危険だ」と反論するわけです。これは現象的には刑法改正反対の形で収斂したわけです。もちろん、現在はかなり捻れた関係になってきていますが、そのなかで憲法的な自由主義的な価値をどれだけ尊重するか、欧米型の自由主義への距離の近さみたいなものの対立も含んでいたのかなあという気もします。

そう平板に割り切られてしまったらたまらないという声も当然あると思いますが、少なくとも80年代まではそういう関係ではなかったかと思うのです。その後の議論というのがあまりないのですが、ねじれて流れが細かく分岐しながら、複雑な対立を示しているという気がするんです。ひとまず、ここのところまでのところで、発言をいただければと思います。

本 論

1．戦前から戦後にかけての刑法理論の流れ

川 端 前田さんのご報告に基づきますと、基本的には、責任と違法性の関係を中心にして、客観的違法性論と主観的違法性論が結果無価値論と行為無価値論に収斂していくという、大きな流れのなかで議論をしていくことになります。まず、違法性論の対立の流れが、戦前から戦後かけて見事に整理されていますが、前田さんは、基本的に法益侵害説というものが、果して戦前の日本において存在していたのかという問題提起をされています。

客観的違法性説には倫理的な国家の重視という面があるから、今我々が考えているような意味での法益侵害説を徹底した考え方はなかったという趣旨ですね。

前 田 瀧川先生のようなお考えがもちろんあったわけですが、「公序良

俗」的なものが重視された戦前には、現在の意味での法益侵害説的な発想が主流だった時期というのは、なかったんじゃないかという気がするのです。現在の結果無価値論の基本といいますか、価値の問題はやはり戦後の憲法の状況との結びつきを抜きには語れない。もちろん憲法の価値観の現れ方も複雑で、後でも出てきますが、対立軸が変化していきます。

　伊東　前田さんのまとめられた牧野刑法理論というのは、前提としてはリストの見解を採っているわけですよね。

　前田　牧野先生は刑罰論はリストなんですが、犯罪論はリストとは違うわけです。

　伊東　それを、ある意味では、もっと進めたということですよね。

　前田　そうですね、主観主義の方向にね。

　伊東　その際に、リストが考えていた生活利益、人間利益の保護という視座が落ちたのか落ちなかったのかというのが問題でしょう。

　前田　そうですね。法益論、違法性の本質論としてはその点が重要なんだと思います。ただ、私が言ったのはもうちょっと実質的なレベルで、戦前の日本の価値状況の中で、倫理、道義が強調されざるを得なかったという感じのことです。最近よく言われる「行為無価値は倫理的なものにつながる」という議論ですね。その意味では牧野先生の議論も小野先生の議論も、類似性がある。

　伊東　そういう趣旨では、そう思います。というよりは、少々妙な言い方をすれば、牧野刑法も小野刑法も、刑法の本質論とか刑法の機能論と我々が言っているものを、刑罰の本質論みたいなもので議論していた。それで、結局、教育刑か応報刑かというところが大きく出てきていて、その前提となる責任をどう捉えるかという議論が多かった。これは同意できると思います。そこに、先ほど出てきたメツガーの考え方を持ち込まれた佐伯先生ということでしょうね。そこで局面が変わるのだと思うのです。

　前田　局面が変わると言うのは？

　伊東　メツガー流の規範論を持ってきただけではなくて、同時に一種の実質的不法論というものが、日本の学界で議論し始められたのではないでしょうか。

2．客観的違法性説と規範論

前田 そこのところなんですが、先ほど申し上げたように、日本の学界にメツガー流の客観的違法論を持ってきたわけですが、メツガー流の理論はかなり結果無価値的な議論というか生活利益に絞り込むようなものと結びついてきたイデオロギー性を持っていたはずなのです。メツガーはいろいろ変化したから注意しなければいけないわけですけれど。ところが、日本に広がった客観的違法論は、「生活利益侵害」的視点はそう強くはなかった。価値の部分ではなくて規範理論だけが導入されて、しかも先ほど述べましたように、本当に評価規範、決定規範の分け方が定着したのかというと、疑問があるわけです。その後、例えば大塚先生の理論では、違法性は決定規範を抜きには考えられないとされ、大谷先生も違法性に決定規範は影響してくるとするわけですね。

川端 その点ですが、主観的違法性論と客観的違法性論が対立して、客観的違法性論が圧倒的多数になった局面では、メツガーのいう規範論が優勢になったということですね。

前田 そうですね、ドイツで。それが日本に入ってきたと思うのです。

川端 日本でもそういう形での規範論が有力となり客観的違法性論が通説になったと総括できると思います。ポイントは、前田さんが別のところで触れられていましたが、違法性の問題を考えるにあたっても、責任刑法なのか違法刑法なのかの対立にあります。倫理・国家の重視の関連で、倫理の部分が、本来は責任の問題であるにもかかわらず、違法性論にもろに出てきてしまっているという面があると思います。倫理責任に関しては、ご承知のように、動機主義と結果主義があるわけで、小野先生は動機主義ではなくて結果主義を徹底することによって、違法性論に責任論を持ち込んだという見方も可能だと思います。

そうしますと、法益侵害の側面の強調よりも、むしろ結果主義という観点から客観主義と結びついて倫理・国家の重視を主張されたという面はないでしょうか？

前田 客観主義と結びついて……。

川端　倫理的責任を前提にした結果主義ですね。

前田　そういう面はもちろんあると思います。ただ、いずれにせよ、小野先生の違法評価のなかには倫理的なものがかなり色濃く入っていた。だから理論としての客観的違法論がかなり広く定着したということと、「法益侵害がない限り違法性は問題にならないんだ」という議論は、結びつかないわけです。瀧川先生がいたではないかと言われればそうなのですが、本流とはならなかった。だから、日本の「結果無価値論」というのは平野先生以降の議論で、瀧川・佐伯理論は、そもそもこういうのもあったんだという形で引用されているのではないかなという感じもするんですが。

山口　客観的違法論・主観的違法論の対立ということならば、確かに客観的違法論が戦前は優越的な位置を占める形で終わっていると思うのです。そこにメツガーの規範論が一定の役割を占めたということならばそうなのかも知れません。前田さんがご指摘になっておられるように、具体的にどういう形で違法性に関する議論が展開されていくかというと、それが決め手になるというよりは、むしろ刑法が前提としている社会の見方と言うんでしょうか、個人と社会の見方というものがむしろ決定的になって、具体的な解釈論として現れているというのが実態ではないかと思います。ご指摘のように、牧野・小野両先生は倫理・国家重視だとすれば、そこで前提となっている国家像、個人像というものはそういうものであったし、戦後の平野先生以降の結果無価値論というのは、むしろそうでない個人像・社会像を前提として刑法を見ていこうということです。ですから、形式論理的な枠組みの問題と、そこに入れられている実質的な考え方とは一応区別可能で、戦前は、形式的な入れ物は客観主義であるということで済みましたが、実質については、戦後になって議論の主要な対象になったというように一応考えてはいます。

　もう一つ言わせていただければ、規範論というのはある意味では議論の一つのやり方に過ぎないのではないかと思います。その意味では、まさに言われたように、客観的違法論が規範論で基礎づけられたとすれば、それは形式的な意味で基礎づけられたに過ぎない。実質的な基礎づけというものが、戦後に持ち越されたということができるかとも思います。

前田　私もそう思うんです。行為無価値的な川端さん、伊東さんにとっ

ては規範という議論が非常に大事だと思うのですが、結果無価値論・法益侵害説からすると規範違反ということで違法性を基礎づけるという意識はあまり強くない。ただ客観的違法論の説明にはいつも佐伯先生の規範理論が出てくるわけです。しかし、福田・大塚・団藤先生たちの違法論のなかでは、違法性と決定規範のつながりがかなり色濃いんじゃないかという気がするんですが。その辺について川端さんと伊東さんのご意見をお伺いしたいんですが。というか、川端さん、伊東さんが決定規範と違法性の関係をどう考えているかということなんです。

伊東 その論点に行く前に、一言いいたいのです。——メツガーの理論の影響を通じて規範論が入ってきて、客観的違法論が成立したと言われるのですが、私はメツガーの理論が入ってきて日本にとって決定的に影響があったのは、むしろ、主観的違法要素論がダイレクトに入り、それによって客観的違法論もある意味で意味が変わってきたということだと思うのです。要するに、いわゆる評価基準の客観性ということへの転換がうまくすんなり受け入れられた、という強い印象を持っているのです。それに加えて、主観的違法要素のなかにはドイツ的な特殊な形容詞を使った要素というのがあり、そのために、そこでの倫理性が入り込み得たということです。そこのところでうまくスッと入ってきたけれども、実は中身がどちらにでもとれるものというか、すり変わったというものがあったという気がします。

ところで、前田さんが今言われていた問題なんですが、私はドイツの法益論を延々とやったせいでそう考えるのでしょうが、法益侵害があったとして、法益が害されたというだけでも違法評価は確かにできるものの、それが、刑法規範違反、刑法に対する違反だというためには、法益を守れという命令規範というかそういうものがなければ、そもそも議論として始まらないだろうと思うのです。そういう意味では、私は、別に結果無価値論・行為無価値論が対立するというのではなくて、みなさんが命令規範のようなものを前提にしているのではないかな、という気がするのですが。

前田 違法性が、決定規範違反というか、命令規範違反ということですか？

伊東 それが個人に向けられているか、一般に向けられているか、とい

うことの差、いわゆる名宛人なき規範というか、全体に対するものというか、その差というふうに私はとっているのです。

　ですから、メツガーなどとは若干違うけれども、私が捉えている限りでは、価値の妥当という考え方にはかなり強いものがあって、それを規範と呼ぶかどうかの差に帰着するのではないのでしょうか。少なくとも新カント派的な発想ではそういうものが残っていたわけですし、そのような状況の中で、客観的な法益侵害結果というものだけで本当に刑法的な可罰性が基礎づけられるかどうか、というのがヴェルツェルの問題提起だったわけで、そこで規範の意味が非常にクローズアップされるという気がしているのです。

　川端　その面において規範論が意味を持ってくるということになります。法益侵害を単なる事実状態として、すなわち、利益侵害という事実状態として捉えれば、規範の問題は出てこないのですが、行為無価値論の立場は、法益侵害の結果を作り出すことに意味があるとして、行為性を重視します。法益侵害をもたらす行為がある以上、行為者がある規範との関連でそのような行動をしたのだから無価値判断がそれに加えられるのだという要素がどうしても必要だと考えるのです。その意味において規範論は大きなウエイトを占めてくる、と私は考えています。

　前田　それは、実質的に同じことをおっしゃっているわけですね。

3．結果無価値論と規範論

　伊東　むしろ、結果無価値論を採る人が規範論を考えないで違法論をどうやって構成するのか、伺いたいですね。

　山口　私自身の考え方を申し上げれば、規範論はそれ自体としては単なる形式論、より強く言えば無内容な議論だと思います。そこにいう規範の中に一体何が盛り込まれるかということがまさに議論される必要があると思うのです。結果無価値論はそうした実質論だけをやっているのです。行為無価値論はそれにプラスして規範論をやっていると思いますが、果たして規範論自体に独自の意味があるのかということ自体が問題だと思います。逆の言い方をすると、どんな考え方でも規範論のターム、規範論の用語で説明することは可能だと思うのです。ですから、規範論を持ち出したから何か独自の

解決が図られるのではなく、その背後にある実体自体が議論されるべきではないでしょうか。結果無価値論は、そういう実体についての議論であり、法益侵害・危険を引き起こすということが、刑法が禁圧すべき実体であると考えているのです。それが規範によって禁圧されるべきものだという主張なのです。このように私は理解していまして、規範を持ち出すこと自体に、特に意味があるのではないと考えているのです。

　先ほど、前田さんが言われたこととの関係で言えば、規範論だから決定規範が評価規範に影響を及ぼすかどうかということではなくて、行為者の動機づけ可能性が、いかなる意味で違法性に影響を及ぼしうるのかという、まさに実体的な問題が問われているのですから、単なる規範の形式的な論理操作で答えられることではないと思うのです。

　前田　私も全く同じことを考えていまして、やはり動機づけの面を重視する命令とか決定とかは、一応違法評価の問題と切り離して考えるべきなのであって、動機づけの問題を違法性から切り離せるというのが客観的違法論の出発点だと考えているわけです。ただ、さっきおっしゃったように、メツガーの理論にしても主観的違法要素が入り込んだ、主観・客観の複合したものが入ってきていると言えば、その通りだと思うんです。

　行為無価値論の人たちというのは、動機づけの部分が違法性にとって非常に大きな要素で、それ抜きに違法性は語れないと考えている。簡単に言ってしまいますと。しかし、それを正面から認めてしまうと責任と違法の区別がなくなるんじゃないかなということなんですが。

　川端　動機づけとは、どういうことを意味するのですか？

　前田　事前に規範が与えられるから、一定のことをしてはいけない、ないししなければいけないと思うと、適法行為への動機づけが与えられるということですね。いいか悪いかを決める、それで、悪いから止める、やっちゃいけないと命ずるということだと思うんですが。

　川端　一定の場所にある人がいて、その人を殺そうとしている場合に、死亡の結果を認識していることになりますよね。

　前田　認識というと、故意の問題も入ってきてしまいますが。

　山口　こういう議論が可能ではないでしょうか。例えば、人を殺したと

して、故意がある場合と過失がある場合とを考えます。そこで、死亡という法益侵害結果が発生している点では両者同じです。ところが、そういう結果を発生させる行為の時点で故意があれば、過失がある場合に較べて、そういう行為を止めることが容易に期待可能だ、それにもかかわらず故意をもって行為に出て人を殺している以上、過失で人を殺した場合よりも違法性が大であるというのです。それはどうしてかと言えば、その場合の方が止めることが容易であって、意思決定が非常に容易だったということですね。だからその段階で違法性に差異があるんだという議論は、前田さんが先ほど言われた、決定規範が評価規範に影響を及ぼすという考え方、端的に言えばその一つの例だということになります。

4．行為無価値論と結果無価値論の具体的差異

前田 そうですね。もっと広く、先ほど川端さんがおっしゃっている中にももちろんそういうものが入っていると思うんです。そこを正面からそれだけ議論していても先に進みませんから、そういうことを含めて行為無価値、結果無価値の考え方の対立の差を具体的に次のところでみていきたいと思うんですが。

川端 戦後の違法性論の決定的な意味づけをしたのは、平野理論であると思います。従来の主観主義・客観主義の対立において客観主義が勝利をおさめ、客観的違法性論が通説となったという流れとは別に、同じ客観主義の中でも、先ほどみた小野理論のような戦前の考え方がそのまま連続してしまったという反省から、憲法論の立場からそれを断ち切ったのは、やはり平野理論の結果無価値論だと思うのです。そこから戦後の行為無価値論・結果無価値論の新たな対立が出てきて、80年代以降、従来とは違う違法性論の展開が見られたという総括ができると思いますが、その点はどうでしょうか？

山口 先ほど私が言ったことと関わるのですが、まさに実質が問われるようになってきたということではないでしょうか。

前田 その通りなんですが、そこで80年代と書いた趣旨としては、60年代から平野先生のような議論が出てきて、小野先生の時代とは違う価値観が定着し、新憲法が定着していったと言ってもいいのかも知れないんですが、

80年代から90年代以降は、戦後の価値観がまた別の方向に動いていくのではないかなと考えているのです。その辺をどう考えていらっしゃるかなというつもりでそこに入れておいたんです。もちろん、戦後の基調は個人の価値の重視だと思うんです。刑法においても、国民にとって保護に値する利益とは何かという実質が問われて、それが探究されるようになったということです。ただ今後、憲法的価値観と言ってもいいのですが、それが徐々に変わっていくかも知れないなという気がするということです。

川端 その点、伊東さんはいかがですか？

伊東 私自身は、保護される法益と捉え得るものがない場合でも、場合によっては処罰していいと思うのですが、それは、——前田さんは現代社会みたいな、あるいはポストモダンみたいなことを考えられているのかもしれませんが——、要はリベラリズムで事を処理しきれないところについて、刑法を入れるかどうかということなのだと思います。私は、今のところ、そこはまだ均衡状態であって、今までは止まってきたけれども、良い悪いは別として、これからはどっと動くのではないかと思っています。

前田 どっちの方向へ動くんですか？

伊東 リベラリズムを超えたところで、どこに行くかはわからない。少なくとも、昔の道義とかそういうものではなさそうだ、とは考えていますが……。

前田 昔の「道義」に戻るという可能性はないんだと思うのです。ただ、結果無価値論の本体というか一番核の部分は、先ほどご指摘になったように、ある意味では自由主義的な価値観だと思うんですが、それがずっと永遠普遍の価値であり続けるとは思えないということなのです。近代的自由主義、リベラルなものを超えたところに何が出てくるかは、まだ、断定する自信がないのですが、ただ、違法論を動かす根元的なものは、そのような価値観であり、人間観であり社会観なんだと思うのです。

まだ他の議論があるのでそのぐらいにして、もうちょっと解釈論的なところに入っていこうと思うんですが……。

川端 その前に学説史上の位置づけの問題ですが、目的的行為論が入ってきて結果無価値論・行為無価値論の解釈論上の争いが出るところまで、戦

前の議論はつながっていると思います。私は、平野理論が出てきて初めて、議論の質が変わっているという面があると考えています。

前田 違法論でですか？

川端 ええ。木村説もある意味で従来の流れの中にあって、憲法的な個人尊重とか利益尊重というのは出てきておりません。

前田 それはそうだと思います。

川端 80年代に入って初めて、今言ったような問題点が明確になってきたのではないかと思います……。

前田 80年代というのは大分後だから、川端さんのおっしゃるのはもう少し前の段階……。

川端 70年代ですかね？

前田 というか、60年代、昭和40年代にはそういう議論が相当あったと思います。要するに、刑法改正の議論が正面から一番激しく争われたその時代ですから。戦前からの議論が大きく基盤のところで変わっていくのも、平野先生が出てからというのはその通りだと思うのですが。

前田 もう少し細かい解釈論的な議論に入っていきたいと思います。

II．行為無価値対結果無価値

論題提起=前田

行為無価値論・結果無価値論というのがキーワードとして使われるようになったのは大分後になってですが、わが国には、昭和20年代にドイツの目的的行為論・人的違法論との関連で入ってくる。

行為無価値論・結果無価値論という訳語は、日本語として不自然な言葉なので、その分あいまい性があっていろんなものを取り込んでいった面もある

と思います。行為無価値・結果無価値というのは学者によっていろいろなまとめ方がされていると思います。本来は、違法性の問題であって、結果無価値だけで違法性を考えるか行為無価値も併せて考えるかという議論だと思うのですが、違法論を超えて犯罪論全体が行為無価値的刑法だとか、あの学者は行為無価値的だとかいう使われ方もしている。

　結果無価値・行為無価値の基準というのは、いくつかあると思うのですが、まず違法性判断対象を純粋に客観的に考える方が、結果無価値的な姿勢が強い。それに対して、主観的事情を沢山入れれば入れるほど行為無価値的になる。主観的超過要素だけは違法判断に入れるという考え方ももちろんあるわけですが。次に、違法判断を一般人を基準に考えるか本人を基準に考えるか、つまり客観的に考えるか主観的に考えるかという座標軸も考えられない事はないけれど、これは実際には争いにはならない。先ほどの議論にあったように違法の判断の客観性というか、一般人を基準にという点は定着している。第三に、違法性判断を功利的に、合理主義的に考えるか、倫理的な価値尺度を用いて判断するかという尺度です。これは違法評価を事実的に考えるか義務違反的かというのとほとんど同じことなんです。そして最後に、違法性判断の時点を事後的なものとするか事前的に評価をするか、という対立を含んでいるんだと思います。

　それぞれで考えれば、ここの4人のなかでも大きく二つに分かれてくるということだと思います。論争の場として実質的に意味があったというか、激しく争われたのは未遂論・不能犯論で、やはり結果無価値・行為無価値の考え方の差が処罰範囲の差として現れてくる。構成要件レベルとしては、主観面を入れるか客観面に限るかという対立以外に、倫理的なものをどこまで刑法の対象にしていくかという対立があります。刑法改正の議論の頃にはむしろ構成要件の設定の問題として、わいせつ犯罪、風俗犯関係のものをどこまで処罰するかとか、薬物の自己使用罪を処罰すべきか否かという争いがあります。大麻の害はたばこより軽度なので、処罰すべきではないというような議論もあったわけです。これがまさに憲法的な価値観というか、先ほどあった議論に直結していたわけです。そのほか、違法阻却のところで結果無価値的なもの、行為無価値的なものの考え方の対立が出てくる。例えば、偶然防

衛のところでかなり先鋭な対立が出てくる。それから被害者の同意のところでも、かなり対立が表面化すると思います。

　ここで指摘させていただきたいのは、両者のせめぎ合いのぎりぎりのところが動いてきたという事実です。例えば、不能犯論・未遂論のところでは、新派的な主観主義における主観的危険説的なもの対客観主義における客観的危険説的なものの対立が、行為無価値対結果無価値の時代になると、主観的危険説は消えて、具体的危険説をとるか客観的危険説をとるかというように前線が動いてきた。

　これは、現在のわが国の行為無価値論が二元説だと言われる一つの現れだと思います。徹底した行為無価値一元論でいけば、やはり主観的危険説的なものがもっと強くなければいけないはずなんだけれども、主観的危険説はほとんど消え去った。つまり、対立の座標軸は少し客観の方にずれてきている。さらに今後は両者の線引きがより細かいレベルでより緻密な議論になってくる。客観的危険説と言ってもその具体的内容は何なのかという議論に移っていくと思います。これは今回のテーマというよりは次回、次々回の未遂のところで議論されることになると思います。そういう微妙な変化があるなかで、行為無価値・結果無価値の現在の本当の対立点はどこか、それを抽象的なレベルでまず議論して、その後、具体的に正当防衛を素材に考えるということだと思います。

　行為態様の違法性への影響をどう考えるのか、違法性に行為無価値というのを必要と考えるのかが重要な対立点です。よく言われる議論として、傷害致死と過失致死では、３章でも山口さんの説明の中に出てきましたが、法定刑が著しく異なるので、やはり違法性が違うのではないかという議論があります。財産侵害犯でも侵害（行為）の態様によって処罰するものと処罰しないものがあり、同じ法益なのに刑の重さが違うというのは、やはり行為態様で違法性が違うのではないかというような議論もよく見かけます。それについてどう考えるかということなんですが、私は責任で刑の重さは動くし、あらゆる法益侵害を処罰するとは限らないので、法益によっては、類型化する際に行為態様というものを使って、処罰範囲を絞り込むということも、結果無価値論の側からでも十分認められることだと考えています。

もう一つ、先ほど申し上げたように、わが国の行為無価値論は一元的な行為無価値論ではなくて、法益侵害も大事だとされる。それで、法益侵害に関係する範囲で行為無価値論を取り込むとか、厳密にはいろんな言い方があると思いますが、よく出てくる議論が、法益侵害に加えて行為無価値も考慮するから、違法性が限定的になり、処罰範囲が狭くなるのであって、結果無価値論より二元論の方が処罰が限定されるというものです。しかし、それは本当なのかという点です。特に、結果無価値が阻却されても、行為無価値が残っていればなお違法性があるというのか、処罰するというのかという辺りが、私からは一番気になるところだと思います。この結果無価値と行為無価値の議論と倫理的なものというのが絡んでいて、川端さんは必ずしも行為無価値でも倫理とはつながらないというご主張だと思うのですが、そこのところもさっき言ったような流れから言うと、ちょっとご説明いただければということです。

本　論

1．結果無価値論と行為態様

川　端　結果無価値論の立場から、前田さんのご報告があったのですが、さらに結果無価値論の立場に立たれる山口さんからご意見をお願いします。

山　口　二つの点について、私なりの疑問というか、理解を言わせていただきます。

まず、傷害致死と過失致死の法定刑の差については、責任があって初めて犯罪が成立するのですから、責任の違いによって法定刑の重さの違いは十分に説明可能ではないかと考えています。それとは別に、犯罪の行為態様の評価については問題があります。前田さんが先ほど言われましたように、犯罪を構成要件化する、構成要件として規定するためには、当然、一定の行為類型に限定した上で規定しなければいけません。そうでなければ、実質的に罪刑法定主義という観点から見て問題が生ずる場合があると思います。その

際、かねてから疑問に思っているのは、そこで行為態様を考慮するということが、行為無価値を考慮して行為態様を決めたということになるのかどうかです。例えば、財産犯でさまざまな――窃盗と詐欺とか、あるいは横領と背任とか、いろいろな区別がなされていますが、そこで行われている行為の限定、行為類型の限定の理由は何かと言えば、非常に刑事政策的なものであり、そこでは極めて技術的な考慮がなされているわけです。行為無価値ということで一般的・抽象的に議論されていることとは、相当距離があるのではないかと考えています。特に行為無価値を、倫理的な考慮を入れるものとして理解すれば、そういう基準で財産犯の行為態様を限定していく、その内容を確定していくことは不可能だろうとすら思っています。そういう意味では、犯罪類型、構成要件の段階での行為類型の決め方、そこでの行為態様の考慮においては、刑事政策的な当罰性の判断が行われているということは否定しようがなく、それは結果無価値論であろうが行為無価値論であろうが、それとは無関係なことではないかと思います。

　むしろ、問題は、前田さんが指摘されているように、処罰範囲の違いにあると思います。構成要件段階においては、行為無価値論であろうが結果無価値論であろうが、要するに構成要件該当性がなければ始まらないわけですから、その点は実はあまり問題にならないのです。これに対して、違法性阻却をどの範囲で認めるのかということが一番問題で、行為無価値論からは、論理的には、結果無価値がなくなれば違法性がなくなる、結果無価値があるけれども行為無価値がなくなれば違法性がなくなる、という考え方はあり得るのですが、実際にそういうことを主張されている方はほとんどいないのではないかと思います。

　行為無価値論では、現実には、違法性阻却の要件として、行為無価値論的な考慮から出てくる要件が付加的に要求されており、それが認められないとトータルに違法性が阻却されないというように解されているので、その結果、実際上、結果無価値論が認めている違法性阻却の範囲よりも、行為無価値論の方々が認めておられる違法性阻却の範囲の方が狭くなっています。つまり、現実には、結果無価値論の方が行為無価値論よりも処罰範囲が狭いということになっているのだろうと思います。

もちろん、処罰範囲が狭ければその方がいいということでは全くありません。それならば刑法は止めてしまえばよいという話になります。そうではないけれども、事実認識としては、いま申し上げたようなことになっているだろうと思うのです。行為無価値論からする違法性阻却においては、行為無価値の阻却が決定的で、その意味で、わが国では、結果無価値をさらに限定するために行為無価値が要求されているということになっていないのではないか、というように思います。これは問題ではないかと考えているところです。

2．行為無価値論と行為態様

伊東　順番でいくと、傷害致死と過失致死の問題からですね～。確かに、責任のレヴェルで考えられるということは言えるのだと思います。ただし、私自身は、過失の元の行為と傷害行為ということで、そこの質が違うという気がするのです。主観的な要素でしょうか、そこで何かプラスになっている側面があるだろう、という気がどうしてもします。ただ、過失と一口に言っても、元になっている行為が故意行為で意図しない結果を生じたというような場合──錯誤の場合等を考えて頂ければ良いのですが──、一般には通常の過失と同様に処理されているのですが、私はそれとは違った考え方をしても良いのではないかと考えていますので、ここで過失行為という場合は、純粋に普通の日常的な行為というような趣旨で考えています。

　二番目の行為態様云々という点は、山口さんが言ったことに、ある意味では、完全に同調します。そういう意味で、行為態様と言われているものは、恐らく政策的な判断から種々のものを考慮して取り入れてきているのでしょう。しかし、私は、それを社会的なルールというようなもの、この範囲内で守りなさいというふうにルール化されたものだととれば、それも今の一般的な広い意味での行為無価値に入ると考えています。

　結果無価値が阻却されても行為無価値が残れば違法なのかということですが、その通り、違法になると思います。その判断の差が、いわゆる不能犯のようなところで出てくるのだろうなという気がします。不能犯の範囲で、結果発生の可能性というのは全然なくても、それが一定レヴェルで、行為とし

て社会的な平穏の阻害というようなものを起こし得るということであれば、可罰だろうと思っています。論理的に説明するのは、かなりきついところがあるのですが。

　行為無価値が結果無価値よりも処罰範囲を狭めているか広めているかというのは、議論してもあまり意味がない、というより、狭いのと広いのとどちらが良いかというのと同じで、答えようもないと思います。ただ、行為無価値を上乗せすることによって限定している側面もあるのではないかと思うのです。その理由は何かというと、結果無価値の立場からどうやって刑罰構成要件が決まるのか、どうやって民事不法との区別をするのかというレヴェルではすでに決まっているということなのです。

前田　要するに、構成要件段階でも行為無価値を考えないと刑事不法は考えられないということですか。その問題だと、さっきの窃盗と詐欺と恐喝みたいな話とつながってくると思うんですが。

伊東　いえ、その前に、例えば、人を交通事故を起こして殺した場合――まあ故意の場合でもいいのですが――、そこで法益侵害は起こっている訳で、民事賠償が要求されますね。その上になぜ刑罰が要求されるのか、という問題に対して結果無価値というのは答えられるのか、ということです。

山口　それは行為無価値論の立場からでも同じことではないですか。

前田　同じじゃないですかね。

山口　行為無価値を持ち出したから、答えになっているというわけではないと思います。

前田　同じ怪我で、民事賠償だけで、刑罰にならない場合が多少あるかもしれませんが、刑罰をもって禁圧するだけの、つまりこれだけ重いサンクションを科すだけの法益侵害があるから刑罰の対象にするということですね。ただ、法益によっては、こういう行為によって生じた財産侵害しか捕えようがないからとか、いろんなファクターがあって、詐欺なら詐欺を捕えるということになる。

伊東　いや、結果無価値だけだと、別に刑法を使わないで、そのまま賠償すればお終い、ということで良いのではないですか。

前田　ちょっとよくわからないけど、結果無価値というのは処罰に値す

るという、刑罰制度を前提にして刑罰を発動させるための程度の法益侵害という発想は含んでいるわけですね。行為無価値論者は、結果無価値論は法益侵害の有無しか問題にし得ないとして批判します。処罰に値するかという観点が入り得ないという議論が入っているんだと思うんだけど、それは一つの立場であって、法益侵害説をそう規定してしまえば入らないけど、そういうことを言っている法益侵害説はないと思うのです。

山口 処罰すべきかどうかという実質判断が入った上で犯罪になっているという、その実質判断を基礎づけるものが行為無価値だと伊東さんは考えておられるのかどうかわりませんが、そういう判断が入っているということはまさにそうだと思います。ただそれを行為無価値と言わなければならないというように、結果無価値論者は全然考えていないので、そこに違いがありますね。

伊東 それは政策的な判断、立法者の判断と考えるのですか？

山口 そうです。

伊東 そこで、その判断の仕方を探っていくということになるでしょう？

3．結果無価値の阻却後の違法性の存否

前田 かなりそこはダブっていると思います。ちょっと先ほどの伊東さんの議論との関連で、私の説明には誤解を招くものがあると思いますのでコメントさせていただきたいのですが、最後に結果無価値が阻却されても行為無価値が残れば違法なのかという問題として、具体的には不能犯をイメージして語られましたね。

川端 偶然防衛の問題ではありませんか？

前田 ええ。私としては、偶然防衛をむしろ考えていて、不能犯の問題に関してさっきおっしゃったことについて言えば、法益侵害の可能性が非常に低くてもいいのかという問題だと思うのです。

伊東 なくても良いということです。

前田 法益侵害の可能性がゼロでも、一般人が危機感を感じれば未遂として処罰していいのかという問題です。

伊東　その辺がうまい表現で定義できないのですが……。

前田　危機感というと、ちょっとニュアンスが入るけど。そうなるとやはり、私なんかとは決定的に違う発想だと思うんです。ただ、川端さんがおっしゃったように偶然防衛などの場合に、要するに、偶然防衛の普通の定義によれば、客観的には完全に正当防衛なんですね。その意味で社会全体としてはその行為が許されていると考える。ただし主観的には完全に犯罪行為にすぎない。そういう意味で行為無価値は残っている。だから違法性があるとすると、結果無価値論では無罪になるものに、行為無価値論では処罰範囲を拡張していますよね。

処罰範囲が広いか狭いかという議論があって、山口さんがおっしゃる通り、狭ければいいというものではないということは、私もさかんに言っていることです。ただ何が問題かというと、従来の二元説の議論の前提には、「結果無価値論の側が、行為無価値だと処罰が広がるという批判をするけれどもそうではないんだ」ということがある。「結果無価値と行為無価値の両方を要求するんだから、両方揃わないと違法にならないんだから、二元説の方が処罰範囲が狭くなる」という説明が入っているんですね。そんな説はとらないとおっしゃられればもちろんいいんですが、むしろ川端さんの説明にはそういうニュアンスは入っていませんか。

川端　私は、主観的要素を入れるかどうかによって広くなる場合と狭くなる場合があると考えています。正当化事由の場合には処罰範囲が広くなります。主観的正当化要素が付加されて初めて違法性が阻却されることになりますから。そうではなくて、違法性を基礎づける主観的違法要素として積極的に要求された場合、その主観的違法要素がなければ違法性がなくなりますから、そういう局面では狭まることになります。

前田　傾向犯のわいせつな傾向みたいな話ですね。それは私も認めます。

川端　ただ、その点だけで一致するのであって、行為無価値論をとるから狭まるという形では一般化はできないと思います。

4．二元的行為無価値論と違法性阻却の範囲の広狭について

山口 構成要件段階で、そうした主観的要素を、法益侵害に関係する違法要素としてではなくて、責任要素として要求するという手もありますが、そうではなくて、違法要素として、しかも法益侵害の危険性に還元できない主観的要素として要求するのだということになれば、構成要件要素として付加的なものを要求しているわけですから、その意味では処罰範囲は狭くなると思います。ただ、基本的には違法性阻却をどう考えるかということが従来言われてきて、違法論のレヴェルではそれが問題である。二元的行為無価値論というのは、自分の方が処罰範囲は狭いということを、言っておられたことは間違いないので、それは事実に相違するのではないか、ということなのですが。

川端 偶然防衛との関連で触れますと、偶然防衛の場合も、相手から客観的に法益が侵害されようとしており、それに客観的に対応したということだけで、結果無価値がなくなったとは言えないのではないでしょうか。反撃ないし防禦する側からしますと、防衛行為によって相手方の法益を侵害しているわけですから、法益侵害という事実は現実にある以上、それは結果無価値にほかならず、それに防衛意思が加わることによって初めて、正当防衛として意味を持ってくることになります。ですから、私は、結果無価値が全然ないというのはおかしいのではないかという考え方を持っています。

前田 そこのところになってくると、結果無価値・行為無価値の定義の差の問題になってきますけどね。ただ、違法性にそういう主観面も影響する、主観的超過要素のみならず故意一般も違法要素だという議論を前提にして、そういう事を組み込んだ上で結果無価値がなくならないとおっしゃられればそうなってしまうかも知れませんが、そこには結論の先取りがあるのであって、そういう場合に「結果無価値」がなくならないと考えるのは行為無価値論だと私は考えるんですが。

川端 そういうことであれば、定義の問題ないし用語の使い方の問題ということになりますね。

前田 この他、二元説は違法性において義務違反性を強調するという点は、川端さんは、そう簡単にはつながらないとお考えですか？

川端　私はつながらないと考えています。ただ、今の行為態様の問題との関連で言いますと、責任の投影ではなくて、先ほど伊東さんも言われたように、同じ生命侵害に向けられたとしても、暴行の故意であるいは傷害の故意で対応していったのか、殺意を持って対応していったかというのでは、行為それ自体の評価として一般人のとらえ方においては違いがあると考えています。その意味で違法評価のレヴェルの問題として考える必要があると思います。

　財産犯の場合もそうだと思います。同じ所有権の侵害であっても、だまして侵害する場合と暴力的に侵害する場合とでは、国民一般の法意識の次元においては、価値的にかなり異なる評価を受けているはずです。その意味で違法行為は行為態様の違いによって構成要件化されている、というとらえ方をしております。山口さんはその点はどのようにお考えですか？

5．犯罪行為類型に行為無価値は影響を及ぼすか

　山口　先ほど伊東さんが社会的ルールと言われましたし、価値的に違うと認められていると言われるんですが、それは一旦出た結論を、そうだと言われる限りにおいては、別に反対することはないのです。問題は、そういう考え方自体が、例えば窃盗罪なら窃盗罪、詐欺罪なら詐欺罪の行為類型を決定する際に役立つかというと、私は全然役立たないのではないかと思うのです。窃盗罪なら窃盗罪、詐欺罪なら詐欺罪の構成要件はどのように解釈するのかというときに、行為無価値を持ち出すことによっては何も解決できないのではないかと思うのです。法益侵害なら、法益侵害が発生したかどうか、どういう法益侵害なのかということで考慮できますけれども。行為無価値というのはいわばそれ自体ブラックボックスなのであって、そこで何がどういうように考慮されるのかということ自体をむしろ問題にすべきであると思います。

　前田　先ほどの川端さんのご説明で、脅して取るのと騙して取るのでは、違法性に差があるということなんですかね。ただ、脅す方が違法性が大きいというわけでもないですよね。騙して持ってくるよりは脅して取る方が違法性が常に大きいということになるわけではない。私は、犯罪の重さを考

える時に、社会的ルールでもいいんですけれども、それを違法性の大小のみと直結させて考える必要はないんじゃないかと思うのです。

川端 恐喝と強盗を較べますと、法益侵害の態様という観点からしますと、結局、恐喝の場合、相手方から任意の交付を受けておりますので被害者に少なくとも任意性がある以上、やはりその程度は強盗行為よりは軽いことになります。つまり、強盗の場合には、被害者の任意の意思に基づかないで財物を奪取（強取）している点において、行為態様としては重いという評価がなされると思います。刑法は、恐喝行為は窃盗行為と同程度のものとして評価し、法定刑は何れも「10年以下の懲役」としています。

前田 だから単純にはいかないんでしょうけれど。ちょっと議論が細かくなり過ぎたかもしれませんが。

川端 確かに、行為無価値の内実が明らかになっていないことは、新たな指摘だと思います。行為無価値論はそこまで詰めて議論をしていないと思いますので、これから詳しく議論していくべきであると思いますね。

山口 行為無価値論としては、行為無価値とは何かを明らかにして、実際上、例えば立法論、解釈論で使えるような具体的議論を展開してもらいたいというのが希望です。行為無価値論の内実をみると、すごくいろいろなものが入っているように思います。ただ単に法益侵害という結果だけを考慮しているのでは駄目だという限りにおいては、それはそうだと思います。少なくとも構成要件段階ではそうなっていないですから。それをさらに一歩越えて、独自の行為無価値論というものが存在するためには、一体どういう考え方から構成要件解釈を行っていくのか、あるいは違法性阻却事由の解釈をどういうように行っていくのかということが、統一的に説明されなくてはいけないのではないかと感じます。

伊東 それは良く分かるのですが、私から見れば、結果無価値論だって全く同じような気がするのです。法益の侵害といっても、人によって侵害の、例えば量とか何とか言われるけれども、考えていることは必ずしも一致しているとは思えないのです。

山口 構成要件段階では立法で決めればいい話であって、恐らく議論にならないと思います。問題は違法性阻却がどの範囲で認められるかというこ

とであって、特に先ほど言われましたように、正当防衛における防衛の意思などの主観的意思がどういう意味で要求されているのかということが問題です。構成要件レヴェルで議論しても、始まる問題ではないと思います。

伊東 先ほど、山口さんが、構成要件というのは政策的な観点で選ばれて作られていると言われたのですが、行為無価値論は、社会倫理的なものというか、社会的なルールというものかも知れないけれど、そういう観点で構成要件は作られていると言っている。そのレベルでは、あまり議論の掘り下げようがないという気もしているのです。実をいうと、ここ（レジュメの☆印）の法定刑が異なるということ等を、私は行為無価値論の必然的な帰結としては考えていないのです。

前田 弁解をするわけではないんですが、有力な行為無価値論者は、「二元説は結果無価値論より処罰を限定する」と主張されているから論点として挙げたのであって、私が攻撃しやすいから挙げたわけでもなんでもないんです。

6．行為無価値と結果無価値との関係

伊東 二元説といっている場合でも、単純に足している二元説と、行為無価値を実現したものが結果無価値であるという二元説と、違うパターンがあると思います。

前田 それは学説によって微妙な差があると思いますが、共通に言えるのは、行為無価値と結果無価値の両方が必要だという時に、さっきの議論に戻ってしまうのですが、どっちも消えなければ無罪にならないというのか、どっちかが消えただけで無罪になるというのかはっきりして欲しいということなんです。説明だけ聞いていると、両方揃わないと違法でないという言い方からすると、片一方がなくなれば違法でなくなるように見えるんです。ところがほとんど共通に、片一方でも残れば違法だという形でやっている。そういう意味では具体的な事例に当てはめて逆算すると、結果無価値と行為無価値は事実上重なってきてずれないと言うけど、実はずれているのではないかと思うのです。主として行為無価値を考慮して違法性判断をしている、と言わざるを得ないんじゃないかと思っているんですが。

伊東 だからこそ、ヴェルツェルが言った、刑事法にとって本質的なのは行為無価値であるというテーゼを認めるから、行為無価値が残れば違法であり、結果無価値がなくなってもよいと言うので、そのテーゼをどうやって採っているかというのを皆さんで分析してみなければいけないのだけれど、私自身も逃げてしまっているのですが、少なくとも行為無価値論の人でそこをはっきり言っている人は誰もいないと思います。

山口 前田さんがおっしゃりたいのは、本音ではそう言っているのだけれど、それを言わないというところに問題があるということです。本当は行為無価値で処罰するのだけれど、結果無価値よりも処罰範囲が狭いんですよと言ったりして、ある意味では、ちょっと強い言葉を使うと、一種のレッテルの詐欺的な部分があることは否定しがたいのではないかという気がするんですよ。

伊東 全く。そう言ってしまえばお終いですが……。

川端 それはそうですね。

前田 後は、何かご議論はございますか？

川端 違法性判断の基準と違法評価に関して私自身の立場と違う図式化がなされております。

前田 同じようなもので、表の作り方が悪かったんですが……。③と⑤がダブっているというご指摘ではなくて？

7．功利主義と倫理主義？

川端 功利的な結果無価値論と倫理的な行為無価値論とが対立するのではなくて、むしろ功利主義と価値主義の対立があるのであって、倫理の問題はここでは出てこないというのが私の立場なのです。これは、事後判断の問題につながっていくのですが、事後的にみて結果がよければすべてそれでいいのだというような捉え方が功利的な把握にほかなりません。私は、行為を見る場合──それは先ほど伊東さんが言われた価値の「妥当」の問題に関わるのですが──、主観が加わって行為者の行為として行われて初めて、刑法上、違法論として意味を持ちうるという意味で、価値的な要素を考慮に入れるべきだということを言っているわけなのです。これが、違法評価は事実的

か義務違反的かという論点に反映してきますが、これも価値違反、価値侵害であるという点で、単なる事実と価値との対立があるにとどまり、両方の観点から倫理の問題が抜け落ちていくことになるのです。

前田 ただ、価値の中身をもう一歩突っ込んで考えてみますと、結果無価値というのは客観的・外形的なことで、つまり物が壊れたとか傷つけられたとかということで、最後は「国民にとってどれだけ重大な侵害か」という評価が入りますが、行為無価値の方はどうしても中身のなかに、社会一般の道徳と言いますか倫理みたいなものが入っている。社会に存在する倫理規範的なもので価値をはかる側面が強いというか、そういう感じを受けるのですが。

川端 倫理規範違反と価値規範違反とはレヴェルが違う問題です。結局、結果無価値論だって倫理主義ですよね。つまり、「結果よければすべてよし」とする倫理主義を採れるわけですね。

前田 倫理の中身の問題になりますが、結果無価値論からいっても法益とは何かという問題が常に残るわけです。先ほど山口さんがおっしゃった構成要件レヴェルでの問題に加えて、立法論的に考えても今後いかなる法益侵害をどこまで処罰するかという、法益の中身をどう設定していくかを考える時に、やはり先ほどの動きではないけども、リベラリズムを超えたものと言いますか、個々人の利益に直接還元しにくい法益が出てくる可能性はある。だから、結果無価値論自体がリベラルな価値観と論理的に不可分なものでもないとは思うんです。かなり密接なつながりがありますよね。だからどこまでの具体的な価値と言いますか、ビジブルなと言うか現実的な価値に限定して法益をつかまえるか。これは伊東さんの専門の世界になりますが、やはり、結果無価値論の中に法益概念の主観化というか、そのような動きの可能性はあり得るのかなという気がします。

一方、法益概念を厳密に限定しておいて、それ以外については行為無価値の問題として処理すればよいという議論は、行為無価値というより大きなブラックボックスをポンと置くことになるから、問題だともいえるわけです。むしろ、社会の変動に対応するためには、法益概念を少し緩やかにして対応する、今何かしろと言う意味ではないんですが、可能性はあると思います。

伊東 私が言っているのは別に、法益を絞っておいてポンと広げるというわけではなくて、やはり憲法が関わっている訳ですね。ですから、例えばインターネット上のわいせつコンテンツ規制などでは、法益を緩めた方が良いという現実的必要というのがあって、処罰必要性はあるいは認められ得るだろうけれども、わいせつ規制そのものに対して、私は行為無価値論ですが、それ自体の規制というのは要らないと思います、憲法的に妥当ではないと思いますから。

前田 たしかに、インターネット犯罪などに関して、立法論的な対応は必要で、結果無価値的なものと行為無価値的なものとの考え方のせめぎ合いが出てくるでしょうね。

山口 立法論はやはり問題になると思います。どういう考え方に立つのかということによって違うと思う。例えば、川端さんの価値主義という考え方をとっても、価値主義で何らかの法益を守るべきだという思想から出発しても、一体どういう要件を作って犯罪とするのかということについては、結果無価値論者の実質的な考え方の部分と、行為無価値論を採っておられる方々の実質的な考え方の部分では、やはり距離があって、考え方の差として現れてくるというのは否定できないと思うのです。

前田 それでは次に正当防衛を素材に今の話を続けたいと思います。

III. 正当防衛と結果無価値・行為無価値

> 論題提起=前田

正当防衛の正当化根拠ですが、正当防衛が責任阻却だという議論も全くないわけではないのですが、違法阻却事由だということを前提に、緊急行為としてなぜ違法性が阻却されるかということを議論したいと思います。現在、

法確証の利益説が有力化しているわけです。これは曽根さんなんかも主張されているので、行為無価値的なのか結果無価値的なのかということが、見えにくいという感じなんですが、現にやっていることが正しい、正当防衛行為を行うことによって法秩序の正しさを示すんだという言い方、それによって正義を実現して犯罪を防止するという発想は、純粋な結果無価値的な発想からは若干距離があるんじゃないかという感じがするんです。

　結果無価値論の違法阻却の議論というのは優越的利益説が基本にあるので、そうなると正当防衛の場合、いちばん優越的利益説的な発想で説明されたのが平野先生ですね。不正な侵害については法益性が否定されるという考え方ですね。ただ、それに対しては、正当防衛は法益侵害のバランスを欠いてもさらに許されるという考え方になる。私は、ここは同じ結果無価値的な考え方をとる山口さんとは若干違うんですが、不正な侵害の側の法益が限定的に評価されているといいますか、不正の分だけ法秩序から否定されている。その意味では法確証の利益説が半分入り込んでいるといえば入り込んでいるし、法確証の利益説も、曽根さんがおっしゃるように、結果無価値的な構成が全くできないわけではないと思うんですが、基本的には正当防衛も、やはりより大きな利益を守るために許されると説明します。

　そういう結果無価値的発想からいくと、対物防衛はやはり正当防衛として認められると考えます。ここは行為無価値論だと、規範の向けられない犬に不正な侵害があるとは言えないので、正当防衛にならないということにならざるを得ないのではないか。ただ結論の妥当性から、対物防衛の事案について正当防衛の効果を認められる方が多いわけですが、どうもそこのところの説明がクリアーになっていないのではないか。もちろんそこのところを反論していただきたいのですが。

　次に、防衛の意思に関しましては、やはり基本的には主観面が違法性に影響するということはないわけで、先ほども触れましたが、客観的に正当化されるような防衛状況で行ったのであれば、違法性が阻却されると考える。

　それに対して防衛の意思必要説が有力だというのはよく存じ上げていますが、防衛の意思の内容がどうも不明確である。判例の動きに影響されている面もあると思うのですが、行為無価値論者で必要説を採られる方も、非常に

動いているというか、動揺があるという感じがするんです。一時期は、防衛の認識だけでいい、興奮逆上しても正当防衛になる、防衛の意思はあるんだという形で、非常に軽い内容の「防衛の意思」にしていたんですけれども（最判昭和46年11月16日刑集25巻8号996頁）、それでは最近の判例の動き（最決昭和52年7月21日刑集31巻4号747頁等）が説明できない面があって、防衛の意思必要説は、積極的にその場でやっつけてやろうと思った時に、防衛の意思が無くなるんだという言い方をしますね。それを支持される行為無価値の方もかなり多い。

結果無価値の側から、それらの判例の議論自体を別の形で説明できるという言い方はあると思うんです。ただ、防衛の意思が理論的に必要だということを一歩引いて認めたとしても、防衛意思の内容が非常にあいまいなんじゃないかという問題が残ると思います。

もう一つ、「やむを得ずにした行為」の解釈と結果無価値・行為無価値の関係も問題となっていると思います。ここが最近の一番の争点、結果無価値・行為無価値の具体的な対立点だと思うのです。先ず、やむを得ない行為というのを、必要性の問題と捉えるか、相当性の問題と捉えるかですが、判例が相当性という言葉を使うので、その影響が出てきているとは思うのですが、学説の大勢は、基本的には必要性の議論をしてきている。必要性には二つあって、防衛の役に立つものは必要だ、役に立たないものは必要でないという広い必要性の概念と、防衛のためには最小必要限度の行為しか許されないという意味での必要性に分けられるのだと思います。後者の、最低限度の行為をやらなければいけないという「必要性」と補充性の限界が実は微妙で、最近は山口さんが鋭く指摘されているんだけども、とにかく大きく分ければ、ゆるやかな必要性と、それしかないというか必要最小限度性があって、わが国では必要最小限度的な議論が強かったんだと思うのです。

そのような理論状況の中で、私も、必要性を基準に考えてもいいと思うんですが、その必要性というのは、正当防衛の成立要件として必要なんだけども、過剰防衛になるかどうかの限界としては、結果の相当性というか、法益のバランスがあまりにも著しく崩れた場合は、不相当だという言い方をした方がいいと思うのです。

それに対して、行為無価値論の方々は、いや判例は結果の相当性をそれほど重要だと考えていませんと主張される。行為態様がどうであるか、行為態様の相当性がどうであるかで決まるとされる。指をつかんで軽い反撃をしたら大怪我をさせたという事案に正当防衛を認めた最判昭和44年12月4日（刑集23巻12号1573頁）を挙げて、結果ではなく行為が重要だとされる。ただ、最高裁は平成元年11月13日（刑集43巻10号823頁）の判例で、素手の相手に対して菜切り包丁を掲げて、お前やるかと脅迫した行為について正当防衛を認めました。行為態様としては、こっちは凶器を持っていて相手は素手なのです。その意味で、行為態様を重視すれば相当性は否定された。ということは、結果といってもこの場合脅迫ですから微妙なのですが、結果の面が重視されているといえないこともない。私はやはり、行為の相当性、行為自体の態様の逸脱の度合いというのを中心に考慮すべきではないし、44年の判例もそこまで言っているものと読むべきではないと考えています。
　著しく均衡を欠く防衛結果が生じた場合、やはり正当防衛とはいえない。確かにどの程度から均衡を欠くかという判断が難しくて、そこは社会通念で決めざるを得ないと思うのですが、私は生じた結果の大小というものも判断せざるを得ないと思います。ここのところに関し、山口さんの論文を読んでなるほどと思ったんですが、防衛に必要な範囲であれば行き過ぎてもやはり正当防衛であって過剰防衛にしないとし、あまりにも不均衡の場合には過剰防衛でもなくて、防衛のためにする行為とは言えないという説明は、非常にクリアーだと思うのです。ただ、これだと過剰防衛の範囲がうまく導けないというか、やはり現に生じたものの結果と、守ろうとした法益のバランス論というのがどこかに残っていないと、過剰防衛の問題は説明できないと思うのです。正当防衛を徹底した結果無価値だけで、つまり事後的に判断するだけでいいのかという問題は微妙で、反撃行為の程度、行為時の判断みたいなものは入ってくると思うのです。そしてそれはやはり、結果無価値の視点から説明できると考える。法益との関連で、相手の攻撃に対応するために必要な危険性というふうに絞り込んでおかなければいけないと思うんです。
　ここの必要性ないし相当性の判断のところ、法確証の利益が云々という議論は、ある意味でどうにでも定義できるということはあるかも知れません

が、「やむことを得ない行為」をどう考えられるかということで、議論できればと思うんですが。

本　論

1．結果無価値論と正当防衛の違法性阻却の根拠

　川　端　結果無価値論の側からの問題提起としては、山口さんは少し違う意見をお持ちかと思いますが、いかがですか？

　山　口　幾つか、細かい点を含めるといろいろあります。例えば、正当防衛で違法阻却根拠をどう捉えるのかということについて、法確証の利益説の意味づけとか、平野先生の見解の意味づけという点については多少違うところがあるかも知れません。

　曽根さんは、基本的には、一応は結果無価値論の枠組みの中で正当防衛の独自性というか特色を説明しようという試みとして、法確証の利益説を採用していると捉えられるとは思います。ただ、その説明に成功していないと思われるという点において、私自身は法確証の利益説は採れません。緊急避難と正当防衛とは同じではありませんので、正当防衛についてはその独自性を考慮しなければならないという指摘の限りでは、法確証の利益説は意味があると思います。平野先生の説は、正当防衛の独自性の部分を括弧にくくって結論だけを示しているという点において、一定の重要な意味がありますが、説明としては不十分ではないかと思います。これが第1点です。

　次に、防衛の意思は要らないという見解を、私はとっています。むしろ、なぜ要るのかということが、先ほど申しましたように、行為無価値論から積極的に基礎づけられる必要があるように思います。それを出来れば合理的に説明していただきたいと希望しています。

　川　端　それを前提にして、伊東さんはどのようにお考えでしょうか？

　伊　東　何から答えたら良いのでしょうかね。先ずは、違法阻却根拠ですね。行為無価値論的に言うと、社会的相当性でいけるということを前田さん

は期待していますか。

前田 いや、法確証の利益説の一部は、やはり行為無価値論とつながっているんじゃないかと考えています。ただ曽根さんの存在などがあるから断定的にはいえないのですが。ただやはり、正義を実現しなくてはいけないということを強調していくと、それが社会倫理そのものの重視にもつながっていくだろうと思います。ただ、法確証の利益説そのものが、行為無価値論と一体のものであるというわけではないだろうな、という気はしてきたんです。この点、むしろ逆に素直に伊東さんはどう考えるかをお聞きしたいなと思うのです。私は、さっき申しあげたように、基本的には優越的利益で考えなければいけないと思っているわけです。ただ、不正な侵害者の利益は小さく評価されると説明としているわけです。それに対して、行為無価値論は、行為が相当であれば生じた結果が全くバランスが取れなくても許される、正当防衛ではあると考えるわけですね。

2．行為無価値論と正当防衛の違法性阻却の根拠

伊東 私は、正当防衛の根拠づけというのは、歴史的にみて、自己防衛本能云々から始まって、他人の利益保護ということが入ってきて、というふうに展開してきたことからすれば、基本的には法確証の利益説に近いところにいると思うのです。

答えるべきところでまた逆にお伺いしてしまうのですが、優越的利益という場合に、前田さんのように解されると、正当防衛に関して相手の法益が減少すると考えるのでしょうか。緊急避難の場合も同じですか。

前田 緊急避難の場合は少し違うわけです。正対正ですから。一番典型的に法益衡量が妥当するのが緊急避難なわけです。ただ現実には、緊急避難というのはほとんど問題にならない。実際に問題になるのは圧倒的に正当防衛ですから、ここで取り上げたわけです。

伊東 私がそういう言い方をしているのは、なぜ、大小というか、大きな利益を救うために小さな利益を害して良いのかという、その根拠がどこにあるのかがよく分からないからなのです。

前田 それは、基本的には、構成要件該当性のある行為がなお許される

とすれば、社会全体にとってより大きい利益を保全するからだと説明するわけです。緊急避難の場合は、利益が衝突し合ってどちらかが否定されざるを得ない場面なので、大きいか等しい利益を保全する場合は許されると考えるわけです。

伊 東 いや実は正直にお答えすると、私は、正当防衛を緊急行為性ということを非常に強調して解しているものですから、かなり主観的な捉え方になってきてしまっているのです。そういう意味では、先ほど言ったように、結論的には法確証の利益説に近いのですが、あるいは矢張り自己防衛本能というものを法が認めているだけということなのかな、という程度で、あまり細かいことまで考えていないのです。

川 端 行為無価値かどうかが関わってくるのは、防衛意思のところだけですね。

3．対物防衛について

伊 東 そうですね。あとは対物防衛にも関わってきますね。私は行為無価値論なのですが、対物防衛を認めるのです。条文には「急迫不正の侵害」としか書いていないのですから。

川 端 しかし、論理からしますと、前田さんが言われているように解すべきではないですか？

伊 東 それが何故そうなるのか分からないのですよ。

川 端 基本的には事実状態が問題ではありませんか？

伊 東 ただ、そこでいっている違法というのは、人に関してしか違法ということをいえないのかという、先ほどの規範論の問題になってくるのです。

前 田 つながってしまうんですけどね。

伊 東 私は、そこでは、先ほど申し上げたように、命令規範と評価規範というのは、謂わば如何なるレヴェルの対象に向かっているかの差だけだと考えますので、正当防衛で考えているときには、評価規範のレヴェルでいいのではないか、という考え方なのです。

前 田 いわゆる行為無価値論のなかには、動物には規範は向けられない

から、違法性、不法というのは考えられない、だから、それに対する正当防衛はないという議論がやはり有力にあるんですね。

川端 違法行為だという前提ですね。そういう面では従来の行為無価値論と結びついたことは事実ですね。私も伊東さんと同じ考えなのですが、規範違反ということを言わずに説明がつくのではないかという観点から肯定するようになっていますね。

前田 お二人は対物防衛は肯定されるのですね。それは、「不正な侵害」の「不正」は、違法行為ではなくてもいいからであると説明されるのですか？

川端 先ほど議論になった義務規範違反の部分が消えた分だけ、ここで正当防衛の成立範囲が広がるということですね。

山口 私も、対物防衛を結論として認めなければおかしいという考え方なのですが、しかし、これをどういうように説明するのかというと、非常に難しい問題で、例えば正当防衛の違法阻却根拠論との絡みでいきますと、非常に説明が困難になるんですよ。

前田 特に法確証ということを強調すると、動物に対して……。

山口 法確証をする必要はない。

前田 動物に正義を示す意味がどれだけあるかというこになりますよね。

伊東 だから、咄嗟なのですよ。緊急行為なのです。

山口 そうなってくると、緊急避難とどこが違うんだという話になってくる。確かに、対物防衛が認められなければ結論としてはおかしいのです。大谷先生も言っておられるようにおかしいのですが、なぜそう言いうるかについては、私自身まだ明確な答えを用意していないのです。

前田 先ほどのお二人の議論を否定するという意味ではないんですが、行為無価値的な議論をする方が対物防衛を認めにくいという関係にはあると思うんです。一般的には、違法というのは行為規範違反というか、まず規範が向けられて、それを命じられても従わないから違法と評価される。やはりそれ以外の違法というのは考え難い、という議論はどうしてもあると思うんですが。

川端　対物防衛は、少し質が違うと思います。動物の侵害に対してどのように対応するかという問題ですから、対物防衛は法秩序の立場から法益保全行為として行ってもいいのだ、という評価も可能になると思います。

　前田　逆の側の違法という問題を、行為者のなかで取り込んで考えればね。

　川端　動物の侵害という側面をどの観点から説明するかは、今山口さんが言われた点に絡んできますが、行為無価値・結果無価値とは直接結びつかない問題なのではないかと思います。

　前田　規範を議論している視点そのものではないと思いますね。

　川端　規範が何を対象にしているかという面における争いの結果としての思考として出てきますね。

　山口　結果無価値論から説明するのは非常に難しい。

　川端　逆にそうなりますね。

　山口　ええ。なぜ正当防衛が緊急避難と違うかという説明がありますが、その説明を前提として、それが対物防衛に当てはまるかというと、なかなか当てはまらない。前田さんがさっき言われたように、法確証の利益説が対物防衛に当てはまるかと言うと、ちょっと当てはまり難い、ということになろうかと思います。結論としては、緊急避難と同じ要件でしか正当化を認めないのはおかしいけれど、なぜ正当防衛にしていいのかという理屈が必ずしもはっきりとしないのです。

4．偶然防衛について

　前田　正当防衛というのも、その行為を正当化しなければおかしいというある種の行為の寄せ集めではあるんだと思うのです。だからそれをうまく説明できる原理というのを探すわけですが、法確証と言い切ってしまうと、それだけではきれいに説明できないという面が残るんでしょうね。

　対物防衛の問題というのはそれほど重要ではないんですが、防衛の意思の問題は、非常に問題になる部分というか。偶然防衛事例はそんなに生じないと思うんですが、ただ、理論的にはここはかなり重いのかなという気もするんです。

川端　その点は積極的な理由付けが要求されているということですが、ある意味では常識論でもあるのです。相手方が襲って来たときに、こちらがその襲撃に対抗しているということを知っていて反撃するのだから正当な防衛行為なのだという、法的な確信があると思います。防衛意思必要説の本音はそこにあるのです。つまり、後からみて正当防衛だったというのではなくて、行為の時点で侵害から法益を守っているところを、緊急防衛として法律では認めているのであって、後からみて法益を守ったことになると言われても、行為として法益を守ったと言えないのではないかという思いが強いと考えられます。後からみればたまたま防衛効果が生じたに過ぎないのであって、行為としては防衛行為という評価は加えられるべきではない、というのが、私なりに言えば、積極的な理由づけなのです。

前田　それだと、行為としては完全に相当なことと言いますか、止むことを得ない範囲で必要最小限度のことを行ったにすぎない以上、結果として死んでしまったという場合でも、やはり完全に正当防衛になるということですね。

川端　私はそういう立場です。つまり、行為として認められた以上、それから生じた結果も同じ評価を受けるべきであると考えております。行為が正当化された以上は、結果の重大性はあまり言う必要はないのであり、先ほどの相当性の問題はこの点につながっていきます。

前田　そうすると、先ほどの話しとは逆で、行為態様を中心に相当性というか、止むことを得ない行為を考えるべきだということですね。

川端　ええ。判例（最判昭和44年12月4日刑集23巻12号1573頁、最判平成元年11月13日刑集43巻10号823頁）も基本的にはそういう考え方であると思います。

前田　判例の見方という点でいろいろあると思いますが、それは伊東さんは全く同じですか。

5．防衛行為の必要性と相当性について

伊東　前田さんに確認しようと思っていたのですが、私自身は必要性と相当性というのを両方とも必要だと思っているのです、要件として。必要性の方が、前田さんの問題とされている、一種、行為無価値論的なところで、

相当性のところは、法益の相対的均衡だと思っています。
　前田　結果のね。
　伊東　そう、結果ですね。だから、その意味では、相当性がどうのこうのという先ほどの問題では、恐らく前田さんの言われていることと矛盾しなくなりますが、必要性の問題は違うのだろうと思います。ただ、両者のかみ合わせ方としては、必要最小限手段性のようなものをどれだけ強く要求するのかにもよるでしょうが、必要性のなかで、その行為に伴われる危険性が惹起した結果がどんな大きな場合でも含まれてしまうだろうと思いますので、後に付いてくる利益の相対的均衡ということは、あまり重い意味はもたなくなってくるだろうと思います。そういう意味では、川端さんと同じですね。
　川端　相当性の使い方の点で同じですね。必要性と相当性の関係の問題は難しいですね。必要性は、元々は必要最小限手段性を意味していたのです。フランス法を継受した時にはそうだったのですが、ところがドイツ刑法学においてヘーゲル学派が強くなった時点で、必要なら何でもいいのだという方向で広がりました。その後に相当性という概念が出てきてわが刑法学に受け継がれたという流れがあります。このような流れを無視してあえて言えば、必要性というのは防衛行為にとって最小限、この程度のことは無関係でないという意味の必要性であることになります。
　前田　広い必要性で？
　川端　はい、無関係でないという意味において、行為の必要性を考えるべきであると思います。
　前田　だから相当性は、二人では違いますね。結果の相当性というのか、行為の相当性というのかで。
　川端　私は、行為の相当性の立場を貫くべきだと思います。これは、防衛行為と第三者の問題において顕在化します。この場合においても、行為として正当化された以上、第三者に生じた結果も正当化されるべきであると考えるわけです。伊東さんは、この場合、結果の問題として扱われるわけですよね。
　伊東　違ってくると思います。
　前田　その点で興味深いのは山口説で、不正の侵害に対しては、どうい

うかは別として、ある程度退避しなくてよくて、防衛行為をしてよいわけですね。その防衛行為に必要な範囲であれば。その必要性というのは必要最小限度という意味ですか。

　山口　本当の意味での必要性です。

　前田　本当の意味での狭い必要性、狭義の必要性があれば結果は基本的には行き過ぎても正当防衛だということですね。

　山口　行き過ぎてもという意味ですが、例えば非常に大きな結果が発生した時に、より小さい結果で急迫不正の侵害を回避できれば、必要性の要件を満たしていないので過剰防衛になると考えています。

　前田　その行為しかなくて、その行為から非常に不均衡なほど重大な結果が出たとしても正当防衛になるわけですね。

　山口　そうです。私の理解によれば、正当防衛になるか、過剰防衛にすらならない、単なる犯罪行為ということで……。

　前田　さっき分かりにくい言い方で申し上げたのは、正当防衛になるかならないかの中間に過剰防衛があり得るんじゃないかという気がするということなのです。過剰防衛は、他の行為があり得る場合であって、必要最小限度のことをやらなかった場合なんだということです。ただ、現実にそこのところがそう割り切れるかどうか迷うというところがあります。

　山口　判例ではそうしないと思います。ある程度大きな結果が出たら過剰防衛だとすると思うのですが、そういうように考えてくると、過剰防衛と正当防衛の限界というのは非常に訳のわからないことになります。正当防衛というのは、自分を守るために、あるいは第三者も含まれていますが、必要不可欠なことならばこれは不可罰だというのが基本的な考え方だと理解しないと、そもそも説明がつかないと思うのです。

　伊東　ですから、私が先ほど言ったことは――学生にもよく言われるのですが――、必要性と相当性の両方を要求し、必要性のところで最小手段性みたいなことを言っているが、実際はそれを若干緩めて考えているから、相当性を残しておかないと具体的にうまく処理できないということなのでしょう。徹底してしまえば、多分山口説に近いところに行ってしまうのではないかと思います。

前　田　これは論理的ではないのかも知れないのだけれど、山口説が伊東説と近いということを私も感じるんです。だから、行為の事前的評価に若干ウエイトが行き過ぎる結果にならないかなと……。

山　口　いやむしろそうならないと思います。事後的に客観的に判断して必要不可欠な回避行為であったかを問題にするわけですから……。

前　田　そういう意味では、行為の必要性の判断は事後的だというのはよく分かるんですが、そう言っても全体としてやはり行為の必要性を重視することになる。

山　口　そうではないのですね。そういう行為をすることによって、一定の法益侵害を相手に与えて、急迫不正の侵害を回避するというのが正当防衛の基本的な図式ですから、より軽微な法益侵害を与えることで同様に急迫不正の侵害を回避できれば、これは過剰防衛だと私は理解しているのです。

前　田　そこはいいんですが、その結果として非常に重大な結果が起こったとしても、それは正当防衛で許されるかというところなんです。行為の時から過剰性が分かる時には別の基準で落とすという操作がされているから、困難は生じないだろうけれど、さっき言われた、守るべき利益と現実に生じた結果とが大きくずれた時に、過剰防衛とすべきなのではないかという感じが私はする。そこのところを組み込んだ論理があり得ないかなと思っているんです。

山　口　現実に生じた法益侵害が、唯一のもの、あるいは、もっとも軽微なものという事案はそんなにないのではないかとも思います。例えば、西船橋駅ホームで酔っぱらって絡んでくる男性を突き飛ばしたという例（千葉地判昭和62年9月17日判時1256号3頁）でも、あのように突き飛ばさなくてもよかったと言えば言えるのです、その意味では。しかし、そこではその行為者にとって、他の行為が期待できたかどうかという一種責任のような考慮が実際上入ってくる、というようにならざるを得ないのではないか。責任として正面から入ってくるわけではありませんが。その行為者にとって、急迫不正の侵害を回避するためにどういう行為の選択肢があったかという判断に際しては、当然、行為者の内心的な状況などが考慮されてくるだろうと思うのですが……。

伊東　先ほど、私は、山口さんの説と同じになってくると言ってしまったのですが、違うとすれば、私の場合は、行為時点で行為者にとってという、ある意味で主観的なものが乗るというところで違ってくるのでしょうね。

前田　伊東さんのは乗るということ？

伊東　私の場合、乗せます。

川端　行為者を基準としてみた場合にもそういえるのですか？

伊東　行為者の立場に置かれた一般人なのです。その場面に一般人が置かれたら、その行為を採ったことが必要であったか、その緊急行為性の中で必要であったか、そういう観点で見ます。そういう意味では、厳格な本当の意味の最小必要性は要求できないということなのです。

前田　狭義の必要性にもやはり幅はあるということですか。

伊東　あると思います。

前田　そこの評価が一番難しいところですね。

川端　基本的に前田説でいきますと、狭義の必要性と相当性との関係はどうなるのですか？

前田　狭義の必要性は、基本的に必要最小限性なんです。それが前提となって、あまりにもアンバランスな結果が生じた時は相当性を欠くので過剰防衛になるという処理なんです。少しぐらい行き過ぎても、必要性があればそこは気分的には山口説と同じなんですが、最後の最後のところであまりにも重大な結果の時には過剰防衛にしないと妥当ではないのではないか。必要最小限度ではあったのだけれど、やはりこんな結果になったのなら法秩序全体からみれば過剰防衛とするという感じです。だからその意味では、退避しなくて反撃していいよと言いながら、その権利を、重い結果が起きたから途中で取り上げるということになるんだけども、違法性判断においては、それはやむを得ないかなという感じなんです。酷な場合は責任の問題として処理すべきと考えるわけです。

川端　結果の重大性を考えるわけですか？

前田　考えるということです。必要最小限度性の重視と論理的にうまくつながるか難しい面が残るので、そこはちょっと迷っているのですが……。

しかし基本的には、私の説明は、そういうことなんです。

川端 かなり突っ込んだ議論になりましたが、今回はこれ位で終わることにしましょう。

Chapter 5

過失犯論

【本章の論題提起者】
山　口

本章のレジュメ

I．基本的考え方

(1) 過失犯の本来的問題は、過失の概念であり、これは故意の概念から派生するもので、故意概念により規定される。つまり、故意犯固有の問題である故意概念は、構成要件該当事実の認識・予見であるのに対して、過失は、「故意に至る可能性」として、構成要件該当事実の認識・予見可能性と規定することができる。故意と過失の体系的位置づけは同じであり、故意を責任要素とする報告者の理解によれば、過失も責任要素である。そして、構成要件該当性、違法性のレヴェルにおいては、基本的に、故意犯と過失犯は同じであるとする、いわゆる「旧過失論」的理解に立つ。「旧過失論」においては構成要件論、違法性論がなかったのではなく、故意犯と共通に理解されていたにすぎない。

(2) したがって、過失犯論として、故意犯の場合と理論的に異なって論ずべき点は、処罰に要求される認識・予見可能性の「程度」とその判断方法だけであり、その他の点については、理論的には故意論によりすべて過失論は解決ずみである。過失犯論において、故意犯と異なった処罰理念を持ち込もうとすることに対しては、一面では、その理論的根拠を問わざるを得ないし、他面では、前提とする故意犯理解の妥当性が問われるべきであるとも言える。故意と過失の理論的関連性を（正面から、あるいは実質的に）否定する見解は、政策的考慮を「恣意的に」導入する危険を有すると考える。

(3) こうした理解から、以下の報告においては、反対説に対する論評が中心となる。

II．注意義務について

(1) 過失概念の中核的内容として、注意義務違反に言及されることが一般的である。犯罪を構成する概念である過失の内容は、その意味では規範的なものであるから「注意義務違反」という規範違反面を指摘すること自体には異議をはさむことはないであろう。しかし、注意義務違反は、それ自体としては無内容であり、「過失が認められること」を言い換えたにすぎないもので、学説の一般的態度に真っ向から反するものであるが、妥当でないと考える。注意義務の内容、根拠、要件だけが問題とされるべきであり、それで十分である。

(2) 注意義務の内容としては、結果予見義務と結果回避義務に言及されることが通常である。結果予見義務は結果予見可能性、結果回避義務は結果回避可能性を規範面から述べただけであり、実際の要件は結果予見可能性、結果回避可能性に他ならない。両者に相違を見出すとすれば、「可能性」は「一般人」を基準として判断され、「義務」は「行為者」を基準として判断されるというものである。しかし、可能性といっても、すでにそれ自体において、行為者の能力を判断基準とすべき場合はあり、この両者をそうして截然と区別することはできず、したがって「可能性」と区別された「義務」をことさらに持ち出す必要性はない。ともに、「可能性」だけで判断すればよい。

(3) 結果予見義務は、独立した義務ではない。それは、履行すると故意に到達してしまい、より重い刑事責任を負うことになってしまうからである。それは、せいぜい、結果回避義務の前提としての意味しかない。

(4) 結果回避義務として、結果回避可能性だけが問題とされている限りにおいては「実害」はない。しかし、これは、予見可能性が肯定されるにもかかわらず、そして結果回避可能性が肯定されるにもかかわらず、否定されることのある義務として考案・想定されており、問題を含む。つまり、結果回避義務という概念が導入される

ことの意義は、それを媒介として、「基準行為の遵守」という結果惹起とは別の構成要件要素が取り入れられることを意味するが、それが行為無価値的な内容をなすものであるために、結果無価値論の立場からは疑義を呈さざるを得ないことになる。すなわち、予見可能で回避可能な結果を発生させた場合に、なお、処罰が否定されうるのは、責任阻却事由が存在する場合を除いては、緊急避難等の違法性阻却事由の存在が肯定される場合だけであり、処罰の限定を構成要件段階で一般的に肯定することの実質的妥当性に疑問があるのである。

(5) 構成要件段階で「基準行為」を内容的に設定する基準として、社会通念、社会倫理は明らかに使用不能であり、「社会生活上必要な注意」といってもそこから問題解決の実質的基準が出てくるわけではない。その意味で、「基準行為」の内容は不明確、したがって恣意的なものになりがちである。理論的に基礎づけ可能なものとして、考えられる実質的基準は、「許された危険」という考え方である。しかし、これは、一定の価値を担う行為についてはそれ自体を行うことが許されるとする内容を持つものであり、一般的に承認されている考え方ではあるが、疑問がある。まず、この考え方を前提としても、人の生命に対する危険が問題となっている場合には、人の生命の救助以外の理由で危険な行為を行うことが「許される」とすることは（危険と効用の衡量の結果として）できない。したがって、実際上、「許された危険」による処罰の限定は非常に限られた範囲となり、この基準によって一般的な過失犯処罰の限定を行うことはできない。さらに、「許された危険」という考え方自体に対しては、行為の遂行に効用があるとしても、結果惹起を不可罰にすることが、結果無価値の止揚以外の理由で可能であるとは思われないという基本的疑問を提示することができる。つまり、結果惹起の点についての、違法性阻却事由がない限り、不可罰にはできないと考えられるのである。それがなくても、処罰の否定が可能なのは、結果惹起を構成要件要素ではなく、結果惹起の危険行為の遂行のみが構成要件要素であるとする、結果惹起自体を違法要素でないとする行為無価値論にして初めて可能である。報告者は、この違法観に賛成できない。

Ⅲ．新過失論、危惧感説について

(1) 両説は、行為無価値論を基礎とする過失犯論である。両説の相違は、結果惹起の予見可能性を要求するか否かであるが、それは、結果惹起が過失犯の違法性の内実を構成するか否かの理解の違いによる。すなわち、新過失論は、結果惹起（結果無価値）と基準行為違反（行為無価値）を過失犯の構成要件要素とするから、責任の問題として、結果惹起の予見可能性が基準行為違反の予見可能性とともに要求されることになる。これに対して、危惧感説においては、結果惹起が構成要件要素となっていないために（単なる処罰条件である）、結果の予見可能性が不要であり、基準行為の内容として「抱くべき危惧感を解消する行為」が要求されるに過ぎないのである。ここにおいては、責任要素としての過失の内容は、基準行為違反の予見可能性に尽きることになり、基準行為違反の認識がある場合（つまり危惧感を抱いている場合）には、理論的には故意犯が成立することになる。つまり、危惧感説においては、結果が単なる処罰条件とされているために、過失結果犯は過失危険犯と扱われることになるのである。なお、以上のような整理の仕方に関連して、行為無価値論的立場から、過失はもっぱら構成要件要素、違法要素であるとする理解が考えられるが、その場合には、責任として問題となるのは非難可能性だけである。しかし、何に対する非難かを問題とすることが非難可能性を問題とするために必要である限りにおいて、違法事実（結果無価値である結果惹起、行為無価値である基準行為違反）に対する内心的態度

を問題とする必要がある。これを問題としないのであれば、その場合の責任非難の内容は不明確ないし空虚であり、それこそ責任主義に反すると思われる。

(2) わが国の行為無価値論の主流は結果無価値に加えてさらに限定的に行為無価値を要求するということを標榜しているが、そうだとすると危惧感説が支持されないのは、理論的には当然のことといえる。危惧感説の真の問題点は、責任主義との関係にあるのではなく、それが前提とする違法論にある。

Ⅳ．予見可能性の対象

(1) Ⅰで論じたように、過失における予見可能性の対象は、故意の認識・予見対象と同じであり、構成要件該当事実である。したがって、故意の有無の判断に際して、錯誤が構成要件的評価として重要でないとされる限りにおいて、過失においても予見可能性の対象の食い違いは重要でないとされる。

(2) 客体については、具体的法定符合説からは、構成要件的評価を受ける客体毎に、予見可能性が判断される。これに対し、抽象的法定符合説からは、構成要件的に同種の客体に関する予見可能性で足りることになる。判例は、この点において、一貫しているが、それにより過失は否定されることのない概念として無意味化した。

(3) 因果経過については、予見可能性の対象となるが、具体的な現実の因果経過が予見可能でなくても、相当因果関係を充たす因果経過が予見可能であればよい。判例もこうした態度を採っている。因果経過の予見をともなわない結果の予見可能性は、危惧感に他ならず、危惧感説に対して批判的な立場からは予見可能性としては不十分である。

Ⅴ．管理・監督過失

(1) 管理・監督過失は、事案を整理するための概念であり、特別の過失の類型ではない。この場合には、結果の予見可能性を肯定することには通常困難がある。

(2) 直接の過失行為者に対する監督が問題となる、いわゆる「間接防止型」においては、「信頼の原則」により、特段の理由がない限り、予見可能性は肯定できない。

(3) いわゆる「直接介入型」においても、よく問題とされる火災事故の場合には、通常は出火自体についての予見可能性がないことにより、人の死傷についての予見可能性を肯定することは困難である。

Ⅰ．基本的考え方

論題提起=山口

過失犯論というテーマを割り当てられていますので、それについてお話さ

せていただきます。私の基本的な考え方をできるだけ挑発的に述べるというスタイルにしてありますので（笑）、そういうことでご諒解頂きたいと思います。

　まず、過失犯に対する私の基本的な考え方ですが、それは、過失犯の問題は、要するに過失とは何かという点に尽きるのであって、しかも過失という概念は、議論のあるところですが、故意概念から派生し、故意概念によって規定される概念である、というものです。犯罪の要件である故意とは、私の理解によれば、構成要件該当事実の認識・予見であり、他方、過失とは、故意に到達する可能性という心理状態、すなわち構成要件該当事実の認識・予見可能性だということになります。つまり、故意と過失とは、構成要件該当事実の現実の認識・予見か、あるいは認識・予見の可能性かという点に違いがあるに過ぎないのであって、その他の点については基本的には同じだということです。

　さらに、故意と過失の体系的位置づけは、両者同じであると考えられます。どこに位置づけるかについては議論のあるところだと思いますが、例えば、故意は構成要件要素だが過失は責任要素だというような議論はないわけですから、おそらくこの点については異論がないところではないかと思います。私の理解によると、故意は責任要素ですので、過失も当然責任要素であるということになります。そして、構成要件該当性・違法性のレヴェルにおいては、基本的に故意犯と過失犯は同じだと考えていまして、いわゆる旧過失論の立場に立っています。旧過失論の立場では、過失はもっぱら責任の問題として扱われ、構成要件論、違法性論がないではないかと、かつて言われたこともありますが、全然そういうことはないのであって、旧過失論の立場でも構成要件論、違法性論は立派にあったのです。つまり、故意犯と同じだという構成要件論・違法性論があったと考えています。

　このような基本的な考え方からしますと、過失犯論として何が議論されるべきかといえば、要するに、過失犯として処罰するに値するだけの、つまり過失として十分な責任を肯定するに足るだけの認識・予見の可能性の程度と、それは、いったい如何にして判断されるべきかという問題に、理論的には尽きるだろうと思います。あとはすべて故意論で解決済みだということに

なるのではないかと思います。

　ところが、これに対して、一般の理解は必ずしもそうなっておりません。過失犯論について、故意犯とは異なった処罰理念、考え方が持ち込まれています。しかしこれについては、どういう理論的根拠からそれが可能なのかということが問題となると思いますし、過失犯論において異なった処罰理念を持ち込まなければいけないということは、実は故意犯の理解がおかしかったのではないかという逆の問題も生ぜしめるように思います。

　以上のように、故意と過失について両者に理論的な関連性を認めたうえで過失犯論の議論をすべきだというのが、私の基本的な考え方なのですが、これを否定する考え方もかなり有力であると思います。しかし、そうなりますと、過失というのは結局、故意がない場合にどう処罰するかという全く政策的な問題になってしまって、それについての十分な基礎づけが与えられない、あるいは時の流れによって動いて止まるところを知らないということになる、そのような危険があるように思うわけです。

　これが、私の過失犯論についての基本的なスタンスです。こういう立場からは、自説について述べることはほとんどありませんので、他の見解を批判するという形で、後に具体的な話をさせて頂きたいと思います。

本　論

1．故意と過失の関係

　川　端　今、山口さんから非常に挑発的なご意見をお伺いしたことになります。まず、基本的な考え方として、故意と過失の関係について、従来こういう形で指摘されたことはなかったものですから、ある意味で驚いた部分があります。

　この点について、前田さんはどのようにお考えですか。

　前　田　山口さんが過失の概念が重要だとおっしゃる場合、責任要素としての過失ということなのですね。

私は、故意概念と過失概念をここまで結びつけて考えるということをしたことがなくて、なるほど、こういう発想もあるんだなと思いました。もちろん、犯罪論体系上、故意と過失がパラレルで、責任要素のレヴェルで故意と過失が分かれてくる。逆に、それ以外のところでは故意論の成果を継承してよいという意識は、私にもあるんです。全く同じだと言い切る自信はないのですが、やはり基本的には、過失論の最大の争点は責任要素としての過失をどう構成するかであり、その中核は、結果の予見可能性があるかどうか、どういう場合に結果の予見可能性があったと考えるかであると思っています。

　川端　山口さんの見解について言いますと、構成要件的故意がないという意味で、故意と過失は関連性があることは分かりますが、やはり故意と過失には本質的な違いがあるのではないかという従来の考え方を私はとっています。その見地においては、可能性の問題として、一方には現実的認識があり、他方には認識に至る可能性の問題——ある意味で事実的な程度の問題——があると考えられています。その立場は、規範的な側面は出来るだけ排除しようという捉え方をしていると思います。ここが根本的な対立点になってくるのではないかと思います。その点、伊東さんはいかがですか。

　伊東　山口さんの言っていることが、純粋に一種の主観的なレヴェルでの予見可能性であるとすれば分からなくもない、という気もするのですが、私の今までの発想からすると、有意的に構成要件的結果に向かっている行為の危険と、そうではないものに向かっている危険というのは、違えて考えた方がすっきりするのです。その意味では、山口さん程徹底して考えるところまで行っていません。そこをどう説明するかというところなのではないでしょうか、おそらく。

　山口　例えば、故意・過失も違法要素であり構成要件要素である、すなわち構成要件的故意、構成要件的過失というものを考えた場合に、構成要件的過失とは何なのかということが、故意との関係で議論されることがないと思うのです。社会生活上必要な注意義務違反といったような形では議論されますが、社会生活上必要な注意義務違反と言っても、注意しなければいけない対象は何かというように考えてくると、そこのところは故意と共通に考える必要があるのではないか。結果無価値論、行為無価値論の違いによって、

故意・過失の体系的な捉え方、その内容の理解の仕方は違っても、そこの部分が違ってくるということには必ずしもならないのではないかと思うのですが。

伊東 私が説明の仕方、表現の違いだと言ったのは、結果回避義務の前提としての予見可能性がなければ、結局、行為無価値論であっても、純粋に抽象的に結果回避義務というものを捉えない限りは、結果回避義務は出てこないわけでしょう。だから、山口さんの議論は主観的なレヴェルでという意味ならよく分かるということなのです。

川端 故意と過失との関係ですが、従来言われていたのは、「構成要件的故意がない」という点で、過失には否定的な側面・消極面があることです。

それから、共通の要素として、結果発生についてどのように対応しているかということがあります。この部分は共通性がありますよね。認容説を前提にした場合、故意には意思的要素、つまり、積極的に意思的に結果を実現するという側面がありますが、過失にはそういう側面が欠けているという捉え方ですよね。その点はどうですか。

山口 過失というのは、非故意、すなわち故意でないものですから、その点は同じです。では過失の積極的内容は何かといった場合に、例えば注意義務違反ということを持ち出してきたとしても、何に対する注意義務違反かということが当然問題となって、先ほど私が申し上げたような議論になるのではないかと思うのです。その点はどうですか？

2.「認識ある過失」と故意との関係

川端 それは、構成要件的結果発生の現実的認識か、それに至る認識の可能性かという事実的な面だけの程度の問題ですね。

「認識ある過失」という、従来認められてきた観念については、山口さんはどのようにお考えですか。

山口 「認識ある過失」とは、結果つまり構成要件該当事実の認識・予見がなかった場合だと考えるだけです。つまり、「認識ある過失」と「認識のない過失」との違いは、ただ単に事実上ちょっと認識がありましたという

のが「認識ある過失」であって（笑）、それすらないのが「認識のない過失」であると考えています。構成要件該当事実の認識があるとすれば、故意になるはずであって過失になるわけではないですから。

前田 その点は、私も全く山口さんと同じでしてね。昔から、「認識ある過失」についての議論はありますが、やはり故意と呼べるだけの認識がないもので、しかも過失非難ができるだけの認識可能性がある部分を過失と呼ぶわけですね。もちろん故意と接する部分があるわけですが、そのところでは、故意と評価できるような意味での結果のきちっとした認識はない。ただし、周辺的なものの認識といいますか、予見に繋がる何らかの認識がある場合はあるのだと思います。しかし、それはあくまでも過失の問題と考えるのであって、認識的な要素が入っているから過失とするのは論理的に矛盾するという言い方は、やや形式論のような気がするんです。

川端 そうすると、故意として要求される認識は、蓋然性の認識ということになるのでしょうか。

前田 まあ、それは説によって分かれてくるわけですね。

川端 可能性の認識は過失に過ぎないという捉え方になるのですかね？

前田 私はそう考えていますが。

川端 山口さんもそうですか？

山口 それは、いわゆる未必の故意との区別の仕方の問題ですね。

川端 そういう前提で理解していいということですね。

山口 はい。過失はあくまでも故意として認めるに足るだけの十分な認識がない場合であるという前提で考えていますから。

川端 伊東さんもそれでいいですか。

3．過失犯処罰の例外性のもつ意味

伊東 私は一応それでいいと思います。

次に進む前に、一点だけ、ちょっといいですか。山口さんや前田さんに伺いたいのですけれど、故意と過失とは要件としては同格であるということなのですが、38条1項で、故意犯処罰が原則であって過失犯処罰は例外であるというときのその例外性というのは、処罰根拠というか、積極的な介入度み

たいなものの差はないということになるのでしょうか。

前田 どういう意味ですか。

伊東 結果無価値に繋がりがちなものがあれば処罰して良いのだということは、お二人は正面から肯定するということになるのでしょうか？

前田 結果無価値につながるものがあれば処罰していいんだという意味については、要するに同じように人を殺すという行為、すなわち結果無価値につながるような行為自体が存在していても、故意と過失で処罰の必要性は異なると思うのです。責任非難の大小が中心ですが、故意処罰が原則であって過失は例外的に処罰するという当罰評価の差があると思うんです。それは、主として責任の量の差で説明されるということですね。

伊東 実はこれを伺ったのは、行為無価値論をとっていると実は非常に問題があるのではないか、と考えることが一つあって……。過失を、いわゆる結果回避義務というふうに客観的構成にするとすれば、よく故意・過失は主観的要素だというけれど、その場合の過失は、主観的なものなのかと問われると、それは違うことになるのではないかと思うのです。

川端 私は客観的注意義務違反はもはや主観的なものではないと考えています。

伊東 そうなのですよね。だから、その際にそれでも故意と過失をある意味で同格なものとして並べるというのか、それとも、先ほど38条と言いましたが、一種の主観的な結果の実現意思みたいなものが本来的には処罰されるのだけれども、過失に関してはそういうものでなく客観的なものでいい、というような、そういうふうな解釈をされるのかということをちょっと伺いたかったのです。川端さんの場合はおそらくそうなるんだと、言われているのですが。

川端 主観的かどうかという言葉の問題なんですが、先ほど言った「構成要件的故意がない」という側面は主観的な要素なんですよね。しかし、客観的な注意義務違反として構成された部分は純粋に客観的な要素であるという捉え方をしているのです。

山口 そういう理解は分かるのですが、そうすると、責任主義の理解との関係はどうなるのだという問題が出てくると思います。それはあとで扱う

ことにしましょう。

　川端　それでは、Ⅰの問題はこれで終えることにして、次に、注意義務の問題に入っていきましょう。

Ⅱ．注意義務について

論題提起＝山口

　では、Ⅱの「注意義務について」に入りたいと思います。
　注意義務というのは、従来の議論では過失の中核的な概念であると考えられ、これを巡っていろいろな議論が行われているわけですが、私はそういう議論の仕方に根本的な疑念を持っておりますので、それについて述べさせて頂きます。
　過失概念の中核的内容として注意義務違反が指摘されることが一般的で、もろもろの教科書を見ますと、どこを見てもその趣旨が書かれています。確かに、過失というのは犯罪の要件をなすものですから、その意味では単なる事実概念ではなく規範的な内容を持つもので、注意義務違反という規範違反の側面に言及されること自体に特に異論を挟むものではありませんし、おそらく理論的にも挟むことはできないだろうと思います。
　しかし、注意義務違反を論じることによって何が得られるのか、一体どういうことになるのかという具体的な議論の中味を考えてきますと、疑問が出てきます。つまり、注意義務違反というのは、それ自体としては無内容で、「過失が認められること」を言い換えたに過ぎないと私には思われるのでして、学説の一般的態度に真っ向から反するものですが、過失の理論的分析道具概念としては、注意義務違反という言葉は使うべきではないと考えているのです。それはどうしてかというと、注意義務違反という言葉を使うことによって、本当に問題となっている、真に議論されなければならないところが

議論されない、あるいは、本来されるべきではない形で議論されることになるという疑問があるからです。議論されるべきなのは、注意義務があるかどうか、注意義務違反かどうかという形式ではなくて、その具体的な内容です。つまり、注意義務の内容やその注意義務がいかなる根拠で認められるか、具体的には、その注意義務が認められるための要件が問題とされるべきで、かつそれで十分であると思っています。

こういう観点からしますと、注意義務という概念を全く使うことなしに過失について議論することができますし、むしろそうすべきであると私は考えています。

注意義務の内容としては、結果予見義務と結果回避義務に言及されることが一般的です。結果予見義務というのは結果の予見可能性を、結果回避義務というのは結果回避可能性を、それぞれ規範面から述べただけだというのが、私の理解です。実際の要件は、結果予見可能性、結果回避可能性に他ならないと考えるわけです。

もし、この両者、すなわち義務と可能性に相違を見出すとすれば、例えば、可能性は一般人を基準として判断されるものであるけれども、義務は行為者を基準として判断されるというような考え方があり得ます。しかしながら、可能性といっても、すでにそれ自体の中身として、行為者の能力を考慮せざるを得ない部分があります。例えば、視力の弱い人に遠くの所を見るということは要求できませんし、さらに義務についても、個人を基準に判断したのでは、そういう行為をやった以上、仕方がないということになりかねません。したがって、可能性は一般人、義務は行為者というように、判断基準で両者を区別することもできません。

したがって、私の理解によれば、単に可能性を議論すれば足りるということになります。

もう少し具体的に説明します。結果予見義務がよく論じられるわけですが、これ自体は独立した義務ではないということは明らかだと思います。それは、この義務を果たすと故意という状態になってむしろより重い犯罪が成立してしまうわけですから、結果予見義務というのは、せいぜい結果回避義務の前提の意味しかないということにならざるを得ないのです。そこで、結

果回避義務が、注意義務を問題とする立場からは中心的なものになるわけです。そこで、結果回避義務として結果回避可能性が問題とされている限りにおいては、それでも構わないと思います。しかし、一般に論じられている結果回避義務は、予見可能性があって結果回避可能性があるにも拘わらず否定されることのある義務として考案されております。私の理解からすれば、これには問題があると思います。つまり、結果回避義務という概念が導入されていることの実際的意義は、それを媒介として、「基準行為の遵守」という結果惹起とは別の要素が構成要件に取り入れられるというところにありますが、結果無価値論的な立場に立つ私としては、その「基準行為の遵守」という要件が行為無価値論的なものであるために賛成できないことになるのです。私の結果無価値論的な立場からしますと、予見可能で回避可能な結果を発生させた場合に、なお、処罰が否定されうるのは、責任阻却事由が存在する場合を除いては、緊急避難等の違法性阻却事由の存在が肯定される場合だけで、処罰の限定を構成要件段階で一般的に肯定することは、理論的可能性と共に実質的妥当性にも疑問があると思うのです。

　結果回避義務を論ずる立場からすれば、構成要件段階で「基準行為」というものを持ち出すのが一般的であろうかと思いますが、その内容をどう決めるのかということがさらに問題になるわけです。この「基準行為」の内容を設定する基準として社会通念、社会倫理というものを持ち出しても、これらは明らかに使用不可能です。さらに、「社会生活上必要な注意」といったところで、別にそういう「社会生活上必要な注意」というものが明らかに存在するわけではありません。したがって、そこから問題解決の実質的基準というものが出てくるわけではないのです。問題解決の実質的基準とは、私の理解によれば、予見可能な結果は回避しなければならないというもので、それがまさに「基準行為」そのものであって、これは責任としての過失以外の何物でもない。こうして、「基準行為」を設定する必要はないという理解なのですが、そうではない見解ももちろん有力です。

　そのような見解からは、一つの実質的基準として、「許された危険」という考え方が一般的に認められているところです。これは、御承知の通り、一定の価値を担う行為についてはそれ自体を行うことが許されるとする内容を

持つものですが、私はこれについて根本的な疑問を持っています。

どうしてかと申しますと、まず、こういう「許された危険」の考え方を前提としても、通常、過失の事件で問題となる人の生命に対する危険が生じているような事案においては、他人の生命を救うこと以外の理由で人の生命に対して危険な行為を行うことが許されるとすることはできないと思います。したがって、「許された危険」という考え方で「基準行為」の内容を設定するとしても、実際上その射程距離は非常に限られたものにならざるを得ないと思います。

さらに申しますと、「許された危険」自体に対して、根本的な疑問があります。確かに、行為を行うこと自体に効用が認められるとしても、その行為から結果を生じさせたにも拘わらずなお不可罰にするというためには、その結果を生じさせているという部分までを許容する理由が必要だと思います。そして、行為が許されているということ自体は、直ちにはその理由にはならないと考えます。つまり、一般に行為が許されているから「許された危険」として過失犯の処罰ができない、しなくてよいという考えの前提となっているのは、実は、結果惹起を構成要件要素とせずに、結果惹起の危険性を構成要件要素としているので、過失行為の遂行が構成要件に該当せず許される、処罰されないということなのではないか、という疑問があるわけです。ですから、「許された危険」という考え方は、行為無価値論的な考え方を入れてこない限り、理論的に採れないのではないかと思っています。私自身は行為無価値論に反対していますので、こういう見解は採れないのです。かなりラディカルですが。

本　論

1．注意義務の内容

川　端　これについては、前田さんはいかがですか。基本的には同じ考え方なのでしょうか？

前田 確かに、私も教科書では、「過失とは注意義務違反である」というふうに従来の議論を踏襲して書いています。ただ、過失犯の成否の具体的な基準は、予見可能性と結果回避可能性があったかどうかという判断にならざるを得ないとは思っているんです。ただ、従来の言いならわしに従って、結果予見義務、結果回避義務という言葉も使います。ただ具体的な議論になってくると、いつのまにか義務が消えて、予見可能性で議論しているのが実態ですので、私は基本的にはご指摘のとおりだと思っています。

客観的な結果回避義務というのを「基準行為の遵守」として捉えることの問題点、つまり新過失論の問題点は、基本的には山口さんと同じような発想をしているんです。ただ、例外として、不作為犯の場合の作為義務は認める、すなわち、過失にも不作為犯があると思いますので、不作為犯の場合には、「基準行為」的なものは出てくるけれども、新過失論のように、過失犯全体が不作為犯であり、「基準行為」違反が過失の実行行為であるみたいな言い方は問題があるという風に考えているのです。

川端 伊東さんはいかがですか。

伊東 前の方のところ、つまり山口さんの（過失の）定義あるいは用法という意味では、私は特に問題はないと思うし、先ほどちょっと言いましたが、中味はあまり変わっていない。要は、（結果回避義務の）機能として、予見可能性が肯定されかつ結果回避可能性が肯定された場合でも結果回避義務が否定されて、その結果、不可罰となる、そこがいけないんだというところが、考え方の違ってくる部分であると思うのです。

山口 実質としては、要するにそういうことを言いたいわけです。結果回避義務は過失犯として処罰しないことを理由づけるためだけの概念だと言っても過言ではないんです。ですから、それを認めるかどうかということが根本的な考え方の違いだと思います。

2．義務違反性と過失犯

川端 注意義務違反は無内容だという主張は、注意義務違反それ自体を強調するのが無意味・無内容だというご趣旨ですよね。しかし、新過失犯論の側から言えば、故意行為とは違って単なる事実面ではない規範違反の面が

出てきますから、あえて義務違反ということを言っていると思うのですが……。その点はどうでしょうか？

山口 故意犯にも、当然、義務違反があり、その点で故意・過失は違うものではないと思うのです。作為により、故意で人を殺した場合でも、やはり、殺すべきでないという義務に反して殺しているという規範違反の面があるのです。そこでも、やってはならなかったとして故意非難が加えられ、故意の殺人罪が成立するということになるので、この点においては、故意犯と過失犯で違いはないと思います。

故意犯でことさらに規範面をあげつらわないのであれば、過失犯でもやはりあげつらうべきではないのではないか。むしろ、その内容をなすものを議論すべきであって、過失犯だけ特に義務ということを強調することはないと思うのです。

川端 ただ、その義務の種類は違うのではないでしょうか。一般的に、人を死なせてはいけないという部分は責任非難という意味で同じかも知れませんが、過失犯としての義務違反というのはやはりレヴェルが違うような気がしますが、どうなんでしょうか？

山口 例えば、人を殺すことになるような行為をしてはならないという点では同じだと思うのです。それを知っているかどうかが故意と過失の違いであるというにすぎません。

見解が違ってくるのは、過失犯の場合に、さらに、「基準行為」という観点が入ってきて、もし故意があれば当然処罰されるはずのものが、過失だから処罰されないという事態になる、そういうことを認めるかどうかという点ではないかと思います。

故意があれば故意犯が成立して当然処罰されるのだけれども、故意がなくて過失にとどまるというとき、つまり予見可能性にとどまるというときに、いったいいかなる実質的根拠からそれを不可罰にするのかということがむしろ問題で、私は、いままで出されてきた論拠に説得力があるとは思えないのです。少なくとも私自身それによって説得されていないということは申し上げざるを得ません。

3．意思的要素の要否

川端 その場合の大前提として、これは責任非難の問題であるということが置かれていますね。認識的要素と意思的要素とに分けた場合に、意思的要素はいらないという根拠はどこにあるのでしょうか？

山口 事実面では、故意行為であろうが過失行為であろうが、行為を行うという意欲はあるということができます。ただ、もし仮に、故意犯において、意欲の面が故意の要件、内容をなすのだとすれば、過失というのはまさに「故意がないもの」ですから、その意味では過失には意欲の面がなくてもよいということになり得ます。それは、過失というのは「故意でない」というところからくるものです。ですから、それがおかしいということにはならないと思うのです。

川端 しかし、故意が意欲的なものであるとしますと、意欲がないから過失だという関係になるのではないですか？

山口 意欲がないから過失になるのではなくて、意欲がないから故意はなくなるのです。では過失はどういう場合にあるのかという議論が必要なのです。それは、やはり、故意がないというところから導かれるものではなくて、最初のところで申しましたけれども、いったいどうなったら故意になるかという、予見可能性と言いますか、そういう観点から過失は構成されなければならないだろう。それがⅠのところで申し上げた内容なのです。

前田 ですから、新過失論の側では、──実務も新過失論的だと言われているわけですが──「基準行為」を設定して、その遵守があったかどうかで過失を認定する方が合理性があるというお考えなのだと思うのです。その合理性の根拠を具体的に、新過失論はこういう意味で合理性があるのだということを言って頂いた方が分かりやすいと思うんです。

あと、責任論だけに絞ってしまうと、新過失論は違法論を中心に展開するわけでしょう。だからそちらも含めて議論して頂いた方が噛み合うと思うのですが。

4．客観的結果回避義務と主観的結果回避義務

川端 この問題に関して、伊東さん、何かありませんか。

伊 東 先ほど山口さんが義務を行為者基準だと言われたけれども、いわゆる客観的結果回避義務という場合には、必ずしも行為者と考えているかどうか、人によって違うのではないでしょうか。

山 口 ですから、その場合にはまさに結果回避可能性と同じになるのではないでしょうか。もし、結果回避義務が結果回避可能性と違うのだとすれば、それはまさに正面から別の要件が結果回避義務という形で入ってきているということに他なりません。本当の問題はそこのところにあると思います。実質的にそういうことが認められるのかどうか、認めていいかということが議論されるべきだと思うのです。体系的な位置づけの問題もさることながら、実質的にどうかということが重要です。

伊 東 私が言ったのは、前田さんの言われたこととの絡みもあるのですが、構成要件レヴェルでの客観的結果回避義務と、いわゆる主観的結果回避義務みたいなものとの区別は、やろうと思えば論理構成は可能なわけです。私自身は、その可能性というのはいけるのではないかと思っています……。ただ、そうなるとなぜ、構成要件レヴェルで一般的なものを持ち出すのかということの根拠づけが必要であり、また、先ほどの中身の問題もあることになります。

山 口 可能性と義務というものを分けることの意味ですね。私の理解によれば、可能性というのは義務の要件であって、異なるものではないと考えています。そのように考えるかどうかが、問題なのです。

前 田 今、伊東さんがおっしゃった点に関していうと、結果回避義務というかどうかはともかく、客観的注意義務と主観的注意義務というふうに分けられないのではないかと、私は思います。

ですから、責任についても、一般人を基準に回避可能性は判断されますが、その人の主観的事情、例えば視力のようなものも入れて判断するわけです。純粋に一般人を基準に客観的に判断するのではない。1.0の視力を持っている人を基準にするという議論はしないわけです。その人の視力を基礎に、しかし客観的に判断するわけです。「そういう人だったら予見可能かどうか」という判断をするときに、一般人的な判断は入るわけでしょう。それなのに、構成要件レベルと責任レベルとに分けて、客観的なものと主観的な

ものと2通りの判断を行うというのは、理論として想定することは可能ですが、現実には非常に困難なのではないかと考えるわけです。

　混然一体という言い方はミスリーディングなんですが、どこまで主観的な本人の事由を入れながら一般人を基準に判断して行くかというところが、特に予見可能性の方が問題になると思うんですけれども、そこが過失論の実質、中身のポイントになってくると思うんです。だからむしろ、分けてしまうと使いにくくなってしまうというか、非常に複雑になってしまうという感じはするんです。

5．予見可能性とその内容

伊東　私は、山口さんが言われていることは分かるのですが、実を言うと一般的客観的注意義務違反ということで処罰範囲が広がるという側面は、かなりあるはずなのです。それをどこかで絞らなければ困るという意味では、主観的なものを残すべきだろうと、そういうことなのです。

　具体的な判例で言うと、四日市のアエロジル事件（最㈠判昭和63年10月27日刑集42巻8号1109頁）の場合、実際、バルブの操作をする人、その上の班長、係長、課長というポジションそのものとして果すべき義務は確定できるだろう。しかし、現実のアエロジルという企業の中での就業状態などを見たときに、本当にそれを要求できるのかということで考えたら良いのだ、ということは言えると思うのです。しかし、それを山口さんのように、個人に予見可能であったかどうかだけでやればいいというのは……。

川端　予見可能性だけで切れないということですね。でも、義務という形で限界づけをするというより、予見可能性はあるのだけれどもそこまでは実際上期待できなかったという形で、期待可能性の問題につながることにはなりませんか？

伊東　まあ、そうも言えるのですけれど、ただ、期待可能性とは違うような気もします。

前田　だから、日本アエロジル塩素流出事件の場合で言えば、最終的にああいう事故が起こるという予見可能性がその行為者にあったかどうかというのが、過失責任に決定的であると思うのです。各班の分担の中でそれをす

べきだったのにしなかった、誰にやらせるべきだったかという問題もあると思うんですが、それは、作為義務の問題として出てくる。しかし、やはり本体としては、問題となった被告人に最終結果の予見可能性がどれだけあったかで過失責任を問えるかどうかが決まる。あの事案でもそこで決まっていると思うんですけれどもね。

　もちろん、誰にそのチェックの義務を課すか、作為義務的なファクターも大きいし、過失で大勢の人が絡む場合には、不作為犯的な局面もかなり入り込んできますので、誰に結果防止の作為をさせるべきだったのかという問題が表に出てくるんですけれど、やはり本体の部分である結果の予見可能性で過失が決まるというのは、変わらないと思うんです。

　伊東　私が分からないのは、結果の予見可能性といっても、塩素ガスが漏れれば、その周辺にいる人が負傷するというのは常に予見可能でしょう？

　山口　漏れるかどうか……。

　伊東　そこでは、要するに、漏れるかどうかということの予見なわけでしょう。

　山口　具体的に漏れるかどうかということですか。

　伊東　そうです。具体的に漏れるかどうか、の予見でしょう。

　前田　そこのところはあとで議論になりますが、私も同じ判断をするわけです。ただそれによって、傷害が生ずるかどうかの予見という言い方はしますけれども、途中の中間頃としての「漏れる確率」の認識がなければ非難できないということだと思いますけれどもね。

　川端　最終的には結果発生の予見可能性の問題ですよね。その前段階にも予見可能性の問題が及んでいくことになるのですかね。

　前田　それはあとの議論になりますけれど。

　ですから、予見可能な人が何人かいていいわけですよ。でも、その人々を全部処罰するといっているわけではなくて。現にバルブをいじっていた人は限定されていたのですし……。また、そのような人が複数いた場合には、誰がそうすべきかということは、別の基準で絞り込むということになってくると思うんですが。

6．「基準行為」の取り扱い方

川端 先ほど、前田さんから問題のご指摘があったのですが、新過失犯論は、「基準行為」を責任論ではなく違法性論において重点的に議論して、さらにそれを構成要件に類型化しているけれども、その主張の積極的根拠は何かについての説明が必要であるという点について、伊東さんはどのようにお考えですか。

伊東 変な言い方になりますが、一言でいうと、自由保障機能ということになるのでしょうか。

川端 ええ、その面と、さらに過失の場合、責任だけの問題ではなくて、結果発生に向けての行為態様がどのような意味を持つかという点にポイントがあるとすれば、それぞれの生活関係において、一定の危険を発生させるような行為をしてはいけないという側面が、行為の違法性の問題として前面に出てきます。危険発生はある程度類型化が可能ですから、それぞれの生活関係において、行為者が行うべきことを行っていたかという観点から、結果を発生させないように行うべき行為を確立していくことが、今伊東さんが言われた自由保障機能であり、構成要件の段階でそれを要求することによって、過失の実行行為性を基礎づけようとしているわけです。そこに、新過失犯論の理論的根拠があるように思うのですが、この点について山口さん、いかがですか。

山口 お話を伺っていますと、やはり前提が少し違っているのではないかと思います。つまり、私は、結果の予見が可能であるのに、なぜ回避しなくていいのだろうかという問題で、予見とか予見可能性というものとして、端的に具体的なものを考えている。ところが、川端さんのお話を伺っていますと、その前提として、もう少し緩やかなものが考えられている。だから、当然、限定しなければならないのではないか。したがって、緩やかな予見可能性はあるけれども、「基準行為」が守られていない場合には、私の理解によれば具体的な予見可能性がないから過失犯は成立しないのですが、新過失論によると、予見可能性はあって、しかも「基準行為」が守られていないから、過失犯は成立するという形で、処罰範囲が広がるという面もあるのではないかと思います。

今出てきた議論と関連する例で、興味深い事案があります。何年か前の最高裁判例で、自動車の運転者は、後部座席に乗っている人間が後部座席のドアを開くことについても注意を払わなければならないということを述べて、過失犯の成立を認めたものがあります（最㈢決平成 5 年10月12日刑集47巻 8 号48頁）。それは、私のような理解によれば、他の人間が当然注意してやるだろうということが認められるような状況があれば、運転者には、道路交通法上そういう義務が課せられていたとしても、予見可能性が否定されて過失犯としては不可罰になりうると思うのです。ところが、おそらく「基準行為」というものを問題とする方々は、道路では何が起きるか分からないというところから、予見可能性の概念を比較的広く捉えられるために、それを「基準行為」という形で絞り込みをかけようとされているのではないか。逆に言えば、かなり高度な、具体的な結果予見可能性があるのだけれども、なお、行為をやっていいという場合が、果たして想定できるのかというのは、相当問題なのではないかと思います。

川端 いや、私はそのようには考えてはおりません……。

前田 それは私も同意見なんですが。私が新過失論の側に立って説明するのもおかしな話なんですけれども、おそらく、新過失論の立場では具体的予見可能性の認定が曖昧といいますか、まあ今の議論の中でも予見可能性の幅があるわけですけれども、新過失論が出てきたときの一番極端な議論というのは、「車を運転すれば、ひょっとして今日事故に遭うかも知れない」というような予見可能性は常にあるだろうというわけですね。そこまではっきり書いたものはありませんが、それに近いようなニュアンスはあるわけです。しかしそれは、従来言ってきた具体的予見可能性とは全然異質の、不安感、危惧感に近いようなものだったわけですよね。

もちろん、予見可能性というのは非常に幅があって認定が困難だから、自由保障機能の要請として、具体的に特定の行為をしたかしないかということに処罰の基準を持っていこうとしたんだと思うんです。ただ、やはり私は、刑事責任としての過失の認定は、困難とは言っても、他の局面でも同じ程度の規範的な評価というのはやっているわけですから、具体的予見可能性の認定はしなければいけないと思うのです。ただ、道路交通の世界のように、運

転者としてどの程度のことをやったほうがいいか、18歳から老人まで免許を取らせるときにどう考えたらいいかというような考慮が入ってくる世界では、「これこれをしなさい」、「そうしなければいけませんよ」みたいな行為規範の設定というのが出てくるのはよく分かるんです。交通事故判例が若干それに引っ張られて新過失論化するというのも、分かるんですが、私は、基本はやはり、具体的な予見可能性をどう認定するかだと思うんです。

7．予見可能性の認定のあり方

川端 そこは、前田さんが言われたとおりの部分もあると思います。山口さんが先ほど言われた認定の方法の問題もそこに絡んでくると思うのですが……。ある意味では「基準行為」の設定にも、前田さんが言われたように予見可能性の要素があるのですね。こういう場合は類型的に予見可能性があるのだという意味において、予見可能性の存在の認定のひとつの手段ではあるとは思いますが……。

前田 予見可能性があるということの認定の手段というとちょっと違うような感じもします。むしろ、予見可能性をあまり重視しないで、結果回避義務を果たしたか果たさないかで、過失の有無を決めようという判断なんだと思うんです。先ほど実務は若干引っ張られていると申しましたが、やはり判例は、過失犯のさまざまな事案についてトータルに見れば、具体的予見可能性をぎりぎりのところではきちんとチェックしていると考えるんですけれど。

山口 まさにおっしゃるとおりで、予見可能性の判断には非常に幅があって難しい。幅があるということを前提としたときに、どのように考えるかについては、やはり違法論の違いが現れているのではないかと思います。行為無価値論の方々は、結果の惹起ということよりはむしろ、どういうことをやっていたかということに重点が移るわけで、結果に対する予見可能性というのは、まあ仕方がない、こんなものでいいやということで、行為自体を限定する方向に議論を進められると思うのです。これに対して、結果無価値論からしますと、結果の予見可能性はどうでもいいやというわけには絶対いかなくて、それ自体が過失責任を基礎づけるものですから、やはり厳格なもの

が要求されなければならないことになります。幅があるものだと、非常に緩やかに考えるか、非常に厳格に考えるかのどちらかしか事実上ありえませんから、私は、むしろ厳格に考えるという方向を採用すべきだと考えているのです。信頼の原則というのは、まさにその趣旨を示す原則であると理解すべきではないかと思っています。

伊東 そうも言えますが、行為無価値論でも、具体的予見可能性を緩く解さなくてもいいわけです。先ほど、後部座席のドアを開けるという例がありましたが、構成要件レヴェルで一般的に、突然ドアを開けると後ろからバイクが来て当たるという可能性はあるのだから、それはやはりするべきではない、という意味では予見可能性はあるけれども、その具体的状況下でその行為が予見できたかどうか、予見のレヴェルが高いか低いかによっては、構成要件レヴェルや違法性レヴェルではなく、最後の責任のレヴェルで切ることはできると思うのです。それが、先ほど言った分割なのですけれども。これに対して、構成要件レヴェル・違法性レヴェルが実際に機能していないから無意味である、と言われてしまうと仕方がないのですが。

山口 責任レヴェルにせよ、何にせよ、具体的予見可能性を問題にするのならば、異論はありません。もし、行為無価値論の立場に問題があるのだとすると、実はそうでないからなのだと思うのです。

伊東 そうでしょうね。要するに、抽象的・一般的な結果回避義務違反が、即、過失であると……。

山口 かなり緩やかに考えられているのではないかと思うのです。

前田 だから、先ほどの後部座席のドアを開けるという例でね。道路の状況によっては、絶対に車が通らないという場合であっても、後ろを確かめないでドアを開けるという規範違反があれば、結果の具体的予見可能性がないような場合でも、そのような義務違反を根拠に処罰していいということになる。そういう意味だとすると問題だという感じがするんです。新過失論には、そっちの方向にいく危険があると思います。

8．過失犯における責任

伊東 それは、全く否定しません。その危険性があるということは、

前田　だから、私は危険だと言ってきたわけです。

川端　そこは、主観面で、つまり責任で絞ることにすればよいのではないかと思います……。

前田　責任で絞れるのであれば文句は言わないです。

川端　私は、次のように考えています。構成要件該当性の段階で客観的な注意義務違反があればそれで十分であり、過失犯としての非難可能性は、故意犯と共通の責任非難の側面で見ていけばよいのであって、過失の問題は、構成要件該当性と違法性の段階で尽きていると思います。構成要件該当性及び違法性の段階で十分に故意犯との違いが発現しており、あとは、故意犯と共通の部分で、絞りをかけるなら絞りをかけた方がよいと考えるのです。

前田　責任としての過失というのは、どうなるんですか？

川端　結局、違法性の認識の可能性の問題だとか、期待可能性の問題とかに収斂されることになります。

前田　では、具体的予見可能性という責任要素というのは考えない……？

川端　行為者を基準とする主観的な予見可能性は考えないということになります。最高裁の判例で、荷台に人が乗っていた者の死亡についての罪責が問題になったケースがありましたよね（最(二)決平成元年3月14日刑集43巻3号262頁）。あのケースにおいては、法定的符合説と共通性を有するか否かといった意味での具体的予見可能性は、前提として必要だということです。

前田　それは責任要素としての具体的予見可能性ということではないのですか？

川端　ええ、構成要件段階における客観的注意義務違反の問題の前提論であると思います。荷台を確認して人が乗っていることを知り得る場合には、通常の経過において起こった結果についての予見可能性を肯定するのであって、全くの異常事態についてまでは予見可能性を認めるべきではないという発想ですね。その限度で、具体的予見可能性が必要なのです。

前田　ということは、体系的な位置づけは別にしまして、結果回避義務の前提として、具体的な予見可能性の有無の判断をなさっているということ

なんですか？

川端 いいえ、そういう意味ではありません。今のケースですと、通常の交通事故で生ずる人身事故かどうかという基準による予見可能性が問題となります。およそ何らかの形で人が怪我をするであろうという意味での認識可能性ではありません。通常、そういう事故が起こった場合に、その周辺で人身に対するどういう結果が発生し得るか、という観点から判断される限度での予見可能性です。

9．具体的予見可能性と責任要素との関係

前田 限界はかなり微妙なものになってくると思うんですが、川端さんが、責任要素としての過失の中で、本人基準の具体的予見可能性、主観的な過失というものを必要ないとお考えになるのは、どういう理由からですか。

川端 これは責任主義の問題とも絡んでくると思います。私の立場の基礎には、責任主義の観点からは、非難可能性の部分を考えていけばよいわけで、予見可能性、即、責任主義という捉え方をすべきではないという前提があるのです。過失犯の場合、基準行為からの逸脱という要素は、もともと違法性を基礎づけるものだったのですが、類型化された形で基準行為が設定されて構成要件要素になったという捉え方をしますよね。違法性の問題としても、違法性阻却事由との関連で、それが否定されない限りそのまま違法性が基礎づけられますから、責任論の次元において、過失犯独自の責任要素の問題は出て来ないことになります。責任説をとりますから、故意犯と共通する要素で責任を基礎づけるものとして考えるべきだと思います。

前田 具体的な結果について、本人の予見が不可能であったから非難可能性はないと、そういうふうにはならないんですか。

川端 先ほど山口さんが挙げた視力の例に即して言いますと、視力が弱くてよく見えないという事態は、本人はよく知っているわけですから、それに対応する措置を取るべきであったという注意義務違反の問題として処理できると考えております。

山口 故意と過失を責任については同じように考える厳格責任説のような考え方、違法性の意識の可能性が責任要素になるという考え方を採ったと

きに、行為者にとって違法性の意識が可能かどうかということが問題にならないのでしょうか。

川端　それは問題になりますね。

山口　そうだとすれば、行為者にとって具体的な予見可能性がない場合には、違法性の意識を持つということはあり得ないので、結局、違法性の意識の可能性がないために責任非難が否定されるという結論に、川端さんの見解でもなるのではないでしょうか。

川端　そこは違うと思います。違法性の認識の可能性というのは、行為それ自体が違法であることに関する認識が可能かどうかという問題ですよね。行為の違法性について認識が可能かどうかという方向に問題関心が向かって行くわけです。過失犯の場合には、そもそも結果発生について確実な認識ないし認容がないわけですから、それについての違法性の認識それ自体はあり得ません。そこが故意犯と違うところです。違法性の認識の可能性の問題ですが、これも一般的な観点からみた場合、錯誤が生じた原因としての「相当の理由」の方向に行きますよね。「相当の理由」として一般化された部分から漏れた部分だけが違法性の認識の可能性の領域に含まれることになりますね。

山口　しかし、行為者にとって、こういうことをすれば人が死ぬことになるということが全く予見可能でない場合に、例えば自動車の運転をしているということだけからは、何らの違法性の意識の可能性も生じないのではないでしょうか。

川端　そんなことはないでしょうね。そういう状況であれば……。

山口　自動車を運転していて、人が飛び出してきてはねてしまったとき、その人にとって予見可能性はなかったという場合に、川端さんの理解によれば、客観的な過失がなくなるかどうかということが問題になるほかに、もし客観的過失があるとしても、その場合には行為者に結果発生の予見可能性がおよそないのだから、結果発生の予見可能性が生じない限りは、つまり自分の行為が構成要件に該当するような、あるいは違法であるような行為であるという認識・予見可能性が生じないので、結局、違法性の意識の可能性がなく、責任非難ができないということになるように思うのですが。

川端　それは過失犯一般の問題になってしまいますね。今私が言っているのは違法性の認識の可能性を論ずるかどうかだけの議論です。

　山口　はい。違法性の意識の可能性があるのかどうかという問題です。

　川端　今の限界状況は、本人の認識がない場合ですよね。

　山口　はい。川端さんのご見解ですと、本人に具体的な結果発生の予見可能性がなくても客観的注意義務違反があることがあるということですね。そのような、本人に具体的予見可能性がないときに、どういう意味で違法性の意識の可能性が生じるのでしょうか。

　つまり、過失行為というのは、それ自体は全く無色の行為であって、結果発生と結びついて初めて違法という評価が可能なので、それと切り離してしまっては違法性の意識は生じえないのではないかと思うのですが。

　川端　私が言っているのは、一般論として、故意と過失との関連で、確実な認識がないという点では違いがあるということだけです。違法性の認識の可能性それ自体に関して言いますと、本人の能力によっては全く可能性がなかったという事態であったら、やはり違法性の認識の可能性がなかったとして処理しますから、ご指摘のとおりだと思います。先ほど伊東さんが言われた趣旨は、予見可能性とか、注意義務違反とかの問題として限界線を引くべきであるということでしょう？

　伊東　いや、それは……。

　川端　それとは違うわけですか？

　伊東　おそらく、最終的にどう論理構成するかの差で、実質的にはあまり変わらないのだということになるのだと思います。私は、最初に主観的注意義務違反と言いましたけれど、責任故意とか責任過失というものを認めないのですから、それをどう折り込むか……。先ほど、川端さんは期待可能性と言われましたけれど、それとは違うわけですし……。

　川端　確かに期待可能性の問題とは違いますね。

　前田　責任過失とは別に、主観的注意義務というのを問題にされる？ということは、構成要件要素として？

　伊東　いや、そういうわけではなく、要するに、実質的に主観的注意義務みたいなものを考える必要がある、というところまでしか良く考えていな

いのです。それをどう言うかというのは問題として残りますね。それは山口さんが今言われたのと同じ問題で……、違法性の意識の問題になるのでしょうか……。

山口 体系的な整理はともかく、そういう主観的注意義務のようなものをお認めになるのなら、最後の実質の部分はそんなに変わらないと思います。

伊東 逆に、それを認めない人というのは、今いるのでしょうか。認めないと論理的におかしいのではないでしょうか。

前田 ただ、先ほどの論理をなぞっていきますとね、「基準行為」違反かどうかが過失であり、予見可能性の問題は「基準行為」を導くかどうかの前提である。その作業の中でどうしても、非常に緩やかなものが予見可能性に入り込んで来て、そうして「基準行為」を設定しておいて――「基準行為」では一定の絞り込みはあるわけですが、「基準行為」にあたるとしてしまうと、再度予見可能性を具体的に論ずるという局面はあまり出てこないように思えるんです、新過失論というのは。だとすると、絞り込みがないから、わずかも知れないが不当な処罰の拡大になるのではないかと批判するわけです。

川端 今言われた観点からすれば、そうだと思います。

10.「基準行為」の設定と「許された危険」

伊東 しかし、「基準行為」というのは、ある具体的な状況下での類型化を前提としていますから、そんなに漠然としたものが出てくるのかということは、ちょっと分からないですね。

山口 類型化というのは類型的に物事を考えるということですから、先ほどの判例のような考え方になると思うのです。私の実質的な疑問は、具体的予見可能性があって回避可能なのに、回避しなくていいという実質判断がなぜ出てくるのかにあります。おそらくそのようなものは出てこないのではないかと思うのですが。

前田 ご指摘のように、許された危険論というのがその役割を担ってきたわけですけれども、ただ、道路交通が世の中に必要だからといって危険発

生が予想されるときでも運転者はあえて突っ込んでいいかというと、そういうことにはならない。ダムが世のために必要だから、工事のときに危険なことをある程度無理してやっていいということにはならない。許された危険というのは、ごくごく例外的に、特に違法性阻却という意味ではあり得ると思うんです、過失犯で。ただ、それは（例えば）人の命を救うために救急車があえてスピードを上げるような、実際には非常に例外的な場合だと思いますが。やはり、具体的に想定される法益侵害を上回るものというか、そういうものが認められる場合には許された危険となる、そういう場合が全く考えられないことはないだろうとは思います。しかし、一般によく用いられる「基準行為」を設定するときに、危険行為を全部禁止してしまったら社会の発展が止まってしまうので、禁止を一定の枠内に留めるべきだという説明は、曖昧すぎるのです。「社会の発展のためにはこの線まで守っておけばいいでしょう」という明確な線を示す、それが自由保障機能であると言われるわけです。こういう意味での許された危険論というのは、わかったような議論があまり説得性のない、非常に危険な議論だと思うんです。つまり、「基準行為」さえ守っておけば、危険なのに、予見可能なのにやっていいという理屈は、かなり苦しいのではないかと思います。

山口 緊急避難について、生命対生命の場合は違法性阻却ではないという議論もあるわけですから、前田さんもお書きになっていると思いますが人の生命が関わるような場合について、許された危険などというものがどの程度通用するのかは相当問題だと思います。

伊東 いや、逆に言えば、そんなことを言っている人は居ますか、ということになるのですが……。

山口 林幹人さんがそうです。

前田 昔から言っていたわけではないと思うんです。

伊東 ただ、学説によって皆、ニュアンスが違うと思うのです。私のような、行為無価値論だけれども一般的・客観的結果回避義務違反でやると処罰範囲が広くなり過ぎてしまうということが認識された時点以降の世代というのは、そんなに強くは言わないのではないでしょうか。

川端 そこは「基準行為」の設定の仕方にも関わってくると思うのです

けれどもね……。

　伊東　また、逆に言えば、例えば原発が許された危険かどうか。許された危険と言う人もいるかも知れない。

　山口　それは、例えば、原発事故が起きて多数の人が死亡したというときに、許された危険として許容されると言うかどうかですね。

　伊東　私は言わないと思います。

　山口　そのようなことは到底言えないでしょう。

　川端　その意味では、「許された危険」というのは、過渡的な議論であったにもかかわらず、それを無理に「基準行為」に結びつけて、「基準行為」の理論的基礎づけに用いているきらいはないですか？

　山口　「基準行為」を理論的に基礎づけるとすれば、許された危険のような考え方があり得るのではないかとは思います。ただ、私は、その中身自体と、理論的な前提に疑問を持っていますので、許された危険という考え方自体にかなり批判的なのです。そうではない方々からすれば、実質的な、一種の合理的な行動のルールを決める実質的基準として、それなりの意味があるのではないかと思うのです。

　川端　ある意味で「立法」になぞらえて言いますと、立法段階で抽象的な法益衡量だとか比較衡量とかをしていく場合の指導理念とはなり得るという考え方なのです。

　山口　許された危険は、具体的には、それほど使い物にはならないというのは先ほど申し上げたとおりですが、それでも、結構いろいろなところでそういう考え方が利用されて説明がなされていますね。

　川端　被害者の推定的承諾なんかはそうですよね。

　山口　そうですね。

　前田　ただ、過失論に引きつけて許された危険を考えますと、ある時期までは許された危険というのは説得性がありましたが、危惧感説が有力になってくると、逆に「基準行為」を限定するという意識より、拡大するという感じになっていきますから、「高度な基準行為をしなかったから処罰する」、という議論に展開していく。その局面では、いわゆる許された危険的な思考というのは、ほとんど働いていないと思うんですよ。なすべき基準行為はも

ろに価値的なものを含んでいますから、社会の変化に合わせて変わってきてしまったのだとは思いますが。

川端 今言われた意味ではそうですよね。

伊東 許された危険と信頼の原則との関係の捉え方によって、ずいぶん見方が違ってくるのではないでしょうか。要するに、基準を守っていたから処罰しないんだというよりは、いちおう基準を守っていたけれど、その基準が、どういうことをやっていれば済むのかという、信頼関係の成立する場合だったのかどうかというふうに見るように変わってきた。私はそういう気がするのです。私は、許された危険という言葉はあまり好きではないですし……。

11.「基準行為」の設定と処罰範囲の拡大化との関係

川端 藤木先生がよくおっしゃっていたのは、「基準行為」を設定する新過失犯論はある意味で「手抜きの理論」であるということでした。それは、前田さんが指摘された意味での処罰しない方の議論です。しかし、それが実際機能するのは、処罰する方向においてであると私は考えています。これは「基準行為」が設定されている以上は不作為として処罰しますから、処罰の積極性という点で広がっていく傾向は認めざるを得ないと思います。だから、その批判に対応するにはもっといろいろな状況を具体的に類型化して固めていく形でしか、私としては反論できないという気がしているのですね……。

伊東 そもそも過失行為が、それほど定型性というものになじまないのだというお考えがあるわけでしょう。

川端 そうそう。

伊東 それは、いわゆる生活パターンというか、そういうものがいくつか集まってこなければ、基準類型というものは当然出ないということですよね。

川端 そういう形である程度類型化していこうという方法に関しては、結果無価値論から見た場合にどうなるのでしょうか。やはりそれ自体がよくないということになりますか。

山口　類型化するということは、具体的予見可能性の程度はいろいろ異なるのだけれども、それを同じに扱いましょうということだと思います。そこには、依然として、具体的な予見可能性が十分に認められないにも拘らず、一定の行為をやっていないから処罰するという危険があるように思いますが。

川端　先ほど前田さんが指摘されたのですが、実務において過失の認定という観点から考えた場合、具体的予見可能性について基準設定が出来るかどうかという問題については、どのようにお考えですか。

山口　基準設定というのではなく、まさに当該結果について具体的予見が可能だったかということを、どんなに大変でもやはり裁判官は認定しなければならない。それがまさに過失犯の処罰の根拠ですから。そこを逃げて他で処理しようというのは、本末転倒ではないかというのが、結果無価値論の立場からする私の議論なのです。

前田　類型化というのはいろいろな意味を持ち得ると思うんですが。具体的予見可能性を容易にするためにいろいろな事例を類型化して並べておいて判断しやすくするという、そういう意味の類型化の作業は、旧過失論的なものでもあると思うんです。ただ、行為態様で、こういう行為をしたんだから許されるというのは、いくら個別化しても、最後は、責任非難としての過失という観点から言いますと、足の形と木靴みたいなもので、そんなにずれてはいないかも知れないが、どうしても完全に一致はしない。足に靴を合わせるのであって、靴に足を合わせるべきではない。ただ、どうしても誤差は出るだろうと思います。おっしゃることは分かりますし、具体的な基準を明示するという意味で自由保障機能という言い方も分かるんですが……。

川端　山口さん、今のところで何かありますか。

山口　特にありません。

川端　伊東さんは、いかがですか。

伊東　（ありません）。

川端　それではこの論議はこれで終わることにしましょう。

III．新過失論、危惧感説について

IV．予見可能性の対象

> 論題提起＝山口

　旧過失論的な立場からいたしますと、新過失論、危惧感説をどう見るかということが問題となってきます。私の理解によれば、この二つの見解は行為無価値論に基づく過失犯論であって、両説の違いは、結果惹起が違法性の内容をなしているか否かにあると思います。結局、主観的な過失を、どこに位置づけるかは別としても、それを要求する限りは、あるいは、予見可能性を問題とする限りは、何についての予見可能性か、何についての過失かということが当然問題となってきます。

　私の理解によれば、新過失論は、結果惹起と基準行為違反、結果無価値と行為無価値を過失犯の構成要件要素とするので、依然として結果の具体的予見可能性を要求できたのです。しかし、危惧感説においては、結果惹起が単なる処罰条件としてしか扱われなくなったために、結果の具体的予見可能性が不要になったのです。つまり、危惧感説においては、基準行為違反、すなわち行為無価値だけが過失犯の構成要件要素をなすものとして理解されている。このように整理できるわけです。

　わが国では、行為無価値論と言っても、結局、結果惹起は必要で、しかもそれは違法要素をなすという見解が支配的ですから、その意味でも、危惧感説は支持されない運命にあったというのはやむを得ないところだと思います。

　危惧感説の内容につきましては、レジュメに書いてありますので、時間の関係で省略させて頂きまして、より議論すべき予見可能性の対象の問題に進

みたいと思います。

　過失は故意から派生するものであり、故意において現実に認識・予見されるべきものが、過失においては認識・予見の可能性で足りるという私の見解からしますと、予見可能性の対象は、故意における認識・予見の対象と同じだということになります。つまり、構成要件該当事実だということになるわけです。そして、故意の場合に、錯誤が構成要件的に重要でないとされる限りにおいて、過失においても、予見可能性の対象の食い違いは同様に重要でないと理解されることになると思います。

　問題は客体と因果経過です。まず、客体については、最高裁の判例（最(二)決平成元年3月14日刑集43巻3号262頁）もありますが、具体的法定符合説によれば、予見可能性はあくまでも構成要件的評価を受ける客体ごとに判断されるべきだということになります。これに対して、抽象的法定符合説からは、川端さんからはご異論があるかも知れませんが、構成要件的に同種の客体に関する予見可能性で足りるということになると思います。判例は、この点に関しては一貫しておりまして、そのため、過失というのは常に存在するという無意味な概念になったのではないかと思われるわけです。

　次に、因果経過の問題に移ります。故意・錯誤のところでも因果経過が故意の認識対象かどうかという議論がありましたが、ここでも全く同じ問題であると思います。私は、因果経過も構成要件該当事実の中身をなしていると理解しますから、当然、予見可能性の対象にもなると考えています。ただ、具体的な現実の因果経過が予見可能でなくても構いません。それ自体として相当因果関係を満たすような、別の因果経過が予見可能ならばよいと思っています。判例も基本的にはこのような態度を採っていると思われますが、ただ、最近の生駒トンネル火災事故の第一審判決では、違う考え方を採っているようです（大阪地判平成7年10月6日判タ893号87頁）。これは、Aというルートなら予見可能性があるけれども、現実にはBというルートで結果が発生している。そして、Bというルートは従来全く想定されていなかったものであって、したがって注意義務も、Bに関するものではなくAに関するものであって、予見可能性がないのだという趣旨のことを言っているわけです。

　因果経過の予見可能性というのは、結果の予見可能性がある場合には事実

上あるといってよいと思います。ですから、因果経過がそれ自体として予見可能である必要はないというような考えでも、実際上ほとんど違わないのではないかとは思います。ただ、因果経過の予見可能性はおよそいらないという考えを論理的に詰めて行きますと、なぜか分からないけれども結果は発生するという予見可能性はあるということになって、それは、実は危惧感と同じものなのではないかと思います。危惧感説をとらないとすれば、やはりそのような予見可能性では、過失犯の成立を肯定できるような予見可能性としては不十分だろうと思います。因果経過の予見可能性は、理論的に必要と考えるか事実上の問題と考えるかは別としても、やはり重要な意味を持っているということは否定できないと思います。

本 論

1．危惧感説の当否

川端 今、新過失犯論と危惧感説について概説していただきましたが、これは、行為無価値論を徹底させて結果発生を客観的処罰条件とするところまで行くかどうかという点に関わるのであって、私としては、まさに山口さんが指摘されたとおりだと思います。私自身も危惧感説を採っておりません。伊東さんは、その点はどのようにお考えですか。

伊東 山口さんが危惧感説というのは、例えば構成要件的な、人の死が生じるかも知れないというレヴェルではなくて、何か起こるかも知れないと、そういうものを危惧感と捉えているのですか。

山口 いいえ、違います。

伊東 それなら問題ないのですが……。

山口 「何か起こるかも知れない」では、構成要件が特定しませんから……。

伊東 ええ、ただ、そういうふうに解している方も居られるようですので、それは変だ、と、昔から学生に言っているのです。

あとは、行為無価値論を徹底すると危惧感説まで行くかどうかということですね……。本当に行くのかなあ？

山口 レジュメにも書きましたが、危惧感説というのは、危惧感を持たないのだけれども持つべきである、ということを前提にしているのです。ところが、現実に危惧感を持った場合には、危惧感説からいくと理論的には故意犯になってしまうのではないかという疑問があると思います。つまり、過失の部分がなくなってしまうのではないか。あるいは純粋不作為犯になってしまうのではないかということです。つまり、危惧感説からは、過失犯が不作為危険犯になってしまうのではないかと思うのですが。

伊東 私もそんな気がしますね。危惧感説を徹底したら、皆故意犯ということになりそうな気がします（笑）。ただし、それでは身動きが取れないから、実際上は……。

山口 実際上は、危惧感がなく、危惧感を生じさせるようなチェックもしないということがありますね。森永ミルク事件の場合もそうです。

川端 前田さんは、どうですか。

前田 行為無価値的と言いますか、結果回避義務、基準行為中心の過失論のひとつの極が危惧感説であると私は思っています。ですから、結果の予見可能性を軽視するのだと考えています。ただ、基準行為違反説、新過失論だと必ず危惧感説に行ってしまうかというと、それは違うと思います。そうではなく、危惧感説にも発展していく可能性を内在した理論として新過失論があるということでして、また、新過失論のウィークポイントをある意味で晒け出すというか、目に見える形で示しているのが危惧感説であると、私はそういう感覚を持っているんです。ちょっときつい言い方ですが。

川端 行きつく先はこれだということですね。

前田 行きつく高い可能性を内在しているということです。そして私は、危惧感説は問題だと思っているわけです。やはり、過失責任にとっては、結果の予見可能性が重要だという立場なんです。

2．予見可能性の対象と錯誤論

川端 では、それを踏まえて、最も問題となる予見可能性の対象の問題

について、どのようにお考えですか。

前田 まず、錯誤の議論と関連しているというのはそのとおりだと思います。ただ、故意と過失が全く同じ論理的な連関かというと、ちょっと違う。いずれにせよ、私のような法定的符合説からいけば、同種の客体に関する予見可能性で足りるということになりやすいというのはそのとおりだし、それで正しいと考えています。その方が分かりやすいのは間違いない。もちろん、予見可能性の絞りが、具体的符合説的なものよりも弱いというか、緩やかになることも、そのとおりだと思いますけれど、この程度には緩めないと具体的結論が妥当でなくなるという考えなんです。

川端 その意味では、山口さんが指摘されたように、論理的には一貫しているのですよね。錯誤論として故意と過失について同等の扱いをするとすればという条件づきですが……。

前田 ええ、その意味で、故意と過失を同等に扱うという山口さんの議論からはみ出ているわけではないです。しかし、故意論で法定的符合説を採るから、過失論でこうなる、というふうに考えているかなあというと、そこのところは自分でもよく分からないんですが、論理的に結びつけてはいないですね。

伊東 しかし、最高裁の似たような事例で、最初に符合ということを言い出したのは前田さんでしょう？（笑）

前田 符合の問題との連続性は指摘しましたけれども、論理的に結びついているか否かという点については、はじめから留保はしていたんですよ。故意と過失が論理必然に一体化するかどうかは分からない、ただ、このように考えるのは自然であろうと、そういう言い方なんです。

川端 私はやはり故意と過失は全然別個の問題であると考えています。錯誤論はここでは機能しないという前提をとった上で、基準行為からの逸脱の側面で議論しますから、山口さんや前田さんが主張されるような議論には乗っていかないのですね……。

山口 構成要件該当性の議論を採り上げてみます。そこでは、例えば、相当因果関係についてみれば、当然、具体的な客体について結果が生じる相当因果関係があるかどうかという判断をするわけです。そうだとすると、客

観的な注意義務違反を問題とする場合でも、その具体的な客体が問題になる可能性があるはずです。逆に言うと、具体的な客体に対する相当因果関係を問題にするのであれば、故意の場合でも、方法の錯誤の処理に際して、客体の食い違いにもかかわらずなぜ故意犯の成立が認められるのかという疑問が、私のような考え方からは出てくるのです。

川端 そうでしょうね。しかし、故意と過失の予見可能性の問題と実現意思の問題とを区別する場合、過失における予見可能性の内容と錯誤論との必然的な結びつきは出てこないですね。だから、抽象的法定的符合説といっても、当然結びつくわけではないということを私は言っているのですが、この点についてはどうですか。

山口 私は、結びつくべきだと思います。結びつかせないのは、実は、結びつくと不都合だからそうしているのではないかと思うのですが。

（全員、笑）

前田 私は、積極的に結びつかないと主張しているわけではないんですよ。論理必然ではないと言っているのです。ただやはり、事態としては非常に似ているわけですから、プリミティブな議論として、同じようなものは同じように扱わなければならないという原則は働いているということは一貫して申し上げているんです。だからその意味で、故意論のところで、構成要件的な範囲の結果の認識であればいいとするのであれば、過失の場合も、構成要件的なおよそ人を（害する）という予見可能性でいいとするのが、やはり自然である。それと異なる帰結を主張するには、よほど強い理由づけがなければ苦しいと私は思います。また、変える必要も具体的にはないと思っていますから、特にそこは固執していないんですけれど。

川端 伊東さんは、どうですか。

伊東 どうと言われると困ってしまうのです（笑）。私の場合、判例の錯誤論も好きではないですし、判例の予見可能性の理論も好きではないですから、自分自身はこれだという考え方を採っているのです。

川端 そこのところをもう少し詳しく述べて下さい。

伊東 判例百選で、荷台の事件（最㈡決平成元年3月14日刑集43巻3号262頁）の解説を書いたのは私なのですが、結局あの判断は、錯誤論の適用があった

かどうかを措いたとしても、要は構成要件的に通常の人という範疇で括っているだけだろう、そう読めば素直にいけるのであって、ただ、それで本当にいいのか、疑問なのです。むしろ具体的な事件における行為の通常結果を惹起し得る危険の範囲内にいる人かどうか、その絞り方の差で違ってくるのではないかという気が、私にはするのです。そういう意味では、客体についての判例の考え方は好きではありません。

山口 伊東さんは、方法の錯誤のところの考え方も違うわけですから……。

3．因果経過の認識

伊東 ……ちょっと議論のしようがないのですよ（笑）。むしろ、私が今困っているのは、因果経過の方なのです。山口さんの考え方だと、具体的にたどったものでなくても、そもそも起こったもので相当因果関係の範囲内であったものなら、（因果関係を認めて）良いということになるのですか。

山口 客観面では、現実に生じた因果経過は、それが相当因果関係の範囲内になければ、当然、構成要件該当性がないことになって、犯罪不成立です。主観面では、行為者に認識可能・予見可能だった因果経過が、それ自体として相当因果関係の要件を満たすようなものでなければならない。そうであれば、客観と主観とが食い違っても予見可能性はあるという考え方です。

伊東 そうなってしまうと、結果回避義務違反をいう方からすると、ある意味で説明に困ってしまう側面というのは出てきますね。なぜなら、自分が予見したものから、それに基づいて何かをするという、そういうことになるのではないかと思うのです。

山口 いや、むしろ逆ではないでしょうか。生駒トンネル事故の判決では、結果回避義務を考えたからあのような結論になっていると思います。つまり、結果回避義務を問題とする場合には、客観的にどういうことについて結果回避義務があるかということがまず前提となって、それが行為者に主観的に義務づけられるかということが問題となるからです。

あの事件では、客観的にも特別な事態が起きているわけですが、それを回避するような、そのような義務はなかった、ということです。判決ははっき

りそこまでは言っていないようですが。

前田 そう考えたんですかねえ。私もあの判決を読みましたが、結論の評価は全く同じです。あそこまで具体的なものについての予見可能性を要求すると、結論がおかしくなるのではないかと。私は自分の理論に有利なように引用するのだけれども（笑）。

相当因果関係と言いますか、因果経過の予見可能性がいらないという言い方が、予見可能性の議論において、因果の経過みたいなものの予見が可能であってはいけないということを言っているわけではないわけです。

山口 前田さんの整理の仕方が私の整理の仕方と多少違うからではないかと思います。というのは、故意の概念として、因果経過がどのような意味で主観的に捉えられていなければならないのかという点についての整理の仕方がまず違いますから、その意味でも違ってくると思います。

前田 そうです、そういう点を除くと、ほとんど同じことを言っているというのは間違いない。私が特に強調したいのも、具体的に生じた因果の経過の中で、非常に突飛ではあるけれども、結果の発生にとって非常に決定的な意味を持ったものがあるという場合に、その非常に突飛ではあるけれども重要なものの予見可能性がなければ処罰できないかというと、必ずしもそうではないという点なんです。例えば、死傷の原因が有機水銀と知らなくても、有害な工場排水の認識は十分に可能である場合、あるいは最近の新しいものでいうと、O-157だとは分からなかったが、井戸に大腸菌がウヨウヨいることは認識していたというときに、私は予見可能性があると思うのです。そして、そのような場合に「因果経過の認識はいらない」という言い方をするんです。O-157の認識がなくてもいいという意味で。ですから、私の表現が悪いのかもしれませんが、O-157の認識可能性がなかったから無罪でいいとはいかないだろうという意味で、「因果経過の予見可能性はいらない」と言ってきたわけで、今うかがっていて、実質的には山口説と違わないなと思いました。だから、因果関係の認識がいらないと言った場合に、何の関係もなく真空状態でパッと結果だけを起こることしか認めない議論だというふうにとられるのだとすると、それは違う……。

山口 はい、違うというのは分かっています。そのようなものは危惧感

だか何だか分からないものでしかありませんから。やはり、具体的予見可能性というからには、結果だけではなくて当然その手前の部分も、何らかの意味で想定されるはずなのです。

川端 そうじゃないと、つじつまが合わなくなってしまいますよね。

前田 ですから、それを否定するのではなくて、現に生じた具体的な因果経過の中で突飛だが重要な部分の認識はいらないと、そういうことなんですね。ただ、具体的には、認定の問題で、森永ヒ素ミルク事件とかの辺りがぎりぎりであるし、あと、水俣病の事件で有機水銀の認識がなかった場合はどうするかということが難しいわけですが、私は、判例の結論にだいたい賛成なんです。一つだけおかしいなと思うのは、さきほど山口さんがご指摘になった近鉄生駒トンネルの事件の第一審判決では、やはり因果経過の要求が厳しすぎるなという気がするんです。

川端 では、この問題についてはこの辺で終りにしましょう。

V．管理・監督過失について

論題提起＝山口

では、最後に、管理・監督過失の問題について簡単に触れたいと思います。

管理・監督過失というのは、過失犯の事案を類型化した概念に過ぎませんので、ここでもやはり、予見可能性としての過失があるかどうかということが、もっぱら問題とされるべきもので、ただ、それを認めることが実際上困難なことが多いという類型だろうと考えています。

最近よく言われるように、ここには、管理過失、監督過失という二つの類型があると思います。まず、監督過失の場合、すなわち直接の過失行為者に対する監督の手落ちがあったとき、監督が行き届かなかったときに、予見可

能性が認められるかどうかが問題となりますが、これは、通常は無理だろうと思われます。どうしてかと言えば、直接の行為者が過失行為を行うということの予見可能性が認められないことがほとんどではないかと思われるからで、逆に言えば、直接の行為者が過失行為を行いうるという、特別の事情があれば予見可能性が肯定されるということになるだろうと思います。信越化学事件（新潟地判昭和53年3月9日判時893号106頁）や北ガス事件（札幌地判昭和61年2月13日刑月18巻1・2号68頁）の場合には、そういう特別の事情があったから、予見可能性が肯定されたのではないかと思います。

　それから、これとは別の、例えば会社の社長がスプリンクラーなどを付けなかったという類いの、大規模火災の事案で問題となっている管理過失の場合ですが、ここでも予見可能性を認めるのは相当困難であると思います。なぜなら、例えば、火災事故の事案において、業務上過失致死罪の結果である人の死についての予見可能性があったかどうかを問題とする際に、人が死ぬことの予見可能性というのは、火が出る予見可能性がない限りは、やはり与えられないというのが普通の理解だと思いますが、出火の予見可能性を肯定することは困難です。判例の中には、出火の予見可能性はいらないとか、常に出火の危険があるというような、多少詭弁とも思える、相当無理をした構成をとって、有罪の結論を基礎づけているものも見られます。それはそれなりに理解し得ないわけではないですが、やはり理屈としては相当困難だと考えます。管理・監督過失の相当の事例において、過失を認めるためには過失についての普通の理解を相当変えなければいけないのではないかと思います。

　これに対して、新過失論的な立場からすると、おそらく予見可能性は少し緩やかなものとして捉えられることになり、その上で、基準行為を設定して、それに対する違反を問題とすることにより、過失犯の成立を肯定する余地が出てくると思います。しかしそれに対しては、具体的な結果に対する予見可能性が十分になくても処罰していいのだろうかという根本的な疑問は持たざるを得ないのです。

本　論

１．基準行為の設定と当罰性

川 端　そこはまさにご指摘の通りだと思います。基準行為を設定して、こういう場合にはこうすべきだという基準が明白に出てくるというのが新過失論の立場ですからね。それで処罰範囲が広がっていると言えば、確かにそうかも知れません。ただ、そういう場合、全く処罰できないという点について実質的にはどうですか。

山 口　処罰できないのが、実質的に妥当でないということですか。それはやむを得ないと思います。

伊 東　別に、業務上過失致死罪でなければ良いわけでしょう？

山 口　はい。

川 端　それ自体を故意犯として罰していくのですか？

山 口　例えば、消防法上の犯罪をもう少し重くして、それを適用するというのが、本来の姿なのではないでしょうか。

ただ、そのように考えても、人が死んだことについての刑事責任は、予見可能性がない以上、やはり問えないわけです。それはやむを得ないと思います。

川 端　一種の形式犯として処罰するという段階にとどめるということですね。この点については、前田さんは、いかがですか。

２．予見可能性の内容の差異の有無

前 田　骨組みは全く同じです。ただ一つだけ、規範的な評価の違いなんですが、間接防止型の場合は、特段の事由がない限り、なかなか予見可能性が認定できないというのはそうだと思うんです。まあ、信頼の原則というのをどこまで強く見るかというのは、状況によっても時代によっても動く面があるかと思いますが。問題なのは、直接介入型の場合に、人が死ぬという予

見が必要で、類型的に人の死を導くようなものの認定として、火が出る可能性の認識と言いますか、発火の予見可能性が必要なんだと思います。その予見可能性がない以上は、過失責任を問うことはできない。

　ただ、ホテル火災のときに、具体的にタバコなのかパーティーの火なのかは分からないけれど、ああいう大きな建物の中で多数の人がさまざまなことをやっている状況の中で、発火する可能性の認識はないとは言えない。いろいろな防火策がなされてきて、火災の件数そのものは押さえられてきているけれども、ホテルやデパートの大火というのはたくさん知見しているわけで、そうだとすると、失火自体に対する予見可能性が全くないという感じはしないんです。

山口　そこのところは、認識の相違なのかもしれませんね。

　私は、そのような理解を、例えば交通事故の局面に持ってきたら、やはり行き過ぎなのではないかと思うのです。その限りでは、交通事故で問題となっている、例えば事故が起きて人が死亡するという予見可能性と、今おっしゃったような意味でのホテルで火が出る可能性というのとには、やはり差があって……。

前田　そうですかね？　例えば、交通事故だって具体的な予見可能性は必要なわけですよね。だから、こんな狭い道を40km/hで飛ばしていて、脇の道から歩行者の飛び出してくる可能性がどれだけあるかと考える。周囲に小学校とか幼稚園とかがないときにも、飛び出す予見可能性はある。一方、ホテル内で寝タバコで火が出る、酔った宿泊客のライターで火がつく。交通事故の方が確率的に高いかも知れないけれど、質的に区別できるかというと、私はそうは思えないのです。判例も言い訳的な文言を使うものもありますが、ぎりぎりでもやってやれないことはない、過失を認定できないことはないと、私は思っているんですが。

山口　ただ、火災の場合、火が出るといっても、ただ単に火が出るだけではだめだと思うのです。やはりホテル全体に広がっていくような火が出るというような予見可能性がないと、死亡の予見可能性に結びつきません。どうしてかと言えば、寝タバコをして布団を焦がすくらいのことでは普通は火事にならないわけです。あるいはろうそくを倒してちょっと焦げたというく

らいでも、同じです。やはり、多数の人が死ぬようになるというからには、壁の本体や天井に燃え移るような、あるいはそうなる前に消し止められないような、そのような予見可能性がないといけないのではないか。それが、道路交通でいうと、人が飛び出して車とぶつかる、あるいは自動車と自動車がぶつかるというような予見可能性に対応するものではないかと思うのです。ですから、前田さんの言われたことも分かるのですが、やはり少しギャップがあるのではないかなと思います。

前田 私の方が、客体のところも抽象化するということが影響しているのだと思いますが、しかし、タバコで火がついたら、私はやはりホテル全体に燃え広がる可能性はかなりあると思います。私も、人が死ぬことの予見というためには、大きく燃え広がる予見がいると思うんです。ただ、その前提として、ホテルの中というと、酔っ払って寝ている人などがいるような状況で、例えば寝タバコをしてカーテンに燃え移ると、全館に燃え移る可能性がかなりの蓋然性で存在するのではないかと考えています。そのほかにもいろいろ考えられる。

山口 それは、私の理解からすれば、道路を自転車が走っているのと同じではないかという感じなのです。

前田 なるほどね。

3．因果の経過と発生結果の認識可能性との関係

川端 ただ、今のような場合では、因果の流れをかなり具体化していますよね。今の例では、スプリンクラーを付けていないから大火になったわけでしょう？　その部分の因果関係を考えているのでしょうか？

前田 いえ、かならずしもそうではなくて……。

川端 出火からの因果の流れの中での具体的な予見可能性の問題ですか？

前田 細かくどういう因果を辿るかという予見が必ずしも必要なわけではなくて、最終的な死の予見が必要なわけです。例えば、どういう予見可能性がある状況の認識を持っていれば最終的な死の予見ができたであろうか、予見可能性があっただろうかという認定の問題として、ホテル経営者とし

て、行為時に存在した事情を基に、こういうことも考えられれば、こういうことも普通なら考えられるだろう、だから死の予見可能性があるというふうに認定していくんだと思うんです。ですから、現に起こったもの、何号室の寝タバコで火が出たなんていうことの予見可能性はいらない。

　山口　それは、例えば、ホテルのどこかでポリネシアンショーか何かをやっていて火をたくさん使っていて危ないというときに、火事になるのではないかということは予見可能であるとします。しかし、実際には、ホテルで誰かが寝タバコをやっていて火が出て惨事になった。そういう場合、予見可能性のルートは違うけれども、つまり、寝タバコから出火することは予見可能でなくても、ポリネシアンショーから出火することが予見可能ならそれでいいということになるのではないかと思うのですが。

　前田　山口さんは、それでいいということになるんですか。

　山口　そうです。

　前田　私は、まさにそういう場合には予見可能性を認めてよいと考えるわけです。ポリネシアンショーをやるのにスプリンクラーを設けておらず、それでたまたま寝タバコで大火になってしまったというとき、過失致死は認めるんだと思うんです。ただ、私が決定的に違うのは、ポリネシアンショーをやっていなくても（笑）、予見可能性を認めていいのではないかと思うんです。

　川端　そこは実質的な問題だと思うのですけれどもね。あまりに具体的すぎると狭くなりすぎますよね。

　大火になった直接の原因は何かというとスプリンクラーを付けてなかったことでしょう？　その点との関連で認識可能性を考えていけば足りるのではないですか？

　前田　スプリンクラーを付けてなかったことだけじゃなく、行為時の事情を総合して死の結果が予見可能か否かを問題にするわけです。

　川端　多数の死者が出たということがまさに問題なんですよね。

　前田　ええ、もちろんそのようなホテルの方が死の発生の確率は高いわけですから。そして、スプリンクラーを付けなかった不作為と構成することもできますよね。

川端 ええ、その不作為と、それに基づいて多数の人が死んだという点についての予見可能性として構成できないですか?

山口 例えば、スプリンクラーを付けていなかったから100人死んだ。しかし、スプリンクラーを付けていても、10人死んだであろうという場合には、90人の部分は、スプリンクラーを付けなかったことによって死亡しているとすることができます。ただその場合でも、火が出なければ100人死なないわけです。ですから、私としては、火が出る可能性というのは、何か具体的な、例えばポリネシアンショーで火の扱いを誤るといった(笑)、あるいは、ヘビースモーカーで寝タバコの愛好家の団体が1カ月くらいずっと泊まっていたというような(笑)、さらには、スプリンクラーが毎晩ホテルのどこかで作動しているような(笑)、そういう状況があったならば、予見可能性があるということはできるでしょうが、そんなことでもない限りは、ちょっと苦しいと思います。

前田 出火の予見可能性があったとして、出火と死との中間で、パーフェクトなスプリンクラーが設置されていたというときに、出火と客の死とが結びつかなくなる、遮断される場合はあると思うんです。ただ、ホテルの場合かなりの延焼の防止装置がなければ、やはり、火事の予見は人の死の予見につながると思います。

4. 管理・監督過失は整理概念か

川端 伊東さんは、どのようにお考えですか。

伊東 皆さんに確認しておきたいのは、山口さんが最初に言われた、管理・監督過失というのは整理概念であって特別の類型ではないという点です。この点について皆さん、一致しているのですか。つまり、特殊な論理が必要なのではなく、山口さんの立場で言えば、具体的予見可能性をその場その場に基づいて議論しようということで一致しているのですか。

前田 その点については、私は全く同じです。

伊東 それなら、皆一致するということになりますね。

川端 ただ、基準行為という観点で類型化しやすいという面は違うわけでしょう?

山口　そうですね。

前田　新過失論の方が、監督過失という類型をつくって特別に考えるというのがやりやすいとは思います。

伊東　しかし、それは別にどの事件だってみんな同じですから……。
それを前提として、先ほど山口さんが言われたように、結果の予見可能性をどう捉えていくかということが、結果無価値論的か行為無価値論的かということによって変わるということになるでしょう。おそらく、私の場合もそうでしょうが、間接防止型でも直接介入型でも過失はあるということになりますよね。

川端　多分そうなりますよね。

伊東　そこで、山口さんに最後に尋きたいのは、直接介入型のところで社長の例を挙げたのですが、例えば、夜警さんが見回りの途中で火を見落としたために出火して人が死んだという場合には、理論的には全く変わらないのですか。

山口　そうでしょう。それは不作為による過失です。

前田　夜警というのは火を見つける仕事という意味の夜警ですよね。

伊東　京都駅事件でしたか。業過の中に夜警も入るというものがありましたね。

前田　ああ、業務性のところでね。

伊東　だけれど、それは、ある意味でそういう人にとっても出火というもの自体の認識というものを端的に見れば済むということですよ。

山口　認識というよりも、見落としたわけですから、見落とさないという作為義務があって、それについて、予見可能性があるかどうかについては、きちんとやっていれば気が付いたのだから予見可能性があったということになるでしょう。

伊東　逆に言えば、社長さんに予見可能性がないというのは、直接見つける義務がないということですか？

山口　いや、そういうことではありません。もし社長さん自身が夜警として見回れということならば、同じことでしょう。そこで、社長さんに義務がないというのは、そもそも一般的に火が出る可能性がそんなにはないとい

うことなのですね。つまり、火が出るためには特別な事情が必要である。そして、この場合、この特別な事情を知る可能性がなければ、結局、最終的な結果の予見可能性がないということです。それと、社長さんに、どういう意味での作為義務があるかという問題とがミックスしているのだと思います。

川 端 これで過失犯の問題の検討を終えることにしましょう。

Chapter 6

責任・責任能力

【本章の論題提起者】
前　田

本章のレジュメ

I．応報刑・目的刑と責任主義
　(1)　非難可能性
　・現在：応報刑論と目的刑論を折衷した「相対的応報刑論」が有力
　　一般予防等を問題とする一方で、罪刑の均衡や非難可能性を要求
　　　＊絶対主義と相対主義の統合
　・責任主義を認めない学説はほとんど存在しない
　　「行為者が非難可能でなければ処罰してはならない」
　　責任非難と目的刑の関係
　　　＊法人処罰
　・社会的責任論　VS　道義的責任論
　　「責任非難」は、従来道義的責任論や応報刑論と結び付けて説明
　　確かに、国民の道徳観念や規範意識を除いては刑罰は機能し得ない。
　　国民の規範意識に働きかける必要性
　　←→意思の自由を前提にした道義的・倫理的な応報を認めること
　・予防目的と責任非難との関係
　　：可罰的責任論の展開
　　　　従来の「非難可能性」を中核とした規範的責任概念に対し
　　　　予防効果を考慮した「実質的責任」「可罰的責任」が有力化
　　　さらに、刑罰による法益保護に役立たず、また行為者の再社会化に不必要であれば、他行為可能であっても責任を否定すべき？
　・目的刑論と非難可能性
　(2)　責任概念と倫理的非難
　・「自由意思に基づく故に非難し得る」という形而上学的説明の説得性
　　相対的意思自由論
　　西原：一般の確信に基づいている分だけ決定論より科学性具備
　・社会的制度としての刑罰：広い意味での犯罪防止という国民の利益で正当化
　　基本的には、より多くの国民の利益のために刑罰を科す
　・「効果」を追求して行くと、非難可能性の概念に
　　①一般人に肯定される「非難」を向け得るから処罰を国民が納得
　　②一般人の共有する「非難」に値する行為さえしなければ処罰されないと思うから、日常の行動における予測可能性を与えられ、また刑罰の一般予防効果を期待することも可能
　　③非難に値しない場合に処罰されたら「不運だ」と思うに過ぎない
　　　＊積極的一般予防論との関係
　　刑法の任務は規範の維持強化
　　処罰によって法的誠実の訓練がなされるべき
　(3)　「非難可能性」の内実
　・目的刑論：応報刑論を土台にするにせよ「非難可能性がなければ処罰しない」
　・応報刑を基本とする相対的応報刑論と目的刑論を基本とする立場の差
　　違法性・責任における倫理の重視の差
　・「非難可能性」の内実をいかにして明らかにするのか
　　自由意思論を基盤とする道義的責任論
　　その国・その時代の国民の規範意識を基礎に、行刑理論等も参考に
　　（科学的方法を最大限に利用）

II．日本の責任能力概念の規範化
　(1)　他行為可能性概念と責任能力概念
　・責任能力：責任非難を向け得るだけの能力≒他行為可能性
　　「事物の是非・善悪を弁別し、かつそれに従って行動する能力」
　　道義的責任論：道義的非難の前提としての自由な意思決定能力
　　社会的責任論：刑罰によって社会防衛の目的を達し得る能力
　　　刑罰の広い意味での機能

⇒一般が「非難を加え得る」と考える能力必要
「非難を加え得るだけの行動能力」とは具体的にどのようなものなのか
(2) 生物学的方法の評価の変化
・責任能力概念の規範化
　医師・心理学者の評価の尊重
　　昭和57年の刑法学会「生物学的要素を重視する傾向は、近年顕著になってきた」ことが確認されていた。司法精神医学者と裁判所との間に「慣例（Konvention）」を確立し、鑑定の拘束性を高めていくべきとの主張
　⇒規範化≒「精神医学との間に一定の距離をおくこと」
・分裂病の取り扱いの変化　ほぼ無条件で心神喪失とする慣例
　⇒裁判所が被告人の犯行当時の病状、犯行前の生活状態、犯行の動機・態様などを総合して、法律的・規範的見地から判断
　　（最決昭和59年7月3日刑集38巻8号2783頁）。
・昭和50年代以降に生じた覚せい剤事犯の異常な多発化との関連
　覚せい剤の薬理作用：分裂病とかなり似た幻覚・妄想状態
　精神医学の通説：覚せい剤中毒患者は分裂病と類似したもの
　　裁判所との評価のズレ（最決昭和58年9月13日判時1100号156頁）
(3) 行為制御能力の必要性
・マクノートン・ルール：「精神異常の抗弁が成立するには、その行為時に被告人が、精神の疾患のために、自己の行為の性質を認識できず、又はそれを認識したとしてもその邪悪性を認識し得なかったほど理性の欠けた状態にあったことが明確に証明されなければならない」
・抵抗不能の衝動テストによる補充
・ダラム・ルール（1954年）「自己の違法行為が精神の疾患又は欠陥の所産であったときは刑事責任を問われない」：生物学的方法を徹底
・模範刑法典：日本やドイツの責任能力概念とほぼ同じ内容のもの
・ヒンクリー事件と責任能力論の変化
　①精神異常の抗弁の廃止論、具体的にはメンズ・レア（主観的要素―主として犯意）が存在すればそれだけで責任能力を問い得る
　②精神異常の抗弁の修正、すなわち制御能力の要件をはずす
・法曹・医師の大勢：「メンズレアアプローチは刑法の道徳性を否定する」
(4) 制御可能性と他行為可能性
・責任能力概念：「非難可能性＝他行為可能性」から論理的に演繹されない
・日米の責任能力概念の変動は、医学モデルの後退という点で共通
・「被告人が自己の行為を制御できたか」に関する科学的基盤の不確かさ
　「精神医学という決定論的な学問が制御可能性に解答することは困難」
・アメリカでも、応報（desert）が刑罰の前提として必要だとされている点は、相対的応報刑論が圧倒的である日本とほぼ同様
　制御テストを排斥することと応報との整合性
　道義的責任論に基づく「堅い応報概念」では説明不能

I．応報刑・目的刑と責任主義

論題提起=前田

　責任と責任能力というテーマを与えられましたので、大きく「I．応報刑、目的刑と責任主義」、「II．日本の責任能力概念の規範化」の2つに分けて述べて行きたいと思います。

　まず、応報刑・目的刑と責任主義ということで、責任の基本的な考え方について述べます。非難可能性という概念を軸に、現在の学説の若干の整理をして、この場の議論の糸口を浮かび上がらせたいと思いますが……。

　現在でも、応報刑論と目的刑論を折衷した「相対的応報刑論」が有力だといってよいと思います。すなわち、一般予防を重視しながら、一方で罪刑の均衡や非難可能性を要求するというのが多数の考え方だと思うんです。これはまた、別の言い方をすると、絶対主義と相対主義の統合、統合主義であって、ドイツでの議論などとも、基本的にはそう違わない。

　こういう考え方が、刑罰論とか刑法の根本理論のところにある一方で、責任主義を認めない学説というのはほとんど存在しません。何らかの意味で責任主義は要求されている。責任主義の中身も、厳密に言えばいろいろと分かれてきますが、現在は、非難可能性という概念が中心になるという意味では、ほぼ共通の了解が存在すると思います。つまり、「行為者が非難可能でなければ処罰してはならない」ということです。

　ここで問題となるのは、この非難可能性、責任非難ということと、先ほどの統合主義と言いますか、目的刑論、一般予防論とが、どう関連するかということです。それと、これもだいぶ前から言われていることなんですが、法人処罰の問題を非難の観点からどのように説明しうるのかという論点です。責任主義の考え方の基本は、自然人の処罰というものを前提としているわけ

ですが、一時期停滞していた外国の法人処罰の議論の紹介が最近また少し出てきていまして、それらを見ていますと、法人の処罰というのは時代の中で必然であって、それに対応する刑法理論が必要となってくるようにも思われます。このような流れの中で、応報刑的、絶対主義的な刑罰論、責任主義論のようなものに、少し動きが出てくるのではないかという気がします。

　次に、社会的責任論と道義的責任論についてですが、これは、刑事責任論のいちばん基礎のところの理論対決ということで、先ほどの刑罰論と結びつけて考えるときには、目的刑論・相対主義は社会的責任論に、応報刑論・絶対主義は道義的責任論に、というつながりとして整理されてきました。そして従来、責任主義・責任非難というときの責任主義の中身は、道義的責任論や応報刑論に結びつけて説明されてきました。確かに、道義的責任論者が用いる道義、道徳観念や規範意識的なものを除いては、刑罰は機能し得ないという言い方はできると思うし、私も、刑法規範が国民の意識に働きかける必要性というものはあると思うんです。しかし、「意思自由論を前提とした道義的・倫理的な応報」を求める考え方が出発点となる責任論が、果たして現在も妥当し得るのかというと、私には疑問があります。

　つまり、応報刑と目的刑の両方から責任主義を導く筋道と言いますか、予防目的と責任非難とがどう結びつくかということが説明されなければならない。もともとは、目的刑と切り離された応報刑と言いますか、道義的責任論から責任主義というものは出てきたわけですが、現在の通説である相対的応報刑論、特に一般予防というものと責任非難がどう結びつくかが問題なのだと思います。

　この点に関しては、少し前から、実質的責任論とか可罰的責任論という議論があります。ロクシンなどのドイツの議論の紹介——具体的には、関西の方々や、堀内さんとか林美月子さんが論文を書かれたところです。これは、従来の「非難可能性」を中核とした規範的な責任概念に対して、それに加えて予防効果も入れた責任論ということで、このような実質的責任論、可罰的責任論が有力化してきている。

　かつては非難可能性は他行為可能性に置き換えられることが多かったのですが、他行為可能であっても責任を否定すべき場合がある、それは、刑罰に

よる法益保護に役立たない場合で、行為者の再社会化に不要である場合であるということで、一般予防・特別予防と責任とを直接的に結びつけて、今の時代の責任概念を構築しようとしている。

　確かに、目的刑論、刑罰の目的というものを考えるというのはいいと思うんですが、やはり私としては、非難可能性の中身に一般予防・特別予防を直に持ち込むというのはどうかなという感じがします。では私はどう考えるのかというのは、レジュメの2ページ以下の話になりますが。

　このあたりでいったん切って、ご意見を伺いたいと思います。

　これは、行為無価値論か結果無価値論かという整理からいくと、きれいに分かれないかも知れませんが。

本　論

1．相対的応報刑論の理解をめぐって

　川端　応報刑・目的刑と責任主義との関連で、従来、中核として言われてきた非難可能性をベースとして前田さんが問題点を見事に整理して下さったわけですが、まず、「相対的応報刑論」について、それぞれがどのように考えているかという点から始めましょう。

　伊東さん、いかがですか。

　伊東　相対的応報刑論というものの理解の問題ですね。絶対的応報刑論というものを採っている人はほとんどいないでしょうし、純粋な目的刑論の人もいないだろうということは、間違いないと思います。そして、話が少し飛ぶかも知れませんが、相対的応報刑論というときの一般予防の中身の問題とか、最近、そういうものには多様な差が出てきていると思うので、前田さんが言われたように、行為無価値・結果無価値の対立があるというよりも、むしろこれらがクロスしてしまっていて、違法論での対立が実際のものとして出てこないところではないかなと思っています。

　川端　山口さんは、いかがですか。

山口　私自身は、刑罰というのは目的刑であると思っています。ただ、目的という理念がそれ自体として刑罰を正当化するのではなく、やはり行為者に非難可能性というようなものが必要であって、その限りで刑罰は正当化されると考えています。その意味ではまさにここでの「相対的応報刑論」——相対的「応報刑論」なのか相対的「目的刑論」なのか分かりませんが——という一般的な理解に、私も従っています。

2．刑罰論との結びつき

川端　刑罰論ともろに結びつくというのは、どういう関係からそうなっているのですか？　当の行為者に責任追及がなされる行為を離れて行為者自身に責任追及が向けられているから、刑罰もその行為者に科せられるという点における結びつきなのでしょうか？

前田　何が刑罰論と結びつくのですか。

川端　非難可能性と応報刑・目的刑です。つまり、刑罰と責任主義という形でお尋ねしていますが……。

前田　ですから、現在は刑罰論においては、先ほど伊東さんがおっしゃったように、絶対的応報刑論もなければ、目的刑論もない——私はある意味では目的刑論なのかも知れませんが——、教育刑・特別予防だけで説明する学説もなくて、両方折衷して考えるようなものが多くなっている。ただ、従来の責任主義というのは、どうしても応報刑論と結びついて説明されてきたきらいがあった。しかし、責任主義というのは皆が採用していながら、その論者の刑罰論の中には目的刑というものが入っている。そこで、目的刑と責任主義がどうつながるかということから、最近、可罰的責任論などが出てきているんですが、その辺りを、みなさんはどのようにお考えですかということを伺うつもりで整理したのですが。

3．責任主義との関係

川端　なるほど、御趣旨は分かりました。責任主義に関して、先ほど山口さんが触れられたのですが、今のような関連でどうですか。

山口　先ほど問題としたのは解釈論的な責任主義で、責任主義の要請を

満たすためには、構成要件該当事実の認識・予見、あるいはその可能性が必要だという議論です。ここで問題となっているのは、より理念的な問題だと思いますが。その意味では当然責任主義が必要です。ただ、責任主義というものから導かれる刑罰の正当化の問題と、刑罰がどのような機能を果たすものとして考えられているかという問題、それらがまさに、ここで言われている予防目的と責任非難との関係ということに関わる論点だと思うのです。両者が矛盾する場合をどう見るかというあたりが、おそらく実際上は問題になってくると思います。

　両者が矛盾するという場合に、それをどのように解するかというとき、一つ分からない点があります。つまり、処罰すれば常に一般予防効果はあると言えるんです。そこで、特別予防効果がない、あるいは特別予防効果を求める必要がないからと言って、不可罰にするわけにはいかない。これもおそらく大筋のところでは肯定できるのではないかと思います。そこで、例えば懲役にするか執行猶予にするかという量刑のレヴェルの問題と、処罰するかどうか、刑事罰の対象になるかどうかというレヴェルの問題とを、少し分けて議論する必要があるように思います。その辺りをどのように考えていくかというのが、実際上問題ではないでしょうか。責任主義は当然必要ですが、そういうことも検討される必要があるなと思うのですが、川端さんはどのように思われますか。

　川端　責任主義については、先ほど前田さんは、「行為者が非難可能でなければ処罰してはならない」という非難可能性を基盤に置くと言われましたよね。

　前田　今の多数説がそうだという意味です。

　川端　従来は、「故意・過失がなければ処罰してはいけない」として、故意・過失イコール責任主義の中核であるということが言われていましたが、私自身は、責任説の観点から、責任というものが故意・過失とはまったく離れてしまっていると理解しておりますから、そのような故意・過失イコール責任主義の中核という考え方を採れません。したがって、責任を非難可能性として捉えて、「非難可能性がなければ責任はない」という意味での責任主義を認める多数説に賛成しています。非難可能性というのは、ある意味

で実質的であるようでいてかなり形式的要素を包含していますので、規範的責任概念の中で足りない部分は私は可罰的責任論という考え方によって補うべきであると考えています。ここで言っているのはちょっと違う意味なんですね。私の言う可罰的責任というのは、可罰的違法性とパラレルに考えて、責任非難を量的な側面で捉えてもう少し実質化していく必要があるという観点から、責任非難の内容を捉えていくものです。可罰的責任論の説明としては不十分かも知れませんが、直接の論点ではありませんので、これ位にとどめておきます。伊東さんは、責任主義に関してどのようにお考えですか。

伊東 要は、責任非難というものを、ドイツ的な言い方をすれば、刑罰を根拠づけるものと考えて、それだけではなくその上に目的刑論的な要素、予防の必要性というようなものを乗せるということが可能なのかどうかというのが、前田さんの問題意識ですよね。その上で、さらに大きく見れば、前田さんたちが他から非難されている一つの考え方というのは、機能主義的刑法、機能主義的刑罰理論というものであって、その妥当性がどこにあるのかということだと思うのです。

結果無価値論と行為無価値論というものが今言った状況の中で実際上変わらないのではないかということを示しているのが、まさにこの可罰的責任論なのではないかなと、私自身は思っています。

4．結果無価値論・行為無価値論と可罰的責任論との関係

前田 もう少し具体的に言うと、どういうことですか。その、結果無価値・行為無価値と可罰的責任論の関係というのは。

伊東 堀内さんがそこまで言っているかどうかは全く自信がないのですが、私自身は、特別予防・再社会化の必要がないならば、処罰の必要が全くないのならば、責任阻却で良い、すなわち無罪と思っています。そういうことが言えるかなと、今一所懸命に理論構成をやっているところなのです。それは、前提としては、私の場合、まさに行為無価値論からきている。なぜかと言えば、行為無価値そのものが一種の不法非難であるという発想ですから、責任主義的な要請はすでに満されているのであって、それにもう一つ責任として何か加えるのであれば、もう予防くらいしか残っていないだろうと

いうような考え方なのです。逆に、堀内さんは結果無価値論から出発しているわけだけれども、それが本当にそこに結びついていくのだろうかというところは良く分からないのです。

川端 結果無価値論を徹底した場合に、同じ方向を採れるかということですね。

その点は、山口さんと前田さんはどのようにお考えですか。

山口 私は、これは、行為無価値・結果無価値とは別問題ではないかと理解していますから、行為無価値か結果無価値かということに拘わらず、そこでの見解の相違を前提としたうえで、それぞれの立場から責任をどう見るかということは、独立に議論し得るものだと思います。

伊東 責任というより、刑罰の機能として、そこで何を考えられるのかという問題が出てきてしまうと思うのですよ。行為無価値論というか、あるいは積極的一般予防論みたいなものは、刑罰で、規範の感銘力というか、規範意識を覚醒させるということを考えるので、ある意味でダイレクトにつながってくるわけですが、結果無価値論の場合、不法があって、責任非難があって、かつ予防の必要性判断という構造を採っていくのですが、果たしてそれが本当に結びつくのでしょうか。

前田 ただ、結果無価値・行為無価値というのは、基本的には違法性の議論だということですよね。もちろん、それが犯罪論全体に滲み出して行って、結果無価値論的犯罪論、行為無価値論的な発想というのはあると思うんですが。で、どうしても責任非難というものは行為無価値的なものなんだけれども、わが国の結果無価値論者だって、責任主義は認めているわけです。責任主義の中身が行為無価値か結果無価値かの尺度によって微妙な差があるという議論、それは成り立たないことはないかも知れないけれども、私としては、この問題はやはり、違法論における行為無価値・結果無価値の対立とは別個の問題として、そもそも刑法の基本理論と責任主義というのをどう捉えるかということで、問題提起をしたつもりなんです。もちろん、行為無価値論とのつながりが出てくれば、その方がおもしろいのだとは思うんですが。

伊東 結果無価値論において、刑法の機能というのは法益保護にあるわ

けですね。

前田 そうですね。

伊東 行為無価値論においては、刑法の機能は倫理の維持にある、と。まあ、そう言うのは、私は好きではないですし、実際そうは言わないのですが、一応そうしておきましょう。

逆に、それぞれの立場からは処罰するのは法益を保護するため、倫理規範や社会ルールを守るためということになって、行為無価値論からいくと、可罰的責任論というのはダイレクトに出てくる議論であるとは言えると思うのです。

前田 あ、可罰的責任論……。

伊東 ええ、この意味ではですが。ただ、まさにそうだから問題として提起されたのかも知れないのですが、法益を保護するという刑法ないし刑罰の機能というものがあって、それで不法が基礎づけられた後、それと責任というものがどう結びつくのかというのが、いわゆる結果無価値論的な発想からダイレクトに説明出来るのでしょうか。それは違うのだということならば、どう違うのでしょうか。

山口 いや、何を違法と評価するのかという点が、行為無価値論と結果無価値論とで違うところです。違法と評価されたものが将来発生することを防ぐという点では、両者は共通だと思うのです。そして、両者共通だとすれば、その点で、責任の問題は同じ土俵で議論できるということではないでしょうか。

ただ、行為無価値論の立場では、違法と責任を、結果無価値論がする区別よりも相対化していると思いますが。

伊東 くっついちゃっている、ということですね。

山口 そのような意味では、行為無価値論固有の議論というものができるのかも知れません。

5．一般予防論の意義

伊東 そうすると、結果無価値論を採る場合であっても、責任のレヴェルでは、将来的にどうやったら違法なものを防げるかという議論は同じだと

いうことですね。では、その中身というのはどう考えるのですか。

前田 それはやはり、一般予防という発想はもちろんあります。

伊東 その一般予防の中身という問題なのです。

前田 それについては、あとで触れようと思ったんですけれども。

最近、積極的一般予防論というのが有力になっている。これは、刑法の任務は規範の維持強化であり、刑罰を科すことによって法的誠実性の訓練がなされるべきであるとか、こういう言い方をします。で、この積極的一般予防論というのが、行為無価値論に結びつきやすい面があると言えばあるのかも知れない。「規範を定立して」という言い方を強調されるわけですから。しかし、結果無価値論でも、結果発生を防止するために刑罰を使うわけで、その目標を達成するための手段として、科学的、社会学的、心理学的といったいろいろな観点から考えて、こういう規範的機能を要求することが結果の防止に役立つんだという議論は成り立つんだと思うんですよ。結果無価値論からいってもね。

伊東 この場合、規範の維持・強化というのは、処罰することによって犯罪人に対して教えるということではないわけでしょう。

前田 ええ。

伊東 むしろ、一般的に…。

前田 ええ、そうです。

伊東 要するに法が妥当しているのだと。

前田 ええ、悪いことはしてはいけないんだということを明示する。そういうことを教えるということですね。それによって結果を防止する。

伊東 そうすると、では、行為者は何のために処罰されているのかというと、やはりそこに応報の側面が残ってくるということになるのでしょうか。

前田 行為者が処罰されることの正当化根拠として、私は社会の利益になると言いますが、犯罪防止のために役立つということが重要なんだと思うのです。ヘーゲルなどに言わせれば、とんでもない発想ということになるかも知れないけれども、そういう一般予防目的の手段として合理的な理由があるからだという説明がつくと思いますね。

川端 メインはそこですね。一般予防のために、その行為者をある意味で手段として使うということですね。

伊東 もう一つ言うと、相対的応報刑論の前提としていた一般予防というのは、いわゆる消極的一般予防だと思うのです。

前田 そうですね。さっき申し上げた、現在あるいは少し前までの通説である相対的応報刑論がよく使っていた一般予防という言葉、その一般予防というのは、消極的な一般予防だと思うんです。

伊東 それが、例えば、堀内さんなどの場合には、積極的一般予防に変わっていると思うのです。そこで問題は、繰り返しになりますが、それが本当に中身として結果無価値的な発想と結びつくのかということなのですよ。私は、その中身は行為無価値論なのではないかと言っているのです。先ほどクロスオーバーすると言ったのはそういう趣旨です。

山口 私自身は積極的一般予防論を採るわけではないですから…（笑）。

伊東 採るわけではないでしょう（笑）。

前田 あとで申し上げますが、私も積極的一般予防論を採るわけではないので、それは（笑）。

伊東 そうすると、逆に、いわゆる威嚇予防、デタランスを目指す予防ということが、もう少し原理的なところに行けば、本当に正統性があるのかどうかという問題が出てくると思うのです。まさに、今、川端さんが言われたように、一般人に教えるために、その人間を一種の道具化する。これは、昔から言われている批判ですよね。まあ、形而上学的すぎるのかも知れないですが。

6．不法非難の意義

川端 そういう問題がありますよね。それから、先ほど伊東さんが言われた点をもう少し説明していただけませんか。つまり、違法性の問題として不法非難と言われたでしょう？ あれは、可罰的責任が一般予防になって特別予防と結びつくという言い方をしたのと対比できますよね。可罰的違法性の問題は不法非難の問題として捉えているのですか？

伊東 いわゆる可罰的違法性論の中で、行為無価値が阻却された場合を

考えれば良いわけですよね。……それは、そうなるのではないですかね。言ってみれば、誰でもやるのだから非難できない。ですから、現在の一般的立場で言えば、一種、責任論的なものでしょうが、行為無価値論で考えていれば不法論ですから、まあ不法阻却ということになるわけです。

　川端　そういう意味では、一般予防の部分は違法性論で、特別予防の部分は責任論でそれぞれ議論されるべきだと捉えてよいわけですね。

　伊東　私はそう思っています。ただし、一般予防というのは、その限りでは事実的効果なのかも知れません。山口さんが最初に言ったように、処罰されれば、それはデタランスという意味にはなるだろうし、それを見ている人が、矢張りああいうことはしてはいけないことなのだというふうに価値的な感銘を受けるかも知れない。そういうことなのです。

　前田　そうすると、基本的には、目的刑的な発想でいくということなんですか、伊東さんの場合は。

　伊東　逆に言うと、徹底しているのかも知れません。

　川端　そういうことになりますね。

7．可罰的責任論と特別予防

　前田　いちばん話題にしたかったのは、一つは、川端さんのおっしゃった意味ではない、いわゆる可罰的責任論とか、堀内さんの考え方なんですが。

　それに対してどう考えるのかというと、私は消極的なんです。やはり責任非難とか責任主義というのは、非難可能という概念からはそんなに離れてはいけないのだと思うのです。「他行為可能性があっても、特別予防効果がなければ無罪にしていい」ということを、責任主義を前提とする立場から、認めていいかということなんですよね。それを、責任主義という言葉で説明するということが合理的なのかどうかということです。私は、かなり難しいのではないかと考えています。

　伊東　しかし、消極的責任主義だったら、責任がなければ処罰できないですが、責任があれば必ず処罰しなければならないということにはならないわけでしょう？

前田 だから、そのときの責任の中身というのは、特別予防みたいなものも責任だという、さっきの話につながってくるわけですよね、そこで。特別予防効果がないのは、責任がないということになる。

伊東 ですから、それはもう体系構成の問題になってしまう…。

山口 有罪判決の中で、どういうサンクションを科すかという問題としては、特別予防を考慮するということは十分良く分かります。この人は刑務所に入れる必要がないから入れない、執行猶予をつけるというのは分かりますけれども、この人は二度とやらないから無罪だ、というところまではやはり行けないということ、その限りでは前田さんの言われたことに賛成ですね。

伊東 私がなぜそんなに極端なことを言っているのかというと、今、量刑事情というものは、犯罪論のどこにも入ってこないからなのです。量刑論というのは全部、我々学者の守備範囲からは出てしまっている。そしてまた、責任主義で、責任と刑の相当性とか均衡性とか言うけれども、そこで考えられているのは何か量刑責任のようなもので、我々が犯罪論で言っている責任とは違ってしまっている。だから、それをくっつけてみたいというか、議論しないといけないのではないかな、ということを考えていて、ちょっと極端になっているのです。そこまで言わないと、つまんないかなという気もしますし……(笑)。

前田 そこはやはり、いちばん大事なご指摘だと思うし、犯罪の成否の問題と量刑の問題は、同じように重要というか、むしろ実務では量刑の方が大事だというくらいの問題だと思うんです。で、量刑でも責任主義が語られていますが、それは非常に抽象的な議論でしかないのだと思うんですよ。そこで語られるものの中には、確かに特別予防というのが入ってくる。それはそのとおりだと思うんです。

だから、責任主義の中に特別予防が入るという観点からのご指摘というのは、非常に重要だと思うし、また、考えていかなければいけないと思ったんですが。ここで出したのは、犯罪の成否の問題だけだったので、私のさっきの反論も噛み合っていなくて申し訳なかったんですけれどね。

川端 その部分は山口さんの言われる部分とつながるのですよね。

伊東 それは良く分かることなのですけれど……。ただ、もう一つ考えてみたいのは、処罰しても何の意味もない人を——実際には執行猶予をつけて刑務所に入れないということなのかも知れないけれども——、少なくとも有罪にして前科みたいなものをラベリングすることに意味があるのか、ということなのです。そこでは、私は非常に機能主義的になっていますけれども（笑）。

山口 そうしますと、誰でも一回は犯罪をやっていいということになるのではないかと思います。誰でも一回はいい、もう二度とやらないから、誰でも一人は人を殺してもいい。そういうことになりかねないのではないかと思うのです。

川端 特別予防の面だけから言えばね。

山口 殺人なんかは、本当に一生に一度あるかないかですよ。

全員 （笑）。

山口 そこで、一回はやっていいのだということにはならない、理屈はともかく——理屈もついてくると思ういますが——、やはりそこに特別予防の考慮を入れてきて、犯罪の成立を否定するということには、やはり越え難いハードルがあるように思うのですが（笑）。

川端 それが、非難可能性の持つ意味でしょう？

山口 いや、人間が犯罪予防の道具になるというだけでは刑罰を正当化できませんから、非難可能性はその正当性を基礎づけるものである、刑罰の付科がそれ自体として正当であるとされるためには、非難可能性が認められなければならないと思います。その意味では、責任主義は、非難可能性により基礎づけられていると思います。

前田 それはまたあとで問題にしたいと思うんですが。

　今のところで、可罰的責任論の中でも、やはり特別予防という観点が欠ければ無罪にして良いというのは、あまり表に出てきていないということでしょうかね。伊東さんが、試作（？）として考えている感じ……。

伊東 私、どこかで書いたかなあ…？　無罪で良いという考え方でいけるかもしれないと、書いたかもしれません。

川端 それは論理的可能性としてはあり得ることですよね。

伊東　可罰的責任論で、他行為可能であっても責任を否定すべきであるとすると、犯罪の成立を阻却してしまうわけですから。ただ、そこまで言っている方が明確にいると言えるのかどうか……。
　前田　これは、だから理念型として出したんですよね。
　伊東　まあ、無罪というところまで行くのだろうなと思います。ただ、説明は非常にきついですね。
　前田　私が、消極の意味で、可罰的責任論に触れてしまったから、申しわけなかったんですが（笑）。

8．道義的責任論と社会的責任論
　川端　まあ、これは、可能性の問題ですから、あとで議論することにしましょう。
　道義的責任論と社会的責任論についてはどうですか。
　伊東　それについては、最近、社会的責任論ということの理解が若干変わっているのかなと思うのですよ。なぜかと言うと、例えば曽根さんが『法学の根底にあるもの』に寄稿した予防と責任の関係についての論文があるのですが、私の見解を批判する中で私の立場は社会的責任論だって書いてあるのですよ。
　前田　不勉強ですみません。
　伊東　堀内さんと私を、社会的責任論者として挙げてあるのです。
　川端　それは、どういう内容ですか。少し説明して下さい。
　伊東　まさに今の積極的一般予防の問題にも関連する論文なのですが、要は、堀内さんや私が非難可能性の基準を一種、一般人ならば云々ということで決めているのが、どうも社会的責任論であると、そういうふうに書かれているのです。
　川端　個人の責任ではなくて……。
　伊東　ええ、一種の標準人的な発想で、そこから外れたものを処罰するという、そういうことで言われていると思うのですけれどもね。それは、過失のところの基準行為の逸脱というのと同じレヴェルで曽根さんは考えられて、私などを批判されているのではないかと思います。でも、ニュアンス的

に分からないのですが、どうなのでしょう、前田さんとか山口さんは……。
　前田　それは、次のところを述べてから議論することで。

9．自由意思論・非決定論と決定論
　川端　では、だいたいこれで問題の所在が分かりましたので、次に入りましょうか。
　前田　では、少なくとも非難可能性は必要だという共通の見解を前提として、先の議論に移りたいと思います。
　非難可能の中身ということにつきましては、先ほどの道義的責任論の話にもつながるのですが、「自由意思に基づくが故に非難し得る」という説明がなされてきたわけです。現在でもやはり、意思決定論と意思自由論の対立があって、数としては微妙なんですが、相対的意思自由論というのがかなり有力である。例えば、西原先生の言葉を引用しますと、というのはこの場にいる方の言葉を引用するよりはやりやすいのでそうしたんですが、「一般の確信に基づいている分だけ決定論より科学性が高い」ということです。川端さんもこれを引用されていたと思うんですが……。
　川端　そうですね。
　前田　で、こういう考え方が、今でも強いし、多数説的なんだと思うんです。それで、ここから先は、私の個人的な見解になるんですけれども、私は、自由意思があるのかどうかという哲学的な問題は、いつかは解決し得るものかも知れないが、少なくとも現段階では回答不能の問題で、それを持ち出すと水掛け論になってしまうだろうと思うのです。こういう説明よりも、やはり目的刑論的なと言いますか、決定論と仮定する必要があるかどうかというのもまた微妙な問題だと思うんですが、刑罰の制度としては、広い意味での犯罪防止という国民の利益で正当化される、基本的には、より多くの国民の利益のために刑罰を科す、その意味での相対主義といいますか、目的刑主義から説明するという方が、現在の日本では共通の土俵を作りやすい。その中で、多数説が実質的に要求している倫理的非難、責任非難というものを説明していくべきなんだと思うのです。私はそういう考え方を採るわけです。そうしますと、刑罰の広い意味での効果というものを探究して行く上で

は、非難可能性があればその効果が出るというより、非難可能性のない行為を処罰するとそういう効果が減じるという意味で、やはり非難可能性という概念が必要になるのではないか。これは、論理的に演繹されるというわけではないですが、

(1) 一般人に肯定される「非難」を向け得るから、そういう行為を処罰するから、その処罰を国民が納得するので、刑事システムとして国民に受け入れられて、安定的な効果が生ずる。

(2) 一般人の共有する「非難」——この非難概念というのは、一般の人が非難できるかどうかということでだいたい規範として共有されているということが前提です——に値する行為さえしなければ処罰されないと思うから、そういう「非難」に値する行為をしないということで日常の行動における予測可能性が与えられて、また、これに伴って刑罰の一般予防効果も期待できる。

(3) 特別予防の観点からいっても、非難に値しないような場合に処罰されたら「不運だ」と思うだけで、特別予防の効果も上がらないだろう。

以上のような意味で、非難可能性という概念が、目的刑論からも使うことに合理性があるし、また、西原先生のおっしゃる「一般の確信に基づいている」ということも、ある意味でその通りだと思うんです。意思自由論が一般の確信に基づいているというのは——やはり人間は自由に行動しているから非難し得る、というか、なんとなく非難し得るものが実在するという意識があって、それがかなりの国民に根づいているという意味で、確信に基づいている。そういうのは分かるんですが、ただそれが自由意思論から出てこなければいけないかというと、必ずしもそうではなくて、大事なのは「一般人の確信に基づいているというところから出てくるものである」という点にあると考えるんです。こういう考え方は、積極的一般予防論とは必ずしも直結しないと、私は思っております。刑法の任務というのは、必ずしも規範自体を強化するという点のみにあるわけではない。そういう面がないとは言わないのですが……。このように考えることは、非難可能性の中身を特定していくうえでも非常に重要な意味を持っていると、私は思います。目的刑論をとるにせよ、応報刑論をとるにせよ、土台として、非難可能性がなければ処罰し

ないという議論は共通しているのです。問題は、何が非難可能性の中身なのかをいかにして明らかにしていくのかということです。その中身として具体的に差がつくのは、先ほど言った相対的応報刑論の中で、応報刑を母体とする考え方なのか、目的刑を中心とする考え方なのかの対立なのです。そこで、倫理の重視とか、非難可能性にどこまで強く規範的なものを要求するかという差が出てきているのだと思うんです。しかし、「非難可能性」の内実というのは結局、その国、その時代の国民の常識みたいなもの、西原先生の言葉で言えば「一般人の確信」みたいなものに、行刑の理論とか科学的手法なども加えて、責任概念を明らかにしていかざるを得ない。自由意思論を基盤とする道義的責任論、意思の自由から出てくる、論理的に導かれる非難可能性という概念は、あまりに硬直しているという感じなのです。そのような考え方では、現実的な対応について苦しくなるのではないかという気がするんです。もちろん、逆に言いますと、規範的なもの、責任の正当化というものを功利的に考え過ぎることによって処罰範囲が動きすぎるという批判もあるわけなんですが、私はむしろ、自由意思論を基盤とする形而上学的な道義的責任論の方が、社会的な対応という意味ではデメリットが大きいのではないかというふうに考えます。以上が私の主張なんですが。

10．自由意思と非難可能性

川 端　今、前田さんから、自由意思と非難可能性との関連が説明されまして、西原先生の所説を援用されましたが、私自身も西原説は妥当と考えて支持しておりますから、その観点から、まず先に触れさせていただきます。

　前田さんは、決定論と非決定論との対立を前提にした上で、相対的意思自由論が現在の通説的な見解であると述べられましたが、これはその通りだと思います。責任論の大前提として、相対的な意思自由論が採られているわけです。問題は、それをどのように根拠づけるかということにあり、この点をめぐっていろいろと争いがあるのですが、決定論がある意味で科学主義的な概念を用いて説明してきた関係で、これに対抗するために非決定論はどうしても形而上学的にならざるを得ないわけです。しかし、それを科学性という観点から論証するのは、ある意味で無理だと思うのです。自由意思はあると

言えばあると言えるかも知れないし、ないと言えばないとも言えるという状況で、積極的にその存在は立証できないと、私は思うのです。しかし、程度の問題として国民意識の中でどの程度実証的にそれが認められているかということであれば、この「一般人の確信」しか、今の段階では援用できないのではないか。私はこのような考え方をしております。

では、なぜ、そのように不確定的なものであるにも拘わらず、あえてそれを持ち出さざるを得ないかが問題となります。非難可能性の観念が「他行為可能性」を前提としないと認められないことにその理由があります。単に形式論ではなくて、実質の問題としてもそういうことが言えると思うのです。前田さんは、「一般人の確信に基づいている」ということ自体が重要な意味を持っていて、それを基礎にして社会的制度としての刑罰を考えて行けばよいという趣旨のことを言われたと思いますが、やはり問題は、なぜ「一般人の確信」がそこに得られているのかという前提の部分であって、ここが重要なのだと思います。そういう点について共通の認識があるから、それに対して非難が可能であり、だからこういう行為をやってはいけないのだという形で規範意識が高まってくるのです。

そこにおいて一般的な説得力を持つのは、やはり相対的な自由意思であって、我々は常識的にそれを承認しているのだということにならざるを得ないのではないかと思うのです。それは単なる形而上学的な意味での問題ではなくて、国民一般が持っている非難の意識、つまり非難を基礎づけるものとして、相対的な自由意思を皆当然の前提としているのだという趣旨なのです。それが、刑罰の効果にも響いてくるわけで、その点は、私は前田さんが言われたのと同じ立場です。責任非難論の前提として相対的自由意思を置かない限り、国民の規範意識という部分の説明は実質的にはできないだろうと考えているのです。

この点について、何か発言があればお願いします。

山口 私は、そもそも「非難」というものが出てくるのは、刑罰が「非難」という意味を持たされているからなのだと思うのです。もし、刑罰が、例えば病院への入院と同じだとすると、何も「非難」する必要はないのであって、入院が必要かどうかを判断すればいいだけの話です。ところが、刑罰

が「非難」という意味を持たされているから、それに見合ったもの、それを正当化するものが行為者になければならない。そういうことだと思います。その意味で、前田さんが理解されている「非難可能性」の基礎づけの仕方とは違いますけれども、要は、わが国では、あるいは一般に、刑罰とはそういう「非難」という意味合いを持ったものだという了解で制度化されているものだから、それに見合った「非難」というものが当然必要である。そこではやはり、先ほど川端さんがおっしゃったように、結果回避可能性、他行為可能性が当然前提になっているので、そういうものがある場合には非難できるというように我々は考えて処罰している。そういうことになるのではないか。理論的にはさらに詰める必要があるでしょうが…。

伊東 私もおそらく実質的には同じになると思います。結論だけ言ってしまえば、要は、意思の自由が決定されているとか決定されていないとかというよりは、刑法あるいは刑法学の枠組として、少なくとも相対的な自由はあるんだということをとにかく出発点にしましょう、そういう了解があるのではないかなという——あることにしましょう、と言わざるを得ないのではないかというのが、私の発想です。

山口 さらに言えば、それがないと、刑罰という制度が成り立たないのではないかと思いますが……。

伊東 私が、刑法とか刑法学と言ったのは、その趣旨なのですけれどね。要するに、そもそもその議論で始まったからこういう概念ができてきたという言い方をした方がいいのかも知れません。

山口 ですから、21世紀になって、刑罰が非難であるというのはやめます、別に前科というのは変なことではない、単に病院に行くのと同じです、そういうことになったら、それを科すための要件はガラッと変わってくるということになり得ると思うのです。

伊東 変わってくるでしょうね。

前田 そうですね。刑法の歴史の中でも、そういう「非難」なき刑法というのはあり得たわけでね。「非難」という概念自体が、出生のときの拘束性と言いますか、そういうものを持っているというのはそのとおりだと思うし、刑罰の制度がそういうものを予定しているのだというのも、そのとおり

だと思うんです。ただ、自由意思、意思の自由論が前提にないと、「非難」が出てこないかというと、私はもう、その問題は括弧に入れてもいいんではないかと言いたいわけです。

　先ほど、川端さんからご説明頂いたんですが、伊東さんも意思自由論を仮定するということですか。

　伊東　そうです。

11. 「予防」と「非難」

　川端　予防の観点を徹底していくと、先ほど山口さんが触れられたように、牧野説みたいに責任概念がいらなくなってしまうのですよね。危険性の概念だけでいいわけでしょう。つまり、行為者の危険性ですね。非難可能性は全くいらないのですよね。刑罰は要するに治療処分でしかないわけですから……。一種の病気に対する治療になるわけですよね。

　前田　いや、現在の刑罰というのは治療処分ではないという前提でできているわけですよね。

　川端　そう、現在のシステムはサンクションという意味を持たせていますからね。今、言ったのは牧野説に立った場合の話です。

　前田　ええ、だから、サンクションを加えるには、国民の非難可能性みたいなものがないといけないという発想なんです。

　川端　ええ。サンクションである以上は、「お前は悪いことをしたのだから、それに見合うだけの償いをしなさい」と要求されることになりますね。

　前田　そのときに、だから、意思自由論から出発しなければいけないのかということなのです。

　川端　それがないと説明がつかないのではないかと思います。例えば、病気のように、本人の意のままにならない状態で行ったものについては非難できないという前提をとれば、これは意思自由を認めたことになります。そのように解しないと、サンクションというのは無意味になってしまうわけですよね。意識的な活動をしている者に対するサンクションというのは、自由にその行為ができたからこそ、それに対する見返りが要求される点

においてサンクションとして意味が生じてくるわけです。リアクションが単にそのような行為を二度と犯さないようにするためだけの、いわば病気の治療のようなものになれば、今言ったような議論は全くいらなくなってしまうわけですね。

　山口　後の責任能力の議論にも関わってくるわけですが、例えば、制御能力がないということで、回避できなくて責任阻却になる場合と、それから、やったのだけれどもやらないことができたとする場合とを区別する必要があるわけです。そこで自由意思論を仮定するのかどうか分かりませんが、そういう考慮が入っているということは――自由意思論から説明するかどうかは別にしても――否定できません。

　前田　ですから、国民が納得する非難可能性の中に、「やはり、選べたじゃないか」というファクターが入ることを否定しているんではないんです。ただ「完全な自由意思に基いて選択した」という風に立証できた場合のみが、非難可能だとは限らないと申し上げているのです。つまり、伝統的な意思自由論・決定論の対立、さらに相対的意思自由論・ソフトな決定論のいずれが正しいのか、さらにより基本的には、「人間の行為は自由な意思決定に基づいている」という哲学的な命題が理論的に解決されなくても、要するにその時代の国民一般から見て非難できるような内容を刑罰の要件に要求すればいいじゃないか、そういう発想なんですね。

　川端　前田さんが言わんとするところはよく分かります。要するに、意思自由の問題の部分を実際は括弧に括ってよいということですね。

　前田　そうですね。

　川端　結論は同じだからいいではないかという面はあるのですよね。しかし、先ほど伊東さんが言われた「予防の論理」でずっと行った場合に、「非難可能性」というのが消える可能性があるんですよね。それがいらなくなるという可能性が出てきますね。

　前田　だから、論理的にはそうなんですけど。牧野先生のような予防だけで行くと、刑罰の目的・効果が減殺されると言いますか、だから「非難」が必要なんだと考えるのです。その説明のレトリックみたいなものなんですが。

川端　そこは別に積極的に言っているわけではなくてね。規範の維持・強化という効果の面からすると、「非難可能性」が必要だということを前田さんは言われているわけですね。
　前田　いやいや、維持・強化のところは、これはちょっと……（笑）。
　川端　違いますか（笑）。
　前田　ちょっと別ですが。

12．自由意思と責任能力
　伊東　前田さんや川端さんの議論と嚙み合わないかも知れませんが、要するに、私が相対的であるにせよ自由な意思はあるのだと言うのは、逆に言うと、責任能力のある人は自由な意思を持っていると仮定されるから、通常は他行為可能性があるだろうということなのです。しかし、そのときに、行為者個人に本当に他行為可能性があったかなかったかは、はっきり言って立証不能であり、むしろ、他行為可能性がなかったからやったんだということにもなるわけですね。可能性だから、そこはまた難しいのでしょうが……。そこで、私などは仕方なく、責任能力がある人間というのは基本的に、相対的にせよ自由意思がある。それは一般人として、責任能力という一般類型を考えたときに、あるのだと構成する。つまり、一般人ならば他行為が可能ならば、というふうに、実は私は置き換えてしまうのです。そこで機能しているので、先ほどどちらでも良いと言ったのは、実は厳密な意味での、個人の行為者そのものに自由意思があったかなかったかというのは……。
　前田　問題にならない。
　伊東　問題にならない。というより、問題にしようがないのではないかというのが、私の発想なのです。
　山口　そうしますと、責任能力は個別行為者について判断していることとの間に理論的齟齬がないのかという問題が生じると思うのです。
　私は、自由意思論との関係でいえば、刑罰というのは「非難」という意味をもって導入されている、ということは「非難」を基礎づけるものでなければならない、では「非難」とは何かと、そこで考えるのはやはり他行為可能性である。これを自由意思というなら自由意思である。刑罰は、こういうも

のとセットになって考えられているものなので、当然そういうものとして刑罰の要件は考えられることになる。いわばトートロジーなのですが。

伊東 うん、トートロジーですね。

山口 そういうように言うしかないのではないか。

前田 論理必然に「非難」という概念が他行為可能性と結びつくかというと、私は、それはどうかなと考えるのです。少なくとも、日本において今後何十年かはそれで行くかも知れないけれども、そうではないかも知れない。ただ、そのくらいのスパンで考えると、そもそも刑罰というのではなく病院に行くという世界に移ってくるのかも知れないですけれども。

要するに「非難」という概念も、時代拘束性があると言いますか、それはそうなんだと思うんです。ただ少なくとも、現代の日本の社会で「非難」概念が他行為可能性とほぼ一対一対応として結びついているというのは、私も認めるんです。

伊東 先に山口さんの意見の方について述べると、それは責任能力の考え方の問題で、責任能力をいわゆる個別行為時に関して考えるか——責任要素説をとるか、責任前提説をとるかで論理的な矛盾というのは必ずしもないと、私は思っているのです。

前田 それはちょっと話が違う…（笑）。

伊東 それはまあ、責任能力の話ですので…（笑）。

ただ、前田さんのこの発想は——あまり良い表現ではないかも知れませんが——、下手をすると、処罰すべきだと思った人間には、処罰するのが相当だと一般人が思う者には、責任があるということになるのではないかと思うのです。

前田 だから、非難概念を導くところでのフィルターのかけ方と言いますが、そこが難しいというのはご指摘のとおりだと思うんです。ただ、逆に、国民の意識とは全く無関係に非難の概念を不変的なものとして固定できるかと言いますと、私は無理なんだと思うのです。

伊東 それは無理でしょうね。

前田 ただ、おっしゃる通り、「権力が処罰しろといったものを全部処罰する」、というような形になることが危険だというのは、そのとおりだと

思うんです。

　ただここでは、積極的に非難できる人間を処罰しろというより、消極的責任主義が問題となっているわけです。処罰の要件として最低限責任非難としてはこういうものが必要なんだという議論です。しかし、積極的責任主義に転化する面が出てくる可能性もありますのでね、そこは、注意しなければいけない。

13．積極的一般予防論の主張内容をめぐって

川端　そうですね。
　それと、前田さんが積極的一般予防論について主張された2つの点、つまり「規範の維持強化」と……。

前田　いや、これは私のじゃなくて、積極的一般予防論とはこういうもので、こう言われているけれども、私は必ずしもこういう考え方はとらないと、そういう言い方で説明したのです。

川端　そうですか、ごめんなさい。そうしますと、「処罰によって法的誠実の訓練がなされるべき」というのも同じ趣旨ですね。

前田　そうです。これも、積極的一般予防論の議論で、この頃こういう議論がかなり見られる。これはドイツの影響だと思うのです。いちばん最初は、誰が言い出したのか。現在は、ヤコブスとかが最も引用される……。

伊東　ロクシンとか……。

前田　誰が持ってきたのか……。

伊東　シュペンデルかな。

前田　いやいや、日本に……。

伊東　日本に紹介した人ですか？

前田　堀内さんより前に……。

伊東　堀内さんより前は、誰でしょうね。でも、堀内さんも結構早いですよね。どこに書かれていたのでしたか、団藤古稀ですか？

前田　それより前に下村先生が紹介された。『警察研究』の中に論文があります。

伊東　ありますね。

川端　斉藤誠二先生も紹介されたのではなかったですか？
前田　ああ、そうですね。
伊東　ただ、この前田さんの理解は……。
前田　ちょっと正確じゃないですよね。
伊東　積極的一般予防の考え方というのは、要は、ある人間が処罰されるのを他人が見て、それによって、法に従う方が良いという価値体系を植え付けましょう、ということなのでしょうね。
川端　それを見て勉強しましょうということですね。
伊東　そうです。一種、そういうものですね。
前田　まあ、規範化するというかね。
山口　その場合に、その内容が問題だと思うのです。処罰されなければ何をやってもいい、法に触れないで行動する限りよいのだという考え方と、いやむしろ法体系の実現している価値を積極的に自己に取り入れて同一化していかなければいけないのだという考え方。その２つの考え方の間で、抽象的に議論している限りではあまり差が出てこないかも知れませんが、例えば違法性の意識とか、具体的な問題を議論してくると違いが出てくる可能性があるのではないかと思います。
伊東　それは、むしろ昔から認識されていた問題で、先ほど私がこだわって言ったことと同じなのですけれど、ドイツの代案グループが刑罰目的のところで社会復帰とかリハビリテーションとかを言っているとき、その解釈はすでに分れ得たのです。犯罪者を社会にどう戻すのかというと、私などの行為無価値の立場から言いますと、結局は、法に従うように謂わば価値観的に洗脳でもするのかなと言って笑っていたのですけれども、その時自分自身で考えたのは、いやそうではないのだろう、確か、平野先生もちょっと言われたことがあると思いますが、要は、せめて刑務所から出て来た時に、法に触れないような生活をできるようなレヴェルにすれば良いとなるのだろうな、ということでした。一種の処遇内容の問題みたいなことにもなるのかも知れませんね。
　そういう意味で、先ほど前田さんが行刑理論と言われたのが、それに関わってくるのかも知れませんが、かなり差があり得ると思うのですよ。積極的

一般予防というのは、かなり強いものを持ってくるのでしょうね。

前田 少なくとも、そういうものを含み得る議論なんでしょうね。一時期ほどは、いまは議論されなくなった気がしますが。

伊東 私の見方に拠れば、積極的一般予防論というのがまさに行為無価値につながってくるのだというのが明らかになってからは、ガタッと落ちましたよ（笑）。

前田 さっきの議論に戻っちゃうけれど、行為無価値・結果無価値につながるかどうか、これはちょっと…（笑）

川端 難しいですね。

II. 日本の責任能力概念の規範化

> 論題提起＝前田

責任能力の方に議論を移して行きたいと思います。

責任能力の定義は、言わずもがなかも知れませんが、「事物の是非・善悪を弁別し、かつそれに従って行動する能力」ということで、非難を向け得るだけの能力、他行為可能性がなければいけないと言い換えられてきたわけです。これも先ほどの議論とダブってしまうんですが、道義的責任論というか意思自由論的な考え方としては自由な意思決定能力であり、これに対して、社会的責任論は刑罰によって社会防衛の目的を達し得る能力ということになる。

私は、刑罰の要件ですので、やはり一般から見て「非難を加え得る」と考えられるだけの能力は必要だと考えるわけです。問題は、「非難を加え得るだけの行動能力」の内実です。これを他行為可能性と言い換えてみても明らかにならない。「是非・善悪の弁別」と、かつ「それに従って行動する能力」ということで答えになるようにも思えるんですが、問題はその中身でして、

それの最近の変化というますか、その中身が規範化しているのではないかということなんですね。

　このレジュメは書き方が悪くて、一見しても流れが読み取りにくいんで恐縮ですが、戦後ある時期までは、責任能力概念は、規範化とはむしろ逆の、科学化と言いますか、事実化と言いますか、その傾向が強かったんだと思うんです。医師とか心理学者の評価を尊重することが当然とされた時代です。これを象徴していたのは、昭和57年の刑法学会の分科会です。これは全員が参加されていましたかね。

　山口　春の学会ですか、それとも秋ですか。

　前田　ええとね…（笑）。

　山口　私は、57年の夏から留学していたので…。

　前田、他　（笑）。

　前田　いや、刑法学会で責任能力を、佐伯千仭先生なんかも参加されて、議論したんですね。で、そのときに大谷先生が「生物学的要素を重視する傾向は、近年顕著になってきた」ことを確認されて、司法精神医学者と裁判所との間に「慣例」を確立し、鑑定の拘束性を高めていくべきとの主張をなされた。生物学的方法の重視ということだったと思うんです。

　それが、その後規範化してきたと言いますか、精神医学との間に距離を置くようになっていく。ちょっと不正確な言い方かも知れませんが、「慣例」を形式的に当てはめることをやめるというような方向に動いてきているのではないかと考えているのです。これが責任能力概念の規範化という意味なんですが。

　ちょっと説明が行きつ戻りつになってしまって恐縮なんですが、学説がこの「慣例」をなお重視すべきだといっていた時期、57年に学会で生物学的方向への移行ということが強調された頃に、実は判例は、別の方向にすでに動いていた。最決昭和59年7月3日の判例（最㈢決昭和59年7月3日刑集38巻8号2783頁）で、分裂病の取り扱いが変化しています。すなわち、裁判所が被告人の犯行当時の病状、犯行前の生活状態、犯行の動機・態様などを総合して、法律的・規範的見地から判断するということになったわけです。

　もちろん、心神喪失・耗弱というのは法的概念で、最終的に法律的な、法

律家の判断に服するというのは、当然といえば当然なんですが、やはりそれまでの取り扱いからは変わったと思うのです。そして、それに対して鑑定医の世界では不満があったということなんだと思うんです。このような、医者離れの動きの背景としては、山口さんと私が一緒に学会報告をしたときの話になってしまうんですけれど（笑）、昭和50年代以降に生じた覚せい剤事犯の異常な多発化とも関連しているのではないかと考えています。あの当時もそう報告したし、今もそう思っているんですが。覚せい剤の薬理作用というのは、分裂病と非常によく似ているとされています。幻覚・妄想状態等が似ているんだそうです。で、精神医学の通説は、覚せい剤中毒患者というのは分裂病と類似しているから分裂病と同じように評価する。そして分裂病は、原則として無能力であると鑑定をしていたわけです。しかし、裁判所の評価はズレが生じてくる。なんで、自ら覚せい剤を注射した奴が無罪なんだということです。こういう中で、次第に、医者の言うとおりではない責任能力判断みたいなものが出てくるんです。こういう意味の規範化のうえに、さらに（これは、レジュメの(4)にもつながるんですが）、法と精神医療学会などの話を聞いていますと、医者の世界の話では、他行為可能性と言いますか、行動制御能力の判定は困難なんだという議論が有力になりつつある。それを、裁判官が代替して、先ほど言ったような国民の感覚から「非難」可能なものを認定する。そういう形になってくる可能性が含まれているわけです。

　これを、アメリカと比較しながら見てみますと——非常に大ざっぱな話ですが——、日本の責任能力論について、この時代の研究がないわりに、アメリカの研究の方が分かりやすくまとまっています。で、19世紀からずっとマクノートン・ルール、すなわち、精神異常の抗弁が成立するには、その行為時に被告人が、精神の疾患のために、自己の行為の性質を認識できず、又はそれを認識したとしてもその邪悪性を認識し得なかったほど理性の欠けた状態にあったことが明確に証明されなければならない。それが証明されたときには、精神異常の抗弁が成立する。要するに、是非・善悪の弁別能力を要求することに近いんだと思うんですね。これでずっとやってきて、1950年代からは、生物学的方法を徹底する、ダラム・ルールなんかが登場してくる。60年代になると、模範刑法典には——これを作ったときには、ドイツの影響も

もちろんあったのですが——、日本やドイツの責任能力概念とほぼ同じ内容の、是非・善悪の弁別と、それに従って行動する能力というのが、適用されている。

ところが、1980年代以降、ヒンクリー事件が起きて、激動の時代を迎える。大統領を狙撃したヒンクリーが精神異常の抗弁で無罪になったのをきっかけに、学説だけでなく立法も動きました。ひとつの流れは、精神異常の抗弁を廃止する。行動制御能力をチェックしない州というのがかなり出てきたわけです。もうひとつの流れ、これは少数なんですが、精神異常の抗弁の修正、具体的には制御能力の要件をはずす州が出てきた。メンズレアがあればそれだけで処罰してよいという主張なので、メンズレアアプローチと呼ばれるわけです。

それに対して、医者とか法律家からはやはり、精神異常の抗弁の修正、すなわち、メンズレアアプローチというのは、刑法の道徳性を否定するものだという批判があったわけです。ただ、立法としては、メンズレアプローチがいくつかの州で採用されている。

以上の点を踏まえて、私は、責任能力概念というのは、現在の日本に限定すれば、もちろん他行為可能性という概念と無関係ではあり得ないと思うんですが、医学的な進歩とか、いろいろな状況の変化を考えますと、観念的・演繹的にと言いますか、一つのものに決まるものではないのではないかと思うのです。少しずつ動きながら、究極的には刑罰にとって必要な「非難」という概念に合わせて法律の世界で適用していくものだと思うんですが、大きな流れとしては、今の状況の中では、日米ともに医学モデルの後退という形が見られる。

また、「被告人が自己の行為を制御できたかどうか」に関する科学的基盤の不確かさがあります。これは、科学的な問題として解決されるべき問題なのかも知れないが、ただ、精神医学という決定論的な学問では、制御可能性に解答することは困難であるという議論もかなりなされているわけです。

アメリカでも、基本的には、日本の相対的応報刑論的な発想が基調ではあるとは思うんですね。応報（desert）が刑罰の前提として必要だという議論は強い。その中で大きく揺れ動いているわけですけれども、やはり、道義的

責任論に基づく「堅い応報概念」を前提にすべて説明するのではなくて、具体的な、妥当な責任能力概念の設定という観点から——もちろんそこには国民の常識ということが入ってくるわけですが——、責任能力概念を考えて行くべきではないかと考えます。

ちょっとオーバーに変化を強調しているわけですが、やはり微妙に動いて行くものであると。そういう気がするということなんですけれども。

本 論

1．他行為可能性と責任能力

川 端 「他行為可能性」概念と責任能力概念という問題も絡んできますが、この点については先ほど山口さんが触れられましたので、まず山口さんからお願いします。

山 口 基本的には、やはり、他行為可能性が非難可能性を基礎づけるという考え方で日本の責任能力の定義も考えられているのではないかと思うのです。けれども、前田さんのご報告にもありましたが、実際上、制御能力は一体いかなる意味で判断可能なのかが、お医者さんからも問題とされているということです。責任能力規定が現実に適用される場合に、一体どういう考え方からその現実のルールが導かれてくるかということになると、やはり前田さんの言われたように、一般人が見て納得するかどうか、実質的に見て納得し得る基準かどうかということになってくるということは、理解可能だと思います。ただ、基本的な考え方から完全に離れるというわけにはいかないと思いますが。

前 田 お医者さんたちも、実行行為からかなり離れた時点で、鑑定を行う。犯行行為時の制御能力というものを判断するときに、かなり困難なものをどういう観点でやっているかと言うと、やはり他行為可能性的な、常識的な判断を入れているのだと思うんです。意思自由論、哲学的なものを前提にしているわけではないですけれども、暗黙のうちには、少なくとも日本の現

状では、行動の自由、自由に行動できたはずであるかどうかの判断はしているのだと思います。それは私も認めるんですけれどもね。

　ただ、微妙には動いて行く。責任概念がこうだから、責任能力概念がこうだというのを、非常に大ざっぱな範囲で決めるというのは、私はそれほど異論はないんです。しかし、重要な部分、すなわち、具体的な処罰の範囲を確定するうえでの微妙な責任非難の線をどう引いて行くのかというところでは、やはり動いて行くかなという感じなのです。そしてその際に、医学とか、国民の意識とか事件の重大性なども響いてくるのではないかなという気はするんですが。

川端　日米の比較で、前田さんはこういう結論を出されたわけですが、その点はどうですか。

山口　責任能力は、一般の国民がリアクトする問題であって、かつ、アメリカのような国では、それに流されることがあるというのはよく分かります。ただ、日本は幸いなことに——と言えるかどうかは分かりませんけれども——そうなっていません。実状として、前田さんが言われたように動くことがあっても、そんなに大きくズレるということはないのではないかと思いますが。

前田　その点は私も全く同意見で、日本の方がぶれない。また、アメリカがぶれたのを見て、オーバーに取り上げるのは危険だというのもその通りだと思うんです。

川端　伊東さんはどうですか。

伊東　まず前田さんに伺いたいのは、先ほど言った問題の繰り返しになりますが、責任能力、あるいは他行為可能性は、個別の行為ごとに見るということなのか、ということです。

前田　私はそうですね。

伊東　そうでしょうね。

前田　当該犯罪行為についての責任能力という考え方ですね。と言っても、その人が病歴を持っていたりすれば、個別行為と言ってもかなり広い範囲のものを対象とするのですけれどもね。ただやはりあくまでも、犯罪の成否の問題であり、その時の責任要件の有無ですから、その犯罪行為を特定し

て、その行為時ということは動かせないのだと思うんですけれどもね。私の考えでは。

2．部分的責任能力概念の肯否

伊東　最近、ペドファイル、幼児に対する病的な性的加害者の責任という問題を考えていたのですが、結局、ある特定の性格の行為についてだけ責任がないということを認めるかどうかという問題になってくるわけなのです。

川端　いわゆる部分的責任能力論ですね。

伊東　部分的責任能力についてはどう考えられるのですか。

前田　それは、行為によってはあり得るんだと思うんですけれどね。

川端　それは、判断能力の点で、規範的な意味理解が絡んでくるからそうなるのですか？

前田　まあ、責任能力の判定というと、相当重度な精神障害の人だと、ひとつの犯罪行為について責任能力が否定されれば、事実上はほとんど全部かぶってしまうと思うんですが、論理的には個別行為ごとに責任能力を考えるということになるんじゃないかと思います。そこはあまり考えたことはないんですけれども。

伊東　私は、最近、そう考えてくるとまずい側面があるのかなという気がして、先ほど言った責任の前提説のような考えにきちゃっているのです。

川端　なるほどね。個別行為ごとの責任能力を認めますと、違法性の認識の可能性の問題と直結してしまうのですよね。

前田　責任の前提説というのは？

伊東　要するに、ある行為について事理弁別能力があったか、と言うよりはもう少し一般的なレヴェルで考えていこうという立場ということになります。

前田　その人が能力者かどうかということですか。

川端　およそこういう問題についてちゃんとした判断ができるかという考え方です。

前田　「およそ」と言いますと？

川 端 一般的に一定の事項について一定の判断能力があるかどうかということですよね。個別的な行為それ自体についてではなくて一般的な観点からみた判断能力の問題です。

山 口 そうすると、結局、その人が病気かどうかということに尽きるんですか。

伊 東 そういうことです。

前 田 まあ、生物学的な方法が有力化したときには、そういう議論が有力化したことは間違いない。伊東さんとは全然別のコンテクストかも知れないけれども……。

伊 東 そうなんです。そういう意味で、私は昔に回帰しているのですよね（笑）。

今の制御能力の判断云々という問題がありますけれど、やはり、ある行為については責任能力があるけれど、他の行為についてはないという判断が本当にできるのかどうかということがよく分からないのがひとつ気になります。それから、一種精神的な障害というか生物学的なレヴェルでの何かがあった場合でも、おそらく裁判所は責任無能力というふうには行かないだろうし、前田さんのように一般的確信ということを考えたときにも国民の納得が得られないという側面があるので、それが実質的には全員責任能力があるという方向に行ってしまうのかも知れないなという気がして、何となくどちらに踏み切るか実践的な問題としても考えています。ただ、理論的には、結局、どこかで異常な行動をしている人間が、他のところでは正常な判断ができるのだということが本当に言えるのかどうか、むしろ言えないほうが多いような気がしなくはないのです。

山 口 それは、本当はおかしいのだから――具体的な行為について、外面的には正常にやっているように見えても本当はおかしいのではないかというように考える考え方がありますね。そうでなくて、おかしければ全部無罪にするということにまでは……。

伊 東 （笑）いや、なかなか、そこまで踏み切れないのですよ。

前 田 一般人の「おかしい」というような感覚的なものをどこまでいれるかというのは難しい。逆に、お医者さんの目だけでよいのか。今だって、

全体として病気であれば、個別的に何か具体的な判断ができたとしても、責任能力は否定するということはかなりあるわけですよ。大きな尺度で言えば、生物学的なものと規範的なもののバランスをどうするのかの微妙な変化なんだと思います。ただ、分裂病だったとすると全部無罪になるという考え方は変わってきている。

3．責任能力論における規範性の問題

伊東 いや、私も、100％鑑定を採用しようというわけではなくて、まあ、鑑定というのは尊重すべきなのではないかという気がするものですから。ただ、それもお医者さんによっては全く反対の鑑定が同時に出るとか、そういうことはあるわけです。何となく、あまりにも規範的に判断しすぎているような気がしなくもないという感じなのです。

あとは、例えば、宮崎勤さんの事件でも出てきたのですが、多重人格ということを認めるか否かの問題とか、そんなようなものもあります。前田さんのように詰めてくると確かにそういう考え方、ラインというのは引けてくるとは思うのですけれども、規範性というのは強調しすぎると危険だと思うのです。

前田 強調しておかなければいけないのは、「規範的」と伊東さんが言われた、「国民の意識というのを反映させなければならない」ということですけれども、「おかしいから無罪」というのではなく「あれだけのことをしたのだから有罪」と考えがちだという問題ですね。国民の意識を直に入れてしまうと、障害者の犯罪は全部処罰せよという議論になってしまいがちなんですよね。ここで言っている「非難」などの概念というのは、もちろん、裁判官のフィルターを通したという意味ですから。

4．責任能力論における生物学的要素

伊東 ただ、私自身はむしろ、生物学的な方を重く見てしまう方ですから…。

前田 現在の判例より、もっとね。

伊東 もっと無罪にしてしまえという方向なんです。現に、いろいろな

処遇関係の人に聞いてみると、IQが物凄く低くても刑務所にきてしまっているという人はたくさんいるわけです。しかし、そのような人たちは処遇のしようもないという場合もあるわけです。あまり犯罪論の中で考えるべきことではないのかも知れないですが、私としては、何かもう少し生物学的方向の再評価みたいなものがあってもいいような気がするのです。

前田 それは、必ず揺り戻しがあると私は思うんですけれどもね。だから、変わってきているといったって、医学そのものが大きく変わったというわけでは必ずしもないし、覚せい剤もひとつのきっかけだと思うので触れたけれども、逆の例で、医学的にこんなにおかしいのに裁判官が有罪にしてしまってこんなに理不尽な結果になったという具体例が出てくれば、見直しというのはあり得ないことではない。ただ、大きな流れとして、戦後、徐々に鑑定人とか科学者を尊重する意識が弱くなってきているという感じはするんです。

川端 それは、先ほどの日米の比較とも関連してくると思うのですが、結果の重大性とかそれに対する国民の反発とか、そういったものがかなり影響してくると思いますし…。

前田 それは影響してきますよね。

川端 それと、保安処分との関連もありますよね。

前田 そうでしょうね。

川端 だからドイツではこういう状況がなくて、むしろ今言ったような形で積極的に医学的な観点から無能力として扱って、保安処分に付するというやり方でまかなっているのではないでしょうか。その辺どうですか。

伊東 いや、私、その辺はフォローしたことがないのです。

川端 前田さん、どうですか。

前田 ドイツの事情にお詳しい方に（笑）。

伊東 生物学的側面については、20年前くらいに一所懸命に勉強した頃とほとんど状況が変わっていないという感じがしますね。その頃の裁判所の鑑定の求め方というのが医者には答えられないようなものだとか、そういう問題はいろいろあったわけですが、それ以降って何かあったのですかね。私も、昭和57年の刑法学会というのは余り記憶にないのです。

前田　まあ、この時だけじゃなくて、全体の流れはやはりそうだったと思うんですよ。論文なんかをざっと見てみてもね。

5．今後の展望
　川端　今後の方向性としてはどうでしょうか。今、揺れ戻しがあると言われていましたけれども…。
　前田　やはり当面は、裁判官の規範的評価が一歩前に出て…。この間の、宮崎勤被告人の判決でも、田尾裁判長（あの人が書き下ろした判決かどうか分かりませんけれども）の書いたものは、かなり裁判官が主体的に鑑定を評価して、裁判官の目で責任能力評価をしたという感じがかなり出ているような気がしたんですね。そういう傾向は、私は強まるのではないかなと思うのです。でも、長い目で見て、医学も変わるでしょうし、行為時の行動制御能力みたいなものも、分かるようになるかも知れないし。そこのところは、先のことは分からないので、揺り戻しがあるかも知れないと申し上げたんですけれどもね。
　川端　山口さんは、この点はどのように考えていますか。
　山口　だいたい同じです。
　川端　これからの展望としてはどうですか。
　伊東　たぶんそうなるのでしょうが、それが理論的に良いのかどうかということでしょう。余り良いことではないような気もします。
　私自身は、先ほどもちょっと言いましたが、一種の社会的責任論であると言われていますし、予防的な観点は持っているのですけれども、逆にメンタルなディスオーダーのある人に刑罰を科すというのは全く意味がないという気がしています。それはそれで別のシステムを作れということを考えていますが、変な言い方になりますけれども、こういう社会的責任論なり、積極的一般予防論みたいなものが一方で残って、かつ、責任が規範的なものになってくると、何か処罰傾向になるのかなと不安になって来ますね。
　前田　障害者に関してね。
　伊東　ええ。
　前田　その問題は、ちょっと遠いように見えますが、少年の処罰化なん

かとも、大きなところではつながっているのかもしれないですね、動きとしてはね。

川端 まあ、あれも刑事責任能力の問題ですからね。

伊東 他に、アメリカで、アビューズの抗弁・虐待の抗弁とか、謂わば責任能力に関わる抗弁がたくさん出てきてますが、あのような抗弁が日本で通るのでしょうか？ おそらくだめなのでしょうね、規範的評価では。

前田 虐待の抗弁というのは、具体的にはどういう要件なのですか。

伊東 例えば、年少時に非常に虐待された人間が犯罪を犯した場合に、その虐待が精神的な発展を妨げているということでエクスキューズになる、ということと言えると思います。

前田 なるほど。

伊東 それが結構よく認められるのですよね。

前田 多重人格の議論なんかもちょっと似たところがあるかも知れないけれども、アメリカで受け入れられたものが、即、日本の裁判所にそのまま入ってくるのかと言うと、ちょっとそこは難しいと思うんですよね。というか、まず、日本の精神医学界とか犯罪心理学者の中で、それはやはり責任能力がないかという論文が出てきて、初めて裁判官も動いてくるという関係になるんだと思うんですけれどもね。

6．責任概念の内包の希薄化

伊東 最終的に言いたいのは、それでは、責任能力というのは、いったい何のために、何を議論しているのかという点からすると、内容が物凄く薄くなってしまっているような気がするということなのです。

前田 その、虐待の抗弁の議論ということを離れて…？

伊東 全体の流れの中で、要するに新しい抗弁もなかなか入らない、生物学的要素も——鑑定はとるかも知れませんが——裁判官が判断する。具体的にその人間がやれたかどうかということよりは、もう少し抽象的なレヴェルで議論していますよね。

前田 それはそうですよね。

伊東 そうすると、責任論というのがまさに規範化した——これは責任

説がいうのかどうか分かりませんけれども——その中で、こういう方向に行ってしまうと、責任自体が凄く空虚なもの、第3の要件といいながらも——勿論、山口さんや前田さんのように、故意とか過失とかいうものを責任に持ってきている人たちは、そこに非常に実りがあるのですが——、そうではないと、責任というのは内容的に薄いというか、何のためにあるのか良く分からなくなってしまう。ほとんど問題にならないでしょう。

前田 それはやはり、行為無価値論というのは違法論の中に、かなりその部分を先取りするからという面はあると思うんですよね。

山口 逆に言えば、責任が空虚なら、もっと構成要件と違法性の段階で限定しなければいけなくなるんです。ですから、是非、結果無価値論を採りましょう（笑）。

全員 （笑）。

伊東 だから、私はここで積極的予防を入れると言っているのですけれどもね（笑）。

前田 積極的予防論なんですか。

伊東 私はそうですよ、完全なる積極的予防論者です。

前田 ああそうか、ごめんなさい。堀内さんよりモデレートなお考えと思っていましたが、もっと進めてということですか。

伊東 そうです。責任は、行為無価値論を徹底すれば、ある意味で不法レヴェルでほとんど終わっている。勿論、期待可能性とか、そういうものは別ですが。それに加えて、今、責任と言っているものの代わりに、先ほど言った他行為可能性とか、再社会化の必要性とか、積極的——一般予防ではなくて——積極的特別予防的な観点をここで判断しろ、ということを言いかけているのです。

川端 それは新しい考えですよね。従来の責任説的な考え方、つまり行為無価値論をとった上で展開された責任説をとれば、今言われた形で、かなり形式的な責任論になってしまうのですよね。ある意味で理念的と言いますか観念的と言いますか、形式的な責任論になりますね。

伊東 そうですね。

川端 観念的な責任論ということになれば、せいぜい責任能力が事実的

要素を持っていたとしても、それをも規範化するという形で行くと責任の内容は形骸化しますね。今言われたようなご指摘はそのとおりだと思うんです。まあ、私はそれでいいという立場ですから（笑）、別に痛痒を感じませんがね……。

全員　（笑）。

伊東　私は、そこまではちょっと言えません。せめて、もう少し事実的なものが入っても良いのだろうなと思います。

前田　私にとっては、責任論の本体はやはり故意・過失なんですね。
　だから、責任能力が法的に規範化するということと、それが機能を失ってきているということには、ちょっと違うという認識を持っている。これはこれでデフォルメして言っていますから大きく動いているように見えますが、非常に小さな動きと言いますか、細かく見ればこう動いているということであって。やはり、現状の国民の意識みたいなものに合わせて微調整をしている。ですから、伊東さんが言うほど、憂慮すべき責任能力の状況になっているという気は、私にはないんですよ（笑）。

伊東　（笑）。

前田　日本の場合は、そんなに大きく振れすぎて危険なところに行くという心配は、私はしていないんですけれどね。

伊東　私は、世紀末的な心配をしすぎているのかも知れませんね（笑）。

7．量刑論と責任論

川端　新世紀に向けての主張のようで……（笑）。ただ、先ほど伊東さんが量刑論が抜けているという話をされていましたよね。ここではまさに、その点がもろに出てくるわけですね。責任無能力という形で、一般予防の問題を入れるという観点からしますと、伊東さんはまさにここで量刑論を展開することになるのではありませんか？

伊東　私は、ですから、量刑論というものを犯罪論の中に取り込むべきだろうという発想なのです。

川端　ですから、生物学的な要素に関する量刑の問題は、全部ここで決着をつけるわけでしょう？

伊東　そうですね。

川端　その点において伊東さんのお考えは、徹底した立場ですよね。

前田　ただ、取り込むにしても、無罪にできるほど重大なものだけということですよね。量刑事情の中のね。

伊東　いや、いままでの責任のところで特別予防の必要性みたいなものを議論して、それでゼロの人は責任阻却ということにすればいいので、ゼロではない人は今までと同じです。

山口　いや、ゼロでもできるかどうかは…（笑）。

全員　（笑）。

山口　本当にゼロになら、そうでしょうが。本当にゼロと言えるかどうかという…（笑）。

全員　（笑）。

前田　その処遇というか、説得というか…。

伊東　私が、学生の反応を見るリトマス試験紙にしているのが、例の尊属殺違憲判決の被告人の情況です。

前田　宇都宮の事件（最大判昭和48年4月4日刑集27巻3号265頁）ですね。

伊東　ええ。ああいう人――あの被告人は確かに悪いことをやっているかも知れないが、刑務所に入れて何か意味があるか、と尋ねると、そう言われればそうだと学生達は言うのですが、残念ながら、でも矢張りいけないことをしたのだから処罰すべき、ということになるのです。そこでは、悪いこと、不法をやったんだから、かつ、そういう意味では責任非難もあるのだから、とりあえずは刑務所に入れるのだという論理が明らかになるのです。

山口　いや、入れないで執行猶予です。

伊東　あの頃は（死刑又は無期懲役で）執行猶予つかないですから……。

山口　だから、刑法200条を違憲ということにして、199条を適用した上で、執行猶予ですから…。

前田　ですからその意味では、現実の裁判の中では、量刑論が犯罪論に入り込んでいるわけですよね。例えば、強盗と恐喝の限界だって、刑の重さが先に決まる。要するに、言い渡す刑が先にあって、それに合わせて犯罪類

型を動かすような作業をやるわけです。だから、確かに学者の側があまりにも量刑論を軽視しているというご指摘はそのとおりで、そういうのを視野に入れて考えていかなきゃいけないというのは大事だと思うんですが。ただ、責任論のところで特別予防というのをパッと持ってこられるかどうかというのは難しい…。

伊東　いや、その他の場合だと、これは香川古稀に書いたのですが、例の中止犯ですね。山口さんのとは、まさに結果無価値論と行為無価値論で説明が違いますが、基本の発想は同じわけで、行為後の行為者の特殊事情の評価というものを、川端さん・前田さんのお二人とは違って、違法、責任では説明できないと考え、私はそれを、特別予防の必要性の観点から捉えています。自首なども同じようにして説明できるような気がしています。

そういう意味で、責任に代えてというか、第4の範疇を作れというか、あるいは昔からあったマウラッハのいう当責性の段階を含んだ犯罪論にするというか、そのような構成が必要だと思っています。

川端　先ほど出た当罰性の問題ですね。

伊東　そうですね。

川端　他に補うことはありませんか。なければこれで終りましょう。

前田　いえ（笑）。ありがとうございました。

Chapter 7 未遂犯論

【本章の論題提起者】
伊 東

本章のレジュメ

刑法43条　「犯罪の実行に着手してこれを遂げなかった」者
　　　　　　「自己の意思により犯罪を中止した」とき

Ⅰ．未遂の処罰根拠と（あるいは）「実行の着手」

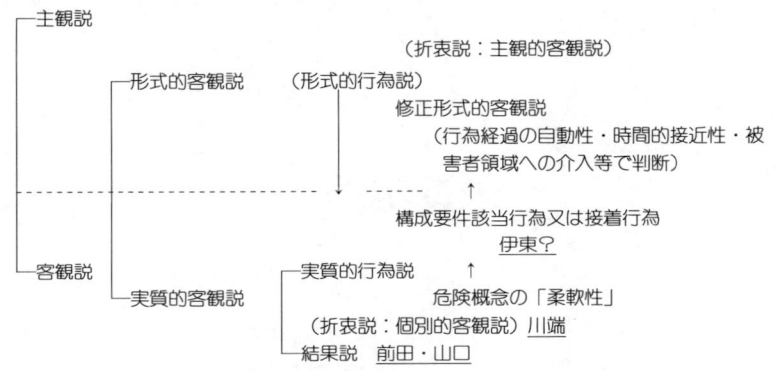

```
┌─主観説
│                               （折衷説：主観的客観説）
│       ┌─形式的客観説    （形式的行為説）
│       │                       修正形式的客観説
│       │                         （行為経過の自動性・時間的接近性・被
│       │                           害者領域への介入等で判断）
│       │                              ↑
─ ─ ─ ─ ─│─ ─ ─ ─ ─ ─ ─ ─ ─ ─ ─ ─ ─ ─ ─ ─ ─
│                               構成要件該当行為又は接着行為
│                                      伊東？
└─客観説                              ↑
        └─実質的客観説 ┌─実質的行為説 ↑
                        │              危険概念の「柔軟性」
                        │（折衷説：個別的客観説）川端
                        └─結果説　前田・山口
```

「実行の着手」判断における行為者主観の考慮
　　故意は考慮せざるを得ない。
　　　考慮される主観の範囲：「計画」全体の考慮…いわゆる折衷説
　　　　　・「計画」全体の考慮は「実行の着手」の時点を早めるか。
　　　　　例　強姦目的でダンプカーに引きずり込み、5キロ離れた地点で強姦したが、引きずり込
　　　　　　　む時点の暴行により傷害を負わせた→強姦致傷〔判例〕→引きずり込む行為自体に強
　　　　　　　姦の実行の着手を認める。
　　　　　・被害者を物色する行為自体で実行の着手を認めるか？
　　　　　・実質的・最終的に考察しているのは、危険発生の存否ではないか。
離隔犯の場合
　　　判例：到達時説（間接正犯形態の場合は、被利用者説）。
「実行の着手」は認められるが、「未遂結果」が生じない状況の発生。
　　　　　・行為者行為時に「実行の着手」を認める為のテクニカルな解釈。
　　　　　　　不作為犯としての構成　原因行為による結果回避義務の発生＋到達時に当該義務の
　　　　　　　　　　　　　　　　　　不履行で実行の着手を認める。
　　　　　　　実行行為性の遡及的取得という構成　危険が発生すると（事後的に）遡って行為者
　　　　　　　　　　　　　　　　　　　　　　　　の行為を実行行為とする。
刑法43条の新たなる解釈論
　　　　　　未遂と予備との区別基準？

II．不能犯

			判断基底	基準時	判断基準
主観説	純粋主観説		本人	行為時	本人
	抽象的危険説 （主観的客観説）		本人	行為時	一般人
客観説	具体的危険説	川端 （≒伊東）	一般人＋本人	行為時	一般人
	客観的危険説 （相対不能・絶対不能区別説）		客観的事情	事後的	一般人？
	修正客観的危険説	前田	客観的事情	行為時	科学的一般人
	修正客観説	山口	客観的事情	事後的	既遂をもたらす「仮定的事実の存在可能性」を科学的一般人
	純粋客観説		客観的事情	事後的	科学的

・判例：相対不能・絶対不能区別説？→　具体的危険説
・未遂犯の処罰根拠論との関係
　　特に、実質的客観説（実質的行為説・結果説）と整合性があるか？

III．中止犯

- （旧）政策説
- 法律説
  - 違法性減少説
  - 責任減少説
  - 違法性・責任減少説　　川端
- 併用説
  - 責任減少＋政策説　　前田
- 新しい政策説　〈純粋な政策説の復活〉

・城下裕二「中止未遂における必要的減免について―「根拠」と「体系的位置付け」―」北大法学論集36巻4号（1986年）173頁以下。
・伊東研祐「積極的特別予防と責任非難―中止犯の法的性格を巡る議論を出発点に」『刑事法学の課題と展望　香川達夫博士古稀祝賀』（1996年）265頁以下。
　　※　特別予防必要性減少・消滅説
・山口　厚「中止犯」問題探究刑法総論219頁以下。
　　※　危険消滅説

中止犯要件論の再構成
　　※　特別予防必要性減少・消滅説
　　　　結果不発生に限らない（但し、発生した場合は類推適用・準用）
　　　　「任意性」→主観説
　　　　「真摯性」→主観的真摯性
　　　　客観的担保状況？
　　※　危険消滅説

```
                結果不発生
                中止行為と危険消滅との間の因果関係
                自己の行為による危険消滅の認識
           「真摯性」がないというのは、このいずれかが欠けるに過ぎない。
           「任意性」がないというのは、行為者主観において犯行の遂行が不可能＝
                犯罪遂行による危険の不存在＝中止犯は成立の余地がない。驚愕
                による中止でも、任意性あり。発覚のおそれでも、直ちには否定
                されない。
        川端　客観説＋主観的真摯性＋類推適用
        前田　客観説＋主観的真摯性＋結果不発生
Ⅳ．その他
```

論題提起＝伊東

　未遂犯論について問題提起させて頂きます。まず、現状がどんなものであるかを冒頭でまとめてみました。未遂犯は、条文上は「犯罪の実行に着手してこれを遂げなかった」と規定されているだけですので、通常は、「実行の着手」と「既遂に達しなかった」という二つの大きな要件が考えられているといえます。

　他の論点としては、不能犯と可罰未遂の区別、そして、43条但書の中止犯ということが出てきます。

　理屈でいえば、未遂の成立と不能犯とは裏表のはずである、ということになりますが、本当にそうなっているのか必ずしも良く分からない、あるいは、整理していて若干分からなくなってしまったものですから、ちょっとお時間を頂いて、確認がてら説明していきます。

　まず、「未遂の処罰根拠と実行の着手」と書いたところですが、そこに括弧入りで「あるいは」と書いたのは、未遂の処罰根拠がダイレクトに実行の着手の定義に繋がるのであろうか、と少し疑問になってきたことを示そうという趣旨です。

さて、現在の学説は、かつては主観説と客観説とがありましたが、ほとんど主観説がなくなって、唯一、折衷説の中で木村亀二先生の主観的客観説が残り、他はみな客観説に移りました。

その客観説の中で、形式的客観説、つまり、構成要件該当行為を開始したのが実行の着手だという形式的客観説、あるいは、形式的行為説と、もう少し実質的に考えようという行き方とが出てきています。

形式的客観説、あるいは、形式的行為説は、通常、団藤先生の説を指すことが多いようです。

もう少し実質的に考えようという行き方は、形式的客観説と非常に良く似た定義をしながらも、実質的客観説の方に属すると分類される大塚先生などがそうだと思いますけれども、実行の着手とは法益侵害結果を発生させる実質的な危険をもった構成要件該当行為の開始であると定義したりしています。実質的客観説をそういうふうな形で茫洋と捉えて、通常は——前田さんの教科書でもそう書いてあったような気がしますし、川端さんもそうでしたけれども——危険をどう捉えるかの差なのだということで、要するに、形式的行為説が一種の抽象的危険の発生があるというふうに考えている、あるいは、そう看做しているのに対し、抽象的危険ではなくしてもう少し具体的・実質的な危険まで考える、あるいは、行為の属性として、その危険を考えるというのが実質的行為説である、と位置づけられるようになってきていると思います。

以上を、ある意味で、行為時での判断をする立場と捉えるとすると、これに対応して比較的最近に明確になってきたのが、前田さんあるいは山口さんのいわゆる結果説と呼ばれる立場です。いわゆる法益侵害の危険、具体的危険の発生をもって——具体的危険と言って良いのかどうか、これはまた別の問題ですが——未遂犯の成立を認める、未遂犯をそのような一つの結果犯として捉える立場が明確化してきたのです。

他方、そういう危険概念が非常に柔軟である——塩見さんなどは、そういう表現を使っておりますが——不明確であるということから、実質説の中でも、もう少し形式的な判断基準を入れようという方向が生じ、構成要件該当行為あるいはそれに接着した行為という言い方をする見解、さらには、行為

そのものは形式的な構成要件該当行為を念頭に置きつつ、行為経過の自動性・時間的接近性・被害者領域への介入等で実行の着手があったかどうかを判断する、という修正形式的客観説ともいうべき見解が登場してきている。学説は、こういうふうに最近は動いてきているのではないだろうかと思います。

　学説そのものは、大体こんなようなところだと思うのですが、これがここでの一つのテーマとなっていた結果無価値論と行為無価値論の立場から見るとどうなるのか、というところとも絡みますので、それぞれの見解を検討していく過程で、まず、実行の着手の判断において行為者主観をどこまで考慮するのか、という点についてお話ししたいと思います。

　ここにいらっしゃる皆さんは、故意は未遂の中では考慮せざるを得ないということを認められるわけですが、徹底して結果無価値論的な内藤先生などは、それも認めないということになります。ただ、それをどうこうしても仕方ありませんので、それはそういう立場であるということで、ここでは、我々全員が実行の着手の判断において故意を考慮するということを確認するに止めます。

　それに対して、いわゆる「計画」を考慮するか、そのどこまでを考えるか、ということでは見解が分かれます。この中にいらっしゃる川端さんが、いわゆる折衷説・個別的客観説に入るということで、「計画」を考慮するわけですが、通常は、「計画」を考えるということは実行の着手の時点を早めるのではないだろうか、という議論があるわけです。その実行の着手時点ということを考える上で、強姦目的で被害者を車の中に引きずり込むという事例がしばしば用いられますが、参考までにレジュメで挙げておきましたように、最高裁は、結論として、引きずり込む行為自体に強姦の実行の着手を認めました（最⊜決昭45年7月28日刑集24巻7号585頁）。それは、私自身あるいは一般的な理解でも、最高裁が必ずしも「計画」を判断に取り込んだわけではなく、運転席というのが一つの閉鎖された個室みたいなものであって、いわゆる性的自由に対する侵害の危険性が極めて高いものであるから、引きずり込む行為自体に実行の着手を認めたものである、ということになると思います。そこで話を戻して、「計画」全体を考える折衷説を今挙げたような事例

で考えるとどうなるか、例えば、強姦する相手を物色する行為というものに実行の着手は認められるか、ということですが、通常、折衷説に対しては、実行の着手を認めざるを得ず、未遂の成立時が早過ぎるのではないか、という批判が為されことになります。しかし、折衷説の論者は、残念ながら、そういう結論には至らないのです。通常は、野村稔さんなどの見解を借りて言えば、実質的には自己の行為が更に途中に介在するから、というような理由で、実行の着手にならないということを言われているような感じがします。そうなってきますと、結局、折衷説で言っている「計画」の考慮が着手時期を早める早めないというよりは、折衷説でも最終的には危険の発生の存否を考慮することになってしまうのではないでしょうか。こういうお話しをしましたのは、上に挙げた学説の分類の中での折衷説というものがどこまで意義を持つのか、基準としてファンクションするのか、川端さんが——強制わいせつ目的と強姦目的でしたか——挙げられていましたけれども、あまりそれは関係しないのではないか、という疑問を感じたからなのです。折衷説は実質的行為説の中に取り込まれるのかなあ、という気がしなくはないのです。

　私が、先ほど冒頭で、未遂犯の処罰根拠からダイレクトに実行の着手の定義というものが出てくるのだろうか、と申し上げたのは、実質的行為説と結果説とが、上に述べたような意味で、おそらく残り得る選択肢だとした場合、いわゆる離隔犯などの場合で、幾つかの問題が出てくるからなのです。

　簡単に言ってしまいますと、実行の着手というようなものが実質的行為説だったら観念できる、しかし、実質的な法益危殆化には至らないような場合といったものが考えられないだろうか、その場合どう処理するか、という問題です。結果説の場合には、要するに、そのような状態に至ったとしてもまだ危険が発生していないということで、実行の着手はない、というふうにスパッと説明できるわけですが、実質的行為説だと、なかなかそうはいかなくなる可能性があるであろう。その辺のところをどう考えられるかを伺いたいのです。実質的行為説は危険ということを言われるわけですが、そこでの危険というのは、通常は、あくまで行為時判断での危険であるということだと思いますので、そこでやはり危険が生じなくても実行の着手があって未遂になるという場合、まさに行為無価値の中身である法益侵害以外の不法実体と

いうものを処罰しているのだ、というところまで認められるのかどうかというのが、第二番目の問題です。

そして、レジュメに、実行の着手は認められるが未遂結果を生じない場合というのを考えて、不作為犯としての構成とか、実行行為性が遡及的に得られるというような構成をいろいろと書いたわけですが、何故こういう議論が出てくるのかを考えてみると、結局、「犯罪の実行に着手してこれを遂げない」という規定は、素直な読み方としては、結果犯的な読み方をしにくいからなのかな、という気がしてきたのです。そこを、前田さんや山口さんはどう考えられるか、伺いたいのです。

私自身は、未遂犯処罰の根拠をどこに求めるかということに関していえば、行為無価値論的な考え方ですので、必ずしも法益の危険ということを言わなくても良いわけですが、どこで可罰性を取得させるのかは立法者の判断だと考えてしまい、43条の「実行に着手してこれを遂げなかった」というのは、端的に、実行に着手したけれども未遂結果を生じなかった場合と読み替えれば良い、と考えられないかと思っています。そういう意味では、結果説と似てくるのですが、実行の着手も認めるということになります。その辺が、何か良いのではないかなあ、という気がするのです。そういうことを考えないとまずいのではないかなということは、後でお話しする不能犯のところとも絡んできます。ただ、そういうふうな考え方をすると、未遂と予備の区別はどうするのだ、という問題は生じます。実行の着手があって結果がない以上は未遂ではないとすると、実行の着手後の行為というのもまだ予備といわざるを得ないのではないか、ということですね。曽根さんなどの場合も、多分、そういう考え方を採らざるを得ないと思いますが、要するに、ここで問題提起したいことは、実質的行為説というものが現実には何を考えているのか良く分からない、ということです。行為時判断としての危険ということを考えていると、法益の侵害の危険性が発生しなかった場合でも未遂はあると正面から言うのならば、また話は別なのですが、いわゆる二元的行為無価値論ということで、結果も重要であるというだけで本当に説明ができるのだろうか。説明したとしても、その実行の着手と結果の間の時点というのは観念的には考えられるわけで、その場合をどう処理するのか、いろいろと

考えてみたのですけれども、もう少し整理し直す必要がありそうなので、まず問題提起させて頂きたいのです。

本　論

I．未遂犯の処罰根拠と（あるいは）「実行の着手」

　川端　今、ご説明いただいたのですが、修正形式的客観説で説明すると未遂の処罰根拠と実行の着手の内容がちょっと分かりにくいので、もう少しご説明いただきたいのですが……。

　伊東　はい、私自身も正確に理解できているかどうか自信がありませんが、要するに、刑法解釈の明確性みたいなものを要求していった場合には、実行行為という概念に近づけて考える他はないだろうということが前提です。実行の着手ということ自体に、基本として、あまり実質的にいろいろ盛り込んだものを捉えないとすれば、やはり構成要件該当の行為というものをベースに置く、そういう意味では、形式的行為説的なものであることになります。そして、行為者の主観、先ほど少し申し上げたような「計画」というようなものもありますが、それを純粋主観的に考えるわけではありません。行為との関係において、どういうものがあるかというように捉え、いわゆる接着行為を判断するという時点において、その接着行為とみられるような行為がどれだけ犯罪構成要件に該当する行為に連続しているか、あるいは、それは時間的接近であるかもしれませんし、一旦そういう因果経過が始まった場合には実行行為的な行為にどれだけ自動的に繋がっていくか、更には、強姦などを考えているのだと思いますが、被害者領域への侵害度のようなもの、そのようなファクターを総合的に考えるということだろうと思います。詳細はかなり忘れてしまっているところもありますので、他の方がご存じな

らばご説明いただきたいと思います。

1．未遂の処罰根拠と実行の着手との関係

川端 どうもありがとうございました。今、大変な問題提起が出てきたわけで、未遂の処罰根拠と実行の着手時期というのは必ずしもリンクしないのではないかという観点からの問題提起なのですが、今の伊東さんが説明されたこととの関連で、前田さんと山口さん、何かあればどうぞ……。

前田 順序としては、実質的行為説について議論になったのですが、後の結果説についてのご指摘について若干コメントさせていただきます。おっしゃることはよく分かるわけで、条文を素直に読めば、「実行に着手し」と書いてあるんで、結果が発生したことが実行の着手時期だというのは言葉としては若干苦しいし、まあ、塩見さんなんかの修正形式的客観説が主張されてくる狙いというか意図の中心にもそういう発想があると思うのですね。やはり「実行行為を始めた」という言い方になるべく近づけたいわけです。

私ももちろんそういう意識を持っておりますし、教科書とか論文にそういうニュアンスのことは書くのですが、ただ、最終的に未遂犯として処罰するかしないかを決める実質的な線としての「着手時期」を考えると、その基準として最終的にそれをどう認定するか、どういう枠組みで捉えていくかということを除きますと、やはり、処罰に値する法益侵害の危険性が発生した時期に未遂として処罰するということは動かせないであろう思うのです。その範囲で結果説をとることは、私はやはり変えられないと思うのです。ただ、それをどう具体的な形で説明するかというと、塩見さんのいう因果経過の自動性とか時間的接近性とか被害者領域への介入というのは、ご本人はもちろん違うとおしゃるかもしれませんが、私などの目から見ますとですね、ある意味で、これが法益侵害の、まあ構成要件によっていろいろなパターンがあるわけですが、一定程度の危険性が発生したことを類型化しておっしゃっていることになる。

形式説は殺す行為とか、盗む行為ということを、その言葉の形式だけで、そこに当てはまるかということだけでやっていくんだと思うのですけど、実はそれを超えてやはりかなり実質的な判断をされる。逆に、私なんかは、こ

ういう実質的な結果が発生したかどうかを類型化する作業として行為を考えるし、さらに条文の文言のこの行為が始まったかどうかということに押し込められればですね、なるべくその範囲で解釈していくのが合理的であろうとは考えているのです。

　ただ、最終的に未遂をどこまで処罰するかは、処罰根拠論とリンクしていると申し上げたいですね。そこはね。

　伊東　私も別に、それがおかしい、理論的におかしいと言っているわけではなくて、端的に、犯罪実行行為の着手は、結果、いわゆる具体的未遂結果の発生であるという定義値なのだからそれで良いのだ、と言うことはできると思うのです。むしろ、私が実質的行為説が良く分からなくなっていると何故言ったのかといえば、そういう発想をすることは、やはり事後判断だと思うからです。そうなると、実質的行為説というのは、どうやってその事後判断を取り込んでくるのかが良く分からない。それが、一点伺いたいといったことなのです。

　前田　えっと、それは、私にじゃあないですね。

　伊東　いえいえ、もちろん、川端さんです。

　川端　私はあとでお話しするとして、まず山口さんどうぞ。

　山口　私は、前田さんよりむしろ極端な結果説であるといってもよいかもしれませんが、未遂犯の処罰根拠と未遂犯の成立時期とはイコールに考えるべきだということが、まず出発点です。

　次に、刑法43条の文言との関係で言えば、刑法43条の文言は、確かに、「犯罪の実行に着手して」となっているので、それが、行為の段階で未遂の成否を決するという考え方に非常に親近性を持つ書き方であることは否定できないわけです。しかしながら、行為が行われれば直ちに未遂犯として処罰するだけの実体があるかというと、必ずしもそうではないと考えているわけでして、また後で申しますが、条文との関係でいえば、実行に着手したけれども未遂犯として処罰するに値するだけの結果が生じない場合には、未遂犯は成立しないというように考えればよいと思います。その意味では、未遂犯の成立時期を実行の着手というのは、私のような考え方からすれば、少々ミスリーディングだということになるというのが、まず第一点です。曽根さん

もそのように考えられているようです。

　それから、結果にこだわるということの意味なのですが、逆にいえば、行為にこだわるという考え方、先ほども前田さんが言われたことですが、犯罪の、例えば殺す行為、物を取る行為を考えて、それを開始したかどうかを問題とする考え方、それは、必然的に、犯罪とは結果を捨象した行為それ自体である、例えば人を殺すような行為、物を取るような行為などですが、そのような考え方を含んでいるのではないかと思います。そのような考え方は、結局、犯罪は、そのような行為が行われ、そこから結果が生じたときに成立する、殺人なら殺人罪、窃盗なら窃盗罪の既遂になる、結果が生じなかった場合には未遂になるという理解を含んでいるとすると、それでいいのかという犯罪論についての根本的な疑問がそこで生じることになるのです。

　そのような点からいっても結果にこだわるべきではないか。そうすると、実行に着手しても未遂として処罰するだけの結果が発生しなければ未遂犯にはならないし、未遂犯として処罰するだけの結果がなければ依然として予備だということになり、実行に着手したかどうかというのは、意味のないことだということになります。その意味で、条文の解釈としては、苦しい部分があることは否定できません。

　前田　私も、もちろん同じように苦しいのですよ。だけど苦しくないようにみせているだけで（笑）……。

　伊東　いや、行為無価値の方も実は大変苦しいのですよ。

　前田　ちょっと、苦しさの感じが違うかもしれませんけどね。

2．「行為か結果か」という観点

　川端　行為か結果かという形での対比ですけどね。その辺は従来の議論の中ではどのように扱われているのでしょうか？

　伊東　それで、先ほどから何度も言っているのですけれども、何となく議論の中ですり替えみたいなことが起こっているという気がするのです。山口さんが言ったこととか前田さんが言ったことは、条文との整合性は別としても、論理としてはもう筋がバチッと通っている、と私は思います。あとで不能犯のところで若干出てくるかもしれませんが、それで、この正面からの

定義自体に関していえば、いわゆる実質的行為説の方が実は何を言っているのか良く分からなくなるのですね。

　川端　実質的行為説の前に、今の「行為か結果か」という観点から考えますと、先ほど指摘があったかと思いますが、形式的行為説、いわゆる形式的客観説は未遂を抽象的危険犯として構成しているわけですよね。

　前田　団藤説がやはり典型だと思うのです。

　伊東　そうだと思います、私は。

　川端　結果発生の現実的危険性とは無関係に、定型的にそういう行為をすれば結果を発生させるであろうような行為を行った場合、その行為の開始時が実行の着手時であると解しているという意味で、未遂は抽象的危険犯ですよね。だからそれが、実質的客観説の中に入ってくると、抽象的危険犯ではなくて、むしろさっきも出てきましたけれども具体的危険犯としての危険概念を基礎にして具体的危険を生じさせるような行為を行っているという意味で実質的行為説であるという捉え方になっていくと思うのですね。

　伊東　はい。

　川端　だけれども、未遂結果といわれるその危険の内容が争点となっていると思うのです。

　伊東　そうですね。

3．結果犯としての未遂犯

　川端　その危険の内容をどう捉えるかという点で、危険概念の柔軟性が指摘されると思うのですがね……。

　伊東　ですから、私が申し上げたいのは、むしろそういう議論を始めた段階で、ある意味では、未遂犯を結果犯として捉えて、皆議論を始めてしまった……。

　川端　ええ。

　伊東　しかし、本来的に、行為の属性を考えたときに、それが考えられるかという問題なのです。

　川端　そうそう。

　伊東　それで離隔犯のことを申し上げたのです。

川　端　なるほど。

　伊　東　むしろ、大昔に、牧野先生が、43条というのは主観説の立場から取り入れられた進んだ条文だ、確かそんなことをおっしゃっておられていたと思いますが、そうであるとすれば、実行の着手そのものは、主観で、あるいは、純粋主観的に説明しないとしても、外部的に何らかの社会的な阻害作用を与えればそれで足りる、ということでも済むわけです。それが、抽象的危険なのか具体的危険なのかというところで議論し始め、抽象的危険の場合は別に結果ということを要求しないとする。もっとも、私自身は抽象的危険犯もなお結果犯……。

　川　端　ある程度の危険の発生という結果を包含する結果犯ですね……。

　伊　東　……結果犯であると思いますが、それが、具体的危険になると、やはり何らかの法益侵害というか危殆化状態を生じないといけないのです。そこでは、いつの間にか、行為説は結果犯説に変っているということなのです。

　川　端　なるほど。

　伊　東　それがどのように構成されるのか、というところが私には良く分からないのです。

4．行為説と結果の危険性

　川　端　危険の発生をもたらすような行為という言い方をしている関係で行為説といわれていると思うのですけどね。危険の発生に重点を置いて処罰根拠と結びつけているという点では、私は結果説と同じ立場だと思います。

　伊　東　はい。

　川　端　実質的行為説という名前をつけられますけれども、その限度では私はその見解には属しないと思うのですね。ただ、その危険を意味づけるものとして主観面を考慮にいれるかどうか、という観点で純粋な結果説とは違いが出てくるという捉え方です。

　伊　東　二元的構成なら、それで良いですね。

　川　端　意味づけとしての主観的要素という捉え方ですね。

　前　田　伊東さんの質問を私がするのも変なのですけれども、形式的に実

行行為と呼べるものが行われたかどうかということと、結果としての危険の発生がずれた場合にですよね。そのとき実質的行為説のお立場からいくとやはり実行行為は行われているんだけれども結果の発生、未遂の結果の危険性は発生していないんだから、未遂にはならないと捉えられるのでしょうか。

　川端　いや、そういう捉え方にはならないと思います。

　前田　そうなんでしょうか。そこのところがポイントだと思うのですけれどもね。そうするとやはり危険がないのに行為があるから処罰するということになりますよね。

　川端　いや、私の場合はそうではありませんよ。やはり結果、具体的な結果を生じさせるような行為を行っているかどうか、が重要となりますから、まさにその行為の時点における判断が重要となるのです。

　伊東　行為時判断ですよね。

　川端　ええ。その行為の時点で結果発生の危険をもたらすような状況にあったかどうかという意味で、私は、未遂も一種の結果犯であると考えるわけです。そういう意味合いで危険というものを認める以上はこのような構成をすべきだと思うのです。

　前田　離隔犯に関連してさっきもご指摘があったわけですが、そうするとやはりそういう危険を発生せしめる行為をすれば危険は発生しなくても着手はあることになりますね？

　伊東　実行の着手はある、ということですよね。

　前田　ということですか？

　川端　私は、そうは考えていなかったのですがね……。

　伊東　ですから、……。ある意味で思いつき的なことを言っているかも知れませんけれども……。

　川端　いえいえ。

5．未遂犯の不法の実体

　伊東　実行行為時点において判断して——いわゆる不能犯の判定基準を逆さにすれば、それで良いわけですが——、そうやって実行行為に出たと判断された、しかし、現実に法益侵害結果の危険が生じなかった。そういう場

合に、それで処罰するのだということになると、要するに、結果無価値サイドが落ちているにもかかわらず処罰しているということですから、行為無価値だけで処罰しているということですね。

川端 ええ。それは、ある意味では抽象的危険犯説の場合はそうなのですね。未遂を具体的危険犯として構成すると、行為無価値だけで処罰するという批判は出てこないはずなのです。

伊東 だからそれは、むしろ逆に伺えば、川端さんが言われる未遂犯の不法実体というのは、やはり行為無価値だけではなくて結果無価値まで入るということですね。

川端 そうです。だから、その結果発生の危険性がまさに問題なのだけれども、これを事後的に客観的に判断するかどうかにかかってくるわけですね。

伊東 ただ、具体的に、結果、法益侵害の危険を生じているかいないかというのは、事後判断ですよね。

川端 いや、それは、現実の裁判の場ではそうだけれども、理論構成の段階では、行為の時点で明らかになった事実だけを前提にして、その行為があった場合にその結果発生のおそれがあったかどうかという判断構造になってくるのですね。

伊東 事後予測という奴ですか。

川端 そうそう。

伊東 それって、本当にできるのですか？

山口 川端さんの場合には、要するに、考えられているのは行為について判断される危険であって、行為についてそのような実質的な危険、具体的な危険が認められるときに、そのような行為の存在自体について、危険が存在するものとみて、その段階で未遂の成立を認めるのです。私達の言っているような意味での、結果としての、より法益侵害に接着した危険が事後的には生じなかったとしても、事前的にと言いますか、行為の時点でそういうことが生ずる可能性があるんだから、それでよいとするのでしょう。

川端 それは認めます。

山口 行為の時点で危険の発生を認めて処罰するのですね。

川端　そういうことですね。だから、事前判断か事後判断かというところに集約されてしまうわけですね。

6．危険の発生と実行の着手

前田　あと、どの程度の危険が発生したら未遂として処罰するかという差でもあるわけです。具体例としてですねえ、例えば間接正犯の着手時期について、利用者はまだ命じただけであったら、具体的危険は発生していなくて、被利用者の行為がなされて初めて結果発生の危険性があったパターンを考えたときに、川端さんのお考えですと、利用者のところではやはり実行行為を認めにくいと思うのですが。その場合は、そうするとそそのかした人の間接正犯の未遂は処罰はしないということでしょうか。

川端　いや、そうではなくて、間接正犯の未遂も、現実的危険の発生という状況を前提にしますから、その場合には、被利用者行為の開始の時点に危険の発生が認められることになるわけです。

前田　そこに実行の着手を求める？

川端　そうそう。だから、実行行為の開始という言い方をしないのです。実行の着手というのは、実行行為を行うかどうか、それを開始するかどうかではなくて、その具体的危険の発生に向けての行動かどうかという判断です。着手時期は、行為者のいわゆる事実的な行為としての誘致行為とは離れた時点で認めてもよいという捉え方ですよね。これは、原因において自由な行為の場合の着手時期がいわゆる最初の原因設定行為の場合とずれてもよいということと同じ発想です。

前田　そうすると、実質的行為説といっても、実行行為というのはかなり抽象化したものであって、それと実行の着手とは別に考えるということですか。

川端　そうそう。実行行為というのにはあまりこだわっていないのです。この場合はね。

山口　そうなってきますと、私の結果説の立場からすると、それにもかかわらずなぜ人間の行為の開始時期というものにこだわるのかという疑問が出てくるのです。

川端 それは、結局、人間の主観面を基礎にしない限り危険の存否の判断はできないという大前提があるからなのですね。行為者の主観に基づいてなされた人間の行為の結果として危険が生じてくるわけですから、その行為時における判断を無視してはいけないという主張なのですよね。

伊東 いや、ですからね、私が先ほど言ったのは、未遂をどこで処罰するかというのは、結局、最終的にはいろいろな立法的な判断もあり得るので、もしそうなったら、実行の着手というのは、ある意味では、行為者主観が現れたところでいいじゃないかということになりませんか。

川端 いや、そこまでいったら主観主義に基づく主観説になってしまいます。主観説においては、故意が確定的に認定できるかどうかという捉え方がなされるわけですよね。

伊東 はい、そうです。

川端 それは、現実的な危険の発生とは無関係な立場ですよね。

伊東 じゃあ、少なくとも行為者の主観・計画・周囲状況の中で、そういう主観が客観的に始まって、かつ、それが意図した結果に向けた因果関係の起点となったと……。

川端 そうそう。

伊東 そういうところまで言えれば良いわけですね。

川端 そういうことです。

7．実行の着手と「実行行為」の開始

伊東 そうしたら、私が先ほど申し上げようとした、レジュメで伊東としてクエッションマーク付きにしておいたものですが、ほとんど実行の着手には意味がない理論をいう他ないのではないかな、と思えるのですが。

前田 うん？ どういうことですか。実行の着手には意味がない……。

伊東 あ、ご免なさい、そうじゃなくて……。

川端 実行の着手という言葉には意味がないということでしょう？

伊東 言葉には意味がないということです。

川端 だから、実行の着手には処罰範囲を限界づけるだけの意味しかないということでしょうかね。

伊東　それが、私には実は良く分からないのです。
川端　そこまではいかないわけですね。
伊東　何のために、だから、それが出てくるのか分からないのです。
川端　やはり、先ほど指摘があったように、みんな43条は「実行行為」に着手するという読み方を無意識にしているのですよね。
伊東　皆そうですね。
川端　「実行行為」という概念が、実定法上はないのにもかかわらず、未遂についても「実行行為」を想定して、実行の着手はその実行行為の開始時期だという捉え方をしてきたわけですが、その場合、実行行為は、実は、実定法上の概念ではないわけですから、それにこだわる必要はないという観点からすると、処罰するには危険の発生が大事だという前提をとった上で、どの時点で危険が発生したと解するのかという問題が実行の着手時期という言葉で表現されているにすぎないことになりますね。
前田　いや、そこまでだったら、私なんかが言っているのとまったく同じことです。
川端　同じことですね。実行行為という概念について言いますと、私は実行行為にはこだわらない局面とこだわる局面があるのです。未遂の場合にはこだわりませんが、正犯と共犯の区別に関しては実行行為性を基準にしています。未遂の場合には危険の発生という点では皆さんの立場と同じだと言いましたが、その危険の認定と言いますか、内容と言いますか、その部分に関して主観を考慮に入れるという差があるにすぎないと思うのですね。
伊東　客観的な危険だけでなくて、主観面を加味したということですか。
川端　そうそう。そういう意味では事前判断を重視する行為無価値論的な色彩が当然に濃くなってきます。

8．間接正犯における実行の着手と「主観面」

山口　ただ、よく分かりませんが、間接正犯の場合に、主観面として意味のあるのは利用者にすぎないのではないか、被利用者の主観面というのはまったく……。

伊東 意味ないですよ。

山口 意味ないのではないか。それにもかかわらず、そこにこだわるというのがよく分からないのです。

川端 違うのです。被利用者の主観面ではなくて、被利用者がその危険発生に向けて行動している部分を問題にしているのです。被利用者が行動している部分において主観面が一定の意味をもっているということを言っているわけです。

山口 この場合、利用者の行為は終わっているのですね。

川端 そうですね。

山口 被利用者の手から因果経過が離れたかどうかということが、利用者にとってみれば意味を持つことなのだろうかという点に、少々疑問を感ずるのです。

川端 なるほどね。だけどその場合に、行為の全体の計画の中でその因果系列がどの辺から始まっていくかという意味で、やはり行為者の主観がここでメインとなって、それが因果の流れの中でどのように現実化していくかという点で意味をもってくるわけです。

伊東 そして、間接正犯の場合には、被利用者サイドで実行の着手があるということですね。

川端 そのとおりです。

伊東 私の場合は、手前の方で実行の着手と認めて、ただ、それは条文の一部には合うけれども、法益侵害の危険がないので処罰条件が整っておらず、そこではまだ未遂犯は成立しない、という言い方になってしまうのですよ。

川端 そういう構成もできますけれどもね。やはり今の議論の暗黙の前提となっているのは、実行行為概念なのですね。実行行為を開始したかどうかということで、この実質的行為説を捉えているから……。

伊東 なるほど。

川端 議論が一致しないところが出てくる。こういうように思うのです。

9．抽象的危険犯の未遂をめぐって

伊東 あともう一つ、ついでというか、これは概念整理をやった方が良いと思うのですけれども、先ほど、川端さんは法益侵害結果の発生の具体的危険ということを言われたわけですが、大谷先生がこれに難癖をつけているのです。抽象的危険犯の未遂はあるであろう、と。（笑）

川端 ええ。

伊東 だから正確に言うと、基本構成要件が予定している法益侵害の一歩手前ということしか言えないのではないかな……。どうなんでしょうか、山口さん。

山口 私は、最初からそういう定義でいっているつもりですが。

前田 いや、定義しなくても、皆そうなんですよ。

伊東 私もそうは思っているのですが、教科書に、だから駄目だと書いてある先生がいらっしゃるのです。（笑）

前田 それはねえ、形式論だと思いますね。そんなことは当然の前提として議論していると僕は思っていましたけれどもね。

伊東 うん、ただ、読み直していたら突然そういうのが出てきまして、「ええっ」と思ったもので。

前田 いや、そういう言い方すれば、いろんなところでそういうものがありますよ。

川端 抽象的危険犯の未遂という事態は観念的にはあり得ると思いますよ。

伊東 あり得ますね。

川端 それはなぜかというと、その行為自体が抽象的危険犯行為なのですから、それを完成しなければ未遂犯のはずですね。

山口 観念的どころか、たくさんあります。

前田 いや、あるのは当然の前提として議論していると申し上げているのです。

伊東 だから、そこのところですね。実質的行為説というのが、今の時点での議論からだけではなく、昔からのいろいろなしがらみがあるもので、

実質的にかなりごっちゃなのですよね。そういう意味で、川端さんと私が繋がり、前田さんと山口さんとが繋がるという観点からすれば、実行の着手というものの基本的視座に一定の共通の傾向というものはあるにせよ、「実行に着手して」というところだけでクリアーに分けてしまった方が何となく良いのではないか、というのが率直なところなのです。

10．結果発生の危険と実行の着手時期との関係

前田 私が最初に申し上げた内容は、若干ミスリーディングだったと思います。そのような整理でいけばね、私はやはり山口さんとまったく同じなんでね。決定的に重要なのは、実行の着手と呼ばれる結果発生の危険の生じる時点なんですよ。それをどう類型化するかと言いますか、つかまえ易くするかということで、現実の解釈の中では、構成要件によっては、何々罪の一定の行為があってその行為が始まったといえる場合がやはり実質的な危険の発生の場合が多いと思うのです。だからなるべくそれを利用して解釈していくのが合理的だと考えるのです。現実の各論解釈としてはですね。

そのことを申し上げたのであって、やはり対立点として残っていなければおかしいと思うのは、その行為を始めたというだけで処罰してよいか、やはり形式的に行為を始めたというだけでは駄目で、結果発生のある程度の危険性が高まらなければいけないと考えるかという差です。やはり行為無価値を重視するか否かの分水嶺だと私は思うんですよ。非常に稀薄な危険の発生でもいいという言い方は、行為だけで処罰してよいという考えの変形でしてね、やはり行為無価値的なものであると私は思うんですけれどもね。ですから、川端さんが、実行の着手ですべて決めて、始めのほうの実行行為の開始時点というのは非常に形式的な意味しか持たない、それは一応因果の流れの始まりを確定するだけで、結局未遂にするかどうかは、全部危険の発生の時点としての実行の着手時で決めるとおしゃるんで、そうなると未遂の処罰には具体的な危険が必要だとおっしゃるわけで、それは私の考えと全く違わない……。

川端 そうですね。

前田 ということなのですが、はたして本当にそれでよろしいんですか

（笑）。

11．危険の中身と判断構造
　川端　違いは、その場合の危険の捉え方にあります。それは中身の問題です。

　前田　それがかなり抽象的なんでしょうかね……。

　川端　それと主観面を考慮に入れた事前判断という形になりますから、そこが決定的に違ってくると思います。事後的な判断ではないのです。

　前田　後の不能犯のところでも問題となるのですけれども、事後判断か行為時の判断かということはこれがまた難しくてですね、私は、未遂は行為時という言い方を使うのですが、ただやはり、最終的な結果が起こった時点とか、裁判の時点でみて、結果が起こらなかったから未遂だという議論をしてはいけないという意味では、これは行為の時点を基準に、起こる確率がどれだけあったかを判断しなければいけないと思うのですが、川端さんのおっしゃる事前判断・行為時というのは、もう一歩前の主観を入れて……。

　川端　そういうことですね。

　前田　そうだとすると、そこは違う。客観的にはまったく危険性がなくてもですね、思っていた犯人の主観を入れて考えて、普通の人からみれば危険にみえればすべて未遂として処罰してよいということになるのですか。

　川端　その場合は、そうなります。

　前田　それを認められるなら、私とは決定的に違います。

　川端　そこが違います。判断構造と危険概念の中身の差ですよね。

　前田　そうですね。そこを、明確に、違いの点を出しておかないと読者は分からなくなる（笑）。

　川端　それはまさにおっしゃる通りです。ただ、判断の枠構造として、危険ということを言っている点は同じですね。

　前田　ええ。その意味では。

　川端　そこは同じなのですよね。

　前田　いや、基は同じですよ、ただ中身はだいぶ違う。

　川端　判断の仕方も違ってくるでしょうね。

伊東　また後で出てきますが……。
川端　これは不能犯に関して出てきますね。

12. 実行行為性の遡及的取得

伊東　その前にもう一つ。どなたかに教えて頂きたいのは、実行行為性を遡及して取得するという理論の意味なのです。
山口　それは、条文との辻褄合わせです。
伊東　辻褄合わせだけでしょう？
山口　そうだと思いますが。
前田　具体的には誰の説ですか。
伊東　山中さんなのですけれど。
山口　山中さんが、最初に主張されて、齋野さんも同じ主張をしておられます。
伊東　テクニカルであるけれど、なぜそういう言い方ができるのか、良く理由が分からなかったものですから。
山口　未遂犯が成立するかどうかを問題とする限りは、ほんとに処罰してよいという時点までは成立しないということです。
伊東　そういうことでしょうね。
山口　いったん成立したことになると、成立時期はぐっと遡るということなのです。ですから、本当にそれでよいのかはよく分かりませんが、例えば、強姦罪の場合に、一旦未遂が成立するとされると、その成立時点が早まって、その時点以降は強姦致傷が成立することになります。実際上の効果としては、未遂の成立時期をかなり早くしているのと、事後的に見れば、同じ部分が出てくるということになります。
前田　さっきから伊東さんが問題にされた実行行為という言葉とそれから結果発生の危険性というのをうまくマッチさせようとした一つの努力ではあるわけですね。
伊東　そうなのでしょうね。
　ただ、その時も、危険の中身とか、主観面のもっている意味というのが、私の場合、川端さんの説明を聞いてもどうもまだピンとこないというのが正

直なところで、そんなに強い意味を持てるのかな、という気がするのです。徹底して行為時判断をしていった場合に、それが本当にできるのかな、という気がしなくもありません。もっとも、これは認定論の問題かもしれませんので、一先ず了承ということですね。

最後に、私が言ったような未遂と予備とが食い違う、今までの区別基準で巧くいかなくなるということは特にないということでしょうかね……。

　川端　多少、立場によって違いますけどね。我々が説明したような形態を採れば、差ないしズレは出てこないと思います。

　前田　具体的にどういう問題を……。

13．危険概念と主観的要素との関係

　伊東　川端さんの主観的なものの読み込み方が、そこまで読み込むとは思っていなかったものですから、的外れだったのかもしれないのですが、もし主観的なものをあまり読み込まないとすれば、実質的行為説あるいは川端さんの個別的客観説では、実行の着手と危険という場合の法益侵害の危険というものは客観的に事後的に判断するというところまで結局は認めることになるのではないかな、と思ったのです。そうなってくると、食い違ってくるであろうと。要するに、後の方の結果がなければ、実行の着手があっても未遂にはならない、実行の着手後の危険が生じるまでは予備ということになりますから、予備というものがもっと後の時点まで広がるだろうということなのです。

　前田　ああ、そういう意味でね。

　伊東　それが果たして巧く説明できるのかな、という気がしたのです。

　前田　それは、その範囲ではできるんでしょうね、予備概念が広がる。

　伊東　逆に言わせて頂くと、予備ということがそこまで広がるのかもしれませんが、そうなると、実質的行為説といわれてきたものが前田さん流の結果説とどう違うのかという問題が出てきますし、反面、先ほどのお話を聞いていると、実は、前田さんと山口さんとはやはり違うのだな、という気がしなくはないのです。

　前田　いや、まったく同じということはもちろんないと思うけれども、

それは、やはりさっきの議論でも申し上げたように、川端さんとの距離と比べれば、それは小さいですね。

14. 強姦罪における実行の着手

川端 そこはそのようになります。先ほどの強姦の事例に即して考えますと、実行の着手時期はどうなりますか。

前田 それは、女性を物色する行為自体で強姦罪の実行の着手を認める何ていうことはないですね。

川端 絶対にないことになりますか？

前田 あり得ないと思いますね。

川端 強姦目的で女性をダンプカーに引きずり込む行為の評価はどうなりますか？

山口 私はそれでよいと思います。

前田 私もそこで着手を認めますけど。

川端 通常の場合、実行の着手時期は、暴行・脅迫の開始時期ということになりますよね。

伊東 ですから、連れ込む行為そのものが……。

川端 それが暴行ということになるのですか？

伊東 そういうものに非常に近い。強姦のための暴行と読むわけではないのでしょう？

山口 いや、ですから、先ほどの実行行為という言葉を使えば、実行行為を開始していないと未遂にならないという学説はもう採られていないわけです。

川端 なるほど。

山口 実行行為以前でもそれに近いものであればよいというのは、窃盗未遂の場合にとっくに採られているわけです。窃盗未遂でそういう考えを採りながら、強姦については強姦のための暴行・脅迫に着手しないと強姦未遂にならないというのは、必ずしも理由のあることではないだろうと思うのです。

前田 要するに、姦淫の実質的な危険性ですね。それが発生したといえ

るかどうかの評価なんですよね。もちろん形式的に、手を押さえたとか縛ればね危険が高まるから、そういう強姦のための反抗を困難にする程度の暴行・脅迫が始まったといえれば、確かに強姦罪の着手に当たる場合がほとんどだと思うのですが、そういうことをあまりにも形式的に解釈すると、やはり私は、具体的事案の未遂の範囲の説明はつかなくなるというか、処罰の範囲が綿密ではなくなってしまうのではないか、妥当性を欠いてくる場合がでるんじゃあないかという気がするのです。

川端 先ほど伊東さんが指摘された未遂犯の場合には、どうしても故意が大前提になるということにつながるわけですね。

前田 ええ、もちろん強姦の故意が認定できないのに、その女性に触っただけでとか、車に連れて監禁の行為だけであったのに強姦の着手があるなどとはいえないと、私は考えております、もちろん。

川端 山口さんも同じ見解ですね。

山口 同じです。

川端 そうしますと、強姦の故意があるから、被害者を引きずり込む行為が、その故意に基づく姦淫によるその性的自由の侵害におよび得るという危険性が生じてくるという捉え方ですね。

前田 いや、私は、故意があるから危険だということでなくて、故意があることによって強姦罪という故意犯の構成要件の問題が生じると把握するわけです。何に対しての危険性かということを特定してその危険性の有無を考えていくわけですが、そこのところでは、強姦にとって危険なのかどうかということは、監禁にとって危険なのかどうかということは、それぞれやっぱり違うと思うんですね。で、それを特定する意味で、やはり主観面を入れて構成要件を選定する。強姦のつもりがあるから、その主観だけで危険性が高まるというふうに、私は考えないのです。後の議論にもつながるのかもしれませんが。

伊東 前田さんの立場では、違法要素ではないですからね。

前田 はい。それはね。

川端 故意はその行為が持つ意味を特定するだけの役割しか果たしていないという捉え方ですか？

前田 まあ、私なんかは、そう言ってもいいのかもしれないですね。

川端 山口さんはどうですか。

山口 いや、私は、やはり主観的違法要素だとみないと、少し説明しにくいのではないかと思うのです。

前田 そこは、私は、山口さんと同じではないと思います。

川端 そこは違うんですね。

前田 ただ、やはり客観的に姦淫に対して実質的に危険な行為、危険発生があったかどうかで実行の着手を決めていくということは変わらないんです。形式的に実行行為、たとえば強姦罪の実行行為は、暴行・脅迫で、暴行・脅迫が始まった時点が実行の着手である、姦淫に対しての危険性の程度はあまり問題にしないというのが、形式的客観説からずっとつながってきた伝統なんですね。そして、その延長にある実質的行為説の解釈手法なのだと、私は思っているんですね。で、それだけでは説明ができなくなってきている、というふうに申し上げたいということなんです。

川端 山口さんはいかがですか。

山口 私は、やはり、例えば強姦なら強姦の意思があることによって、強姦の危険性が高まるといえるので、そのように判断しないで、監禁の危険か、強姦の危険かというのを判断できないのではないか。例えば、極端な話ですが、非常にいやらしい顔をした男が（笑）、監禁のつもりで引き込んだのを、強姦するつもりではないかと思われて強姦未遂になってしまうのでは困ると思うのです。そういうことをも含めてなのですが、行為者の意思に法益侵害の危険性を高める作用を認めてもいいだろうと、私自身は思っております。

前田 私は、そう見えるかどうかは、強姦の危険性ということには影響しないという考え方なのです。ただ、主観を入れるかどうかは別として、さっきの着手時期と行為のね、実行行為の開始時期という議論の流れの上でいえば、やはり、実質的な危険ということがどっかには入っていないと、形式的にはいかない、ただ、ある程度類型化していってということなんですけれども、やはり、実行行為、強姦の実行行為はこうであるというのを、形式的に固定して考えますと、やはり説明はつかなくなると、というか苦しくなる

という考え方を採っているのです。

川端　それは、立場としてよく分かりますけどね。

前田　被害者を物色するだけで実行の着手を認めるみたいな議論をしている人はいないわけですね。

伊東　いや、勿論、それは折衷説に対する可能的な批判として、実行の着手を認めることになってしまうのではないかという趣旨で書いたのです。誰が書いていたのかは忘れましたが、確かそのようなものがあったような気がします。

川端　そこまでは認めていないと思いますね。

伊東　そう思います。

15. 窃盗罪における実行の着手

川端　むしろ折衷説が威力を発揮するというか説明がうまくいくケースは、スリの場合ですね。

伊東　ああ、そうですね。

前田　確かに説明しやすいとは思うのですけどね。

山口　少し話がそれますが、スリの場合に、あるかないか探るために……。

川端　アタリ行為ですね。

山口　はい、それを窃盗未遂にしないのはなぜかというのが、いま一つ分からないのです。

伊東　分かりませんね～。

前田　なるほど、考えると難しいですね。当然の前提として議論をしてしまっていますけれども、考えてみるとね、実質論としては。

山口　例えば、家の中に侵入して窃盗を行おうという場合に、判例は、物色するために箪笥に近寄るという行為についても、窃盗未遂の成立を認めます。

伊東　うん、認めていますね。

前田　認めていますよ。

山口　それは、その段階で被害者が止めろと言ったのに対して殴りつけ

た行為を事後強盗致傷とするためにそうしているのか、どうかといったあたりの、実質判断の問題も絡むのですが……。

川端 実質判断が入ってきていますね。

山口 スリについては、そういうことがないからそれをしないのか……。

前田 スリの場合はね、実務上現行犯逮捕しかありえないわけで、未遂での逮捕は、事実上やれないわけですね。その時、やはり外から触っただけではやりにくいから、逮捕の基準として、固まってきているのじゃあないかなあという気がしています。私なんかの客観的な、主観面を入れないでやっていく立場からするとね、山口さん以上に苦しいんですよ。おかしな結論だ（皆―笑）と私は思っていたのですよ。

川端 そうですね。

前田 だけど、警察の話などを聞いてみるとね。

伊東 それで良い？

前田 そうならざるを得ないんだなあという感じはしているんだけれども……。

川端 行為者に開き直られたときには、現行犯逮捕はできないですよね。未遂の実体は現実にないのですから……。

前田 現行犯逮捕しかないんですよ、それはね。

川端 ですから、そういう配慮があるのですね。

前田 いやいや、ちょっと余分な方にいって（皆―笑）しまいました。

川端 （笑）いえいえ、私がそのように仕向けちゃったのですから……。

伊東 ええと、第一番目の問題点はだいたいそんなところだと思います。

前田 うん、やはりここは、本質的なところだから（笑）、白熱はしちゃうんです。

II. 不　能　犯

伊東　二番目の不能犯という問題は、今まで議論してきた問題の逆さだと思いますので…。
川端　そうですね。
伊東　……そんなに難しくないのかな、と予想すると、実際は、むしろ学説は錯綜しています。ただ、これまたかなり微妙でして、幸か不幸か、ここにいる4人は何か皆違う立場のような気がします。
　主観説サイドは、ほとんどなくて、抽象的危険説が若干メンションされる位です。
　客観説サイドに行くと、かなりのヴァリエーションがあります。レジュメにまとめておきましたが、具体的危険説は、要するに、一般人と本人の認識事情を前提として、行為時に立って、一般人の立場でそういう法益侵害の危険があるか否かを判断するということで、各説以下に続くわけですが、よく分からないのは、その名前の付け方ですね。
　修正客観説と書きました山口さんの見解というのは、純粋客観説から見ると少し変わるというところで、それはそれで良いと思うのですが、いわゆる一般的な客観的危険説というのは、絶対不能・相対不能区別説とほとんど同じだと考えられている場合もあるし、何か違うものと考えられている場合もありますが、ここでは一応、客観的危険説というのは、客観的事情を前提に・事後的に・おそらく一般人の立場で判断する見解ということにしておきます。
　そういうことで若干のヴァリエーションがありまして、私がここで問題提起したいのは、先ほどの処罰根拠論との関係で考えるとき、具体的危険説の場合には特に問題がないと思いますし、山口さんの修正客観説の場合も――客観的事情を前提に且つ事後的に、既遂をもたらす仮定的事実の存在可能性がどれだけあるかということを科学的一般人の立場から判断する、という見

解ですが——恐らく結果説的なものと何とか結びつけられると思うのですが、前田さんの説は行為時を判断基準にするものですから、これが巧く説明できるのかな、ということです。

それからもう一つは、あり得るのかどうか分からないのですが、先ほど申し上げた実行の着手と未遂ないし犯罪の成立時期がずれるような場合で予備処罰のない場合ですね、その実行の着手時点に対する正当防衛みたいなものがあり得るのか、ということを考えてみたいと思います。その場合の正当防衛の成否を、単純にそれも客観的な違法で切るということで本当に済むのだろうか、というような幾つか分からない場合があったものですから……。

先ほどの議論で、だいぶお話が出てしまいましたので、不能犯に関してはこの二点位かな、という気がします。

1. 不能犯論における「行為時」のもつ意義

川端 それでは、前田さんからお願いします。

前田 さっきの話にチラッと出たのですけれども、行為時ということの意味なんですけれども、確かに私の書き方に悪いところもあって、不能犯を、未遂として処罰しないという意味では、その結果としての具体的危険性の発生がない場合を意味するというふうにすれば、完全につながるわけです。

けれども、不能犯論というのは、普通の未遂の成否の議論と違って、そもそも行為として危険性がないのではないかという議論が含まれている。そうでないとすると普通の未遂論に解消されてしまうわけですね。だから、その意味で、実行行為性がないということを特に強調してきた面がありました。行為の段階でそもそも危険性がないということがあって、それはそもそも、その未遂としての結果発生の以前の問題であるという感じです。ただ、実際上、表に出てくるのは、そして、私個人として最近特に強調しているのは、やはり結果発生としての危険性がまず問題になって、実際上の議論としては、未遂にするだけの危険があるかないかだけが問題となるわけです。

そうだとすると、その結果発生の可能性としての危険性の発生時点での、その危険性の有無の判断を科学的一般人がやる。私が、裁判時に事後的にではなくて、やはりその着手時点を基準にしているのは、純粋に後から見た

ら、全部その原因があったのだけれども結果が起こらなかったということになる。純粋客観説を批判する中で、そういう言い方をするわけです。そうすると未遂処罰があり得なくなるわけで、やはりある程度の仮定的な判断を行為時に立ってやらざるを得ないんだと考えるのです。その時点に立って、ただし客観的全事情を入れて判断する。その時点で、天気予報の例などを引くんだけれども、結果が起こる確率はどの程度あったのかということです。だから、具体的危険説の方のいう行為時の判断と、さっき整理していただいた中をみると、おそらく伊東さんや川端さんなどがいう行為時の判断とは、違うんだと思うんですがね。

川端　どうですかね、山口さんの立場からすると、今の点は……。

山口　私は、結果という観念を強調していますから。

川端　その点は明解なんですね。

山口　そういうことなのですが、ただし、前田さんも言われたように、後でみたときに、実はこうでした、とそれをそのまま考慮したのではいけません。それは、法益侵害は発生しませんでしたということで、危険の有無とはまた別の次元の話だと思うのです。

前田　そういう文脈で、私は、行為時という言葉を使っているつもりなんですけどね。

2．事後的評価としての危険

川端　前田説のような捉え方を是認されるわけですか？

山口　私は、危険を事後的な評価であると捉える面がより強いのではないかと思います。事後的にみれば、結果不発生は不発生なので、如何ともしがたいということはあると思うのです。しかし、それとは別の意味で危険を使っているのだと思います。

つまり、現に生じた結果不発生という事実をみても、我々は、なおやはり禁圧すべき事態と判断する場合があるのです。それは、結果の発生があり得たという場合です。その判断に際しては、科学的判断を入れてこなくてはいけないと思います。それは、およそ科学的な可能性のないものについてまで、危険があったと考える必要はありませんし、また、科学的判断を入れて

こないと、一般人ではわからないという場合に、判断不能に陥ってしまうのです。その意味では、最低限、科学的判断を入れる必要があります。

ただし、科学的判断だけでやれるかというと、そういうことはない。科学的判断だけでやれば、結果不発生の場合には、発生すべき事情はありませんでしたというだけの話になってしまうので、そこで、一般人という言葉がいいのかどうか分かりませんが、われわれが危ない事態として禁圧しなければいけないと考えるかどうかが、実質的な判断基準なのだろうと思うのです。私は、そういう考え方なのです。

前田 その立場は、そんなに違いはないと思いますが、やはり、具体的危険説とはかなり違う。だからそこで、裁判官から見たら科学的にはまったく危険がなくても、普通の人から見たら不安を感じるだろうなというのは、やはり具体的危険説の方は処罰するべきだということになるんだと思うのです。

川端 そうだと思います。

前田 で、そこのところが、やはり、私はそういう意味での不安感を処罰すべきでないという立場なんです。そこに差異があると思います。

3．不能犯の実体

川端 不能犯の実体というのは、一定の行為に対して社会一般が怖がっているという事態にあります。つまり、こういう行為が行われたときに、一般人がゾーとしたという事態ですね。それは一般的な不安感といえばそうなのでしょうけれども、それを罰するか罰しないかが不能犯学説の実質的な分かれ目ですね。

山口 私は、後でみたときも、やはり危なかった、かろうじて助かったけれどもやはり危なかったという判断が可能である限りにおいて、未遂が成立すると考えます。

事前にみてどんなに危そうに見えても、例えば水鉄砲でしたという場合には、侵害結果が発生することはないですから、そういうものは不能犯としてよいと思うのです。

前田 だから、あまり同じようなことを言っちゃあいけないのかもしれ

ませんが、大谷先生の教科書でもね、案山子(かかし)に弾丸を撃ち込む例が出てくるわけです。案山子だが、普通の人から見たら人にしか見えないんです。その場合に、やはり危険だから処罰しろというのが具体的危険説だというんですね。私は、田圃の案山子にピストルを撃って未遂になるというのは、やはり耐えられないんですよ。(笑)

　川端　だけどね、行為状況についていえば、後からみればそうだったけれども、例えば、田圃では通常なら農夫がいて農作業をしている状況があるわけです。

　前田　いや、もちろんそれは別の問題ですよ。そうすると付近にいる可能性のある人に当たる確率を考えるわけです。

　川端　いや、違います。そういう状況の中で、人間の形をした案山子がそこにあって、それは誰がみても人間だと思い込むような状況での行為をどのように評価するかという設例だと思うのです。

　前田　そうです。本物のピストルと見えるモデルガンで撃つというのと同じだと思うのですが。私は、そこまで殺人未遂で処罰する必要はないというふうな考え方なのです。

　川端　ですから、そこの差なのですね。

　前田　そう、そこに具体的危険説と線が引けるなあということだと思うんです。

　川端　そうですね。一般的な状況において、普通の人がゾォーとしたかどうかということが問題なのですね。

　伊東　いあや、それですが、先ほどの議論にまさに戻ってしまうのですが、実質的行為説というのは、そこを認めるのなら、それで良いと思うのですよ。不能犯に関して具体的危険説的立場を採る、と言うのならば。しかし、そうは言われないわけでしょう？

　そのような不安感を処罰するということを、今までに正面から言われたのは藤木先生位なものですよね。それなら良いのですよ。それに対して、結果云々を言うけれども、その結果というのが、川端さんのような趣旨ならば良いのですが、そうではない言い方の方がおそらく多いと思うので、それで何かおかしいな、ということを言いたかったのです。ただ、逆さにいうと今度

は、具体的危険説では、今言われたフレージングでも、実際は、漠然とした怖さやゾォーとするということでは足りず、何らかの法益関連性というものを考えざるを得ないということを、川端さんは認められるということですね。

川端 そういうことです。

前田 もちろん、質的な差があるように説明するけれども、危険性の量的な差なのかもしれないし、論者によっては、その微妙な差はいろいろあるんだと思うのですけれどもね。ただ、やはり、さっき言った具体例などではね、ある程度分けられると思いますがね。

川端 そうそう。だけどその場合でも、前田説の行為時の前提となる状況としては厳然として案山子だったという前提が入ってくるのですよね。

前田 そうです。

川端 行為時にあった客観的事情が基礎となりますね。

前田 私は、行為時に存在した客観的事情をもとに判断するわけですから、案山子だということはもちろん入れて考えるわけです。

川端 そういうことになるわけですね。客観的に存在した事実は後から分かることになるのですよね。

4．科学的一般人という判断基準をめぐって

伊東 これもいろいろあると思うのですが、例えば、科学的一般人という基準を採ることで判断を明確化するということなのですけれども、今だと私達もだいぶ科学的知識を持つようになっている。法医学の先生に教わったのですが、血管に1～2ccの空気を注射しても人間は死なないし、それ以上大量に入れるのはほとんど不能に近い。あるいは、プロパンガスでガス中毒死しようと思っても、あれでは死ねない。そういうときでも、山口さんの場合も、前田さんの場合も、あくまで科学的というところにいくのですか？

前田 もちろんそうです。

伊東 そうすると、プロパンガスでは死なないということは、一般人が思っていても駄目だけれども、科学的な人間が思えれば、その時点における科学でそう考えられれば、ある程度変わるわけですか。

山口　いや、判決の事案でもありますね……。
伊東　岐阜の例（岐阜地判昭和62年10月15日判タ654号261頁）ですか。
山口　ガス中毒すると思ったが、都市ガスは天然ガスで、一酸化炭素が入っていなかったので死ななかったという事案です。あの判決も、いみじくもいっていますが、一酸化中毒にはならない、が…。
伊東　窒息死し得る。
山口　しかしながら、酸欠で死ぬかもしれないし…。
前田　火災とかね。
山口　はい、爆発で死ぬかもしれないというのです。そういう意味での危険はあるのだと、そういう理屈で未遂の成立を認めるのなら、それはそれでよいと思います。
前田　私も、まったく同じことを考えています。
伊東　なるほどね。そこで、まあ、自分の考えていた主観的な因果経過とは違っていても構わない、ということですね。
山口　因果関係の錯誤があるということで、故意は阻却しないと。
伊東　阻却しないと（皆―笑）。
川端　前田さんは、因果経過の認識は要らないと解しているのでしょう？

5．案山子・死体に対する殺人未遂の肯否をめぐって
前田　それはまた別の話になりますけれどね。ただ、本当に先ほどの案山子の例ですね。案山子でも、それを殺そうと思えば殺人未遂でいいというわけですね。
川端　そういう状況を前提としての話しですよ。
伊東　でも、一般人が見てそれが純粋に案山子であるという場合ではないのですよ、想定されているのが。
川端　そうそう。
前田　一般人には「人」にみえる案山子ですね。で、人だと思いながら撃ったら、殺人未遂になるということですね。そこは、価値的なというか、行為無価値的な評価の……。

川端　そこが行為無価値的といわれるところです。

前田　そこのポイントが、行為無価値かどうかという一つの試金石だなあ（笑）と考えているのです。

川端　そうです。それは、例えば、マネキンを生きている人間と思ったという状況と全く同じですよね。

前田　同じことだと思うのですね。案山子もマネキンもね。

川端　そういう状況の中で、一般人ならやはりそういう行為を見て、ゾォーとしたであろう点は無視すべきではないという評価だと思いますね。

伊東　ついでですが、死体の場合はどうでしょう。

前田　私は、生きている可能性とかなんとかで説明ができる範囲で、未遂を認めます。さっきのガスと同じでね。それから死の概念というのは微妙ですからね。心臓は止まったが、多くの臓器は生きている場合などがあるわけです。ただ、完全に死んで時間が経って死後硬直しているようなものにいくら撃ち込んだとしても、それはもう案山子と同じだというのが、私の考えです。

川端　そうでしょうね。客観的にはそうなのですから……。

前田　ただ、人間の死というのは、幅がある微妙だと法医学の先生に言われれば、それはいろいろあるし、微妙なところは残りますけれど、基本はさっき申し上げたとおりということです。

III. 中　止　犯

伊東　最後に中止犯の問題をやりたいのですが、ここでは完全に4人とも説が違っています。中身は、もうあまり時間がありませんので、簡単に触れるだけにしておきますが、要するに、前田さんが責任減少プラス政策説というもので、川端さんが違法性・責任の両方が減少するとする説、それから、私はまた独特ですけれども、特別予防の必要性の減少という考え方を採っていますし、山口さんが危険消滅説です。ご自分でそう呼ばれていました

っけ？

山口 たしかそう書いております（皆－笑）。

伊東 確か、そのような記憶がしたので、うる覚えでレジュメに書いてきたものですから……。それで、第一番目の論点は、私と山口さんというのは立場は逆さですが、未遂で生じた違法判断・責任判断というのでしょうか、不法実体あるいは責任評価というものは、事後的な行為によっては変動し得ない、ということを基本的な前提とし、そこでスッパリ割り切って後で考えようという立場を採るの対して、前田さんや川端さんは、そうは考えられないということで、そこをどう説明されるのか、というところです。

それから、あとは、中止犯のいわゆる要件解釈論の中に、山口さんの危険消滅説の主張というものがクリアーに出てきていますので、それが皆さんの見解とどう違ってくるのかを確認しておいたら良いと思います。結局、レジュメの最後に書いたのですが、真摯性とか任意性というターミノロジーを特に使わなくても説明できる、という趣旨で私は読んだのですが、それで良いかどうか、後で教えて頂きたいと思います。

だいたいそんなところではないでしょうか。中止犯というのが実質的にどれだけ使われているかということは分からないのですが、実務家に聞くと、しばらく前はほとんど事件に当たったことがないと言う人が多かったのですが、最近はやたらに主張・抗弁として出されるということを聞きますので、まあ一つ議論しておく必要もあるのかな、という気がします。

1．政策説を併用する根拠

川端 旧来の政策説のほかに併用説の代表としての前田説と法律説とが対立していると一般にいわれているわけですが、政策説を併用する基本的な視座ないし根拠について前田さんの方からまず御発言して下さい。

前田 私は、そんなに積極的に政策説と併用説の代表といわれちゃうと、少し違うかなという気もするのですが。従来の議論を整理して教科書を書いている関係では、どうしても旧政策説があって、それに対しての批判として、「それはドイツの条文を前提とした説であって、日本では法律説が強い」と説明されてきたわけです。ただ、私は、違法減少、責任減少だけでは

説明できない理由があるんで、その説明できないものを政策的なものと呼んで、その上で、政策説と責任減少を加味して説明するということなのです。

　日本の中止犯規定というのは無罪にするわけではなくて、刑を軽くする量刑の事情の一つだというふうに捉えているわけですね。ですからどうしたって、政策的なものが入り込んでくるのは当然だと考えるわけです。ただ、量刑判断においても、違法性が少ないから刑を軽くする、責任が小さくなるから軽くするという面が併存することも否定できない。そして、悔い改めたから、犯罪後に態度がいいから、刑を軽くしてやるという量刑判断もあるわけですよね。悔い改めているとか、自分の意思でその後止めたんだから責任評価を軽くしてやるということを責任減少と呼ぶということは、私は、従来の流れからいって自然であったと思ったから、使っているだけで、議論の枠組みとしては、犯罪の成否の問題ではなくて、量刑の問題であって政策の問題だと呼べばいいとおっしゃられれば、そのとおりなんだと考えています。ただ、従来の中止犯論の流れからすれば、刑を軽くする主たる柱は、まず責任非難が減少すると説明するのが分かりやすいですよ。ただ、違法と責任だけでは説明できないかなり刑事政策的なものも入っています。これが中止犯の規定の特色なんですということが私の説の骨組みになってくるのです。

　川　端　なるほど。そうしますと、前田さんの場合、責任減少のほうが理解しやすいという考えの前提にあるのは、任意性とか、自己の意思によりとかいう部分ですよね。

　前　田　そうです。

　川　端　主観面が問題となるのだから、責任減少の問題であるということですね。

　前　田　そうです、そうです。

　川　端　それに対して、山口さんは、むしろ危険の消滅という観点から考えられるわけですね。

　山　口　上に書かれている言葉でいうとすれば、違法性と責任の両方が減少しないとだめだという説だと言い直してもほぼ同じだと思います。

　川　端　なるほど。

2．中止犯と違法性の減少

山口 前田さんが今言われたこととの関係からいえば、やはり違法減少を言わざるを得ないのではないかと思います。どうしてかというと、中止しないと中止犯にならないからです。どんなに中止しようとしても中止できないと中止犯にならないので、中止ということは最低限の要件である。中止は、私なりにいえば、危険を消滅させるということになります。従来の表現でいえば、違法性の減少といってきたもので、その実体を示したものに過ぎません。その意味で、別に、私が特別に新しいことを言っているわけではありませんが、その意味での違法減少がなければいけないと思うのです。ただし、客観的に違法減少があればいいだけではなく、それが行為者によって認識されていなければならないという意味で、違法減少をカヴァーするような、それを覆うような責任減少が伴っていないと、中止犯を認める必要がない。基本的にはそういう見解です。

川端 前田説が違法性減少を認めない理由は何なのでしょうか？

前田 というか、中止がなければいけないのは当然で、それは前提であり、また政策の中に入れて説明している面もあります。ですから私の立場でも、結果が発生してしまったら中止犯を認めないのです。政策で説明するけど、それは実質、違法性を問題にしているんじゃあないかと言われれば、そうかもしれないのですが、中止犯の中心は「自己の意思でやめた」という点の説明ですよね。それについての、従来の違法減少対責任減少という対立の流れからいくと、主観面を問題にする以上、責任が減少すると言う方がわかりやすい。

当然の前提として、その43条但書のシステムというのは、その結果の発生は前提としていない、という構成を採っているだけで、それを違法減少も含むといったほうが分かりやすければ、それはそれでいいと私は思うんですけどね。

川端 違法性減少を認める場合に、主観面がどのように影響してくるのでしょうか？

前田 ええ、ですから、それがあるから、私は、責任減少ということだけから言っているわけです。ただ、結果不発生ということも必要だ言ってい

るわけですから、それは、「自己の意思により」とはまったく別個のものとしてね、結果の不発生というのは、違法減少といえば違法減少なんですけどね。

川端 結果の不発生という部分は、障害未遂でも同じですよね。にもかかわらず障害未遂と違う扱いをするわけですから、その部分は中止未遂の特殊性としては出てこないという問題もありますよね。

前田 そうですね。障害未遂より軽くする理由は、やはり「自己の意思により」というのが一番中心だから、それを責任減少として説明する。私は、主観面というのは責任の問題だという構成ですから……。

川端 そういう前提があるわけですね。

前田 そうです。

伊東 あの、今言われた量刑論だからと、一種のね、量刑に似たものとおっしゃられたかな……。

前田 量刑論だからと言ったかもしれません。

伊東 そういう意味では、要は犯罪の最終的な刑責と言いましょうか、罪責という意味では特に問題にしなくても良いわけだけれども、型として切るなら政策説と言われても良いということですか。

前田 それは政策説と呼ばれても、私は、自分はそこは何も感じないのですけどね。ただ、従来の言葉遣いがありますからね。それに乗っかっているだけですけれどね。

で、伊東さんの場合は、その型をもうちょっと言っていただいたほうが……（笑）。

川端 刑法の観点からの説明ですね。

伊東 発想的には、一度行った行為の不法というのは生じてしまって、それに対する判断というものも、43条但書の場合は未遂が成立するのが前提となっていますから、ある時点で成立してしまい、それを後の行為でどうやって消せるのだと問えば、消せないと言わざるを得ないのではないか、ということなのです。単純にそういう発想をしまして、それでは行為後の事情、行為後の自らの行為というものを、どう反映させていくべきなのか、それを犯罪論の体系的に広げたということになります。そういうわけで、中止犯を

中心に書いたというよりは、中止犯を手掛かりにもう少し一般論的なことを書いたのです。例えば、自首とか、あるいはもっと極端なところへいくと、示談とか、そのような今まで量刑で扱われていた量刑事情というようなもの、そういうものを量刑だからということで犯罪論の外でグチャグチャ考えて良いのか。特に、責任主義と言い、責任相当刑ということを言いますが、そこに言う責任というのは、今言ったような量刑事情まで含めたような量刑責任であって、従来の犯罪論上の責任概念とは違うだろうということなのです。そういう意味で、最終的な刑量みたいなものを決めるためには、おそらく第四の犯罪構成要素が要るのであって、私の場合、特別予防の必要性を考えるということです。中止犯に関してはそれがなくなるんだというふうに、少し大風呂敷を広げまして、やってみたということなのです。

3. 特別予防の観点と真摯性

川端 そうしますと、今の特別予防の観点からは、真摯性という要素をかなり重要視することになりますかね。

伊東 そうですね。やはり、主観的に捉えますので。ただ、逆にいうと、本人が本当に一所懸命にやっていれば、それで済むということです。

川端 結果が発生しても、中止犯規定の類推適用をみとめるという方向にいっちゃうわけですね。

伊東 レジュメには、一応、結果不発生の場合に限らないと書きました。ただ、条文がありますので、やはり類推かなという部分がありますし、ある意味では徹底して主観的に考えるけれども、特別予防の必要性というのは恐らくそれだけでは決まらないので、不利益な条件というものも付いてしまうかな、ということで、この客観的担保状況というところにクエッションマークを付けておいたのです。そこのところは煮詰め切っていない、というのが正直なところです。

4. 任意性が要求される理由

川端 任意性の評価の点はどうなりますか？

伊東 任意性はですねえ…。

川端 なぜ任意性が要求されるかという問題です。

伊東 任意性の要求はですねえ、やはり強くなるわけでして、客観説では足りないと思います。しかし、限定主観説までは要らないのだろうと思うのです。そういう意味で、通常、任意性の判断で主観説は違法減少と繋がる、それが特に故意の消滅と繋げて言うという意味では主観的なわけですが、それは責任に繋がるという説明もできるわけで、私の場合、あえて今までの範疇でいえば、主観説なのだろうと思います。

レジュメに書いてありますように、したがって、中止犯の要件は、結果が発生しても良い、任意性については主観説を採る、真摯性も本当に純粋主観的な真摯性で良い、といったものになるだろうと考えています。

川端 今、伊東さんが言われた要件については、山口さんはどのようにお考えですか。

山口 私は、真摯性はまったく要らないと考えています。真摯性は、むしろ、責任の観点から中止犯の成立を限定するものとして持ち込まれている部分があるので、その限りでは不要であると思います。

川端 任意性でもう十分に評価し尽くせるということですか？

山口 私は、任意性は、中止犯の成立範囲を制限する外在的なものにすぎないというように考えていますので、それもまたほとんど意味がないのです。

伊東 ないでしょうね。

山口 私のような考え方によれば、現に存在する危険をそれと知りながら消滅させたかどうかということだけが中止犯の成立要件となります。

伊東 ですから、先ほど言いましたが、山口さんは真摯性とか任意性とかいう概念はもう使われないで説明するのだ、という趣旨で読んで、レジュメにそう書いたのです。

ただ、私の場合、任意性とか真摯性というものが本当に中止犯の要件なのかな、という意識がなくはないのです。もっとも、全然別個のことなので、この点はペンディングにしておいた方が良いと思います。先ほど申し上げたのは、中止犯の要件としては、恐らくこちらの方向になるでしょうということです。

前田　どういうことですか。
　伊東　要するに、条文はそうやって「自己の意思により犯罪を中止した」と読むのですけれども、特別予防の必要性というものをこういう形だけで判断できるかということはまた別なわけでして、少なくともその条文のレヴェルでは、今までの議論との関連でいえばそういうことになるであろうけれども、解釈論としては、自分自身の体系との組合わせというのが、なかなかまだ難しいということです。

5．任意性と真摯性

　川端　私は従来の議論の線で説明してきているのですけれども、この見地からは「自己の意思により」という部分が、ある意味で自発性という要素として前面に出てくるのですね。自発性というのは、強制されていないという意味では任意性ということとなって、その部分が違法性のレベルで障害未遂との決定的な差をもたらすわけです。
　前田　まあ、まあ（皆—笑）……。
　川端　違法性のレベルで、主観的な違法要素としての故意を放棄することが違法性の減少をもたらすのであると私は説明しています。真摯性というのは、それとは別個の観点であり、さらに積極的に自ら責任減少の方向に働くという捉え方をしますので、これはやはり中止犯にとって本質的な要素を構成すると思うのですね。
　その点については、危険の減少という観点からすると、全然関係ないではないかという批判が山口さんの方から出てくると思いますが、少なくとも主観的違法要素を放棄する点で障害未遂と決定的に異なります。これは、違法性の観点から見れば、故意の放棄という評価が可能かどうかという点に尽きると思うのです。強制的に、つまり押さえ込んででも故意を放棄させる場合もあり得るわけであり、その場合は障害未遂となりますね。それとの差は何かというと、やはり任意性だということですね。
　先ほど伊東さんが言われたように、一旦発生した結果はもう消えないというのは、その通りだと思うのですけれども、危険の発生というのは現実的な結果発生に向けて程度の差があるわけで、その意味で「移行概念」にほかな

りません。中止犯は、結果発生への危険の進行を阻止している点の評価だと思います。

　だから、着手未遂の場合、まさに着手した行為を遂行しないことによって、その後の結果発生の可能性が確実に消えてしまいますので、その意味で、違法性が減少することになるのですね。

伊東　違法減少というのは、要するに、違法が予期したものまで達しなかったということですね。

川端　そうそう、そういう意味ではね。

伊東　そもそも、それは未遂なのではないですか。

川端　それは未遂です。だから、中止未遂として評価するけれども、このレヴェルでは障害未遂と同じなのです。結果不発生に向けて積極的に働き掛けている要素があるから優遇しましょうということです。

山口　その意味では、今の学説は、すでに未遂が成立しているという事実を否定しようとしているわけではない、その後の特別の事情をどう評価するかという点において対立しているので、それをどう説明するかの違いではないか……。

川端　ええ、私もおっしゃる通りだと思いますよ。では伊東さん、どうぞ。

伊東　しかし、責任判断まで加えているということは、ある時点で──例えば、私のような立場で言えば──故意を持って行為に出た人間が、そのやった行為に対して判断されているわけでしょう？　責任があるということはね。

川端　そこまでの責任はあると思いますね。

伊東　そこまでのね。

川端　そこまでの責任はありますよね。

伊東　やった後に、自分で、例えば、取り止めたということによって判断しているものというのは、その判断よりもっと前のものが減ったというわけではないということですか。

山口　事後的な情状です。

前田　量刑判断というのはそういうことでしょう。

伊東　そういう趣旨なんでしょう……。

6．特別予防と中止犯

　前田　ただ、伊東さんの説で、特別予防と一般予防とあって、特に特別予防が中心だというふうにお考えになった理由というのは、どこにあるのでしょうか。

　伊東　ええ（笑）。

　前田　やはり、何と言いますか、その人、犯人にとっての事情だけでなくて、やはり中止犯をこういうふうに類型的に軽くすることによって、一般的な効果もあるわけですよね、影響というものが。そうだとすれば、むしろ一般予防につながる……。

　伊東　その限りでは、私は、一般予防というものを主として事実的な効果としてしか捉えませんので。

　前田　そういう前提があるということなんですね。だから、私は、責任減少と言っているものの中身のある部分と、やはり特別予防の観点というのは重なってくる、悔い改めるというようなこともまったく無関係ではないという言い方も、そこにつながっていると思うのですがね。ただ、一般の人からみて、あんなことをしてああいう止め方で、軽くしていいのかという判断もある。

7．主観的真摯性について

　伊東　実は先ほど伺おうと思ったのですが、川端さんと前田さんの両方ともについて、主観的真摯性とレジュメに書いたのですが、これ、多分違うのでしょうね。

　前田　どういう趣旨ですか。

　伊東　先ほど言いましたが、私の見解では、真摯性というのは、本人がとにかく一所懸命にその積もりでやればそれで良いということになり、他人がどう考えようとそれでも構わないということになります。伺いたいのは、ある時点において、本人にとってみればそれしかできなかったが、他人から見ると、それはちゃんとまともに止める積もりがあったようにはとても見え

ない、という場合です。

川端 私は、その点については考えたことがなかったのですが、前田さんはいかがお考えですか。

前田 私はやはり客観説ですから、そんなに主観的真摯性というか、「他人からどう見えるかはともかく」という言い方はしていないのです。

伊東 していないのですね。

前田 ただ、客観的にみて、具体的な適用といいますか、認定の道具だてみたいな感じなんですけれどもね、一般人を基準にしたときの任意性の判断基準が、ある意味で非常に不明確で、だから判例も少し振れ幅が出てきているんだと思うのですが、その時やはり裁判官の判断構造をみていると、ギリギリの場合、どっちともいえる場合には、本人が真摯に反省しているかどうかということが決め手になっていると思うのです。どう見たって、客観説の基準から任意性を認められないという場合には、いかに反省したかは影響しないと思うのです。

伊東 なるほどね。

前田 だけど、微妙な判断のところで、判断の一つのファクターとして、主観的にどれだけ反省しているかというようなことも入れて軍配を挙げることは、許されるのではないかということを、先に書いているのです。

伊東 そうすると、要するに、客観説でいわゆる任意性をクリアーできている限りは、真摯性の方はそんなに要らないということですね。

前田 うん、客観説といっても判断基準は非常に微妙なので、かなり認定の集積ファクターとして真摯性というのがあるんで、それを加味することまでは不当だとは言わないというぐらいの書き方なんです。

川端 その面では、私とは違いますね。

伊東 違いますね。川端さんの場合は、かなり強いですよね。

川端 ええ、積極性が前面に出てくるのですよね。だから、それが要件として必要だという立場です。

伊東 そうですね。ただ、例えば任意性はあったけれど、頼むぜと言ってそのまま行ってしまった場合は真摯性として足りないというような議論があるわけですが、その時はどうなのですかね。私の見解だと、本人にとって

それしかできなかったという場合では、それでも良いという感じがするのです。

川端　いやいや、そうはいかないと思うのですよ。

伊東　ああ、そうですか。

川端　やっぱり、そのただ「頼むぜ」という事態は、私の言葉でいえば、法「敵対性」がなくなったとはいえないわけですから……。

伊東　言えないわけですね。

川端　ええ、やはり積極的に努力しなければいけないという観点ですよね。

伊東　私の立場よりは遥かに強いですねえ。

川端　私の場合は、そうですね。

伊東　客観的真摯性説と呼んだ方が良いかもしれませんね。一般人が見て、まさに自発的に、且つ、反省した、と言っては強過ぎるかもしれませんが、そういうものが外から見えなければいけないわけですから。

川端　そうですね。そういう意味でなら、おっしゃる通りです。その意味で客観的真摯性ですね。

前田　私は、真摯性という言葉をちょっと誤解していたのかもしれないですね。真摯性というのは、火を放って逃げたとかいうだけでは中止といえない、人に止めさせただけでは足りないというような、あの事例ですか。

川端　そうです、その事例です。

前田　私がさっき言ったのは、限定主観説とか、悔い改めるという意味の真摯性……。

伊東　ああ、それ任意性の方ですね。

前田　任意性のところで、悔い改めみたいなものまで要求するかということを申し上げたので、ちょっと今のは、勘違いをしておりました。

伊東　でも、先ほどの説明で、別に問題ないのではないですか……。

前田　いやいや。私の、不手際で……。

8．真摯性の要否

伊東　要らないとまでは、恐らく言えないと思うのですけれど、真摯性

は。ただ、何と言うか、周りから見ればちょっと足りないかもしれないけれども、一応任意性があれば、本人がその位しかできない場合でも、認めてあげる場合があり得る、ということになりますね。

前田 その問題に限定していえば、いま、整理し直してもそうですね。それはそうです。

川端 山口説からはこういう問題は全然出てこないわけですから、無駄な議論ということになりますか（笑）。

山口 いや。無駄な議論とあっさり片付けずにあえて一言わせていただければ、真摯性を要求するということは、汗をかけということなのだろうと思うのです。自分でできる限りのことをやれということなのですね。それは、一つは責任減少という面もあるかもしれませんし、私の言葉でいえば、危険消滅に対する行為者の直接性というものを要求するという考え方だとも解されるわけです。そういう意味を持つ主張ではないかと思うのです。が、私はそこまでのことは要求する必要はないのではないか、日本の中止犯は不可罰になるわけではありませんし、刑の減免にすぎませんから、そこまで中止犯の範囲を限定的に解する必要はないと思います。障害未遂でもどうせ刑は減軽されうるのですから、それとのバランスからいっても、そんなに限定して解する必要はないように思うのです。

もう一言だけ言わせていただくと、真摯性を要求するために、現に判決の中には、自分で被害者を病院に担ぎ込んだけれども、私がやりましたということを言わなかったために中止犯にならないとしたものがあります（大阪高判昭和44年10月17日判タ244号290頁））。この判決自体、私はおかしいと思いますが、そういう判決すらあるので、それはやはり真摯性を要求することの一種の副作用ではないかと思います。

川端 ええ、そういう危険性は出てきますね。ただ真摯性という言葉の中にむしろ反道義性とか、倫理的なものとかが入り込む余地があるから、ご指摘のような危険性があるということですよね。

前田 ちょっと。

川端 違うのですか……。

前田 あの大阪高裁の事例ですよねえ。確かに、かなり自分の手でまた

積極的に説明を詳しくしなければいけないというのをね、言い過ぎれば、私もおかしい場合はあり得ると思うんです。ただ、真摯性は、先ほどこんがらかっちゃっていろんなことを言ったんですが、それほど強く要求することはないと、私は思っております。

　山口　放火の事例で、あとよろしく頼むというのでは足りないのではないかという意味での真摯性は、やはり考慮されるべきではないか。ただし、被害者を病院に担ぎ込んだときに何ができるかといえば、救急外科医が一所懸命処置をしていることを見ているという以外に何もできないわけですから、そこでやはり十分に警察官に対してしゃべっていないなどということを問題とすることは、やはり過度の要求ではないかと思います。

　伊東　うん、私もそういう真摯性ではないと思うのです、本来は。

　川端　それは、真摯性の問題ではないですね。

　伊東　うん。

　前田　いや、判例の流れの中では、真摯性を過度に要求すれば、そういう傾向が出てくるということだと思います。

　川端　そうでしょうね。問題の真摯性の枠を越えてね……。

　前田　うん、だから境界という線が何か、問題ですから。

　川端　そういう意味では道義的な要素は入っていないですよ。

　前田　ああ、川端さんの場合はですね。

　川端　限定主観説的要素をそこに取り込んでくるから、いま言ったような過度な要件として入ってくると思うのです。

9．中止犯と量刑

　山口　調べてないので分からないのですが、仮に、中止犯という認定をすると事実上刑の免除を認めざるを得ないのだとすれば、かなり成立範囲を限定するというのは理解可能です。中止犯は、ほとんど刑の免除、無罪に近いものだということになるとするとです。そのようにかなり限定することも理解し得ないではないですが、やはり処罰する、刑を科すということになったときに、そんなに限定する必要があるのか、私には基本的に疑問です。

　前田　その点は非常に重要でね、裁判官の意識の中では、中止犯を認め

るということはかなり免除を認める率が高いわけだから、無罪になった場合のような考慮が強く働く可能性があるんだと思うのですよね。だから、ああいう限定的な議論になる。やはり、相関関係だと思います。どれだけ軽くしてしまうか、またその必然性をどれだけ強く感じているかということだと思うのですけれどもねえ。

　山口　確かに、刑の免除にしないと中止犯にする意味はほとんどないでしょうね。

　伊東　ないでしょうね。要するに、裁量でやるか必要的に減軽されるかだけですから。ただ、先ほどちょっと申し上げたことですが、認められることは少ないにせよ、弁護士サイドが中止犯の主張をすることは非常に増えてきたという実態はあるそうですから、そういう意味では、要件論は、きちんと、分かりやすく、判断しやすく示しておいたほうが良いのかもしれません。

　川端　弁護人側から法律的主張として中止犯が持ち出された以上は、裁判所としてはそれに答えなければいけないから、最近、判例が増えてきていますよね。

　前田　まあ、数自体は……。事件の数というのとは違うんでしょうけれども、判例集に載る判例の数は、結構目立ちますよね、中止犯はね。

　伊東　あとはどうでしょうか、共犯がらみで問題はありますが……。

　川端　共犯の中止犯の問題ですね。

　伊東　まあ、私の方からはもう特にございませんけれども、もしあれば出して頂きたいという感じです。

　川端　これで未遂犯の問題についての議論を終えることにしましょう。

Chapter 8

共犯理論の史的展開と展望

【本章の論題提起者】
川　端

本章のレジュメ

I．戦前の共犯論
(1) 主観主義刑法学と客観主義刑法学の対立の投影
　　→①共犯独立性説と共犯従属性説との対立
　　　②行為共同説と犯罪共同説との対立
(2) 判例と学説の対立
　　共謀共同正犯の肯否──学説は、理念的次元で論争し、判例は、知能犯から粗暴犯へも適用を拡大し、実務的に定着。
　　共同意思主体説の当否を中心に議論が展開された。
　　集団主義的共犯理論への批判が定着──判例と学説の乖離が固定

II．戦後の共犯論
(1) 客観主義刑法学の確立
　　新憲法に適合する理論として客観主義が評価され、共犯従属性説が定説化──「従属性」の程度に焦点が移行。間接正犯の成立範囲に影響──行為共同説の捉え直し──主観主義刑法を前提とする行為共同説から、構成要件的行為の共同を認める行為共同説へと移行。ただし、このような構成要件による枠づけに対しては、批判がないわけではない。
(2) 判例と学説の対立
　(i) 共謀共同正犯の是認とその理論的基礎づけ
　　→①練馬事件判決と②刑法改正問題
　　練馬事件判決（最大判昭33・5・28刑集12巻8号1718頁）は、共同意思主体説によらずに共謀共同正犯を基礎づけた。その評価をめぐって、間接正犯類似説が提唱された。また、刑法改正問題との関連で立法論として共謀共同正犯が基礎づけられた。

　(ii) 過失犯の共同正犯の肯否

III．現在の共犯論
(1) 人的不法論（行為無価値論）と物的不法論（結果無価値論）の対立の投影──共犯の処罰根拠論
　　「共犯」概念を拡げすぎていないか？
　　共同正犯の「正犯」性を軽視するのは不当。
　　──共同正犯の「共犯」性を強調するのは、共同正犯論の自殺行為ではないか？
　　共犯の処罰根拠論における因果性のもつ意味──現在、結果無価値論から因果性が強調されている。かつて主観主義刑法学の見地から牧野博士が因果性を強調されたが、「科学主義」という基盤において、主観主義的刑法学（近代学派）と結果無価値論（物的不法論）は一致するのではないか？結果無価値論は古典主義的科学主義なのであって、ポストモダンとは結びつかないのではないか？
(2) 共謀共同正犯の成立範囲
　　正犯と共犯の区別
　　確かに、学説・判例は共謀共同正犯を認める。しかし、学説の方は、論理的議論に終始し、成立範囲に関して比較的緩やかではないのか？　むしろ、判例の方が、厳格な基準を設定し、共謀共同正犯の成立範囲を限定しようとしているのではないか？
(3) 承継的共犯
　　承継的共犯に関して、学説は、犯罪行為の「共同実行」を重視し、それを基準にして成立を画しようとしてきたのであり、判例はこれを重視している。しかし、実務の本音としては、少し緩和すべきだと考えているのではないか？
(4) 幇助犯の因果関係
　　幇助行為のもつ二重の意味。心理的影響

力と物理的影響力の評価とその取り扱い。
　(5) 共犯と正当防衛
　　従来、共犯と刑法総論の論点と交錯するものとして議論されてきたのは、共犯と錯誤、共犯関係からの離脱と中止犯との関係、共犯における中止犯などである。ところが、最近では、緊急行為との関連も問題とされるようになっている。この問題は、今後さらに詳細に検討されることになろう。
　(6) 共犯と身分
　　従来、「共犯」に関して身分がどういう影響を及ぼすのか、という観点から議論が展開されてきた。その観点との関連で、「違法の連帯性」と「責任の個別性」が強調されてきたといえる。しかし、視点を転換する必要があるのではないか？　つまり、「身分犯」の「共犯」の取り扱いがまず、議論されるべきである。真正身分犯と不真正身分犯の犯罪類型としての本質を明らかにしたうえで、その「共犯」を問題にすべきではないのか？
　　この観点からすると、「違法の連帯性」から導き出される「違法身分」というのは、本末転倒の議論ということになるのではないか？
　　真正身分犯を「義務犯」として構成することによって、65条1項・2項の本質がより明確になると思われる。

論題提起＝川端

Ⅰ．戦前の共犯論

　この座談会の最後の問題として、共犯論をこれから議論していきたいと思います。私たちの出発点が21世紀に向けての刑法学の展望ということでしたので、共犯論は、理論的な位置づけとして最後にきておりますが、むしろこれから将来に向けてどうなっていくかという点にポイントをおいてお話いただければと思います。

　まず、史的発展ということで聞いていただきたいと思いますが、戦前に関しては、一般に総括されておりますように、主観主義刑法学と客観主義刑法学との厳しい対立があって、それが投影されたものとしての共犯独立性説と共犯従属性説の対立についてかなり詳しく議論されていたわけです。それの延長線上で、共同正犯を中心にして行為共同説と犯罪共同説という大きな対

立の枠組みがあったと総括されうると思います。

　判例と学説との対応関係という観点では、もっとも争われた共謀共同正犯論が重要であると思います。共謀共同正犯の概念を認めるかどうかに関して、学説の大勢は、理念的な観点からこのようなものを認めるべきではないとしていたと思います。これに対して、判例は、最初、知能犯について共謀共同正犯という概念を認め、それから粗暴犯についてもこれを認め、さらに通常の犯罪類型についてまで、これを肯定していくという形でどんどんそれが広がっていったということになります。それで、共謀共同正犯論は、学説と判例が真っ向から対立する場面として一般に理解されてきたと思います。判例理論が前提として依拠していた共同意思主体説は、結局、集団主義的な共犯理論であって、従来の学説が個人主義のレヴェルで議論していた点を大幅に乗り越えてしまっているという観点からの批判が非常に強かったと思います。このように判例と学説がまったく歩み寄る余地がないくらいの乖離が生じてしまったことは、ある意味で、刑法学のあり方として不幸な側面があったと考えられます。

II．戦後の共犯論

　ところが、この状況が戦後、急展開していくことになります。新憲法に適合するものとして客観主義刑法学が確立され、その観点から、共犯独立性説がほとんど否定されてしまったわけです。それで、共犯従属性説が定着することとなって、議論の焦点が従属性の程度の問題に移行していったといえると思います。従属性の程度との関連で、間接正犯の成立範囲に微妙な影響が出てくるわけですから、従属性の概念が重要な視点として考えられていたと言えると思います。それから、従来、主観主義刑法を前提にして提唱されてきた行為共同説についても変化が見られます。つまり、客観主義刑法学において従属性説を採った上で、その観点から行為共同説を捉え直そうという動きがあって、現在かなり有力になってきているわけです。私たちのメンバーの中でも、行為共同説の立場に立っている方が多いのですが、細かい内容については、それぞれ違いが出てくると思います。あとで、ご議論いただければと思います。主観主義刑法学を基礎にして主張されていた行為共同説は、

構成要件の枠をまったく離れた議論であったわけで、現在では、構成要件という枠によって一定の限界を示しながら行為共同を捉えている点では、かなりまとまってきていると思います。ただ、どの程度の枠づけをするかという点については、必ずしも意見が一致しているわけではありませんし、そのような発想自体に対して共犯論の観点から批判もあるという状況だと思います。

　共謀共同正犯概念の肯否について戦前の判例と学説には決定的な乖離があったのに対して、練馬事件判決が出て以来、それをどう評価するかという観点から、むしろ学説と判例の歩み寄りといいますか、もっと極論すれば、学説としては判例に従う立場が強くなってきたということが言えると思います。練馬事件判決が、共同意思主体説を採らなかったことが決定的な意味をもっているわけで、その観点から言いますと、個人主義的立場に立ちながら共謀共同正犯を認めている点について、学界の捉え直しないし反応であると思います。間接正犯類似説が藤木先生によって提唱されたのも、この練馬事件判決がきっかけであったと考えられます。

　それから、刑法改正作業が進行する中で、いろいろな立法論がかなり具体化された形で展開されましたが、共謀共同正犯に関してもそうです。つまり、共謀共同正犯をただ観念的に批判するだけではおかしいということで、現実的な観点から共謀共同正犯を認めた上で、それに対してどういう立法的な枠組みを与え、そして、それに歯止めをかけていくかという議論が展開され、共謀共同正犯論の是認につながっていったといえると思います。

　ところが、一方において、結果無価値論の観点からと申しますか、あるいは先ほど議論が出た形式的客観説の観点から、実行行為概念を広げ過ぎるとして、なお共謀共同正犯の観念を認めるべきではないとする立場も非常に強いのです。

　それからもう一つは、判例が過失の共同正犯を認めてきており、学説もこれに対する批判的な立場とかなり好意的な立場とがあって、これとの関連で共同正犯の問題と過失犯の問題というそれぞれ別個の分野で深められてきた議論がここで結びついたという側面があると思います。

　戦前から戦後にかけての共犯論の概括的なまとめないし展開の流れとして

このように特徴づけることが可能であろうと考えます。

III. 現在の共犯論

　現在の問題状況としていくつかの論点を挙げていますが、これも従来の流れとかなり違っております。これはむしろ違法性論の反映という色彩がかなり強くなってきていると思います。従来の主観主義刑法学か客観主義刑法学かという対立の視座ではなくて、違法性の本質をどのように捉えるか、つまり、行為無価値論的に理解するのか、それとも結果無価値論的に理解するのか、という視座が、共犯論にもストレートに跳ね返ってきていると言えると思います。もちろん、違法性論の問題がすべて影響を及ぼしてくるという捉え方には異論はあると思いますが、ここでは、違法行為を共同にして行っているという要素があって、当然それに関しては違法性論が影響を及ぼしてくるという前提を置くことにします。

　現在、共犯の処罰根拠論が、学会において非常に華々しく展開されていますが、これには種々の問題点が包含されていますので、議論を深めていただきたいと思います。共犯の処罰根拠論において、いわゆる「共犯」というものの捉え方にある程度問題があるのではないかという気がしております。つまり、この場合の「共犯」に関して、共同正犯および狭義の共犯を引っ括めて議論しているのか、それとも、それぞれある共犯を頭の中に思い描いて、それについて一般的な議論をしている側面はないかといった点で、共同正犯と狭義の共犯をもっと厳密に分けて議論すべきではないかと、という基本的な疑問を持っております。つまり、共同正犯は、あくまでも「正犯」の一種なのであるにもかかわらず、共同「正犯」の「共犯」性というような形で、これを狭義の共犯に結び付けていくのは、ある意味で共同正犯論の自殺行為ではないであろうかという疑問を持っているのです。

　それから共犯の処罰根拠論において、最近大きな意味を持ってきているのは、因果性の問題です。現在、結果無価値論の観点から、共犯の因果性が非常に強く主張されていますけれども、かつて主観主義刑法学を採っていた牧野博士が、むしろ共犯の特徴として因果性を強調されていたわけです。その点で、「科学主義」の観点が、ここで大きな基盤を持っていたのではないか

と考えられます。そうしますと、先ほどの議論でも出てきましたが、科学的な観点から「危険性」を考えていくという問題とリンクさせていえば、主観主義刑法学と結果無価値論は共通の要素を持っていることになります。しかし、共通の基盤を持ちながら相反する方向で議論をしています。ところが、期せずして先ほども出てきましたが、行為共同説という点で両者は結びついています。この必然的な関係については、あまり議論されてこなかったけれども、何かそこに大きな流れ・潮流というようなものが潜んでいるのではないであろうかという気もします。元来、結果無価値論は古典的物理学をモデルとする「科学」主義であるわけで、そのことを前提にして、行為の共同が考えられているわけです。これはあとで前田さんからお伺いしたいのですが、ポストモダンとの関連で、結果無価値論はポストモダンの発想とは親近性がないのではないか、という感想を私は持っております。この点は、伊東さんもいろいろご意見があると思いますので、あとでまた、ご披露していただければと思います。

　それから第二点として挙げたのは、先ほどの共謀共同正犯論の問題です。現在では共謀共同正犯を認めるという点で、学説も大筋では一致しているわけですが、学説の方ではむしろこの理論的な議論の方に関心が向かっていて、成立範囲に関しては、あまり関心を持っていないのではないかと思います。その意味で、成立要件の部分はかなり緩やかに認められているのではないだろうかという気がします。判例をみてみますと、むしろ実務の方が厳格な基準を設定して、共謀共同正犯の成立範囲を狭めており、共同正犯ではなくて幇助犯にしたりするケースがかなり目立つように思うのですが、その辺もご議論いただければと思います。

I．共犯の処罰根拠をめぐって

本　論

1．行為無価値論・結果無価値論と共犯の処罰根拠論

前田　全部まとめて議論しますか。

川端　全部について一括して議論するのは無理ですから、今のところで止めますか。

前田　そのほうが議論しやすいと思うんです。

川端　まず、今、挙げたうち、行為無価値論と結果無価値論の関係で処罰根拠論をどうするかという問題から議論しましょうか。

前田　その前提として、共犯の処罰根拠というときに、共犯に共同正犯を入れるか入れないかという問題を提起されて、川端さんは、処罰根拠論の中に共同正犯は入れるべきではないというご趣旨で、提案されたのでしょうか。

川端　そうですね。共同正犯の場合は、共同正犯の基本原理として、「一部実行の全部責任の原則」が働きますので、その点の理論づけだけで十分であり、共犯の処罰根拠論としては、正犯から離れた狭義の共犯について明確にその処罰の根拠を考えていくべきではないかと考えています。

前田　その範囲ではそのとおりだと思います。ただ、一部行為全部責任の原則がなぜ出てくるかという議論の中には、やはり惹起説というのですか、その概念の整理は後で皆さんにやっていただいたほうがいいのですが、因果的共犯論的な発想があるということは否定されないのですね。

川端　そうです。そこは認めます。

前田　共犯論の中で主要な領域というのは、私は、やはり共同正犯論なんだと思うんです。現実に判例で問題となるのも共同正犯が多いわけですか

ら。そうだとすると、あまりこの点を強調され過ぎてしまうと、従来議論している処罰根拠論が、いろいろな解釈論につながってこないと言いますか、生きてこなくなってしまう気もするんです。

川端 なるほどね。

前田 ですから、一部行為全部責任の原則も、やはり惹起説的に説明するんだということの意味は、それなりにあるのではないかと思っております。確かに、共同正犯と共犯をごちゃまぜにするのはいけない。共犯論の自殺行為というご指摘、それほど強い感じは、私は持っていないのですが、混ぜてはいけないというのはよく分かるのです。学会でも一時問題となって、共同正犯に処罰根拠論をもってくるのは理論的に誤りであるというようなことが指摘されたようなことがあるのですが、あまりそこのところをですね、理論として詰め過ぎると言いますか、カチッとやり過ぎるのもどうかなという感じ、昔の議論に対してはしたんですがね。

川端 山口さんはいかがですか。

山口 私も、前田さんと同じで、共同正犯の一部実行全部責任の原則というのは、共犯の処罰根拠の問題、因果性の問題として基礎づけられるべきものでないか、というように考えております。もちろん、教唆・幇助と共同正犯はまったく同じかというと、それには問題があると思います。ただ、共謀共同正犯のようなものをおよそ認めないとすれば別ですが、共謀共同正犯を認めた上で議論するという前提に立つ場合に、共同正犯と教唆・幇助とがおよそ違うという議論には、私は、承服し得ないものを感じております。

川端 伊東さんはいかがですか。

伊東 なかなか難しい問題だと思いますけれども、どちらかというと、川端さんに近いのかなという感じがしなくもありません。確かに、通常、講義などで説明しているときは、先ほどの行為共同と犯罪共同ということの趣旨では、共謀する人間、あるいは、共同実行する人間が皆、例えば誰かを殺すというような同一の構成要件で考えているという意味で、狭義の共犯と共同正犯を分離して考えても特別のトラブルは起こらないことが多いのです。ただ、今度は逆に、前田さん・山口さんに近いのかもしれませんが、やはり処罰根拠そのもので、行為共同という観点から見たときに同じものではない

という側面で、犯罪の成立を認めるとなると、やはり統一的な根拠づけが必要になってくるわけで、したがって、完全に分離してしまうわけにはいかないであろうと思います。そういう意味で、どちらかというと、あまりカチッとは切れないということになるのではないかと思います。

川端 現在、結果無価値論的な観点から惹起説が強調されている状況にあるわけですが、この惹起説というのは分かりにくいですので、いろいろな分類がなされて、かなり混乱しているような感じがするのですがね。

2．不法共犯論と惹起説との関係

伊東 その前に、そもそも処罰根拠論の分類も人によってかなり違うと思うので、少なくともここではどのような意味で使うかということは決めておいた方が良いと思います。『レヴィジオン刑法1　共犯論』(1997年成文堂)（以下レヴィジオンと略す）のように、責任共犯、不法共犯、因果共犯と三つに分けることが多いですが、まず責任共犯と違法共犯あるいは不法共犯との二つに大きく分けて、違法共犯の中にいわゆる行為無価値惹起説あるいは不法共犯を入れ、それと惹起説とを並べる考え方も、範疇的にはあり得ると思うのです。その辺りはどうなのでしょう？　私は行為無価値惹起説なのですけれども、惹起説が不法共犯ではないのかと問われれば、やはり不法のレヴェルである程度議論をするのではないのかな、という気がするのですが。惹起説の中身の分類の前に、もう少し上のレヴェルでの分類ですよね。

川端 不法共犯論という場合、行為無価値的なものが不法と称されているのですよね。これに対して、純粋な惹起説の場合には、むしろ法益侵害にどういう影響を及ぼすのかという点を議論するわけですよね。

伊東 はい。

川端 そういう総括はある程度可能だと思うのです。そこまでの線ではね……。

伊東 ただ、それは、まさに法益侵害結果なり危殆化というのが、処罰根拠というか犯罪実態だからで、不法の実態はそこあって、それに因果性を及ぼしたから、という議論ではないのかなという気がするのです。

川端 そうですね。

前田　ですから、言葉の整理としては、どちらでも成り立つのですが、まず、一方に責任共犯論という考え方がある。共犯者が正犯者に対して有責な行為で犯罪に巻き込むといいますか、犯罪に陥れたことが処罰の根拠であるという責任共犯論がある。それと対立するのが、伊東さんは不法共犯論だとされるわけですね。不法共犯論というのは、単に犯罪に巻き込んだからというのではなく、行為無価値か結果無価値かはともかくも、犯罪の正犯者の違法内容といいますか、不法内容を惹起したことに処罰根拠を求める。ただ、その不法共犯論を行為無価値的なものを惹起したと考えるか結果無価値的なものを中心に考えるかで二分するわけですね。『レヴィジオン』で分けるのも、結局はね、今どっちを括弧で括って一つ上に出すかということで、二番目の行為無価値型不法共犯論を不法共犯論と呼んでいるわけでしょう、『レヴィジオン』の人達は。結果無価値型の不法共犯論を惹起説と呼んでいる。ただ問題は、惹起説の内部での混乱が一番大きいと思うのですよ。

　伊東　まあ、そうですね。

　前田　修正惹起説、混合惹起説とか、さっき名前の出ただけでもいくつかありますよね。純粋惹起説も、その中身についても議論の余地が残っていると思うのですが、いわゆる大谷先生たちのおっしゃる、我々もかなり近いのかもしれないのだけれども、混合惹起説ですね。混合惹起説と伊東さんの行為無価値不法共犯論との関係がどうなっているのかというのは、実は、それほど議論はされていないのかもしれないですね。

　伊東　そこのところがですね。惹起説の一種なのだという説明ができるのかという……。

　前田　ああ、行為無価値共犯論が……。

　伊東　いや、混合惹起と複合惹起とかいろいろありますけれども、それができるのかなという気がするのです。

　それからもう一つ。これは、こだわっていて良くないのかもしれませんが、責任共犯論の本当のプロトタイプというのは、現実に処罰される、処罰条件まで具備するということを含んでいたので、行為無価値惹起説が責任共犯論だと書く方がよくおられるのですが、その意味でも、もう少し概念的な区別が要るであろうという気がするのです。

山口 後で共犯の因果性の問題が出てくるので、そこで議論したほうがいいのかもしれませんが、行為無価値惹起説ということにもし意味があるとすれば、行為無価値と共犯行為との間に因果関係があればよく、結果との間に因果関係がなくてもよいという主張であると思います。それは、因果性はどういうものでなければならないかという議論ではないでしょうか。ここで、さらに新しい整理を入れても意味がないわけですが、あえて整理すれば、三つの共犯論があると思います。一つは、正犯に責任がある行為をさせたから処罰するという責任共犯論。

前田 それは、責任共犯論でいきましょう。

皆 うん、うん。

山口 もう一つは、正犯に違法行為をさせたからそれに連帯して共犯も処罰されるという、そういう意味での不法共犯論があると思います。最後に、正犯を介して結果を発生させたから処罰されるという意味での因果共犯論がある。これが、おそらく、基本的な整理になるのではないかという気がいたします。最後の因果共犯論は、それを徹底すると、おそらく純粋惹起説という見解に行き着くと思います。現に関西の方ではそういうことを主張されている方々がおられるわけです。ところが、私などもそうなのですが、純粋惹起説は実際上採り得ない、結論としてやはり維持し難いということで、それを修正すると、因果共犯論に立ちながらも、共犯の成立要件としては、正犯について構成要件に該当して違法な行為を要求するという修正惹起説が出てくるのです。それは、因果共犯論からする修正惹起説の理解ですが、不法共犯論からも修正惹起説が出てき得る……。ということなのだろうと思うのです。ですから、その辺に多少議論の混乱があって、そういう問題と、伊東さんのいわれた行為無価値の惹起か結果無価値の惹起かという問題は、何に対して共犯行為は因果性を持たなければならないかという議論にしたほうが、おそらく分かりやすいのではないかという感じはします。

川端 その点は私も同じですね。

3．純粋惹起説と修正惹起説

前田 私も、基本的には違わないというか、そのような整理をしていま

す。ですから、大谷先生のような分け方をするのと、このレジュメのような分け方と、つながりは出てくると思うのですが。ただ、何しろ言葉が一人歩きしてしまっていて混乱はあったと思いますね。修正と混合という言葉が本当によく分からなくなってくるんで（皆―同意・笑）、ほとんど同じことだとすれば、どっちかにしてですね、要するに純粋惹起説と責任共犯論とそれから構成要件・違法な行為を惹起するという意味での修正惹起説ですか、それは違法共犯論から出てくるものと惹起説から出てくるものと、厳密にはもちろん差が出てくるのかもしれませんけどね、それを一まとめに括る。そうすると、純粋惹起説ももちろん有力なんですが、結局わが国の学説の大半は修正惹起説ということになる。そして、修正惹起説の中味ですね、正犯者にどこまで要求するかというところが、いろんな共犯論全体に影響をする実質的な対立点を含んでいると思うのです。徹底した責任共犯論は、実際は解釈上はこう主張されていないのではないか、わが国ではですね。ただ、純粋惹起説と修正惹起説の論争というのは残っているというのが現状だと思うんですけどね。

川端 そう言われてみますと、前田さんが整理した図式の方が分かりやすいですね。

山口 前田さんも言われたように、要するに、修正惹起説が通説ですが、その理解がどうなのかということが一番問題なので…。

前田 そうですね。

山口 修正惹起説を、因果的共犯論的に純粋惹起説から出発して理解するのか、いわば形式的な違法の連帯性という考え方から出発して修正惹起説を理解するのか、という論点がまずあります。さらに、修正惹起説の中でも、先ほど伊東さんが出された問題ですが、共犯行為と因果関係をもたなければいけないのはどの部分までか、という理解のしかたも問題となるという気がするのです。それは、やはり別の局面なので、先ほど言いましたように、少し後で議論したほうがよいと思います。

少し関連させて言わせていただくと、修正惹起説の理解の中で、違法の連帯性を形式的に理解する考え方、つまり正犯に違法な行為をさせたから共犯は処罰されるという理解は、少なくとも徹底しては採れないだろうと思いま

す。そのような考え方に立つ人々は、違法の相対性という修正原理を認めるわけです。例えば、法益主体が第三者に自分を殺すことを教唆した、そこで、第三者は法益主体を殺すことができなかったというときに、第三者は嘱託殺人未遂ですが、教唆者は嘱託殺人未遂教唆とはしないわけです。その限りでは、違法の相対性を認めなければならないのです。それは、正犯に違法な行為をさせたから共犯になるという、そういう意味での形式的な違法の連帯性の理解に立つ不法共犯論の限界を示すものだと、私は思うのです。

川 端　違法性の連帯性と相対性の点について、前田さんはどのようにお考えですか。

前 田　私は、今の例を挙げて、違法は連帯にというのは必ずしも常に妥当するとは限らないという説明をするわけです。だから、違法の連帯性が先にあって、理論的に、正犯が違法なら共犯も必ず違法となるという関係は成り立たないというふうに、私は考えて、書いております。

山 口　その意味では、結論があまり違うということは、おそらくないでしょう。あとは、共犯と身分の説明のしかたの部分などで問題が出てきます。

前 田　そこは大きくで出てきますね。

山 口　違ってくると思うのですが。そうでないところでは、何らかの手法を用いて、修正をしているんですね。

前 田　先ほどの整理で非常にクリアーになったと思うのですが、残されたのが、純粋惹起説の評価なんですね。この場では争いにならないのかもしれないけれども、学界を見渡すと、まだシリアスなものが残っているという感じがします。先ほど、純粋惹起説は、結果との因果性さえあれば共犯は処罰できるというところが問題になるというご指摘がありましたが、そして私もそう考えていて、やはり、「正犯なき共犯」を認めるのは問題だと思うのです。もちろん、理論的には十分成り立つ考えだと思うのですが、なぜ問題なのかというと、例えば狭義の共犯でいえば、「教唆」の意義、現在使われている通常の意味からいって、人をそそのかして犯罪をさせるのであり、正犯を当然の前提にしている。確かに純粋惹起説の方が分かりやすい、スカッと切れるという面はあると思うのですが、解釈論としては苦しいと考えてお

ります。

　ただ、川端さんのご指摘になった「科学主義」、因果性を強調するという意味での科学主義という意味では純粋惹起説が一番分かりやすい、その意味で明快な論理であることは認めますけれどもね……。

　川端　その点は、結果無価値論を徹底したものと言っていいのでしょうかね。

　前田　まあそうですね、ただ、それを積極的に評価する必要はないと思うのですが、形式的に一方向にずっともっていくとこうなるということです。ただ、徹底してそっちにいかなければいけない論理的必然性はまったくないと思っております。

　川端　その点について、山口さん、どうぞ。

　山口　純粋惹起説というのは、要するに、間接正犯を認めたくないという見解だろうと思います。間接正犯の成立範囲、成立余地を否定するため、共犯の成立範囲をそのように広げている説だと言えると思います。ただ、純粋惹起説といっても、現に主張しておられる方々はそう言ってますが、本当に、法益侵害の結果を間接的に正犯を介して生じさせれば、共犯になるとは言っていないのです。つまり正犯による法益侵害の直接的な惹起に、何らかの意味で違法という評価が与えられなければならないという限定を付しているわけです。

　伊東　まあ、そうですね。

　山口　そうでないと、自傷行為に対する教唆が可罰的になってしまいますから。

　前田　さっきの例ですね。

　山口　先ほどとは逆の例です。

　前田　そうですね。

　山口　はい、法益主体に自傷行為をするように唆す例が可罰的になってしまうので、その場合には、法益主体の行為は違法でないとして不可罰とするのです。それはある意味で、純粋惹起説の修正なのだと思います。

　皆　うん。

　山口　そこには、ある意味で、修正惹起説に至る萌芽のようなものが含

まれてはいるのですが、それにもかかわらず、純粋惹起説にこだわるというのは、あくまでも間接正犯を否定したいということだけではないかと思うのです。

4．純粋惹起説と間接正犯

前田 関西では佐伯先生以来、というかもっと前かもしれませんが、間接正犯に関しての割り切った議論が非常に強かったというのはそのとおりだったのであろうと思うのです。論理的一貫性、ある意味で美学的な一貫性を追及する。関西という言葉を使っていいのかどうか微妙ですが、やはり純粋惹起説はその系統ですよね。間接正犯を非常に狭めると、共犯を広げるという形になっていってしまう。しかし、先ほど申し上げたように、正犯なしの共犯というのは、やはり無理な筋ではないかと思います。

川端 今のご指摘のとおり、間接正犯との絡みが共犯論との関係で歪められたという表現はきついかもしれませんが、かなり歪められてしまったという感じがしますね。

山口 間接正犯の議論はいろいろ可能かと思いますが、純粋惹起説との関係でもう一言だけ言わせていただきますと、かつては間接正犯については、実行の着手、未遂犯の成立時期は、利用者の行為の時点で認められていました。その場合には、間接正犯を否定して共犯にするということは、実際の処罰時期との関係で意味を持ってくるのです。ところが、現在は、間接正犯でも、未遂の成立時期は被利用者基準説になってきていますから、間接正犯にするか教唆にするかは、その点の具体的な結論からすると意味がないことになります。むしろ、慶応の井田さんが批判し、山中さんが反論しているところですが、間接正犯を否定すると、身分犯等の領域においては、むしろ処罰範囲が広がるのではないか。一概に、間接正犯を否定することが、共犯を広く解することが、すべてハッピーであるということにはならないのです。その意味でも、間接正犯はいったいどの範囲で認め得るものなのかということを含めて、考えてみたいと思います。

川端 そうですね。そこは大事な要素だと思いますね。その部分が、意外と現在の処罰根拠論では隠れてしまっているような気がします。ですか

ら、今の点は貴重なご指摘であり、議論を錯綜させないためには、今の点を明確にする必要があると思いますね。

　前田　今の点でね、私もご指摘のとおりだと思うのです。ただ、関西の先生方が間接正犯を否定する理由というのは、具体的に処罰範囲を限定するという意図が中心であったかというと、私は、そこはね、微妙に違うのではないかなとも思うんですよ。やはり、理論が先にある。正犯というのは、直接手を下さなければいけないという理論的前提が強く意識されたことの影響もかなりあるのではないかなあという気はするのです。まあ、これはちょっと蛇足かもしれませんが……。

　川端　いやいや、重要なところです。正犯論が根本にあるわけですね。

　前田　限縮的正犯概念というのですかね、直接手を下した者を正犯と捉えていくという考え方が基本にあって、それがあるから間接正犯が狭まって、そして、純粋惹起説につながっていく、というのが一つの大きな理論的なつながりだと思うのです。

　山口　それは、昔、佐伯先生が原因において自由な行為に関して書かれていましたが、構成要件の明確性ということなのでしょうか。

　前田　もちろん、それもつながってくると思います。

　川端　伊東さん、今の点に関連して何かありませんか。

　伊東　特に、ありません。

5．牧野刑法と純粋惹起説

　前田　あと、川端さんがご指摘になった、因果性を強調する共犯論は、牧野共犯論に通じているというご指摘なんですけれども。牧野先生の考えにつながっているから悪いということではないですよね（笑）。

　川端　それはそうです（笑）。

　前田　牧野先生は、科学主義という観点からそうなるという面がないことはないのですが、やはり独立性説というのは、結果との結びつきを軽視したわけですね。

　川端　そうですね。

　前田　だから、因果性を強調したという面がまったくないとはいえない

わけですが、牧野刑法と現在の多数説である惹起説的な発想が、因果性の重視という観点で関連しているという言い方ができるかどうかというのは、難しいような気がするのですがね。

川端 中山先生もどこかで書いておられましたよね。

前田 ああ、そうですか。

川端 科学主義ではなくて因果性を牧野先生が強調されていたということを『レヴィジオン』の中で指摘されていたと思います。その理論の前提として考えられるのは科学主義的な思考であり、その意味で即物的な思考が前提にあるのです。その部分がつながっているのではないかということなのです。

伊東 牧野先生がどの程度までリストと同じような発想をされていたかは分からないですが、現在言われている因果性と、その因果性の中身が違うのではないですか。

川端 中身といいますと？

伊東 要するに、事実的なレヴェルだけでは止まらないということです。特に、教唆の因果性の問題、あるいは、精神的幇助の問題ですが、そうなってくると、おそらくリストとか本来的な意味での科学主義とは違う議論ですから、前田さんが言われるように、やはり違うのではないですかね。

川端 なるほどね。

前田 それとやや矛盾する言い方になってしまうのですけれども、ある意味では牧野先生の共犯独立性説と純粋惹起説はですね、似ている側面がないわけではない。やはり、従属性説は、正犯者の犯罪行為への従属を考えるのに対し、独立性説というのは、共犯行為と結果があってその因果関係があればいいという考え方だといえばそうなんですよね。中間に正犯者の行為が介在することを軽視するという意味では、純粋惹起説と独立性説がつながっているという指摘の意味は、私は、よく分かるのです。

ただ、逆にいうと、純粋惹起説の人から言わせれば、自分達が独立性説といっしょにされるのはたまらない、とんでもない発想だという反論が当然に返ってくると思います（笑）。ただ、似ている側面のあることは否定できない。

山口　あの、そんなに牧野刑法を勉強（皆―笑）しているわけではありませんから分かりませんが、感じで言わさせていただくと、やはり似ているのは、規範主義的な形式主義でないということですね。事実主義だということです。ただし、牧野刑法と今の惹起説的な考え方との違いは、やはり、強い予防主義かそうでないか、という点ではないでしょうか。その実質的な判断基準の内容が違うのであって、形式論による規範主義でないという点は共通ではないかと思います。ですから、完全に同じかどうかということではなくて、基本的な議論の仕方、ものの考え方、議論の積み上げ方という点で、似ているのは、そういうことに基づくのではないか。これは、単に感じです。あくまでも。

　伊東　逆にいえば、私などの考え方では、行為無価値惹起説というのは、まさに主観説だという理解だって可能なわけですよね。

　川端　そうそう。それはあり得ますね。

　前田　結びつき得ると思いますね。

　川端　牧野先生がそこにいかなかったというのはおもしろい指摘ですね。

　前田　そこにいかなかったというのは？

　川端　行為無価値惹起説ですね。

　前田　行為無価値？

　川端　つまり、行為無価値惹起説のほうにいかずに、因果性のほうだけが前面に出てきている点です。中間項を省いて結果ないし因果性だけを重視しているわけですよね。

　それで、さっきの分け方でいきますと、伊東さんも、行為無価値を生じさせた点、ある意味では違法行為をさせたという点に処罰根拠を求められることになるわけですね。そこは、私も同じ立場なのです。山口さんはそれだけでは駄目だという立場でしょう？

　山口　はい。それだと、要するに嘱託殺人未遂教唆で、法益主体も処罰されてしまうということなのです。

　川端　伊東さんはその点についてどのようにお考えですか。

　伊東　……まあ、未遂教唆で処罰するかどうかということは、まだ本当

にギリギリ煮詰めたことはないのですけれども、そういうことになり得るのでしょう。

6．不法共犯論

山口 私は、ドイツの刑法学を詳しく勉強しているわけではありませんから分かりませんが、ドイツでは、責任共犯論は実定法上採り得ないということになったのだとすると、そのような考え方が不法共犯論として、ドイツで出されてきたという側面があるのではないか。そうだとすれば、責任がある行為をさせたから処罰するというのに変えて、違法なことをさせたから処罰するという意味での不法共犯論が出てくるのです。嘱託殺人未遂教唆のようなものも、やはり当然処罰すべきだという実質判断がそこに含まれることになるのだと思います。だとすれば、私はそれは不可罰にすべきだとは思いますけれども、むしろ可罰的だと評価する見解が出てきても、おかしくはないように感じます。

伊東 おかしくはない、というよりも、そうならざるを得ないだろうなと思います。

前田 前回の未遂の議論と同じなのですが、やはり結果無価値・行為無価値という意味での具体的な差が、そこは出てくるところなんだと思います。

川端 一般論として未遂の教唆には可罰性がないという考え方ですか？

前田 いやいや、それとは別だと思います。

川端 それとは別問題ということですね。

山口 つまり正犯者に違法な行為をさせたということ自体に、共犯の独立の犯罪内容を見出だすということで、それはいわば責任共犯論の違法版ですね。

皆 （笑）

伊東 それはもう、行為無価値というものはそんなものだから、あきらめる他ないのではないですか。

山口 そうなってくると、正犯が違法ならば、即、共犯は違法だということになるはずです。特別な違法性阻却事由などが、共犯独自の違法性阻却

事由などがある場合は別でしょうが。

川端　論理的にそうなるとお考えですか？

前田　川端さんは、自らを殺せと教唆して、嘱託殺人教唆をしてやらせて失敗したら、それを未遂で処罰すべきとお考えなわけですか。不能犯の場合の案山子の事例と同じなのですけれどね。

川端　そうそう。結局、そういう事態が違法性を帯びているわけですから、理論的にはそうなると思います。

前田　やはり、そこが分かれ目なんだと思います。

山口　ですから、修正惹起説といわれるものでも、行為無価値論の陣営から主張される場合にはそうなるというのは分かるのです。結果無価値論の陣営でも、修正惹起説の中のいわゆる違法の連帯性を非常に形式的に捉える立場からすると、十分同じ結論になり得るのです。

伊東　なり得るでしょうね。

前田　ただ、それは本意ではないと思うんです、結果無価値論的な価値判断が本音にあればね。

川端　論理的にはそうなってしまうということですね。

山口　ですから、先ほど申し上げましたように、違法の相対性という別の基準を持ち出して、その場合、違法を相対化するというのですが、それを全体的にどう説明するのかという批判が、特に純粋惹起説のような立場から出てくることになります。

前田　そうですね。何となく修正惹起説で固まっているようにみえますけれど、やはり、今の点は明確な対立点として残るし、純粋惹起説論者からいえば、さらに別の対立点もまだ残っているということなんでしょうね。

あと、ここに問題点として挙げられた結果無価値論は古典主義的科学主義なのでというのは、これは、共犯論とは直接……。

川端　関係ないと思います。そこは別にいいのです。科学主義ということを持ち出したので、その延長線上にあることを述べただけです。

前田　まあ、ポストモダンという言葉も分かったような分からないものですね。これはこの議論の流れの中では、入り込まない方がいいですね。

伊東　ポストモダンはモダンではない、ということだけで中味がないと

もいえますから……。

前田 議論が結びつかなくなりますので。

川端 どうしましょうか、この問題はこの辺で……。

伊東 共謀共同正犯の方へいきましょう。

7．共謀共同正犯

川端 共謀共同正犯を認めるかどうかに関して共犯論との絡みがありますが……。

山口 共同正犯は、本来は、実行を分担した場合に、分担者それぞれについて、完全な構成要件該当性が認められないので、要するに、それを両方不可罰にするのは困るから、共同正犯として処罰しようという意味で、合理性があるというのは、十分に分かると思います。それが共同正犯のプロトタイプだというのも分かるのですが、しかしながら、判例が、そこを出発点としてきたように、知能犯などの場合においては、そういう意味での分業はないけれども、実質的な意味での分業があって、実行行為は分担しないけれども、なおかつ実質的に非常に重要な行為を行っている者がいるというのは否定し難いのです。それを、教唆・幇助だと割り切るのも一つの方策ですけれども、わが国の実務は、実質的にみて、そういうことでは不十分だと考えたのでしょう。また、そのように考えてならないということに、理論的根拠があるかというと、実は、最近の共同正犯の議論からすると、あまりないということなのだろうと思います。そこで、共謀共同正犯は、理論的にも正当化し得るという考え方が、むしろ最近は強いのではないかと思います。

伊東 純粋な理論ではそうなのでしょうが、共謀の場合で、いわゆる親分・子分型ではなくて、一種の対等型の中でのインテリジェンスを提供したというような場合に、教唆というレヴェルでいければ良いけれど、従犯になってしまうと刑が軽くなるという問題側面はなくはない、という気がするのです。そうすると、結局は、共謀共同正犯的に扱われている犯罪現象の中で、そういうファンクションをどこで切り分けるかという基準論を出さなければいけないと思うのです。そういうものってあるのですかね？

川端 実務・判例で、従前なら共謀共同正犯としての罪責を追及してい

たはずのものを幇助犯にするというケースがわりと増えているのですね。よくみてみますと、実質をかなり考慮していて、いわゆる幇助犯型の共謀共同正犯と教唆犯型の共謀共同正犯とを意識的に分けているのですね。

伊東 そうですね、両者は違うでしょう。

川端 私は分けていると思うのです。そのあたりについてどうですか。判例や学説の評価に関連して……。

前田 先ほどの川端さんのご説明の内、まず理論的に共謀共同正犯が完全に否定しきれるものではないというのは、私もまったく同感です。そうなってきますと、どこまでを共同正犯とし、どこまでを教唆ないし幇助とするかという限界づけが大事であるということになると思うのですけれども、そのときにやはりプロトタイプという言葉がさっき出ましたが、共同正犯は正犯の一種だとして共同正犯の限界をどう切っていくかということなんだと思うのです。ただそのときに、形式的に正犯とは構成要件的行為を行った人という議論はもう絶対ではなくなった。そうするとやはり、実質的に構成要件的行為を行ったと同視できるだけの実質というものをどう類型化していくかという作業が大切なんだと思うのです。そのときには、犯罪の重要な部分についての関与ということもあるでしょうし、それから、財産犯・知能犯のときなどには、利益の帰属の問題とかね、そういうものの総合として考える。ですから、逆に、実行行為を行ったと等しいような場合でも、従たる関係であれば、従犯にしてしまうのですね、最近の判例は。というか、昔からそうだったのだろうと思うのですが……。ですから、関与の重要度というようなことを含めた正犯・共犯の切り分けということにはなってきていて、共謀共同正犯が一方的に肥大化して、共犯を全部取り込んでいってしまうということは、私はないと思うのです。ただ、実質化するとやはり基準は曖昧になる。それを回避しようとすれば、形式的な実行行為性がある場合かどうかで分けざるを得ないということに、また戻ってしまう。ですから、少し不十分ではあっても、実質的な基準を盛り込んだ正犯概念の切り分けをせざるを得ないと思うのです。それについては、今まさに判例が出てきているというか、議論が動きつつあるところであると、私も認識しております。

川端 これからの学説の任務として、そこのところの振り分けをもう少

し明確にしていく努力が必要であると思いますね。

前田 それは、まったく同感です。

8．幇助犯型の共謀共同正犯と教唆犯型の共謀共同正犯

伊東 処罰根拠論にまた戻ることになるかもしれませんが、川端さんのおっしゃるように今の判例が従犯的なものはもう共謀共同正犯に上げないで従犯に落としていくという場合に、行為者の機能みたいなものはどう捉えているのでしょうか。例えば、物理的幇助がなければ結果発生が非常に困難になる、あるいは、起こらないという場合は、やはり共謀共同正犯にもってくるのでしょうか？

川端 それは先ほど前田さんが言われた結果発生への影響力の度合いという形で議論をして、単なる幇助とは意味が違ってくるという捉え方です。

伊東 いや、ですから、私が伺いたいのは、判例の共謀共同正犯理論というのは、そういう意味では、結果に対する寄与度みたいなものの果たす役割が大きいのでしょうか。そうなると、昔から変わってきたものの、視座というものも変わるという気がするのです。

川端 その辺はどうでしょうかねえ。結果に対する寄与度という点についてですが……。

山口 判例がどうなのかということをトータルにみたことはありませんし、おそらく学界でトータルにやったという仕事もないだろうと思うのですが、さっき前田さんも言われましたけれども、寄与度だけで、共同正犯の判断はしていないのです。

前田 私もそう思うのです。

山口 重要な寄与度が認められても幇助になる場合があるのですね。それが一体どういう理由で、本当にそれでいいのかというのは……。

前田 これからの議論です。ただ、例えば具体例でいいますとね、二人で相談して恐喝をしたときに、「お前が受け取ってこい」といわれて取ってきた人間、現にお金を取ってきた人間は幇助になって、それを受け取った親分の方が正犯であるという判例があるわけです。まあ、それは、なぜお金を取るに至ったかということでいろいろゴチャゴチャあるから、その前提を踏

まえないと判例の評価は難しいわけですが、形式的に結果への寄与度といいますかね、財物奪取を直接実行したというだけで正犯性が出てくるということではないんだと思うのです。やはり最終的なお金の帰属とかを考慮して、「自分の犯罪」というのが正犯だという感覚を、かなり強く裁判官はもっていますよね。で、そういうものを我々はどう理論化し、また不合理なものをどう切り捨てていくかと言いますかねえ、昔、学会で山口さんと一緒にやったときに、山口さんが担当された、薬物の共犯関係の事例がありましたよね。薬物事犯がいろんな問題の理解を動かしていったわけですけれど、その中で、どこまで法律的なものとして許されるか、どこからが不合理なものかという議論をしたわけだけれども、共同正犯と幇助についてはこれからもまだズッとやり続けていかなくてはいけないというか、そこのところはね、課題が残っていると思うのです。

　ただ、教唆型というのは、実はですね、あまりないのではないかと思うのです。教唆というのは、極端にいうと、事実上ほとんどすべて共同正犯になってしまっているということなのかもしれませんが、教唆の事案というのは非常に少ないのです。それがそもそも問題だという発想が出てきてもいいんでしょうがね。教唆がほとんどないということは事実なんですね。

　山口　それは、事実として、例えば、犯罪やりなさいと一方的に教唆してあとは知りませんというのが、あまりないということなのでしょうか。その辺、事実認識の問題もあるでしょうが……。

　前田　ええ、そうですねえ、私などがみているところでは、そそのかしてその結果ある程度までコミットしてしまうとやはりその人が……、

　伊東　共同正犯になってしまいますねえ〜。

　前田　共同正犯だという評価が裁判官に出てくるその前提として、まず立件する警察官、それから起訴する検察官の意識の中にも強くあるんだと思うのです。理論的にそれが不当であって、条文の解釈からいって不自然であるという批判はもちろん可能なのですが、それが全部誤った解釈であるとまではいえない。ただ、中には明らかにおかしい行き過ぎのものもあるわけですから、それはチェックしていかなければいけないんだと思います。

9．正犯意思と共犯

川端 「自分の犯罪」という言葉が出てきましたけれども、その場合、「正犯」意思の面も含めるのでしょうか？ 利益の帰属とか、実際その結果発生に対して積極的に働きかけたとか、それ以外に正犯意思という昔から議論されている要素が必要なのでしょうか？

前田 ええ、判例はかなり入っているとは思います。

川端 そうでしょうね。

前田 私などは、共犯論の中では、普通の構成要件でも故意というのが必要なのと同じように、共同正犯の構成要件該当性に相当した議論としては、客観的に構成要件に該当する行為と、それから主観的構成要件要素に相当する認識としての正犯者としての故意ですね、共同正犯者としての認識はやはり必要であるという考え方を採っております。

川端 山口さんは、正犯意思の問題についてはどのようにお考えですか。

山口 私は、本来、やはり客観的にどうやっているかということで決まるべきだと思います。もちろん、自分のやっていることを知っていなければいけないという意味で、それを正犯の故意といえば、正犯の故意なのかもしれませんが、そういうものは当然に要るんでしょうけれども、それを越えて主観的なものをどこまで考えていくことが可能なのか、いくべきなのかという点については、今後検討したいと思います。

前田 私のほうもそんなに違わないんで、そういう認識であって、それを越えて強く中心になりたいと思っていたから正犯性が主観面だけに引っ張られるということまでは申し上げているつもりはないのです。

川端 ただ、下級審の判例などをみていますと、正犯意思によって幇助犯との振り分けをかなりやっているような面もありますよね。

前田 ええ、言葉としては少なくとも目立ちますよね。ただ、やはりそれも総合的に客観的に評価して何をやるのかということ、どういうふうに利益が帰属したか、ということからみていきますと、それは、被告人を説得する論理としてもおまえはそういう意思があったじゃないかというのを使って

いると思われますが、主観的事情が、本当に判例の中で決定的なものであるのかは、やはり検証を要するのではないかなという気がしているのです。

川端 なるほどね。確かにそういう意思だけで振り分けているわけではないですからね。その辺、伊東さんの立場ではどのようになりますか。

伊東 純粋な構成要件的故意というものではない、もっと大きなものが要るのだ思うのですが、今のところ、フレージングしにくいですね。いわゆる正犯意識みたいなもの、ということで、今のところはごまかす他ないのかなというところです。

川端 私もそこはよく分からないのです。実務はそこをかなり意識をしているなという気はしているのですが……。

伊東 私のような説でいくと、単なる故意を越えた行為支配のようなものの中の、何と言ったら良いのかな、優越的支配と言ったらおかしいのかもしれないですが、そんなような機能で説明するか、あるいは、主観的なもう少し大きなものとして説明するか、両方行き方があると思うのです。（つぶやき）どっちなのかは、よく分からない。

川端 将来、その点について皆で考えなければいけないということですかね。

それでは、共謀共同正犯についてはこの辺でいいですか。まだ何かありますか。

皆 いや結構です。

II．承継的共犯

> 論題提起=川端

次に、共謀共同正犯とは時系列では逆になるわけですが、承継的共犯の問題をみていきたいと思います。

先ほど指摘がありましたように、共同正犯のプロトタイプとして出てくるのは、やはり最初からお互いにこういう行為をしようと共同決意をして、そして共同してその行為を行うことであり、「共同実行」がポイントになります。学説は、従来、共同正犯の本質的な要素として、この「共同実行」を重視してきたわけです。それを基準にして種々の問題点を考えてきたので、これが大きな役割を演じてきたわけですが、承継的共犯に関しても、「共同実行」が一つの基準になっていると言えます。

　ここでは共同正犯を前提にしてお話をしますが、「共同して実行」したと言えるかどうかに関して、実行部分の重なり合いを明確にしていこうとして、学説は非常に努力をしてきたわけです。判例もどちらかというと、それにしたがっていると評価できると思います。しかし、承継的共同正犯の成立を認めて処罰すべきだとして起訴されているにもかかわらず、判例の方が「共同実行」の存在の要件を前面に押し出して——これは学説との対応だと思うのですが——割合厳格な対処をしているようにみえます。しかし、実務の本心と言いますか、本音としては、この要件をもう少し緩和して共同正犯としてもっと成立範囲を広げるべきだと考えているのではないかと憶測していますけれどもね。今後、承継的共同正犯の問題を考える場合に、そのような方向にもいき得るのですから、「共同実行」という点でどこまで絞り込むことができるかどうか、は今後の課題としてみておく必要があるという気がしています。

　それから幇助犯の因果関係という問題も、先ほど来、因果共犯論ということで、非常に重要な意味を持ってきていますが、判例でもいろいろ出てきているわけで、これを理論的にどういう形で詰めていくかが課題であると思います。幇助の場合には、心理的影響と物理的影響とがダブったりする場面があるわけですが、それを明確に分けられるかどうか、それからどういう形でその評価をするのかという点で、因果関係の認定には難しい問題があるし、今後もこの点については、いろいろな観点から問題提起がなされてくるであろうと思います。

　共犯と正当防衛は、緊急行為一般の問題に関連するのですが、ここでは正当防衛に限定します。共犯の問題と刑法総論の他の論点が交錯する場面とし

て従来議論されてきたのは、共犯と錯誤、あるいは共犯の過剰の問題、それから共犯関係からの離脱、共犯の中止犯などの問題点があるわけですが、しかし、最近ではむしろこの緊急行為との関連が重視されるようになっています。私は判例が正当防衛の成立を広げる方向にきていると認識しているのですが、それが共犯論にもかなり影響を及ぼしてきていると思います。正当防衛論そのものの議論とは別個に共犯論、ここでは共同正犯論を前提としますが、共同正犯における共同というものがもつ意味、つまり、違法の連帯性が重要な視点となります。違法の連帯性という一つの基本的な考え方の射程の問題がここで出てくると思うのです。私は、形式的な形で違法の連帯性を強調するのはまずいのではないかという認識を持っています。これは、行為無価値論との関連で、違法の「相対性」が「個別的な」違法性という方向にまで徹底していく関係で、今述べたような認識に至ると思うのですが、この問題について、結果無価値論を採られる前田さんや山口さんがどのように考えられているのかという点に、今後の発展の契機が見いだされるであろうと思いますので、その辺もあとでお教えいただけたらと思います。

概括的に言えばこういうことになりますが、まず、承継的共犯の問題からご議論いただきたいと思います。

本 論

1．承継的共犯と判例

前田 あのう、川端さんのご指摘ですと、学説は共同実行を重視して承継的共犯には消極的で、判例もこれに従っているという……。

川端 消極的というよりも、厳格に解してきているということですね。

前田 あっ、承継的共犯を狭く認めてきたということですか。

川端 そうそう。

前田 判例もそれに従って狭く認めていて、そして、本音としてはもう少し広げたいんだという評価をされているわけですね。

川端 そうです。

前田 たしかに大筋はそうだと思うのですが、事例を分けた方がわかりやすい。大きく分けて、強盗致傷とか強姦致傷とかのように傷害の結果がすでに生じている場合に後からコミットした人に帰責されるかという問題と、強盗のような結合犯というんですかね、暴行・脅迫とそれから財物奪取がセットになって一つの犯罪になる強盗のような場合に途中から加わった問題と、それから一つの恐喝とか詐欺みたいな一連の実行行為のなかで途中から加わった問題と、あるわけです。そして、近時の判例としては、やはり傷害結果みたいなものはやはり因果性を否定するのですが、その他については因果性を認めるというのが主流なのかなと思います。まあ戦後、最高裁判例はないわけで、判例の基準が固まっているというわけではないとは思うのですが、それに対して、学説はですねえ、私は、いろいろあるんじゃあないかと（笑）、こう言い切れるかどうか微妙だなあという気がするんです。私などは、惹起説的な因果性という観点から、一部行為の全部責任の原則を説明していくという立場を採りますので、やはり後から加わると、要するに因果は遡りませんので、後から加わった人間は加わった以降について責任を負うのが筋であろうというところから出発して、あとは、それに帰責させるだけの説明がつくものはどこまでか、という考え方を採っているわけです。けれども、学説の中には、かなり承継的共犯を広く認める説もあるような感じがするのです。川端さんもそうするとかなり狭めているということですか。あの例えば、致傷なんかは認められないわけでしょう。

川端 そうですね。

前田 あとは判例と同じように認められる……。

川端 基本的には従来の行為として、連続してといいますか、共同していると評価されるものだけという感じですね。

前田 そうなってくると、私もそんなには違わないと思うのです。

伊東 例えば、強盗をやろうと思って暴行を加えていて、そこに途中から加われば、それで傷害を負っている場合、傷害は帰属しないけれども強盗は認めるということですか？

川端 いや、そこでは影響力の問題になるので、その場合、暴行行為と

して加わらなくてはいけないと考えています。

　伊東　そうすると、そこはやはり実行共同が要るということですね。

　川端　そうですね。

　伊東　あるいは、重ねて自分もやるということですね。

　川端　判例も今の点は強盗の場合にはそうですよね。

　前田　いや、そこはどうですかねえ。私は、強盗の場合は事実上そこにいるだけでも共同実行をした、実質的な実行に加わったと同じだということがあるということは前から言っていたのですが、そういう状態の中で新たに加わったというのをまったく共同正犯にしなくていいかどうかというのは、ちょっと微妙かなあと思うのです。まあ単独正犯の場合に要求される厳密な意味での因果性というのは認定はできないのですけれどもね。ただ判例はやはりそこはかなり広い、評価は割れますけれど、広いのではないかと思います。

　川端　山口さんは、いかがですか。

　山口　私は、承継的共犯は、後から加わった者は、その時点以降の事実についてしか罪責を負わないということを基本としつつ、あとは、そういう考え方でどこまで共犯の責任を問えるかという問題ではないかと思います。そういう目でみますと、判例はやはり、因果的共犯論でない考え方を採っていると言わざるを得ないと思います。それは、やはり後から加わった者を不可罰にできないという見方が反映されているのではないかと思うわけです。判例については、以上です。学説との関係では、最近は否定説、承継的共犯を否定するという見解も、かなり有力に主張されるようになってきていますが、全面的に罪責を肯定する考え方、例えば判例のリーディングケースである古い事案において、被害者殺害後に関与した者について強盗殺人幇助の成立を肯定する見解は行き過ぎだが、一定の範囲で承継を肯定する、平野先生のような中間説的な立場も主張されているわけです。そのような見解がなぜ可能なのかということを考えてみますと、先ほどの処罰根拠との関連でいえば、その背後には、正犯の違法行為に連帯して共犯行為も違法となるという、形式的な違法連帯性論があるのではないか。平野先生などはおそらくそうではないかと思うのですが、つまり、正犯が、構成要件に該当して違法な

行為をやっていると、それに対して因果性をもてば全体として共犯となる、それも苦しいのですが、全体として正犯と一緒ならば、最終的な構成要件該当事実について因果性をもつものとして共犯になり得るという考え方であり、そこには、形式的な違法の連帯という観念が入っていると思うのです。その限りでギリギリのところなのですが、後行者が先行者の行為を利用してとか、先行者が行った事実を利用してという場合については、そういう意味での形式的な違法の連帯というものを肯定するだけの根拠があるので、幇助、共同正犯に限らず、承継的共犯を認めるということになってくるのではないか。私は、その形式的な違法の連帯という考え方自体が、まさに検討されるべきことではないかなという気がいたします。

2．違法の連帯性と「実質的な利用」関係

前田 私は最近、平野先生の本を勉強しなおして、やはりだいぶひかれるんですよ、この問題に関してだけではないのですが、もちろん。おっしゃるように形式的な違法の連帯性だけからあそこは出てくるのかなあと、ちょっとねえ、ただ論理的には非常にむずかしいんですけれどもねえ。要するに「実質的に利用したと」いう発想ですねえ、最近非常によく分かるというか（笑）……。

山口 実質的に利用したということだけならば、先行者が止めてしまっても、つまり先行者がいなくなっても、それを引き継いだ後行者自体について、単独で正犯の罪責を負うことにならないかという問題がやはりあると思うのです。ところがさすがにそうはならないですね。

前田 それはならない。

山口 それは、やはり自分だけでは駄目だけれども、最初からやっている人と一緒ならば、それにかろうじてくっついて共犯になるという考え方がやはりあって、その部分は、やはり形式的な考え方ではないかと思います。そこをクリアーしないといけないのではないかという感じがするのです。

前田 そこの一緒ならというところが、私もねえ、一番引っ掛かるのです。だから、そこは積極的に評価できるのではないかなあと思っているのです。それがだから、形式的な違法の連帯からしか出てこないかどうかなんで

すけどね。いずれにせよ、学説はもっと広げる説も有力なのではないかという気がするのです。学説はかなり承継的共同正犯に限定的だと川端さんはおっしゃったのですけれども、最近、山口さんのように因果性という観点から承継的共犯をカチッと押さえこむ議論が強くなってきたという印象を、私も持っているのです。

　川 端　なるほど。伊東さん、どうぞ。

　伊 東　思考パターンそのものとしては、後から加わった人間ですから、考えなければいけないのは、加わった時点以降であろう、というのは確かですけれども、そこには、どれだけ行為者主観を取り込んでいくかという問題があって、私は主観を取り入れざるを得ないのだろうなという気がしています。先ほどの例だと、どうなのでしょうねえ、はっきり言うと決着をつけられないのです。傷人まで帰属させるのは何かかわいそうだという気がしますし、では自分で実際にまた暴行をしなければいけないのかというと、それも何か変で、まだ決しかねているところがあります。

3．行為者の主観面のもつ意味

　前 田　そこで、行為者の主観面が大事だというのは、ちょっと意味が分からないのですが。

　伊 東　行為支配のような発想を採りますので、そういう意味でどれだけの既存の因果系列を取り込んだか、という趣旨なのですが……。

　前 田　それは客観的に取り込めばいいんじゃあないかという気が、私などはしてしまうのですがねえ。意識して取り込まなければ駄目だということですか。ああ、まあそうか、認識しながら利用して……。

　伊 東　そうです。

　川 端　言葉を換えて言えば、いわば追認的な要素ですよね。

　伊 東　一種、そういうことなんですが……。

　川 端　追認行為としてその部分を重視しなければいけないのだという考え方ですね。

　伊 東　……それが巧くフレージングできないのです。単に追認というのでは、要するに、知っていてやったらもう追認ということもあり得るわけで

す。

川　端　かつての主観説、特に木村説などはそうですね。

伊　東　そうですね。

川　端　先行行為による結果を全部取り込んだのだから、つまり、それを追認したのだから、全責任を負っていいのだというのが主観説の発想ですよね。伊東さんの場合はそこまではいかないのですよね。

伊　東　そうです、それではおかしいなという気がするのです。

前　田　だから判例・学説の中には、やはり積極的に利用した意思というものを強調する考え方があることは事実だと思うんですよね。

伊　東　ただ、その積極的というのは単なる形容にしか過ぎないのですよね、実際は。すでにあるものをそのまま自分の意思の中に組み込んでいれば……、

前　田　もうそれは、利用なんだと。

伊　東　利用なんですよ。そこが何なのだろうかというのが、分からないのです。

川　端　その意味でこれは解決済みではないのですよね。

伊　東　そう思いますよ。

前　田　いやいや、全然解決済みではない（笑）と思いますよ。議論が動いていると思いますね。

伊　東　まあ、基本的には――これを私が言うのは何か変ですが――、余り主観的なところで区別するのは、実際にはみんな認定論に逃げてしまう可能性も出てくるので良くないのではないでしょうか。フレージングをキチンとしておいてあげないといけないと思います。

川　端　承継的共犯に関してまだ何かありますか。山口さん、いかがですか。

山　口　いいえ、結構です。

III. 幇助犯の因果関係

本　論

川端　次の論点は幇助犯の場合の因果関係の問題です。これについて、山口さんは先ほど留保されていたと思いますので、山口さんからどうぞ。

山口　留保しているというほどのことではないのですが、私は、やはり最終的に、結果との間に条件関係は要らないと考えています。

伊東　条件関係が要らないのですか？

山口　要りません。

前田　それは、条件関係は無理だと思うんです、私も。

山口　条件関係ほどではないけれど、何らかの事実的関係は要るとは思います。

川端　帰責するだけの因果性が要るということなのですよね。その点について、危険性を高めるという言い方をするのか、促進という言葉を使うのかは微妙なんですけれどもね。

1．条件関係の要否

川端　理論的に条件関係を要求できないという理由は、どこにあるのでしょうか？

山口　やはり、条件関係を要求したのでは、幇助の成立範囲はほとんどなくなってしまうということなのです。幇助というものの独自の領域があるのだとすれば、それに独自の刑事政策的な意義、それを処罰する刑事政策的な意義があるのだとすれば、そういうところまで広げて処罰すると考えないといけないと思います。もちろん違う考え方はありますが。

前田　幇助行為を具体的にやらなくても結果が起こってしまった、正犯

がやってしまうという場合はあって、その中でやはり、そこまで物を貸したりとか、コミットしながら幇助で処罰しなくていいのかという事案は、かなりあると思うのです。「あれなくばこれなし」というふうに厳密に言ってしまうと、やはり因果性はないということになってしまう。

川端 心理的な影響といった点でも認定できないわけでしょうか？

前田 そうですね、厳密には心理的にそういうことがあろうと無かろうと結果は起こっただろうという場合はあり得るわけです。だけれども、そこのところでいろんなやり方があって、心理的に強まったとかですね、それによって少し時間は早まったではないかとか、いろんな処理がありうると思いますが、あまり形式論をやり過ぎてもいけない。で、やはり実質的に幇助として処罰に値するだけの結果への寄与というものを、類型化していかざるを得ない。そこの道具だてとして、普通の因果関係はまず条件関係というものを使うわけですが、初めに条件関係が厳密に必要であるとスパッと言い切ってしまうと、大事なものが落ちてしまうという感じがするわけです。

2．因果関係の対象

山口 そこで、正犯者の行為との間に因果関係があればいいというだけではなくて、やはり、私は、結果との間にまで因果関係が続いていないと惹起説にならないと思うのです。

伊東 そう思いますよ。

前田 いや、そこは非常に大事なところでね、大谷先生あたりの修正惹起説の考え方は、やはり行為との因果関係だと思うのです、結果との因果関係ではないんだと思います。それは、はっきりおっしゃっておられるのですから、そこら辺りにね、やはり共犯論における行為無価値か結果無価値かの具体的な対立の場が出ていると、私は思います。

伊東 ですから、先ほど冒頭で名称問題にこだわったのは良くなかったのですが、惹起説と呼ぶから混乱が起きるのだという気がするのです。

川端 私もそこは賛成なのですね。私は、大谷先生と同じように、違法行為にどういう影響を及ぼしたかが重要だと思うのです。

前田 ということになる……。

川端　そのように考えるのが筋だと思いますね。
前田　分かりやすいんだと思いますね。
川端　違法行為にどういう影響を及ぼしたかという点の議論ですから、違法行為に関与した点が重要なのですね。
伊東　話を戻して申しわけないのですが、最終結果に対する促進とかそういうもので良いとして、具体的にはどうやって判断するのですか。「なかったならば」、ということでやるのですか。
山口　そのような判断はできません。
伊東　できないでしょう。
前田　それは使わないのです。
伊東　そうすると、要するにあったということだけ、ですか？
山口　心理的な因果性を例にとると、幇助行為によって正犯者の意思が強化されて、強化された状態下で……、犯罪が既遂まで至ったかということですね。
前田　幇助行為として類型的に当罰性のあるような行為が行われたとしても、それと結果との関係を全く問題にしないというわけではないわけですよね。心理的にも物理的にも因果性が全くなかったとすれば、不可罰となる。有名な判例（東京高判平成2年2月21日判タ733号232頁）でいうと、そこを犯行場所として使うだろうと考えて音などが漏れないように目張りをした事案の場合、正犯者が準備のあることを認識してやれば、心理的に強まりますが、相手のためにいくらその準備をしても、それを正犯者が認識していなければ、つまりそれが心理的にも物理的にも全く役に立たないということになれば、いくら幇助的な行為をしたとしても、その幇助の因果性がないから不可罰であるという場合はあり得るんだと思うのです。

3．片面的幇助の肯否

伊東　片面的幇助は認められるのでしょう？
前田　もちろん、片面的幇助は認めます。だけど、それは物理的にプラスになっているからということでしょう。
伊東　利益になっているかどうかでしょう？

前田 そうです。ですから、片面的な場合は、心理は出てこないわけです。だけれども、物理的にも心理的にも全く影響がなかったような場合には、例えば、自分の恋人が泥棒に入るので心配だからこっそり外で見張っていてあげたところ誰も来なかったし、しかも実行行為をした恋人の泥棒の方は知らなかったというような場合には、やはり幇助にならないと思うんですよ。それは、心理的にも物理的にも因果性がないから。そういうチェックはできるのだという考え方なのです。

伊東 なるほど。今言った片面的幇助の関係ですが、物理的に内側に目張りをして本人はそれをしてもらったのは知らないという場合、客観的に目張りがなかったときよりは犯行は容易化されたといえるわけですが、その結果として行われたという関係は要るのですか？ それとも、単にそれが利用されて使われたといえば良いのですか？ それで良い？

山口 そうです、それでいいと思います。

前田 それでいいという感じですね。うん。

伊東 こう言ったら怒られるかも知れませんが、かなり稀薄な感じがしますね。

前田 いやいや、それは認めます。

山口 （笑）

前田 ただ、幇助の場合はその程度のものまで処罰する必要がある場合があるかと思うのですね。膨大な幇助行為の中で、実際に立件して処理するのはごく一部だということも事実だと思うのです。

川端 幇助行為の特殊性からこういう問題が出てくるのですか？

前田 と、私は考えております。

川端 伊東さん、いかがですか。

伊東 教唆の場合はもちろん犯意の発生というのがあって、それがなければ起こらなかった、ということは当然に言えるのですね。それはそうですね？

4．教唆と因果関係

山口 教唆でも条件関係は要らないと思います。ほとんどは条件関係が

あるとは思いますが、条件関係がない場合が想定できないことはないと思います。仮の例ですが、教唆行為により犯意は生じ、それは維持されていたが、犯行の動機が途中から変わったといった場合もありますね。

伊 東　なるほどね。

山 口　そういう場合については、条件関係はないという判断も可能だけれども、なお教唆にはなり得ると思うのです。

前 田　そうか。

伊 東　教唆行為で何か刺激にはなったけれど、それが動機にはなっていないという場合ですね。

山 口　だから、ある動機で犯意が一旦抱かれたのですが、別の動機に途中から擦り変わったということはあり得ないわけではないと思います。それは論理の世界の話ですけれども。

伊 東　要するに、実際の犯行に出た際の犯意の相違が生じることはあり得る。

山 口　具体的な犯意は同じだとしても……。

伊 東　その裏側にある動機。

山 口　その裏側にある動機ですね。

伊 東　私の知りたかったことが、だいぶ分かってきました（笑）。

5．共同正犯と正当防衛

川 端　それでは次に、共犯と正当防衛の問題です。共同正犯を前提に考えたほうが分かりやすいと思いますので、共同正犯と正当防衛についてご議論いただきたいと思います。先ほど、違法の連帯性という問題も出てきましたが、これにも関連してくると思います。その点、いかがでしょうか。

伊 東　その前に、あるいはとんでもないことを質問したいのですが……。私(わたし)的な言い方になってしまいますが、違法性阻却のための規範、許容規範があるわけですよね。そこで名宛人というものを考えるのでしょうか。つまり行為者一人に向けられるのか、違法性の連帯性の問題と同じことになるのかもしれないのですが。最初から許容規範は個人的にしか機能しないのだということになれば、もう当り前に連帯しないということになると思

うのです。ある先生が、そんなことは当然だ、その行為者に関して個別的にしか規範は具体的になっていないであろう、と言われたのです。今、発想的にはどうなのでしょう？

山口 いや、必ずしもそうではないと思いますが。行為者個人が名宛人という考え方、正犯者にだけ許容規範が向けられていると考えても、先ほどの不法共犯論的な考え方からすると、共犯者は不可罰だということになる……。

伊東 そういうことでしょうね。

山口 そうではないですか。

前田 ただ、名宛人がその人だけかどうかというのは、やはりある意味で、結論の先取りではないかという気がするのですがね。

これ、共犯と正当防衛の問題でいろんな論点が複合してると思うのですけどね、片一方が正当防衛で殺して、片一方が正当防衛でなく殺した時に、共同の意思をもってやったときどうなるかという狭い意味の共犯と正当防衛と、その他に、正当防衛を共同して実行した後、一人がやり過ぎてしまって、そのやり過ぎたことについて正当防衛行為を共同した者が責任を負うかどうかという今の因果につながる問題と、両方とももちろん因果性の問題だと言ってしまえばそうなのかもしれませんがねえ。判例も二つありますしね（笑）、議論は複雑なんですが、川端さんは、主にどちらの方を重要と……。

川端 私は前の方が重要だと考えています。

前田 わかりました。

川端 と言いますのは、防衛の意思必要説を採っている関係で、判例との共通項はそこにあるという前提ですから。結果の過剰部分、つまり、過剰防衛の部分ももちろん視野に入れていますが……。どうぞ、お話しをお続けください。

前田 ですから、初めのパターンでいいますと、やはり違法は連帯にということで、片一方が正当防衛で人を殺してその人には急迫性があって、片一方の人には急迫性がない状況で人を殺したときに、それだけでは、正当防衛の共同正犯ということにはならないんだと思うんですよね。

私などは分けて考えて、正当防衛状況ではなく殺した者は、いくら共同正

犯の片一方が急迫不正の侵害の下で反撃したって、急迫不正のないところで攻撃した人が違法だというのは私は当然だと思うし、問題は、正当防衛で殺した結果の責任をもう片一方が負うかということなのですけれども、これは、私などは、違法が連帯するからという形式論ではなく、正当防衛で殺したという結果を別の人が自分が正当防衛状況になかったとしても、共同正犯者として一部行為の全部責任として帰責する必要があるのかという意味で、違法性を否定するという説明をしているのです、その問題に関してはですね。ただ、急迫不正の状況などというのは、人によって相対的だというのは当然のことだし、形式的にいろんなものが連帯するという言い方をしてしまうと、かえって混乱するというのが私の考え方なんです。

　川　端　山口さんはいかがですか。

　山　口　私、よく分からないのですが、少なくとも共同正犯は非常に難しいと思うのです。教唆・幇助の場合は、例えば、正当防衛行為を教唆・幇助することは不可罰だというのは、おそらく動かないのではないかと思います。それに対して、共同正犯の場合にどうみるかということですが、これもいくつかパターンがあるのかなという感じはします。例えば、私と誰かが一緒にいて、もう一人が急迫不正の侵害を受けたという場合には、私も、自分は急迫不正の侵害を受けていないけれども、急迫不正の侵害を受けている者のために当然正当防衛はできます。そういうことからすると、そのようなパターンでは、他の共同者が正当防衛をやっているときは、共同正犯としての責任を負わないということが考えられます。そうではなくて、例えば、いわば、共同正犯者を介して法益侵害を発生させるようなパターンですね、それは未必の故意でもいいのですけれど、そのようなパターンについてどうみるのかということについては、また別の見方もあるのではないかと思うのです。ただその辺を理論的にどう整理していくのか、共同正犯の場合と教唆・幇助の場合で、理論的にどういう意味で違ってきうるのかというあたりは、難しくて分からないので、今後の検討の課題としたいと思っております。

　前　田　いや、非常におもしろいというか、鋭い指摘だと思います。

　川　端　そうですね。

　前　田　考えなければいけないと思っています。ただ、あえて言うと、山

口さんのおっしゃった前者の例など、やはり共同正犯者も責任を負うのはおかしいかなあと思ったんですけどね。利用してというパターンなどを想定していろいろ考えてみたいと思うのです。

川 端 従来、判例もありませんし、議論もそこまでは進んでいませんから、理論的には重要ですね。もっと深めていかなくてはならない論点ですね。

6．共同正犯と正当防衛に関する判例

前 田 そしてもう一つの正当防衛と共同正犯の関連する判例ですね。共同実行したら一人が行き過ぎたという場合の因果性という問題に関するもので、それは共犯と中止の問題とか、離脱の問題ともつながってくるのだと思うのですが、これはやはり共同正犯を共同実行するという共同意思によって出てきた因果性というのは、原則としてはかなり広い。普通、あいつを怪我させようと言って、共同して暴行を加えて、一人が思いもよらないことをやり過ぎたって、一般的には帰責されると思うんです。共同正犯として明確に意思一致したのに、それが行き過ぎたというときにはですね、やはり因果性は認められる。結果的加重犯の場合にもですね。ただ、今度の最高裁の考え方というのもよく分かるんで、特定の犯罪を共謀したときに、それをまったく超えた犯罪にいったときには、場合によっては結果的加重犯であっても因果性が及ばないという議論がありうるとは考えているのです。これは、離脱の問題と呼ぶのかどうかというのは、難しいと思うんですけれどもね。

山 口 一つ質問していいでしょうか。デニーズの事件（最(三)判平成6年12月6日刑集48巻8号509頁）ですか、最高裁の。

前 田 デニーズ？

山 口 ええと。

前 田 どちら、過剰防衛のほうの。

山 口 はい。

前 田 うん。行き過ぎのほう。

山 口 あの事件で、最高裁判所は、結局、正当防衛が終わった後の過剰防衛になる段階で共謀があったかどうかということを考えなければいけない

……。

　前田　新たな共謀があったかどうかを問題にした判例ですね。

　山口　と言っているのですが、仮に、防衛行為をするという点については共謀があった、しかしながら、明らかに過剰防衛に出る危険性が相当はっきりしているというような場合についてまで、最高裁判所が言っていることが当てはまるのか。その点はどういうようにみておられるのですか。

　前田　私はねえ、その場合には、必ずしも及ばないというふうに考えております。

　山口　最高裁判所の判断が。

　前田　そして、あの事案に関しましては、判断が合理的であると考えています。

　山口　今問題にした場合には、ですから……、

　伊東　新たにはいらない、ということになると思いますよ。

　山口　新たになくても罪責を負うということですね。

　前田　うん、因果性はあり得るということです。

　山口　私も、そうではないかと思います。

　前田　ああ、デニーズといいますか、あの事件。あれは、文京区の真法会の本部の前の事件なのです。

　皆　　（笑）

　前田　私、中学と高校がすぐそばにあったもので、あの辺の地理は詳しいのです。

　山口　あのファミレスはデニーズではないのですか。

　前田　ああ、そうかもしれない。だけど、私の感覚でいくと印刷会館前ということなのです（皆─笑）。

7．正当防衛の教唆・幇助

　川端　伊東さんはどのようにお考えですか。

　伊東　まさにいろいろなパターンがあるので、その組合わせに原則論をどう当てはめるかということですが、実を言うと、私が悩んでいるのは、山口さんの言う、単純な正当防衛の教唆とか、幇助なのです。これはどちらに

でも転べるのだと思うのですよ。要するに、それは行為無価値の中身をどう捉えるかということなので、外部的なものがとにかくあれば、主観的に人間にとって利用する価値、価値のある外部的なものが行われたということであるならば、処罰できるであろうし、本人が社会的な逸脱行動という意味での行為無価値を犯していないといけないといえば、不可罰になるのかなという気がするのです。

　山口　いや、ただ、その点はどうでしょう。正当防衛をやろうとしている者に……、おまえ頑張れよと言うと処罰されるというのは、やはり結論として相当無理があるという感じがするのです。

　伊東　現実に、正当防衛をしている人間に頑張れよと言って、じゃあ、本当に何か事件になるかというという問題でしょう。

　山口　いや、ですから、警察官が現行犯逮捕しているときに、おまわりさん頑張ってくださいというと処罰されるかというと（笑）、やはりちょっとそれは……。

　伊東　理屈としては、どちらにでも転び得るであろうという面があると思うのです。ただ、先ほど言われた共同正犯などの場合、どうなのでしょう、そもそも処罰根拠とか何とかの問題なのかなという気がしなくはないのですけれども。山口さんが言っていた例、共同行為をやっていた人間の一方がやられているのを救う場合、第三者のための正当防衛行為としてやった場合と考えるのは、どうなのでしょう？　防衛意思は、今の学説・判例状況では、あると言わざるを得ないでしょうけれども、そこのところをどうするんでしょうねえ……？

　山口　先ほど少し申しましたけれども、私は、基本的には、正当防衛について、共同正犯と教唆・幇助とは基本的には同じになりそうだという感じはするのですけれども、100パーセント同じでないような気もするのです。その辺の違いが一体どこにあって、その違いがどこまで結論の差になって現れてくるのか、というあたりが、自分自身、まだ、検討していない、具体的に検討していない、難しくて分からないものですから。その点は、少し……。

8．防衛意思の要否と違法の連帯性

川端 この問題が判例で出てくるのは、防衛の意思があった場合であり、防衛意思が個別に全部違ってきてしまう場面があるから、それぞれ異なった結論になる可能性が強いのですが、結果無価値論の立場からすれば、そういう点は出てこないですよね。人的不法論においては、急迫性が人によって違うという事態は出てくるわけですが……。

前田 そうですね。だからその意味では、防衛の意思必要説の方のほうが、違法の連帯ということを言いにくいのだとは思います。

川端 そうそう。

伊東 今、途切れる前にまさに言いかけたのが、防衛の意思というようなものがあるからということなのです。その辺、良く分からないのですけれども、前田さんが言われている趣旨を勝手に理解するとすれば、先ほど言ったように、個別的に当事者の問題として考えれば済むのか、ということでしょうね。

山口 私などは、防衛の意思は認めませんし、それから、急迫性は客観的に考えるべきだと考えています。けれども、しかし、やはり判例と同じような意味で、正当防衛にならない場合があるということは、認めているわけです。そういうような考え方と、共犯の、あるいは共同正犯を含めた因果性との関連、絡みで、結局どういうように整理されてくるのかということについて、少しお伺いしたいのですが。

伊東 今のところ、とにかく自分の結論を一定程度には説明できるけれども、全体の絡みという点では確かにまだでしょうね。いろいろな類型を考えていないですから……。

川端 この辺は、学説上、今後の課題ということですね。そこまで、まだ詰めていない要素が多いわけですから……。

Ⅳ. 共犯と身分

論題提起=川端

　最後に、共犯と身分の問題を議論して共犯論を終えることにしたいと思います。従来、共犯と身分に関する問題では、共犯に関して身分がどういう影響を及ぼすのかという観点から、議論が展開されてきたわけです。その観点との関連で、違法の連帯性とか、責任の個別性とかが強調されてきたと言えると思います。しかし、これは視点を変えるべきなのであって、順番が共犯と身分となっていますが、本当は、「身分犯と共犯」という観点が大事なのです。身分犯の特殊性ないし特性に集約して、それが共犯論でどういう影響を及ぼすのかというような捉え方をしないと、共犯論が空回りする危険性があるのではないかという気がします。

　従来、身分犯は真正身分犯と不真正身分犯とに分けられてきているわけですが、真正身分犯の意義に関して、私は少数説に属しており、義務犯として捉えています。このような身分犯の捉え方を出発点として考えていきますと、違法の連帯性とか責任の個別性とかの議論は、必ずしもそこには影響を及ぼさないであろうと思います。その意味で、違法の連帯性から違法身分、責任の個別性から責任身分を導き出すというような議論は、本末転倒な捉え方であろうという発想になるのではないかと私は考えているいるわけです。もちろんこれは、少数説の側からの一つの考え方にすぎないわけですから、従来の観点から65条1項、2項の関係をどのように把握するかという問題は、同じ立場の中でも、今後展開の仕方が変わってくるであろうと思うのです。これが共犯の処罰根拠論とどう絡んでくるか、という点になりますと、私には、よく分からないものですから、その辺もお教えいただければと思います。

本　論

1．身分犯の特性と共犯との関係

伊東　議論が空回りするというところを、もう少し具体的に言っていただけると良いのですが……。

川端　ここでは共同正犯を議論していますので、その関連で言いますと、共同正犯の観点から、違法身分、責任身分というのは、ある程度、共通項として認められると思います。正面からこれを認めるか認めないかは別として、発想としては考え方の共通の前提となっているような気がしているのですね。だからその部分の方が強調されすぎて、身分犯の特性があまり議論されなくなってしまっていることを指摘したつもりなのですけどね。

伊東　そうすると、真正身分・不真正身分という概念を使われるのか、構成身分・加減身分といわれるのか分かりませんが、それと違法身分・責任身分というものの組合わせの議論を始める前に、もう一度真正身分・不真正身分というものをキチッとやり直せということでしょうか。

川端　はい、そうです。

前田　その中身として、真正身分－義務犯として構成するということですか。

川端　はい。

前田　この義務犯としての構成とは、どういう使われ方ですか。ドイツの議論を参考にということですか。

川端　特に木村説を基礎としています。

前田　あぁー。

川端　日本の学説について言えばの話ですけどね。

前田　あっ、その意味で、少数説とおっしゃった……。

川端　問題の立て方自体に、ちょっと問題があるとは思うのですがね。

2．真正身分犯・不真正身分犯の区別の可否

山口 私は、真正身分犯と不真正身分犯は、実質的に区別できないと思います。不真正身分犯といわれているものも、まさにその身分があるからその犯罪になるという意味で、犯人の身分によって構成すべき犯罪行為だ……。

川端 形式的にはそう言えますね。

山口 ということになる。だから、団藤先生が真正・不真正を問わず65条1項が犯罪の成否の問題であるといわれたのは、団藤先生の形式論的な犯罪論体系によればまさにそうだと考えられる。ところが、65条2項には、「身分によって刑の軽重のあるときは」云々とあるので、これを適用しないわけにはいかないので、その場合については、65条2項を特に適用する。このように考えられたというのは、その意味では、一貫している考え方ではないかと思います。つまり、真正身分犯・不真正身分犯という区別が維持し得るものかどうかということを疑わせる内容を、実は団藤説の内容としてもっていたというようにも言えるような気もするのです。

皆 うん、なるほど。

山口 ええ。もちろん現行の65条はそういう形で書かれていますから、それを前提とした解釈は当然あり得ると思うのですが。真正・不真正の区別を実質的に基礎づけることが、川端さんはそれを目指すべきではないかという趣旨のことを言われているわけですが、それははたして可能なのかどうかということについては、かなり疑問をもっています。

前田 その基礎づける区別を基準と……？

山口 そういうことです。

前田 私は、やはりだから65条が現にこうなっていますから、特に2項の関係で分けなければいけないんだけれど、その差というのは、非常に偶然性に近いものに依拠している感じなんですね、政策的なものがいろいろ入っていて、理論的にスパッと分けるのは難しいという考え方で、犯罪共同という意味での団藤先生の従属性の考え方は否定するんですが、実は、65条の1項・2項の関係というのは、私はやはり、1項というのは、全身分犯についての成否の問題であって、2項については、刑の重さに関して特別に定めら

れている場合にはそれを当てはめていく問題であろうと考えるのです。まあ、微妙に違うんですがね、基本的には団藤説なんですよ、共犯と身分のところはね。それから、二つの身分が実質のところでクリアカットに分けられるかというと、私も難しいと思っているのです、そこはですね。いや、ちょっと議論がつながらなくて申し訳ないんですが……。

伊 東 私も同じようなことを思っていたのです。真正ないし構成身分と不真正ないし加減身分というのがパターン的に分けられるとしても、その中でも違法身分と責任身分との両方があるわけで、責任だから加減だとか何とかは必ずしも言えないような気がするのです。結局は、もう一度組合わせをやりながら考えると——団藤先生に教わったせいもあるのかもしれませんが——、今のところは、65条1項が犯罪の成否というところにいくのが安全かな、という気がするのです。

3．身分犯の成否と科刑とを区別することの可否

川 端 山口さんは、身分犯の成否と科刑とを分けるという立場ですか？

山 口 違います。

川 端 そこはどうなのですか？

山 口 それは違います。それには反対です。団藤先生の立場からするとそういう考え方も分かるというだけの話でして、犯罪の成否と科刑とを区別するというのは、現在の犯罪論では維持できないことではないかと思いますので。犯罪の成否と科刑とは連動しなければならないと考えていますから。私自身の見解は、身分があることによって法益侵害が可能になる場合、これが違法身分であり、身分があることによって責任が重くなったりする場合、これが責任身分である。違法身分では非身分者についてもその身分犯が成立するが、責任身分では非身分者については身分犯は成立しないという見解、西田さんの見解とだいたい同じですが、そういう見解を一応65条の解釈論としては採っております。

4．身分概念の捉え方

伊 東 問題は、どの身分がどれだということに未だ決着が着いていない

ということではないですか。

山口 それは解釈の問題です。

伊東 解釈の問題ですか……。

川端 解釈上、どちらかに必ず分けられるわけですね。

山口 そうです。

伊東 また話がずれてしまって申しわけないのですが、私は、身分というもののその定義そのものが良く分からなくて困っているのです。目的犯の目的が身分かとか、それによっても共犯論の説明が変わるのかもしれませんよ。

山口 私の理解では、身分を広く解するか狭く解するかは、65条を適用するかしないかだけの違いで、例えば、目的が法益侵害の危険性を基礎づける場合、私の理解によればそれは違法身分のようなものですが、それは、65条1項の身分でないとしても、結局そういう目的をもたない者にも連動することになるので、65条1項を適用したことと同じことになるのです。65条を適用するかしないかだけの違いに過ぎない。

伊東 なるほどね。

前田 目的は、やはり身分の概念からいうとですねえ、かなり苦しいと思います。もちろん、身分の概念だって解釈で動く、定義が固定的なものだとはいいきれないわけですけれどもね。ただ、やっぱり行為共同説的に行為者ごとに罪名が考えられるのだとすれば、自由にやれるんだとすればですねえ、目的というのは身分に入れなくてもいいんです。共犯と身分の問題にしなくても、身分ある人の罪と身分のない人の罪の共同正犯というのが、可能になってくる。ということで、身分概念は、もうちょっと整理したほうがいいかなとは考えております。

川端 その場合、身分概念プロパーの問題ではなくて、通常の場合、共同正犯として認めるということですか？

前田 というかですね、目的を無理をして身分に入れてきたのは何故かというと、65条1項を適用して両方行為についての共同正犯を認めようとするからだったわけで、それは、やはり同じ犯罪についての共同正犯しか認められないという考えの強い時代だったからだと思うのです。ただそこが動い

たんで、無理して身分犯を広げなくてもよくなってきたという発想なのです。

川端　なるほど。行為共同説的な立場からの発想ということですね。

前田　ええ、そうなんです。ですから、伊東さんがおっしゃったように、身分概念が動けば、いろんなところに、逆に連動するというか、連動するから身分概念が動くという関係ですけれどもね。他のところにかなりつながってはいると思うのですけれどもね。

川端　やはり行為共同説が、ここまで影響を及ぼしているということですかね。

伊東　それはかなり楽になりますから（笑）。

川端　そうそう。前田さんが指摘されたのもその点ですよね。

前田　ええ、身分概念には若干影響があったんだと思います。あともちろん、共犯と身分の解釈論で、いろんな理由があるとは思うのですが、やっぱり団藤先生の共犯と身分の解釈論には、犯罪共同説的と言いますか、従属性を非常に重視する考え方が基本にはあったということは、間違いないと思います。

川端　これも議論すれば大問題なのですが、ほかに何かあれば、どうぞ。

伊東　私は、はっきり言って、ここのところは未だお手上げ状態に近いのです。取り敢えず、団藤先生的な立場に何とかごまかして理屈を付けていますが……。

川端　おもしろいですねえ、通説がそこに生きているというのは……。
　これで共犯論の問題についての議論を終えることにしましょう。

◆執筆者紹介
川 端　博（かわばた ひろし）
　　明治大学法学部教授・日本刑法学会理事

前 田 雅 英（まえだ まさひで）
　　東京都立大学法学部教授・日本刑法学会理事

伊 東 研 祐（いとう けんすけ）
　　名古屋大学大学院法学研究科教授・日本刑法学会理事

山 口　厚（やまぐち あつし）
　　東京大学大学院法学政治学研究科教授・日本刑法学会理事

徹底討論
刑法理論の展望
2000年11月1日　初　版第1刷発行
2002年8月1日　初　版第3刷発行

　　　　　　　　　　　川　端　　　博
　　　　　著　者　　　前　田　雅　英
　　　　　　　　　　　伊　東　研　祐
　　　　　　　　　　　山　口　　　厚

　　　　　発行者　　　阿　部　耕　一

〒162−0041　東京都新宿区早稲田鶴巻町514番地
　　　発行所　株式会社　成 文 堂
　　　　　　　電話 03(3203)9201代　FAX 03(3203)9206
　　　　　　　　　　　振替 00190-3-66099

製版・印刷　㈱シナノ印刷　　製本　佐抜製本　　**検印省略**
☆落丁・乱丁本はおとりかえいたします☆
©2000 川端、前田、伊東、山口 Printed in Japan
ISBN4-7923-1543-3 C3032

定価（本体3300円＋税）